Kohlhammer

Die Autorin und die Autoren

Dr. Jan Jochmaring, Vertr.-Prof. PD Dr. Bastian Pelka, Dr. Helmut Stange und Dr. Jana York lehrten oder lehren im Fachgebiet Rehabilitationssoziologie der Fakultät Rehabilitationswissenschaften an der Technischen Universität Dortmund.

Jan Jochmaring, Bastian Pelka,
Helmut Stange, Jana York

Soziologie der Behinderung

Ein Lehrbuch

Verlag W. Kohlhammer

Dieses Werk einschließlich aller seiner Teile ist urheberrechtlich geschützt. Jede Verwendung außerhalb der engen Grenzen des Urheberrechts ist ohne Zustimmung des Verlags unzulässig und strafbar. Das gilt insbesondere für Vervielfältigungen, Übersetzungen, Mikroverfilmungen und für die Einspeicherung und Verarbeitung in elektronischen Systemen.

Die Wiedergabe von Warenbezeichnungen, Handelsnamen und sonstigen Kennzeichen in diesem Buch berechtigt nicht zu der Annahme, dass diese von jedermann frei benutzt werden dürfen. Vielmehr kann es sich auch dann um eingetragene Warenzeichen oder sonstige geschützte Kennzeichen handeln, wenn sie nicht eigens als solche gekennzeichnet sind.

Es konnten nicht alle Rechtsinhaber von Abbildungen ermittelt werden. Sollte dem Verlag gegenüber der Nachweis der Rechtsinhaberschaft geführt werden, wird das branchenübliche Honorar nachträglich gezahlt.

Dieses Werk enthält Hinweise/Links zu externen Websites Dritter, auf deren Inhalt der Verlag keinen Einfluss hat und die der Haftung der jeweiligen Seitenanbieter oder -betreiber unterliegen. Zum Zeitpunkt der Verlinkung wurden die externen Websites auf mögliche Rechtsverstöße überprüft und dabei keine Rechtsverletzung festgestellt. Ohne konkrete Hinweise auf eine solche Rechtsverletzung ist eine permanente inhaltliche Kontrolle der verlinkten Seiten nicht zumutbar. Sollten jedoch Rechtsverletzungen bekannt werden, werden die betroffenen externen Links soweit möglich unverzüglich entfernt.

1. Auflage 2026

Alle Rechte vorbehalten
© W. Kohlhammer GmbH, Stuttgart
Gesamtherstellung: W. Kohlhammer GmbH, Heßbrühlstr. 69, 70565 Stuttgart
produktsicherheit@kohlhammer.de

Print:
ISBN 978-3-17-045873-4

E-Book-Formate:
pdf: ISBN 978-3-17-045874-1
epub: ISBN 978-3-17-045875-8

Inhalt

Die Reise beginnt: Einleitung und Dank 9

1 Einführung in soziologisches Denken 13
   1.1   Der kritische Einstieg: Wozu eine Soziologie der Behinderung? 13
       1.1.1 Behinderung im sozialen Kontext 13
       1.1.2 Behinderung als Ergebnis verdeckter Prozesse – und eine Wissenschaft, die »stört« 15
   1.2   Der klassische Einstieg: Definitionen und Gegenstand der Soziologie 17
   1.3   Was ist Rehabilitationssoziologie/Soziologie der Behinderung? 22

2 Behinderung aus soziologischer Perspektive 28
   2.1   Definitionen von Behinderung 29
       2.1.1 Behinderungsbegriff der WHO von 1980: International Classification of Impairments, Disabilities and Handicaps – ICIDH 29
       2.1.2 Behinderungsbegriff der WHO von 2001: International Classification of Functioning, Disability and Health – ICF 31
       2.1.3 Behinderungsdefinition im Sozialgesetzbuch IX 33
       2.1.4 Die UN-Behindertenrechtskonvention 34
       2.1.5 Behinderung als negativ bewertetes, relationales Merkmal 35
   2.2   Erklärungsmodelle von Behinderung 39
       2.2.1 Grundannahmen 39
       2.2.2 Paradigmata 43
       2.2.3 Konzepte 45

3 Rollentheoretische Perspektive 56
   3.1   Soziologische Grundlagen 57
       3.1.1 Problemstellung 57
       3.1.2 Definitionen 57
       3.1.3 Explikation 58
   3.2   Transfer: Behinderung aus rollentheoretischer Perspektive .. 66

4	**Handlungstheoretische Perspektive**	**72**
	4.1 Soziologische Grundlagen	73
	4.1.1 Problemstellung	73
	4.1.2 Definitionen	75
	4.1.3 Explikation	77
	4.2 Transfer: Behinderung aus handlungstheoretischer Perspektive	81
5	**Interaktionstheoretische Perspektive**	**86**
	5.1 Soziologische Grundlagen	87
	5.1.1 Problemstellung	87
	5.1.2 Definitionen	87
	5.1.3 Explikation	88
	5.2 Transfer: Behinderung aus interaktionstheoretischer Perspektive	97
	5.2.1 Behinderung als Form abweichenden Verhaltens	97
	5.2.2 Stigmatisierungsprozess	98
	5.2.3 Stigmatheorie versus Bezugsgruppentheorie	100
	5.2.4 Interaktionspädagogische Perspektiven	102
6	**Gruppentheoretische Perspektive**	**104**
	6.1 Soziologische Grundlagen	104
	6.1.1 Problemstellung	104
	6.1.2 Definitionen	106
	6.1.3 Explikation	108
	6.2 Transfer: Behinderung aus gruppentheoretischer Perspektive	121
	6.2.1 Einstellungen gegenüber behinderten Menschen	122
	6.2.2 Art der Behinderung und soziale Interaktionen	126
	6.2.3 Erklärungsansätze von Vorurteilen	126
	6.2.4 Reaktionen auf behinderte Menschen	131
7	**Sozialisationstheoretische Perspektive**	**135**
	7.1 Soziologische Grundlagen	135
	7.1.1 Problemstellung	135
	7.1.2 Definitionen	136
	7.1.3 Explikation	137
	7.2 Transfer: Behinderung aus sozialisationstheoretischer Perspektive	148
8	**Sozialstrukturelle Perspektive**	**150**
	8.1 Soziologische Grundlagen	151
	8.1.1 Problemstellung	151
	8.1.2 Definitionen	152
	8.1.3 Explikation	153

	8.2	Transfer: Behinderung aus sozialstruktureller Perspektive ...	170
		8.2.1 Sozialschichtverteilungen von Behinderungen	170
		8.2.2 Lebenslage behinderter Menschen	174
		8.2.3 Behinderung aus Perspektive der »Theorie der sozialen Praxis«	176
9	**Systemtheoretische Perspektive**		**178**
	9.1	Soziologische Grundlagen	179
		9.1.1 Problemstellung	179
		9.1.2 Definitionen	181
		9.1.3 Explikation	182
	9.2	Transfer: Behinderung aus systemtheoretischer Perspektive	190
		9.2.1 Gesellschaftlichen Funktionen der Förderschule	190
		9.2.2 Rehabilitationssystem der Bundesrepublik Deutschland	195
		9.2.3 Sozialpolitische und rechtliche Grundlagen	203
		9.2.4 Selbsthilfe: Zusammenschlüsse und Emanzipation behinderter Menschen	209
10	**Modernisierungstheoretische Perspektive**		**216**
	10.1	Soziologische Grundlagen	217
		10.1.1 Problemstellung	217
		10.1.2 Definitionen	217
		10.1.3 Explikation	219
	10.2	Transfer: Behinderung aus modernisierungstheoretischer Perspektive	231
		10.2.1 Der Wettlauf um Kompetenzen	231
		10.2.2 Die UN-Behindertenrechtskonvention	233
11	**Fazit: Rückblick auf eine Reise durch die Soziologie der Behinderung**		**238**
	Gesellschaft		238
	Rollentheoretische Perspektive		240
	Handlungstheoretische Perspektive		241
	Interaktionstheoretische Perspektive		242
	Gruppentheoretische Perspektive		243
	Sozialisationstheoretische Perspektive		244
	Sozialstrukturelle Perspektive		245
	Systemtheoretische Perspektive		247
	Modernisierungstheoretische Perspektive		248
12	**Verzeichnisse**		**250**
	12.1	Literaturverzeichnis	250
	12.2	Abbildungsverzeichnis	269
	12.3	Tabellenverzeichnis	270

12.4 Verzeichnis der Denkanstöße und »Soziologie in Anwendung« 270

Die Reise beginnt: Einleitung und Dank

Dieses Buch beschreibt eine Reise. So wie eine Rundreise zu touristischen Sehenswürdigkeiten neue Blickwinkel auf diese ermöglicht, so unternimmt dieses Buch eine Reise zu verschiedenen theoretischen Perspektiven, von denen aus das Thema Behinderung betrachtet werden kann. Während eine touristische Reise – sagen wir: zum Dortmunder Fernsehturm – die Betrachtungswinkel von Norden, Osten, Süden, Westen, oben und unten sowie Nähe und Ferne ermöglichen kann, macht die Reise dieses Buches Halt bei acht Theorien und blickt von diesen ausgehend auf das Thema Behinderung. Wie bei Fotos des von den Dortmunder*innen auch »Florian« genannten Fernsehturms von verschiedenen Orten aus, ist keine dieser acht Perspektiven auf Behinderung »richtig« oder »besser« – sie ermöglichen verschiedene Blickwinkel und damit die Analyse unterschiedlicher Aspekte des Betrachtungsgegenstandes.

Bevor die Reise durch die Soziologie der Behinderung startet, bereiten zwei Kapitel auf die zentralen Begriffe vor: Kapitel 1 (▶ Kap. 1) führt grundlegend in soziologisches Denken ein, Kapitel 2 (▶ Kap. 2) beschreibt Behinderung aus der zuvor vorgestellten (rehabilitations-)soziologischen Perspektive.

Wir beginnen die Reise mit theoretischen Perspektiven aus der Mikrosoziologie (Kapitel 3–7) und widmen uns damit Individuen und Kleingruppen. Auf den Dortmunder Fernsehturm übertragen wären dies Fotos von einzelnen Bauteilen oder des ganzen Turms. Sie gestatten eine genaue Betrachtung interessierender Elemente und Zusammenhänge. Ab Kapitel 8 (▶ Kap. 8) nehmen wir dann eine makrosoziologische Perspektive ein: Behinderung wird in gesellschaftlichen Kontexten analysiert und damit in Verbindung gebracht. Der Fernsehturm würde vor dem Hintergrund seiner Umgebung betrachtet, beispielsweise der benachbarten Sozialräume, der angrenzenden Stadtteile oder vielleicht des ihn umgebenden Westfalenparks.

Jeder der acht Theorien ist ein Kapitel gewidmet. Genauer gesagt stellen die Kapitel keine einheitlichen »Theorien« vor, sondern präsentieren eher »theoretische Perspektiven«, teilweise also Zusammenfassungen mehrerer Erklärungsansätze, Hypothesen und Modelle, die ähnliche Beobachtungszusammenhänge teilen. Wir zeichnen dabei auch Änderungen im Zeitverlauf und Widersprüche dieser theoretischen Zugänge nach.

Uns geht es nicht um eine vollständige Darstellung, sondern darum, die Essenz der theoretischen Perspektiven so weit vorzustellen, dass sie auf das Thema Behinderung übertragen werden können. Denn oft haben die Autor*innen der hier vorgestellten theoretischen Perspektiven selber Behinderung gar nicht thematisiert: Dieses Buch versucht sich deshalb daran, ihre Arbeit für eine soziologische Betrachtung von Behinderung nutzbar zu machen. Auch geht es uns nicht darum, hier einen »Kanon« dieser Wissenschaftsdisziplin aufzuzeigen, sondern darum, soziologische Perspektiven aufzuzeigen und dazu anzuregen, diese einzunehmen und mit ihnen zu arbeiten.

Dazu folgen die acht Kapitel mit theoretischen Perspektiven (Kapitel 3–10) alle der gleichen Struktur: Im jeweils ersten Unterkapitel wird unter der Überschrift »Soziologische Perspektive« überblicksartig in theoretische Konzepte eingeführt. Dabei folgen wir stets der gleichen Struktur von Unterkapiteln: Zunächst wird unter »Problemstellung« kurz in die Perspektive eingeführt. Hierbei geht es darum, die Wahl des Standpunktes der jeweiligen Perspektive zu verstehen; in der Regel klären wir dabei den historischen Kontext und die Frage von mikro- oder makrosoziologischer Perspektive. Anschließend erläutern wir unter »Definitionen« zentrale Begriffe (siehe dazu auch die folgende Tabelle). Darauf folgt unter »Explikation« die Beschreibung der jeweiligen theoretischen Perspektive und ein erster Übertrag auf praktische Anwendungskontexte. Diese Einführungen bemühen sich um eine Balance zwischen Prägnanz und inhaltlicher Tiefe und verweisen sowohl auf zahlreiche Anwendungsbeispiele als auch auf weiterführende Literatur.

Im jeweils zweiten Unterkapitel der acht Kapitel werden unter der Überschrift »Transfer: Behinderung aus...« Aspekte der zuvor eingeführten theoretischen Perspektive exemplarisch auf das Thema Behinderung angewendet. Die »zweiten Unterkapitel« erheben keinen Anspruch auf Vollständigkeit, vielmehr wollen wir die Kraft einer theoretischen Perspektive für die Betrachtung und Analyse unterschiedlicher Fragestellungen zum Thema Behinderung aufzeigen. Dazu haben wir sehr unterschiedliche Beispiele ausgewählt – stets mit dem doppelten Ziel, sowohl die Anwendbarkeit der Theorie darzustellen sowie zur Analyse gesellschaftlicher Phänomene aus Perspektive soziologischer Theorien anzuregen. Zahlreiche Beispiele und Denkanstöße unterstützen diesen Übertrag; sie können wahlweise »mitgelesen« oder übersprungen werden.

Die folgende Übersicht zeigt die hier behandelten theoretischen Perspektiven und einige ihrer Hauptbegriffe:

Am Ende der Reise durch die Soziologie der Behinderung steht ein Erkenntnisgewinn an Perspektiven auf Behinderung. Diese können helfen, Behinderung und gesellschaftliche Mechanismen, die Exklusion und Teilhabe bedingen, erzeugen, verstetigen, verändern und beenden, besser zu verstehen. Im besten Fall lassen sich aus diesen Perspektiven auch Ansätze für teilhabeförderndes Handeln oder die Innovation von Strukturen ableiten. Ein Fazit (▶ Kap. 11) fasst alle acht theoretischen Perspektiven zusammen. Um im Bild der »Reise« zu bleiben, versucht sich das Fazit an einem illustrierten Reisebericht.

Tab. 1: Übersicht der mikro- und makrosoziologischen Perspektiven sowie deren Hauptbegriffe

Kapitel	Mikrosoziologische Perspektiven	Hauptbegriffe (vgl. die jeweiligen Unterkapitel »Definitionen«)
3	Rollentheoretische Perspektive	Soziale Position, soziale Rolle, sozialer Status, Rollenkonflikte
4	Handlungstheoretische Perspektive	Soziales Handeln, Sinn, Norm, Wert
5	Interaktionstheoretische Perspektive	Soziale Interaktion, Kommunikation, Identität, Stigma
6	Gruppentheoretische Perspektive	Soziale Gruppe, Gruppenstruktur, Gruppenprozesse, Gruppendynamik, Einstellungen, Vorurteile
7	Sozialisationstheoretische Perspektive	(Primäre und sekundäre) Sozialisation, Lebenslauf, Lebenswelt
	Makrosoziologische Perspektiven	**Hauptbegriffe**
8	Sozialstrukturelle Perspektive	Soziale Ungleichheit, soziale Herkunft, soziale Lage, soziale Schicht, Klasse, Milieu
9	Systemtheoretische Perspektive	System, soziales System, Institution, Organisation, Funktion
10	Modernisierungstheoretische Perspektive	Sozialer Wandel, sozialer Prozess, Moderne, Modernisierung, Individualisierung, Rationalisierung

Wir verwenden in diesem Lehrbuch eine bestimmte Sprache. Sie zielt einerseits auf eine hohe Verständlichkeit, denn unsere Zielgruppe sind auch Lesende, die hier vielleicht ihren ersten Kontakt zur Soziologie herstellen. Andererseits kommt unser Inhalt nicht ohne spezifische soziologische Termini aus, da über Begriffe auch definierte Konstrukte und theoretische Perspektiven transportiert werden. Wo nötig arbeiten wir daher mit Begriffserklärungen (»Explikationen«) und Beispielen. Wir nutzen bei Geschlechtsbeschreibungen den Gender-Stern (*), um deutlich zu machen, dass wir jede Form geschlechtlicher Selbstbeschreibung mitmeinen. Wir sprechen von »behinderten Menschen« und wollen damit darauf verweisen, dass Menschen »behindert werden«. An einigen Stellen nutzen wir die Selbstbeschreibungen bestimmter Zielgruppen und wollen damit dem Recht auf die Wahl der eigenen Beschreibung Rechnung tragen. Für oder gegen jede unserer Entscheidungen gibt es gute Gründe. Eine Inspiration, welche Begriffe insbesondere in der Ansprache von behinderten Menschen nützlich sind, findet sich bei Gunkel et al. (2022).

Dieses Lehrbuch geht auf ein Skript zurück, das in der Lehre der Fakultät Rehabilitationswissenschaften der TU Dortmund im Fach Rehabilitationssoziologie bereits seit 1999 eingesetzt wird. Helmut Stange entwickelte das Konzept und setzte es zwischen 1999 und 2010 in zahlreichen Lehrveranstaltungen ein. Danach wurde es von Simone Schüller redaktionell überarbeitet und von Jan Jochmaring inhaltlich weiterentwickelt. Nachfolgend wurde das Skript laufend aktualisiert und erweitert; zuletzt durch das Team Bastian Pelka, Jan Jochmaring und Jana York.

Einen großen Anteil an der aktuellen Form haben auch die Studierenden, die uns Rückmeldungen zur Vorlesung, zum Tutorium und zum Skript geben und dieses so ständig an aktuelle rehabilitationswissenschaftliche Fragen anbinden sowie eine hohe Lesbarkeit und Anwendbarkeit der Inhalte einfordern. Bei unseren Studierenden bedanken wir uns, indem wir in dieses Lehrbuch kleine Referenzen an den Studienort Dortmund einstreuen, eine bereits in diesem Vorwort. Einige Studierende kommen in diesem Lehrbuch selbst zu Wort. Sie haben im Rahmen von Lehrveranstaltungen Beispiele verfasst, in denen Inhalte eines Kapitels auf das Thema Behinderung übertragen werden. Wir nennen diese studentischen Beispiele »Soziologie in Anwendung« (SIAs) und lektorieren sie nur leicht; einige der spannendsten finden sich in diesem Lehrbuch. Neben diesen »SIAs« haben wir zahlreiche »Denkanstöße« eingefügt. Während »SIAs« Beispiele für die Anwendung der theoretischen Perspektiven darstellen, sollen »Denkanstöße« dazu anregen, Aspekte einer dargestellten theoretischen Perspektive aus einem ganz eigenen Blickwinkel zu betrachten; sie enden mit unbeantworteten Fragen, die zum Weiterdenken anstoßen sollen. Dabei schauen wir zum Beispiel ins Mittelalter, in Atomkerne, andere Wohlfahrtsstaatsmodelle oder Jugendbücher. Viele dieser Denkanstöße wurden von Tutor*innen der Vorlesung und Hilfskräften des Lehrgebietes Rehabilitationssoziologie mitentwickelt; wir danken für die Mitarbeit an diesem Lehrbuch insbesondere Anna Dunker, Yannick Heineck, Lukas Raddatz und Stephan Remmert.

Wir wünschen eine angenehme Reise durch die Soziologie der Behinderung mit vielen neuen Perspektiven und Erkenntnisgewinnen.

1 Einführung in soziologisches Denken

1.1 Der kritische Einstieg: Wozu eine Soziologie der Behinderung?

1.1.1 Behinderung im sozialen Kontext

Wozu ist eine Soziologie der Behinderung gut? Diese kritische Frage soll am Beginn dieses Buches stehen. Die Antwort wird auf sich warten lassen und erst im Verlauf dieses Buches an Konturen gewinnen, denn bereits die Frage ist voraussetzungsreich und bedarf einiger Klarstellungen. So sind die Begriffe »Soziologie« und »Behinderung« so vielschichtig, dass ihrer Erläuterung die beiden folgenden Kapitel gewidmet sind. Daher ist die Antwort auf diese Eingangsfrage eher in der Gesamtheit dieses Buches zu finden als auf bestimmten Seiten. Ganz im Sinne einer Wissenschaft, die stört (Bourdieu 1996), die stets mehr Fragen als Antworten hat und eher Perspektiven als Lösungen vorschlägt, ist aber vielleicht mit dieser Frage zu Beginn schon einiges gewonnen.

Erste Antworten auf die Eingangsfrage sind in Abb. 1 (auf der folgenden Seite) zu entdecken.

Dieses Foto stammt aus den 1920er Jahren und wurde im Franz Sales Haus in Essen aufgenommen. Die 1884 gegründete katholische Einrichtung geht auf eine private Taubstummenschule zurück und wurde vom »Verein zur Erziehung und Pflege katholischer idiotischer Kinder beiderlei Geschlechts aus der Rheinprovinz« (Franz Sales Haus Trägerverein 2009, o. S.) getragen.[1] Heute ist das Franz Sales Haus ein großes Sozialunternehmen mit rund 2.000 Beschäftigten an 40 Standorten (Franz Sales Haus o. J.).

Auf dem Foto lassen sich zahlreiche Unterschiede zu einer Unterrichtssituation im Jahr 2025 ausmachen. So fällt zunächst auf, dass hier ausschließlich Mädchen unterrichtet werden. Die zeitgenössische Bildunterschrift »Handfertigkeitsunterricht der Mädchen« deutet auf einen Bezug zwischen Geschlecht und tradierten Rollenerwartungen hin. Auf anderen Fotos des gleichen Zeitraums sind Klassen für Jungen abgebildet; diese erhielten keinen Handfertigkeitsunterricht, sondern unter anderem Werkunterricht. Weiter fallen die Ordensschwestern auf. Ihre Anwesenheit leitet sich aus dem konfessionellen Hintergrund des Franz Sales Hauses ab. Weitere Auffälligkeiten lassen sich erst im historischen Abgleich identifizieren: So

---

1 Für die historische Einordnung bedanken wir uns herzlich bei Dr. Martin Annen.

1 Einführung in soziologisches Denken

Abb. 1: »Handfertigkeitsunterricht« der Mädchen (Franz-Sales-Haus, nicht datiert, wahrscheinlich 1920er Jahre; freundlich zur Verfügung gestellt durch das Franz Sales Haus, Essen)

sind 15 Kinder für eine Schulklasse in einer Regelschule eine für heutige Verhältnisse kleine Zahl. Zwei Betreuerinnen stellen einen ungewöhnlich hohen Betreuungsschlüssel dar. In Förderschulen hingegen ist die Relation durch kleine Klassen und weiteres pädagogisches Personal (z. B. Assistenzkräfte) heutzutage ähnlich.

Eine weitere Besonderheit lässt sich optisch nicht erkennen. Hier sind wahrscheinlich auch Kinder mit Behinderungen abgebildet. Die Einschränkung »wahrscheinlich« hat mehrere Gründe: Erstens lassen sich die abgebildeten Kinder nicht mehr identifizieren; über sie ist nichts bekannt. Zweitens sind keine sichtbaren Behinderungen zu erkennen. Drittens wurde in diesem historisch-sozialen Kontext aber kaum unterschieden zwischen Kindern mit und ohne Behinderung. Das Franz Sales Haus bot – wie viele andere Einrichtungen dieser Zeit auch – Unterricht für Kinder an, die nicht am Regelschulbetrieb teilnahmen. Das konnten Waisenkinder sein, Kinder aus Armutsverhältnissen oder eben Kinder mit verschiedenen Behinderungen. Vielleicht würde bei einigen dieser Kinder heute ein Förderbedarf diagnostiziert; im Jahr 1920 folgte die Klassenzusammensetzung eher entlang von sozioökonomischem Status, Konfession und Rollenbildern.

Die Tatsache, dass das Franz Sales Haus auch heute noch mit Menschen mit Behinderungen arbeitet, lässt weitere Beobachtungen zu: So wurde das auf dem Foto erkennbare Holzmobiliar im Krieg zerstört und ist nicht mehr in Nutzung; die Gebäude und Räume sowie der sie umgebende Sozialraum mit seiner spezifischen Ausrichtung auf behinderte Menschen bestehen aber teilweise fort. Weitere Auffälligkeiten lassen sich aus einer historischen Perspektive identifizieren: In den nun über 100 Jahren seit Aufnahme des Fotos hat der Umgang mit Behinderung zahlreiche Veränderungen und Paradigmenwechsel erlebt. So fallen in diesen Zeitraum christlich motivierte Fürsorge ebenso wie der nationalsozialistische Terror mit gezielter Tötung behinderter Menschen, bewahrpädagogische Ansätze, die Behindertenbewegung (▶ Kap. 9.2.4), die Festschreibung von Teilhabe behinderter Menschen als Menschenrecht durch die Behindertenrechtskonvention der Vereinten Nationen und der Paradigmenwechsel zur Personenzentrierung der Eingliederungshilfe.

Damit verbildlicht dieses Foto bereits einige Zusammenhänge, die zur Beantwortung der Eingangsfrage herangezogen werden können: Behinderung scheint eingebettet in einen sozialen Kontext, der wiederum veränderbar ist. So wird Bildung heute in der Regel staatlich organisiert und konfessionelle Rahmenbedingungen des Unterrichts sind deutlich weniger verbreitet. Zwar gibt es auch heute noch privat organisierte »Fördervereine« an vielen Schulen, diese sind aber eher unterstützend als »tragend« und wirken weniger auf pädagogische Inhalte. Offensichtlich ist auch die Veränderung der Wortwahl, denn vom Begriff der »idiotischen Kinder« sind wir heute weit entfernt. Hier hat sich also ein Diskurs verändert und wir können sagen: Auch die Veränderung von Begriffen passiert in einem sozialen Kontext, zum Beispiel, indem Begriffe kritisiert, geächtet, favorisiert oder neu gebildet werden. Andere Zusammenhänge erscheinen ambivalenter: Während auf dem Foto »wahrscheinlich« Kinder mit und ohne Behinderungen gemeinsam lernen, ist der gemeinsame Unterricht an Schulen in Deutschland im Jahr 2025 noch immer eher die Ausnahme als die Regel (Autor:innengruppe Bildungsberichterstattung 2024). Die Zusammensetzung einer Klasse aus überwiegend Kindern mit schwieriger sozioökonomischer Ausgangslage ist jedoch auch heute häufig zu finden. Das gilt insbesondere für Förderschulen mit dem Schwerpunkt »Lernen« sowie für die Förderschwerpunkte »geistige Entwicklung« und »sozial-emotionale Entwicklung« (Autor:innengruppe Bildungsberichterstattung 2024).

Die beiden letztgenannten Beobachtungen drängen zu einer Auseinandersetzung mit der Frage nach »Normalität« – und den dahinter verborgenen Fragen, wie und von wem bestimmt wird, was »normal« ist. Der historische Abgleich zeigt neben der sozialen Einbettung von Behinderung auch die Dynamik, mit der sich dieser soziale Kontext verändern kann – oder beharrt; er zeigt die Breite der Veränderungen und er macht zugleich deutlich: Der soziale Kontext von Behinderung hat Einfluss auf die Lebenssituation von Menschen mit Behinderungen und gleichzeitig ist dieser veränderbar. Eine erste Schlussfolgerung lautet damit: Um Behinderung zu verstehen, müssen wir den sozialen Kontext betrachten, in den Behinderung eingebettet ist.

1.1.2 Behinderung als Ergebnis verdeckter Prozesse – und eine Wissenschaft, die »stört«

Auf der Suche nach weiteren Antworten auf die Frage, wozu eine Soziologie der Behinderung beitragen kann, soll ein Beispiel helfen: Wenn ein*e Mitarbeiter*in durch Leistungs- und/oder Verhaltensprobleme auffällt, besteht bei Kolleg*innen und Vorgesetzten möglicherweise die Neigung, eine Erklärung zu suchen, die unmittelbar einleuchtet und gleichzeitig direkte und konkrete Handlungen und Interventionen ermöglicht. Häufig sind Erklärungen monokausal, das heißt sie bieten nur eine Begründung für das Verhalten an: Die einen sagen, der*die Mitarbeiter*in sei faul, die anderen, er*sie sei unbegabt, die dritten, er*sie habe persönliche Probleme, die vierten, er*sie sei ein*e Einzelgänger*in, ein*e Außenseiter*in. Andere wiederum sehen die Ursachen für auffälliges oder unerwünschtes Verhalten im »Wertezerfall« der Gesellschaft, der geringeren Leistungsbereitschaft einer bestimmten Generation oder in dem Einfluss von sozialen Medien.

Die Soziologie hinterfragt Annahmen, die sich auf gängige und verbreitete Erklärungsmuster stützen, wie auf die (hier sprichwörtliche) »Natur der Sache«, auf das »Wesen des Menschen«, auf die »Veranlagung« des Individuums oder auch auf die Normalität und Selbstverständlichkeiten in der alltäglichen Lebenspraxis.

> »Die Soziologie stellt alltägliche Vorgänge und Lebenssituationen in einen breiteren gesellschaftlichen Zusammenhang. Hinter den gewohnten und vertrauten [...] Handlungen entdeckt sie eine Welt von verborgenen Motiven und Kräften. Sie liefert den für viele schockierenden Beleg, dass das Alltagshandeln bis in die privatesten und intimsten Beziehungen hinein von kulturellen Vorgaben und gesellschaftlichen Normierungen, nicht selten von Machtinteressen und Herrschaftszusammenhängen beeinflusst wird, die sich ›hinter dem Rücken‹ der Menschen durchsetzen. Sie fördert die ernüchternde Erkenntnis zu Tage, dass noch die privateste aller Entscheidungen, die Partnerwahl, von ziemlich strikten sozialen Vorgaben von Klasse, Schicht, Einkommen und Bildung abhängig ist. Selbst ›wo die Liebe hinfällt‹, ist für den unromantischen soziologischen Zweifler also kein unerforschliches Mysterium – jedenfalls nicht ausschließlich« (Eickelpasch 1999, 10).

Da »[d]ie erste Stufe der Weisheit in der Soziologie ist, dass die Dinge nicht sind, was sie scheinen« (Berger 1971, 32), argumentiert die Soziologie häufig gegen Alltagstheorien, gegen den gesunden Menschenverstand, Lebensweisheiten oder Vorurteile – verständlicherweise nicht immer mit dem Einverständnis und der Akzeptanz aller Gesellschaftsmitglieder: »Natürlich stört die Soziologie. Sie stört, weil sie enthüllt« (Bourdieu 1996, 70). Die Soziologie »stört« insbesondere dann, wenn die Gesellschaft als Ganzes hinterfragt wird, wenn Macht-, Herrschafts- und Einkommensverteilung sowie politische, soziale und geschlechtliche Ungleichheiten analysiert werden. Dann ist offene Ablehnung nicht selten – vor allem in politisch und ökonomisch einflussreichen und verantwortlichen Kreisen (Bourdieu 1982; 1996). Oder um es mit dem Filmtitel über das Leben und das wissenschaftliche Werk des französischen Soziologen Pierre Bourdieu zu sagen: Soziologie ist ein Kampfsport.

Das Beobachtungsobjekt Behinderung hat ohne Zweifel das Potenzial in diesem Sinne zu »stören«, wenn Behinderung eben auch vor dem sozialen Hintergrund der sie mitbedingenden Faktoren interpretiert wird. Und da Behinderung »eine in besonderem Maße politisierungsfähige und -bedürftige Kategorie« (Kastl 2024, 457) ist, hat auch die Soziologie der Behinderung Bezüge zu politischen Arenen (Kastl 2024). Damit ist in der Soziologie der Behinderung stets auch eine politische Perspektive enthalten. Dies heißt nicht, dass sie auch aktiv in Politik eingreifen und diese mitgestalten sollte; ihre Funktion ist vielmehr in der Analyse und der Bereitstellung von Perspektiven zu sehen.

Eine Soziologie der Behinderung kann also dabei helfen, Behinderung aus unterschiedlichen Perspektiven zu betrachten, damit vermeintliches Wissen in Frage zu stellen und die Rolle bestehender Handlungsmuster und Strukturen, die etwa in Machtverhältnissen und Herrschaftszusammenhängen bestehen, aufzudecken. Damit macht sie gesellschaftliche Verhältnisse im besten Sinn »diskutierbar«.

Als Fazit dieses kritischen Einstiegs lässt sich vorläufig festhalten: Behinderung sollte vor einem sozialen Kontext betrachtet werden. Dieser kann sich zum Beispiel manifestieren in Handlungsweisen (etwa der Wortwahl), Normen (zum Beispiel ausgedrückt in Menschenrechten, pädagogischen Konzepten oder Diagnostiken, die jeweils in soziales Handeln umgesetzte Interpretationen von Werten sind) oder Strukturen (wie der Trägerstruktur einer Wohlfahrtseinrichtung). Durch die Thematisierung und Untersuchung des sozialen Kontextes von Behinderung wird dessen Einfluss, Wirkrichtung und Wirkmächtigkeit deutlich, aber auch dessen Veränderbarkeit. Eine erste Annäherung an die Eingangsfrage lautet also: Wenn wir »Behinderung« verstehen wollen, dann benötigen wir eine Wissenschaft, die den sozialen Kontext aufdeckt, analysiert und ggf. »stört«.

Es ist bereits aus dem Buchtitel offensichtlich, dass wir dazu die Soziologie der Behinderung anbieten wollen. Bevor wir diese aber vorstellen, widmen wir uns in einem »klassischem« Einstieg einer genaueren Beschreibung dessen, was bisher der Einfachheit halber »sozialer Kontext« genannt wurde.

1.2 Der klassische Einstieg: Definitionen und Gegenstand der Soziologie

»Soziologie« ist etymologisch ein Kunstwort:

1. *socius* (lat.): = gemeinsam/verbunden bzw. Gefährte/Verbündeter/Teilnehmer und
2. *logos* (griech.): = sprachliche Darstellung, Kunde, Denkkraft.

Daraus lässt sich folgende Definition ableiten: *Soziologie ist die Wissenschaft vom Sozialen.*

»Sozial« ist in der Soziologie ein zentraler Begriff. Er wird jedoch nicht als ethischer Begriff im Sinne von Nächstenliebe und Mitmenschlichkeit (»W. ist ein sozial denkender und handelnder Mensch«) und auch nicht als politischer Begriff (»Sozialpolitik«, »Sozialhilfe«, »Sozialarbeit«, »Sozialdemokratie«) benutzt, sondern als wertneutraler Begriff für die Beziehungen der Menschen untereinander – wie freundlich oder feindlich sie auch sein mögen – sowie für die von ihnen hergestellten (Lebens-)Verhältnisse.

Vielfach wird unter Soziologie die *Lehre von der Gesellschaft* verstanden. Dann stellt sich die Frage, was unter Gesellschaft verstanden wird, denn der Gesellschaftsbegriff ist alles andere als eindeutig:

Wenn wir umgangssprachlich beispielsweise sagen, jemand »kommt aus guter Gesellschaft« oder »ist in schlechte Gesellschaft geraten« oder »wird in die (feine) Gesellschaft eingeführt«, so ist unmittelbar deutlich, dass der in diesen Redewendungen benutzte Begriff von Gesellschaft nur einen bestimmten, ausgewählten, zahlenmäßig meist kleinen Personenkreis umfasst. Deutlich wird dies beispielsweise am Begriff der »Hochzeitsgesellschaft«.

In einem anderen Verständnis kann Gesellschaft deutlich umfassender als Personenmehrheit definiert werden, die beispielsweise ganz bestimmte gemeinsame Merkmale aufweist, die aufgrund kultureller Traditionen ein Zusammengehörigkeitsgefühl besitzt oder ein ähnliches Werte- und Normensystem anerkennt und meist im Rahmen einer nationalstaatlichen Ordnung organisiert ist (Wiswede 1998).

Wenn wir Gesellschaft als *strukturellen Rahmen* des Zusammenlebens von Menschen verstehen, wird der Blick auf die vorgegebenen Normen, Institutionen und Organisationen gerichtet, die den Gesellschaftsmitgliedern Orientierung, Ordnung und Regelhaftigkeit für ihr soziales Handeln geben bzw. geben sollen (Giddens 1995).

Gesellschaft kann auch als *soziales System* verstanden werden, wenn die einzelnen Elemente oder Teilsysteme (z. B. Bildungssystem, Gesundheitssystem etc.) und ihre Wechselwirkung im Hinblick auf Erhalt oder Entwicklung der Gesellschaft untersucht werden (Luhmann 1987; Parsons 2009).

Soziologie als Wissenschaft von der Gesellschaft bzw. vom gesellschaftlichen Dasein des Menschen analysiert systematisch die Bedingungen und Formen des menschlichen Zusammenlebens, die Struktur und Funktion gesellschaftlicher Institutionen sowie die Wechselwirkung von Gesellschaft und Individuum (Lautmann 2024d).

Der *Forschungsgegenstand* der Soziologie ist die soziale Wirklichkeit als das Zusammenleben und Zusammenhandeln von Menschen in sozialen Strukturen sowie die Ergebnisse und Effekte dieses Handelns. Damit sind zwei zentrale Gegenstandsbereiche – von Wiswede (1998) als Objekte der Soziologie – benannt, die in einer spezifischen Spannung zueinanderstehen, die sich auch in unterschiedlichen soziologischen Perspektiven manifestiert

Wenn man beide Objektbereiche als die in der Soziologie wichtigsten einschätzt, so ergibt sich folgende Definition von Soziologie:

> »Soziologie ist die Lehre vom sozialen Verhalten (sozialen Handeln) und den sozialen Strukturen (sozialen Gebilden)« (Wiswede 1998, 22).

Die Frage nach dem theoretischen Stellenwert, den das soziale Handeln oder die sozialen Strukturen einnehmen, ist konstitutiv für den soziologischen Diskurs. An der Antwort auf diese Frage lassen sich viele soziologische Theorien unterscheiden. Vereinfacht geht es um die konkrete Frage:

> »Inwieweit sind wir kreative Akteure, die die Bedingungen für ihr eigenes Leben aktiv kontrollieren? Oder ist das meiste von dem, was wir tun, das Ergebnis allgemeiner sozialer Kräfte jenseits unserer Kontrolle?« (Giddens 1988, 760).

Hinter dieser Frage steht das theoretische Problem, ob primär – vor allen anderen Faktoren – Umwelten und Strukturen das soziale und individuelle Handeln be-

1.2 Der klassische Einstieg: Definitionen und Gegenstand der Soziologie

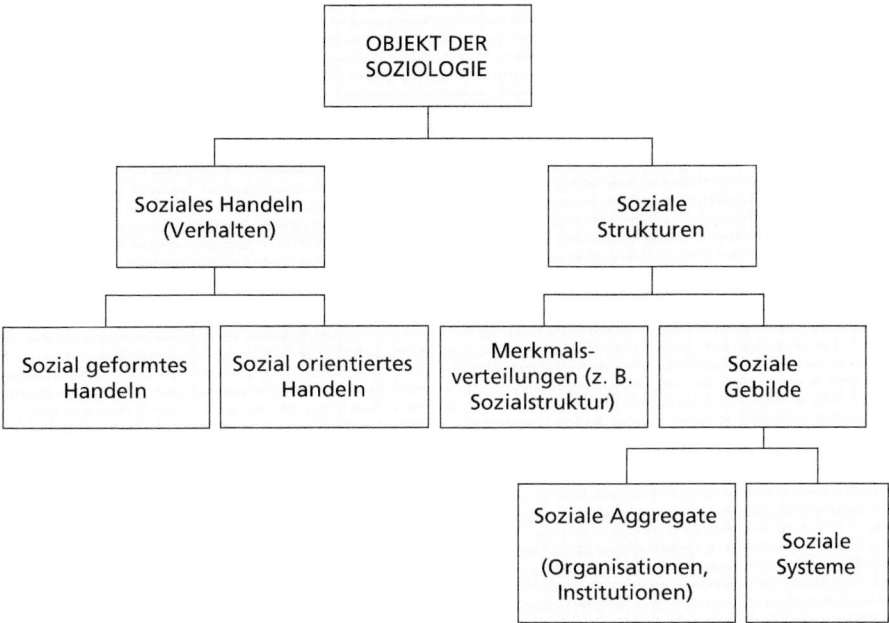

Abb. 2: Objekt der Soziologie (Wiswede 1998, 22)

stimmen oder ob das menschliche Handeln die Umwelten und Strukturen erzeugt. Dieses Problem hat Giddens in seiner Strukturationstheorie als die Dualität von Struktur bezeichnet, welche die Wechselwirkung zwischen Handlung und Struktur in den Blick nimmt und damit das Verhältnis zwischen Individuen und Gesellschaft (Giddens 1988). Die Analyse des konkreten menschlichen Handelns scheint oft nur um den Preis der Vernachlässigung seiner Umwelt, seines Eingebundenseins in soziale und gesellschaftliche Strukturen möglich zu sein. Umgekehrt kommt in den Theorien, die sich der Gesamtgesellschaft, ihren Strukturprinzipien, Organisationen und Institutionen und ihrem sozialen Wandel widmen, häufig das soziale Handeln der Menschen und sein Einfluss auf Strukturen und Systeme zu kurz.

Die oben getroffene Unterscheidung in mikro- und makrosoziologische Perspektiven ist nur bedingt geeignet, das Verhältnis von Handeln und Struktur theoretisch zu verorten. Zwar sind generell mikrosoziologische Perspektiven eher am sozialen Handeln der Menschen orientiert und makrosoziologische eher an sozialen und gesellschaftlichen Strukturen, doch finden sich auch Strukturelemente in mikrosoziologischen Konzeptionen (z. B. Rollenstruktur) und handlungstheoretische Annahmen in makrosoziologischen Konzepten.

Hilfreich für die Erläuterung des (scheinbaren) Gegensatzes von Handeln und Struktur ist der Rückgriff auf drei grundlegende soziologische Theorierichtungen:

1. Funktionalismus
2. Konfliktansatz

3. Symbolischer Interaktionismus.

Der *Funktionalismus* (Hauptvertreter: Parsons [1951], ▶ Kap. 9) geht von der Frage aus, welche Aufgaben oder Funktionen soziale Institutionen wie beispielsweise Familie, Schule, Wirtschaft, Religion haben und haben müssen, um die Gesellschaft stabil zu halten und gleichzeitig weiterentwickeln zu können. Hier sind also die sozialen Strukturen primär im Fokus der Theorie.

Bei den *Konfliktansätzen* (Anschluss an Marx [1867] und Weber et al. [2019], ▶ Kap. 4) stehen die sozialen Konflikte, Spannungen und Klassenkämpfe im Vordergrund. Da die Ursache von Konflikten häufig in der ungleichen Verteilung erstrebenswerter Güter (Kapital, Macht, Positionen, Einkommen, Bildung etc.) gesehen wird, ist auch hier die Strukturperspektive dominant.

Der *symbolische Interaktionismus* (Hauptvertreter: Goffman [1963, 2018] und Mead [1927], ▶ Kap. 5) beschäftigt sich demgegenüber primär mit dem Denken, Fühlen und Handeln der Menschen als Ergebnis zwischenmenschlicher Beziehungen.

So berechtigt und sinnvoll alle Konzepte sind, die sich diesen drei Theorierichtungen zuordnen lassen, so deutlich ist auch die Begrenztheit ihrer Erklärungsreichweite für die Gesamtheit sozialer Phänomene. In der Soziologie fehlt es nicht an Versuchen, die im Alltag jederzeit spürbare reale Verbindung von Struktur und Handeln auch theoretisch zu fassen und die Mikro-Makro-Kluft zwischen Struktur und Handeln, respektive die von Giddens (1988) thematisierte Dualität von Struktur zu überbrücken. Hierzu gehören Theorieansätze von Habermas (1988), Elias (1939), Bourdieu (1982) und Beck (1986, 2016) (▶ Kap. 10).

Ein konkretes Beispiel soll eine mögliche Integration der drei Theorierichtungen illustrieren. Das Beispiel ist Feldmann (2006, 53) entnommen und dank seines theoretischen Abstraktionsgrades selbst nach fast 20 Jahren erstaunlich aktuell:

»Nehmen wir an, das *Internet* wird soziologisch analysiert.

Funktionalismus: Das Internet verbessert die Kommunikation, erleichtert wirtschaftliches und wissenschaftliches Handeln und dient der Integration der Menschen und Institutionen.

Konfliktansatz: Gruppen bilden sich durch das Internet, Gruppen bekämpfen sich im Internet, das Internet ist eine neue Arena und ein neues Kampfmittel.

Interaktionismus: Im Internet wird interagiert, getäuscht, entstehen Vorder- und Hinterbühnen, werden Identitäten konstruiert, werden Symbole geschaffen und gedeutet.«

Feldmann gibt hierzu eine wichtige Ergänzung, indem er auffordert, GAS (hier Abkürzung) zu geben.

- G = Geschlecht
- A = Alter
- S = Soziale Schicht

Das bedeutet für die Analyse des Internets nach Feldmann (2006):

»Geschlecht: Zuerst wurde das Internet von (jungen) Männer in Beschlag genommen, inzwischen steigt der Frauenanteil kontinuierlich.

Alter: Junge Männer und junge Frauen gestalten und nutzen es. Die soziale Distanz zwischen alten und jungen Menschen wird vergrößert.

Soziale Schicht: Über Computer verfügen hauptsächlich Mittel- und Oberschichthaushalte. Das Internet wird primär von Wohlhabenden, Gebildeten und von den Inhabern guter Berufspositionen genutzt. Die Unterschiede zwischen Industrie- und Entwicklungsländern werden (vorläufig) dadurch vergrößert« (Feldmann 2006, 53).

Die drei genannten grundlegenden soziologischen Theorierichtungen bilden gewissermaßen die Klammer, innerhalb der sich eine Vielzahl konkurrierender soziologischer Theorien und Konzepte verbirgt, so dass auch nicht von »der« Soziologie gesprochen werden kann. Das macht soziologisches Denken gleichzeitig verwirrend und erleuchtend: Es bietet Analyse- und Erklärungsansätze für alle gesellschaftlichen Phänomene, aber nie eine einzige Wahrheit. Doch gerade damit wird sie ihrem Beobachtungsgegenstand – »der Gesellschaft« – gerecht, denn die Komplexität moderner Gesellschaften bringt es mit sich, dass die Vielfalt und Heterogenität sozialer Tatbestände nicht von einer einzigen Theorie befriedigend analysiert und erklärt werden können.

Jede theoretische Konzeption konzentriert sich überwiegend auf ein »Thema«, eine Perspektive, einen Analysegegenstand oder ein Erklärungsziel. Die »Speziellen Soziologien« (sogenannte »Bindestrich-Soziologien«) haben sich auf die Erforschung ausgewählter gesellschaftlicher Teilbereiche spezialisiert. Allein an der TU Dortmund werden beispielsweise unter anderem die folgend genannten soziologischen Perspektiven eingenommen und wissenschaftlich bearbeitet:

- Arbeitssoziologie
- Bildungssoziologie
- Familiensoziologie
- Gesundheitssoziologie
- Lebenslaufsoziologie
- Migrationssoziologie
- Organisationssoziologie
- Rehabilitationssoziologie
- Soziologie der Alternden Gesellschaften
- Soziologie der Geschlechterverhältnisse
- Soziologie der Ungleichheit
- Stadt- und Regionalsoziologie
- Techniksoziologie
- Umweltsoziologie
- Wissenschaftssoziologie

Die verschiedenen Perspektiven und Fragestellungen führen beispielsweise auch bei der Analyse der Gegenwartsgesellschaft zu höchst unterschiedlichen Ergebnissen. Die folgende Liste nennt beispielhaft einige der »Gesellschaftsetikettierungen«, mit denen jeweils unterschiedliche Aspekte der Gegenwartsgesellschaft beschrieben werden (selbstverständlich ohne Anspruch auf Vollständigkeit):

- Die postindustrielle Gesellschaft (Bell 1975)
- Die Arbeitsgesellschaft (Offe 1984)
- Die Mediengesellschaft (Postman 1985)
- Die Risikogesellschaft (Beck 1986, 2016)
- Die gespaltene Gesellschaft (Honneth 1986)
- Die Bildungsgesellschaft (Mayer 1990)
- Die multikulturelle Gesellschaft (Leggewie 1991)
- Die Bürgergesellschaft (Dahrendorf 1992)
- Die desintegrierende Gesellschaft (Heitmeyer 1992)
- Die transparente Gesellschaft (Vattimo 1992)
- Die moderne Gesellschaft (Giddens 1995)
- Die Single-Gesellschaft (Hradil 1995)
- Die Verantwortungsgesellschaft (Etzioni 1997)
- Die dynamische Gesellschaft (Mayntz 1997)
- Die digitale Gesellschaft (Negroponte 1997)
- Die postmoderne Gesellschaft (Inglehart 1998)
- Die flexible Gesellschaft (Sennett 1999)
- Die Informationsgesellschaft (Lash und Urry 2000)
- Die Wissensgesellschaft (Knorr-Cetina 2002)
- Die Erlebnisgesellschaft (Schulze 2005)
- Die Weltgesellschaft (Albrow 2007)
- Die funktional differenzierte Gesellschaft (Nassehi 2008)
- Die Gesellschaft der Sirenen-Server (Lanier 2014)
- Die Wissensgesellschaft (Willke 2014)
- Die Multioptionsgesellschaft (Gross 2016)

Aus beiden Aufzählungen wird deutlich, dass es nicht nur viele verschiedene soziologische Perspektiven gibt, sondern auch viele Beobachtungsobjekte. Oder, um im eingangs aufgegriffenen Beispiel zu bleiben: Die Soziologie betrachtet nicht nur den Fernsehturm, sondern jedes touristische Objekt, und alles aus sehr vielen verschiedenen Perspektiven.

1.3 Was ist Rehabilitationssoziologie/Soziologie der Behinderung?

Wenn es also eine Vielzahl von soziologischen Perspektiven gibt, was zeichnet dann die Soziologie der Behinderung bzw. die Rehabilitationssoziologie – beide Begriffe werden hier synonym verwendet – aus (Jochmaring 2022)?

Die Begriffe »Behinderung« und »Rehabilitation« sind eng miteinander verknüpft. In Deutschland existiert ein ausdifferenziertes Rehabilitationssystem zur Förderung und Versorgung »versehrter« und behinderter Menschen, das sich in berufliche, medizinische, schulische und soziale Rehabilitation differenziert. In Anlehnung an den lateinischen Wortursprung bedeutet Rehabilitation grundständig die Wiedergewinnung einer Fähigkeit. Das kann beispielsweise die (Wieder-)Herstellung der Arbeitsfähigkeit sein (hier im Kontext beruflicher Rehabilitation), was bereits die politische und sozialökonomische Grundierung der Rehabilitation unterstreicht (Clausen 2022).

Historisch betrachtet dominierte lange Zeit eine individualisierte Sichtweise: Behinderung wurde als persönliches Problem oder Schicksal interpretiert – unter anderem aufgrund von »Geburtsfehlern«, Krankheit, eines Unfalls oder einer körperlichen Abweichung von der »Normalität« (Jochmaring 2022; Gottwald 2019; Wansing 2019).

Mit diesem biologisch bzw. medizinisch geprägten Erklärungsmodell von Behinderung (Gottwald 2019; Waldschmidt 2020) wurden soziale Benachteiligungen im Bildungs- oder Erwerbssystem als unveränderliche Folge individueller Defizite interpretiert. Programme, Maßnahmen, Interventionen und Rehabilitation mit dem Ziel einer Betreuung, Förderung oder Therapie behinderter Menschen waren in aller Regel in segregierenden Sondersystemen und -orten organisiert.

Ein soziologisches Verständnis von Behinderung ist auf die gesellschaftlichen Strukturen, Kontextfaktoren und Wechselwirkungen fokussiert, die Behinderung bedingen. Es steht individualisierenden, medizinisch-dominanten und defizitorientieren Sichtweisen diametral entgegen.

Die Behindertenbewegung (Köbsell 2019; Schönwiese 2022) der 1970er Jahre artikulierte und politisierte bereits mit Nachdruck die benachteiligte Lebenssituation behinderter Menschen. Der gesellschaftliche Kontext und die sozialen und kulturellen Hinderungsfaktoren, die Behinderung bedingen und kreieren, wurden dann auch im sozialen Modell von Behinderung (Oliver 1990, 2009) in den Fokus gerückt (Gottwald 2019; Waldschmidt 2005). Mit der UN-BRK ist dieses an Kontextfaktoren ausgerichtete Verständnis nochmals gestärkt und rechtlich-politisch manifestiert worden (Wansing 2019).

In einem heutigen soziologischen Verständnis wird Behinderung als Wechselwirkung zwischen körperlicher, kognitiver, psychischer und/oder Sinnesbeeinträchtigung und einstellungs- und umweltbedingten Barrieren verstanden, die eine vollständige und gleichberechtigte Teilhabe an der Gesellschaft behindern (Aichele 2019; Jochmaring 2022). Treppen sind beispielsweise bauliche Barrieren, Gesetze und Einstellungen können beispielsweise soziale Barrieren darstellen und es existieren unter anderem kulturelle Barrieren durch Leistungs- und Normalitätserwartungen (Aichele 2019; Wansing 2019).

Soziologie in Anwendung 1.1: Kein Platz an der Bushaltestelle

Abb. 3: Bushaltestelle an der Dortmunder Möllerbrücke

Dies ist ein Foto der Dortmunder Möllerbrücke. Wir sehen auf der Brücke einen Gehweg, einen Fahrradstreifen und eine Bushaltestelle. Zunächst scheint es bei diesem Weg kein Problem zu geben.

An der Bushaltestelle stehen jedoch mehrmals am Tag viele Menschen auf dem Geh- und Radweg, um auf ihren Bus zu warten. Wenn es nun dazu kommt, dass ein Mensch, bei dem eine Behinderung vorliegt, den Gehweg benutzen möchte, kann es für diesen Menschen zu einer erschwerten Wegbestreitung kommen. Denn Menschen, die zum Beispiel ein geringes Sehvermögen besitzen und einen Langstock verwenden, oder auch Menschen, die auf einen Rollstuhl angewiesen sind, haben wegen der Menschenmenge nicht genug Platz. Ein weiteres Problem an dem Gehweg sind die fehlenden Leitstreifen. Nicht nur durch die Menschenmasse, sondern auch durch den Lärm der Autos und Bahnen, die auf und unter der Brücke fahren, kommt es insbesondere bei sehbeeinträchtigten Menschen zur Verwirrung.

Teilhabebeschränkungen liegen hier also nicht allein an der behinderten Person, sondern am Umfeld und dem Verhalten anderer Menschen. So könnte man demnach Teilhabe erreichen durch das Beachten der Barrierefreiheit beim Bauen von Gebäuden, Gehwegen oder Radwegen, sodass auch Menschen mit einer Behinderung oder Einschränkung am Alltag teilnehmen können. Ebenfalls sollten schon bestehende bauliche Mängel überarbeitet werden.

(Beispiel und Foto von Jule Stüker, 1. Semester Rehabilitationspädagogik, Wintersemester 2023/2024)

1.3 Was ist Rehabilitationssoziologie/Soziologie der Behinderung?

Die Rehabilitationssoziologie analysiert beispielsweise gesellschaftlich strukturierte bzw. vermittelte Teilhabechancen oder die Repräsentation behinderter Menschen in den verschiedenen gesellschaftlichen Funktionssystemen. Der Themenkomplex Behinderung weist eine Vielzahl von Bezügen in alle gesellschaftlichen Teilsysteme auf: Beispiele sind mögliche Sonderrollen (siehe auch Behindertenrolle ▶ Kap. 3.2 nach Haber und Smith, 1971) oder Differenzen im Gegensatz zu sogenannten nicht-behinderten Menschen.

Das Themenfeld Behinderung ist auch jenseits der Rehabilitationssoziologie Gegenstand wissenschaftlicher Betrachtung, dann nur in Verbindung mit den jeweils einzelnen fachspezifischen Kontexten. Beispielsweise wird das Phänomen »schulischer Behinderung« (Powell 2007) vor allem innerhalb der Bildungssoziologie thematisiert: Etwa wenn es um die Analyse von Bildungsungleichheit und Bildungsarmut oder erschwerte Übergänge in die berufliche Bildung geht, allesamt Phänomene, von denen behinderte Menschen überproportional häufig betroffen sind. Zur wissenschaftlichen Bearbeitung des Forschungsgegenstands Behinderung sind die jeweils genuinen Perspektiven der einzelnen speziellen Soziologien, beispielsweise der Arbeits- und Bildungssoziologie oder Soziologie der Erziehung und Sozialisation, konstitutiv (Jochmaring 2022; Waldschmidt 2020). Die Rehabilitationssoziologie kann sich dabei auf das umfangreiche Repertoire soziologischer Theorien stützen zur Bearbeitung von Fragestellungen mit direktem oder indirektem Bezug zum Themenfeld Behinderung. Gleichwohl hat die »Nischendisziplin« Rehabilitationssoziologie eine Reihe wegweisender, explizit rehabilitationssoziologischen Publikationen hervorgebracht, die den internen Fachdiskurs nachhaltig prägen (Jochmaring 2022).

Die prominentesten genuin rehabilitationssoziologischen Veröffentlichungen sind die Lehrbücher von Cloerkes (2007) und Kastl (2017). Weiter sind die soziologischen Arbeiten von Wansing (2006) und Pfahl (2011) sowie der Sammelband von Cloerkes (2003) herauszuheben. Vergleichsweise ältere Arbeiten sind die rehabilitationssoziologischen Standartwerke von Thimm (2006a) sowie Neubert und Cloerkes (2001).

Gewinnbringend für den Theoriediskurs einer Soziologie der Behinderung ist die interdependente Bezugnahme zu den (deutschsprachigen) Disability Studies. Herauszuheben sind an dieser Stelle (und ohne Anspruch auf Vollständigkeit) der Sammelband zur Verortung der Disability Studies im deutschsprachigen Raum von Brehme et al. (2020) sowie von Waldschmidt und Schneider (2007), die wegweisend für die innerdisziplinäre Fachdiskussion einer Soziologie der Behinderung sind. Als aktueller Meilenstein ist das »Handbuch Disability Studies« (Waldschmidt 2022) zu bezeichnen.

Behinderung als zentraler Gegenstand der Rehabilitationssoziologie hat eine Strahlkraft über die Soziologie hinaus, da die Inhalte und theoretischen Auseinandersetzungen auch für andere Wissenschaftsdisziplinen von hohem Interesse sind. Wissenschaftliche Anknüpfungspunkte und Deutungsansprüche über den Personenkreis und das Phänomen Behinderung haben die Disability Studies und die Heil- und Sonderpädagogik, darüber hinaus unter anderem auch die Psychologie sowie erziehungswissenschaftliche Teildisziplinen hervorgebracht. Die Rehabilitationssoziologie als »Spätzünder« (Wansing 2006, 78) unter den Rehabilitationswissenschaften steht zwar mit anderen Disziplinen in Konkurrenz um die Deutungshoheit des Personenkreises bzw. des Phänomens Behinderung, bringt jedoch – speziell in Abgrenzung zu den pädagogischen (Sub-)Disziplinen – eine autarke Perspektive mit, die auf dem umfangreichen Theoriegerüst der allgemeinen Soziologie fußt (Jochmaring 2022).

Im Gegensatz zu bekannteren »Bindestrichsoziologien«, wie der Wirtschafts- und Organisationssoziologie oder der Arbeits- und Bildungssoziologie, ist für die Rehabilitationssoziologie ein »Schattendasein« zu konstatieren. »Soziologie der Behinderung bezeichnet nach wie vor allenfalls ein Forschungsinteresse und eine unbestimmte Anzahl verschiedener Forschungsperspektiven einer sehr begrenzten Anzahl von Personen« (Kastl 2017, 3). Im Vergleich mit anderen soziologischen Subdisziplinen ist eine sehr geringe institutionelle Verankerung festzustellen. Es existieren nur vereinzelt Lehrstühle für Rehabilitationssoziologie oder angrenzende Denominationen (z. B. die Disability Studies) im deutschsprachigen Raum. Innerhalb der soziologischen Fachcommunity ist die Rehabilitationssoziologie nur randständig verankert und prägt daher den innersoziologischen Fachdiskurs nur partiell. Diese Einschätzungen wurden bereits von Waldschmidt und Schneider (2007) formuliert, sind jedoch nach wie vor aktuell (Jochmaring 2022).

Nach dieser Verortung ist zu konstatieren, dass die Rehabilitationssoziologie mit ihrer Fokussierung auf das Themenfeld Behinderung ein Alleinstellungsmerkmal innerhalb der soziologischen Fachdiskussionen aufweist (Jochmaring & Falk 2023). Sie hat Ausstrahlung unter anderem auf die Disability Studies, Psychologie und die jeweiligen erziehungswissenschaftlichen Teildisziplinen, die sich ebenso dem Themenfeld Behinderung widmen. Eine soziologische Analyseperspektive ermöglicht es, die gesellschaftlichen Strukturen zu beleuchten und die Funktionen von Institutionen und Organisationen der »Behindertenhilfe« in den Blick zu nehmen (Jochmaring 2022).

Gleichzeitig steht die Rehabilitationssoziologie neben anderen Wissenschaftsdisziplinen, die sich ebenfalls für Behinderung interessieren. Zu nennen sind hier insbesondere Medizin, Rechtswissenschaften, Kulturwissenschaften, Erziehungswissenschaften, Literaturwissenschaften und Verwaltungswissenschaften. Sie beschäftigen sich aus ihren jeweiligen Perspektiven mit Aspekten – manchmal auch nur mit Ausschnitten – von Behinderung.

Die Rehabilitationssoziologie kann mit diesen zusammenarbeiten, doch teilweise überschneiden sich die Themen: So hat die Medizinsoziologie gezeigt, dass Gesundheit und Krankheit auch vor einem sozialen Hintergrund untersucht werden sollten. So gibt es Zusammenhänge zwischen Krankheiten (etwa einer Lungenentzündung) und dem soziökonomischen Hintergrund der Betroffenen (zum Beispiel einer beruflichen Tätigkeit in staubiger Umgebung). Diese Arbeitsteilung zwischen Medizin und Soziologie hat der Rehabilitationssoziologe Jörg Michael Kastl pointiert so zusammengefasst:

> »In diesem Sinne wäre z. B. so etwas wie funktionierende Atmung und ihre Störung durch eine Lungenentzündung gleichermaßen und gleichzeitig ein biologisch-medizinisches wie ein soziokulturelles Phänomen. Das ändert nichts daran, dass auch von einer Lungenentzündung betroffene Soziolog:innen in aller Regel den Anweisungen von Ärzt:innen Folge leisten und im Ernstfall die Einnahme eines lebensrettenden Antibiotikums nicht etwa mit

dem heroischen Argument zurückweisen, in Wirklichkeit handle es sich bei Atmung und Lungenentzündung um soziologische Phänomene« (Kastl 2024, 455).

Man könnte sagen: Die von uns vorgestellten soziologischen Perspektiven auf Behinderung beschäftigen sich damit, dass Behinderung »auch« ein soziales Phänomen ist, und bieten sich damit für die Bearbeitung des »Sozialen« im bio-psycho-sozialen Modell von Behinderung an. Eine so verstandene Soziologie der Behinderung hat damit einen Platz neben medizinischen, juristischen oder pädagogischen Perspektiven und erklärt sich verantwortlich für Fragen des Zusammenhangs von Behinderung und Gesellschaft.

2 Behinderung aus soziologischer Perspektive

Im soziologischen Verständnis ist Behinderung eine soziale Tatsache, respektive ein sozialer Tatbestand, der durch »Soziales«, also beispielsweise durch gesellschaftliche Normen und Werte oder soziale Bewertungs- und Zuschreibungsprozesse beschrieben und erklärt werden kann. Behinderung aus soziologischer Perspektive wird demnach nicht als ein naturwüchsiges Phänomen angesehen, das kausal auf organische, kognitive oder psychische Defekte oder Schädigungen zurückgeführt werden kann, sondern ist Ergebnis sozialer Prozesse.

Behinderung als sozialer Tatbestand kann entlang von fünf Analyseebenen betrachtet werden: (1) begrifflich-konzeptionelle, (2) institutionelle, (3) ätiologische, (4) empirische und (5) systemische Ebene. Dazu werden jeweils beispielhaft leitende Fragen der betreffenden Ebene aufgeführt, um deren Denkrichtung zu verdeutlichen:

1. *Begrifflich-konzeptionelle Ebene:* Wie wird Behinderung in der Gesellschaft gesetzlich, kulturell und wissenschaftlich, beispielsweise in der Medizin, Pädagogik, Psychologie oder Soziologie, definiert? Wie lassen sich die Behinderungsbegriffe durch Analyse historischer wie gegenwärtiger ökonomischer, politischer, technologischer, sozialer und kultureller Prozesse sowie Strukturen soziologisch interpretieren?
2. *Institutionelle Ebene:* Welche Definitionsinstanz definiert bei wem nach welchen Verfahren/Kriterien und bei welcher Schädigung/Beeinträchtigung eine »Behinderung«?
3. *Ätiologische Ebene:* Welche ökonomischen Strukturen, ökologischen Bedingungen oder Sozialisationsbedingungen führen zu Krankheiten, Schädigungen oder Beeinträchtigungen?
4. *Empirische Ebene:* Wie lassen sich Lebenslagen von Menschen mit Behinderung, wie die soziale Herkunft, Sozialisation oder Zuweisung eines »Behindertenstatus«, mittels quantitativer und qualitativer Methoden der empirischen Sozialforschung erfassen?
5. *Systemische Ebene:* Wie wirken Hilfe- und Unterstützungssysteme, wie Systeme der Frühförderung, der schulischen Bildung und Ausbildung, der medizinischen, sozialen und beruflichen Rehabilitation sowie informelle Hilfesysteme, auf die Lebensbewältigung von behinderten Menschen?

Nach Unterscheidung dieser fünf Analyseebenen wird deutlich, dass das Verständnis, was »Behinderung« ist, von der Analyseebene abhängt, von der aus Behinderung betrachtet wird. Damit knüpfen wir an die Metapher der Reise zu einem

Objekt an und erinnern an den Gedanken, dass jede neue Perspektive andere Ansichten ermöglicht. Im nächsten Schritt werden nun Definitionen von Behinderung unterschieden (▶ Kap. 2.1). Anschließend werden *Erklärungsmodelle von Behinderung* (▶ Kap. 2.2) entlang von *Grundannahmen*, *Paradigmata* sowie *Konzepte* skizziert und damit unterschiedliche Perspektiven auf Behinderung eingenommen. Wie in der Einführung vorgestellt, haben diese Perspektiven Einfluss darauf, was als »Behinderung« angesehen wird.

> **Lernziele**
>
> - Sie können verschiedene Analyseebenen von Behinderung aus soziologischer Perspektive unterscheiden und zur Analyse einsetzen.
> - Sie benennen verschiedene Definitionen von Behinderung und ordnen diese kritisch ein.
> - Sie differenzieren zwischen unterschiedlichen Erklärungsmodellen von Behinderung und kennen zentrale Kritikpunkte an den einzelnen Modellen.

2.1 Definitionen von Behinderung

Behinderung ist weder in der Alltagssprache noch in wissenschaftlichen Disziplinen – wie Medizin, Recht, Pädagogik oder Rehabilitation – ein eindeutiger und Disziplinen übergreifend einheitlich verstandener Begriff (Gunkel et al. 2022).

In der Alltagssprache wird »Behinderung« oder »(be-)hindern« als Bezeichnung widriger Umstände genutzt, die die Erreichung eines gesteckten Ziels erschweren oder verhindern (z. B. »Verkehrsbehinderung«, »am Torschuss hindern«, »den wirtschaftlichen Aufschwung behindern« etc.). Deutlich wird in der alltagssprachlichen Verwendung von »Behinderung« bzw. »(be-)hindern«, dass der Begriff zum einen eine pejorative (= abwertende) Bedeutung hat und dass zum anderen immer auch eine subjektive Bewertung vorliegt, die konkrete Bedingungen und Sachverhalte als »widrig« und »behindernd« einschätzt.

In den Wissenschaften sowie in den mit Behinderung betrauten Institutionen konkurrieren verschiedene Definitionen von Behinderung.

2.1.1 Behinderungsbegriff der WHO von 1980: International Classification of Impairments, Disabilities and Handicaps – ICIDH

Eine der bekanntesten Definitionen von Behinderung stammt von der Weltgesundheitsorganisation (World Health Organization – WHO) aus dem Jahre 1980, die in ihrer »*International Classification of Impairments, Disabilities and Handicaps*«

(Internationale Klassifikation der Schädigungen, Fähigkeitsstörungen und Beeinträchtigungen – ICIDH) von *drei Dimensionen* ausgeht (World Health Organization 1980).

1. *Impairment* meint eine Schädigung von biologischen und/oder psychischen Strukturen und Funktionen des menschlichen Organismus – also zum Beispiel ein gelähmtes oder amputiertes Bein.
2. *Disability* meint eine Einschränkung in unterschiedlichen Funktionen der menschlichen Physis, Psyche oder Kognition – also zum Beispiel Einschränkungen beim Treppensteigen.
3. *Handicap* meint die Störung der sozialen Stellung oder Rolle der betreffenden Person und ihrer Fähigkeit zur Teilnahme am gesellschaftlichen Leben und bedeutet damit die Benachteiligung im körperlichen und psychosozialen Feld, in familiärer, beruflicher und gesellschaftlicher Hinsicht sowie bei der Ausübung alters- und geschlechtsspezifischer Rollen. Ein Beispiel wäre die Nicht-Teilnahme einer Person mit gelähmtem Bein an einer Wandergruppe.

Die tendenziell individuumszentrierte und defektorientierte Sichtweise der ICIDH wurde vielfach kritisiert und führte zu einer überarbeiteten Fassung (ICIDH-2). Deren Ziel ist die aktive selbstbestimmte Teilhabe von Menschen mit Behinderung. Die ICIDH-2 greift stärker behindertensoziologische Implikationen auf und berücksichtigt ansatzweise den gesellschaftlichen Kontext, in dem behinderte Menschen leben.

Denkanstoß 2.1: Individuelle oder gesellschaftliche Verantwortung?

Dem Modell der ICIDH wurde in der Vergangenheit die Kritik entgegengebracht, sie sei individuums- und defizitorientiert. Die ICIDH nimmt zu wenig externe Kontextfaktoren in die Betrachtung von Behinderung auf und verortet damit hauptsächlich die individuelle Schädigung als Ursache der Behinderung. Dadurch wird die Bewältigung der Behinderung zur eigenverantwortlichen Aufgabe der behinderten Person (Jochmaring 2023; Waldschmidt 2005).

Eine vergleichbare Argumentationslage ist bei dem Modell des CO_2-Rechners aufgekommen. Der CO_2-Rechner ist ein digitales Werkzeug, um den CO_2-Verbrauch eines Individuums oder Unternehmens zu berechnen sowie darzustellen (Schunkert et al. 2022) und wurde nach dem Konzept des ökologischen Fußabdrucks entworfen (Augustin 2022). Der ökologische Fußabdruck wurde von Mathis Wackernagel und William Rees entwickelt und stellt ein Konzept dar, welches den Naturverbrauch der Menschen berechnet und in Abhängigkeit zur biologisch produktiven Fläche der Erde setzt, die zur Erhaltung des aktuellen Lebensstils der Menschen notwendig ist (Wackernagel & Rees 1997). Das bedeutet, dass eine Bilanz zwischen dem Verbrauch der natürlichen Ressourcen und theoretisch benötigten Ressourcen gezogen wird (Wackernagel & Rees 1997). Das Konzept des ökologischen Fußabdrucks hat der Konzern British Petroleum (BP) im Jahre 2004 aufgenommen und den ersten CO_2-Rechner veröffentlicht. Dadurch war es Privatpersonen möglich, den CO_2-Fußabdruck zu berechnen, der durch den eigenen Lebensstil entsteht.

Dieses Modell wird kritisiert, da der Rechner den Fokus des CO_2-Verbrauchs auf das Individuum legt, wodurch dem Individuum eine Verantwortung zur Reduzierung des CO_2-Verbrauchs zugeschrieben wird (Augustin 2022; Meyer 2021). Die Kritik lautet: Durch den Blick auf den individuellen Verbrauch gerät die Perspektive auf die Verantwortung von Konzernen, Politik oder Gesellschaft aus dem Blick. Konzerne wie BP entzögen sich dieser Verantwortung und schöben zumindest implizit die Verantwortung auf die Verbraucher*innen, während sie gleichzeitig die Abhängigkeit der Menschen von den von ihnen verkauften CO_2-haltigen Produkte (z. B. Wärme) ausnutzen (Hendrig 2021; Strauch 2022). Als Gegenposition wird geäußert, dass einzelne Individuen nicht dafür verantwortlich seien, ihre Lebensweisen zu ändern, sondern strukturelle Veränderungen in der Gesellschaft entstehen müssten, damit eine langfristige und freiwillige Veränderung der Lebensweisen entstehe (Wackernagel & Rees 1997; Wackernagel 2023).

Kritik am ICIDH und noch deutlicher am CO_2-Rechner ist im Prinzip richtig, unterschlägt jedoch, dass immer auch eine Eigenverantwortlichkeit besteht (z. B. weniger fliegen).

Denkanstöße

- Welche Gefahren gehen damit einher, wenn im öffentlichen Diskurs individuelle Verantwortung einzelner Personen in den Blick genommen wird?
- Welche Auswirkung könnten diese Sichtweisen auf gesellschaftliche Diskurse haben?

2.1.2 Behinderungsbegriff der WHO von 2001: International Classification of Functioning, Disability and Health – ICF

Im Mai 2001 wurde von der 54. Vollversammlung der WHO nach einem mehrjährigen Entwicklungsprozess die »*International Classification of Functioning, Disability and Health*« (Internationale Klassifikation der Funktionsfähigkeit, Behinderung und Gesundheit – ICF) verabschiedet.

Mit der ICF verschiebt sich der Fokus von der Fähigkeitsstörung zur Aktivität und von der Beeinträchtigung oder Benachteiligung zur sozialen Teilhabe. Außerdem werden Kontextfaktoren und der Lebenshintergrund der Betroffenen mit einbezogen, die für die Entstehung und Bewältigung gesundheitlicher Probleme bedeutsam sein können. Die ICF ermöglicht es so, das positive und negative Funktions- und Strukturbild (Organismus), Leistungsbild (Aktivitäten) und Teilhabebild (Partizipation) zu beschreiben (World Health Organization 2001).

Die ICF gilt nicht – wie vielfach angenommen – lediglich für behinderte Menschen, sondern ist universell anwendbar und kann auf gesundheitsbezogene

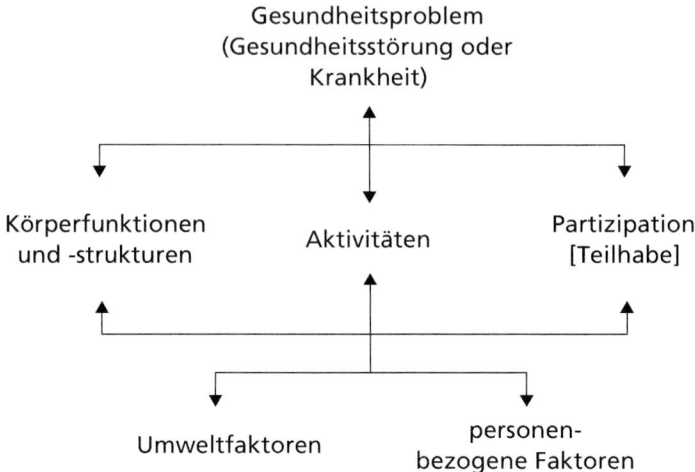

Abb. 4: Wechselwirkungen zwischen den Komponenten der ICF (Quelle: DIMDI – Deutsches Institut für Medizinische Dokumentation und Information 2005, 23; World Health Organization 2001, 26).

Themen aller Menschen bezogen werden. Sie stellt einen Rahmen zur Verfügung, um die »Gesundheitsdomänen« – z. B. Sehen, Hören, Gehen, Lernen – und »mit Gesundheit zusammenhängende Domänen« – z. B. Transport, Bildung/Ausbildung, soziale Interaktionen – zu beschreiben. Dabei untersucht die ICF aber nur die Gesundheit betreffende Faktoren. Werden Menschen zum Beispiel auf Grund ethnischer Zugehörigkeit oder ihres Geschlechts an Teilhabe gehindert, ist die ICF nicht anwendbar (World Health Organization 2001). Innerhalb der Domänen werden zwei Elemente beschrieben: (1) »Funktionsfähigkeit und Behinderung« und (2) »Kontextfaktoren«.

- *Funktionsfähigkeit* ist ein Oberbegriff, der alle Körperfunktionen und Aktivitäten sowie die Partizipation umfasst.
- *Behinderung* ist ein Oberbegriff für Schädigungen, Beeinträchtigungen der Aktivität und Beeinträchtigungen der Partizipation.
- Mit »*Kontextfaktoren*« werden unter »*Umweltfaktoren*« die äußeren Einflüsse und unter »*personenbezogene Faktoren*« die inneren Einflüsse auf Funktionsfähigkeit und Behinderung beschrieben.

Damit untergliedert die ICF zwei Domänen mit jeweils zwei Teilen:

1. Funktionsfähigkeit und Behinderung
   a. Körperfunktionen und -strukturen
   b. Aktivitäten und Partizipation [Teilhabe]
2. Kontextfaktoren
   a. Umweltfaktoren

b. Personenbezogene Faktoren (World Health Organization 2001)

Aus der ICF lassen sich *vier Leitfragen* für die Arbeit im Kontext von Behinderung ableiten:

1. Wer wird in welcher Hinsicht behindert und um welche Hindernisse handelt es sich?
2. Wieweit kann umgekehrt der Abbau von inneren und äußeren Barrieren zur »Ent-Hinderung« beitragen?
3. Welche Aktivitätspotentiale und Partizipationsmöglichkeiten sind vorhanden?
4. Wie können diese im Sinne einer Ressourcenorientierung geweckt und gefördert werden?

Neben der ICF besteht noch die »*International Statistical Classification of Diseases and Related Health Problems*« (Internationale statistische Klassifikation der Krankheiten und verwandter Gesundheitsprobleme – ICD), mit welcher sich Gesundheitsprobleme (Krankheiten, Gesundheitsstörungen, Verletzungen etc.) diagnostizieren lassen. Die ICD wird zum Beispiel angewandt, wenn Ärzt*innen diagnostizieren. So findet sich eine ICD-Zahl beispielsweise auf einer Krankschreibung (allerdings aus Datenschutzgründen nicht auf der für den Arbeitgebenden). Eine häufig vorgenommene Klassifikation in der Erkältungssaison ist beispielsweise »J06: Akute Infektionen an mehreren oder nicht näher bezeichneten Lokalisationen der oberen Atemwege« (Bundesinstitut für Arzneimittel und Medizinprodukte 2025, o. S.). Beide Klassifikationen – ICF und ICD – ergänzen einander:

> »Im bio-medizinischen Modell der ICD wird eine funktionale Beeinträchtigung in erster Linie als Folge eines gesundheitlichen Problems der jeweiligen Person aufgefasst. Insofern bedarf es einer medizinischen Behandlung mit dem Ziel der Heilung oder Anpassung des Menschen mit Behinderungen (Schuntermann 2013, 31 f.) (…) Zugleich ist die ICD und deren international einheitliche Diagnose von Krankheiten auch ein Bestandteil des bio-psycho-sozialen Modells der ICF, da dieses immer auf der Diagnose eines Gesundheitsproblems basiert (World Health Organization 2005, 9 f.). Anders als die ICD zielt die ICF jedoch nicht auf ein einheitliches Verständnis von Gesundheitsproblemen, sondern auf ein einheitliches Verständnis der Auswirkungen von Gesundheitsproblemen sowohl für Menschen mit als auch ohne Behinderungen ab. (…) Deshalb ergänzen die ICD-10 und die ICF einander, und Anwender sind aufgerufen, beide Klassifikationen der WHO-Familie der Internationalen Klassifikationen gemeinsam zu verwenden. Die ICD-10 stellt eine ›Diagnose‹ von Krankheiten, Gesundheitsstörungen oder anderen Gesundheitszuständen zur Verfügung, und diese Information wird mit zusätzlichen Informationen zur Funktionsfähigkeit, welche die ICF liefert, erweitert« (Umsetzungsbegleitung Bundesteilhabegesetz o. J., o. S.).

2.1.3 Behinderungsdefinition im Sozialgesetzbuch IX

Das im Juli 2001 in Kraft getretene Neunte Sozialgesetzbuch (SGB IX) definiert Menschen als behindert, »wenn ihre körperliche Funktion, geistige Fähigkeit oder seelische Gesundheit mit hoher Wahrscheinlichkeit länger als sechs Monate von dem für das Lebensalter typischen Zustand abweichen und daher ihre Teilhabe am

Leben in der Gesellschaft beeinträchtigt ist« (§ 2 Abs. 1 SGB IX; alte Fassung gültig bis 31.12.2017).

Als Grundlage für den Behinderungsbegriff nach § 2 Abs. 1 SGB IX dient dem Gesetzgeber die ICF (▶ Kap. 2.2). Wie in der ICF wird mit Behinderung »nicht der als anhaltend und altersuntypisch diagnostizierte körperliche, geistige oder seelische Zustand eines Menschen selbst bezeichnet, sondern die Beeinträchtigung der Teilhabe am Leben in der Gesellschaft, die sich durch externe Einflüsse in Folge dieses Zustandes einstellen *kann*« (Felkendorff 2003, 31).

Die Teilhabebeeinträchtigung wird in der ab dem 1. Januar 2018 gültigen Neufassung der gesetzlichen Behinderungsdefinition wie folgt präzisiert: »Menschen mit Behinderungen sind Menschen, die körperliche, seelische, geistige oder Sinnesbeeinträchtigungen haben, die sie in Wechselwirkung mit einstellungs- und umweltbedingten Barrieren an der gleichberechtigten Teilhabe an der Gesellschaft mit hoher Wahrscheinlichkeit länger als sechs Monate hindern können« (§ 2 Abs. 1 SGB IX; neue Fassung, gültig seit 01.01.2018).

Die gesetzliche Definition von Behinderung weist demnach drei zentrale Merkmale auf:

1. *Zeitaspekt:* »länger als 6 Monate«
2. *Relationaler Aspekt:* »von dem für das Lebensalter typischen Regelzustand abweichend«
3. *Teilhabeaspekt:* »Beeinträchtigung der Teilhabe am Leben in der Gesellschaft durch einstellungs- und/oder umweltbedingte Barrieren«.

Die Zuweisung von »Graden der Schädigung« – GdS (auch: Grad der Behinderung – GdB) gemäß SGB IX erfolgt durch die Anwendung der sogenannten »GdS/GdB-Tabelle« aus der Versorgungsmedizin-Verordnung (BMAS – Bundesministerium für Arbeit und Soziales 2024). Hier werden »Graden der Schädigung bzw. der Behinderung« medizinische Diagnosen zugeordnet, welche dann zu Indikatoren für das Ausmaß der Beeinträchtigung der sozialen Teilhabe erklärt werden. Das bedeutet, dass das Ausmaß der sozialen Teilhabe eines Menschen durch Rückgriff auf eine medizinische Diagnose bestimmt wird (zur Feststellung von Behinderung/Schwerbehinderung i.S. § 2 SGB IX, ▶ Kap. 9).

2.1.4 Die UN-Behindertenrechtskonvention

Als Behindertenrechtskonvention der Vereinten Nationen (UN-BRK) wird das Übereinkommen der UNO-Mitgliedsstaaten über die Rechte von behinderten Menschen bezeichnet. Dieses wurde 2006 durch die Generalversammlung der Vereinten Nationen verabschiedet, von Deutschland 2007 unterzeichnet und trat 2009 in bundesdeutscher Gesetzgebung in Kraft. Behinderung wird darin als Teil der Vielfalt menschlichen Lebens anerkannt und verstanden. Die UN-BRK stärkt die Rechte von behinderten Menschen und wird in zahlreichen anderen Gesetzen, Normen und Ordnungen als Grundlage genutzt. Sie kann daher als Meilenstein in der Entwicklung der Rechte und der Anerkennung von behinderten Menschen bezeichnet werden.

Mit der UN-BRK wechselte das Leitbild von »Integration« zu »Inklusion« (United Nations 2006). In der deutschen Übersetzung der UN-BRK wurden die Begriffe »inclusion« und »inclusive« jeweils mit »Integration« bzw. »integrativ« übersetzt. Dieses »Missgeschick« führte zu erheblicher Kritik aus Fachkreisen sowie von Seiten der Betroffenenvereinigungen. Im weiteren Verlauf wurde eine »korrigierte Fassung« erstellt, die sogenannte »Schattenübersetzung«. Diese wird häufig im deutschsprachigen Raum verwendet (Beauftragter der Bundesregierung für die Belange von Menschen mit Behinderungen 2022). Rechtlich verbindlich sind allerdings nur die Fassungen des Übereinkommens in den sechs UN-Sprachen (Englisch, Französisch, Spanisch, Russisch, Chinesisch, Arabisch).

2.1.5 Behinderung als negativ bewertetes, relationales Merkmal

Neben den oben angeführten Definitionen mit medizinischem oder juristischem Hintergrund sollen an dieser Stelle auch Definitionen mit soziologischem Hintergrund betrachtet und von den bisher vorgestellten unterschieden werden. Eine sehr wichtige Rolle im deutschsprachigen soziologischen Diskurs zu Behinderung nimmt der Soziologe Günther Cloerkes ein. Er definiert:

> »Eine Behinderung ist eine dauerhafte und sichtbare Abweichung im körperlichen, geistigen oder seelischen Bereich, der allgemein ein entschieden negativer Wert zugeschrieben wird. ‚Dauerhaftigkeit' unterscheidet Behinderung von Krankheit. ›Sichtbarkeit‹ ist im weitesten Sinne das ›Wissen‹ anderer Menschen um die Abweichung« (Cloerkes 2007, 8).

Diese Definition unterscheidet sich deutlich von den bisher explizierten. Auffällig ist insbesondere der Begriff »Sichtbarkeit«, der in den anderen Definitionen nicht auftaucht und der zunächst ungewöhnlich erscheint. Mit »Sichtbarkeit« meint Cloerkes (2007) die prinzipielle Möglichkeit, die Abweichung überhaupt festzustellen und Kenntnis von ihr zu erlangen – es geht also nicht im engeren Wortsinn darum, ob eine Behinderung »gesehen« wird, sondern um deren generelle Wahrnehmbarkeit. Dies kann zum Beispiel auch durch Laute oder die Beschreibung durch Andere erfolgen. Die Feststellung kann dieser Definition gemäß auch durch einen einzigen anderen Menschen oder durch den Menschen mit dem abweichenden Merkmal selbst vorgenommen werden. Behinderung ist hier kein absolutes, sondern ein relationales, in Interaktionen zugeschriebenes Merkmal. Der Autor spricht deshalb an anderer Stelle auch von einem »Attribut« (Cloerkes 2007, 3). Im Umkehrschluss bedeutet die Definition über »Sichtbarkeit« aber auch, dass eine Behinderung, von der niemand Kenntnis hat, für diese soziologische Perspektive nicht als »Behinderung« verstanden wird.

Das Merkmal »Behinderung« ist in diesem Verständnis zudem nur ein Merkmal einer Person unter vielen. Es determiniert keineswegs eine bestimmte, gleichbleibende soziale Reaktion auf die ganze Person. Die Zuschreibung einer Behinderung ist unmittelbar gebunden an einen zeitlichen, biografischen, rechtlichen, historischen und kulturellen Kontext und kann nur in diesem wirksam und erkannt werden (Cloerkes 2007).

Als relationales Merkmal ist Behinderung – in Analogie etwa zu »Schönheit«, »Hässlichkeit«, »Klugheit« oder »Dummheit« – genauso existent oder objektivierbar, wie die Normen, die ein Mensch mit einer Behinderung oder seine Interaktionspartner*innen anlegen. Die Zuschreibung setzt voraus, dass weitere Träger*innen mit im o.g. Sinne sichtbaren Merkmalen existierten oder existieren. Mit diesen können Träger*innen des negativ abweichend wahrgenommenen Merkmals überhaupt erst verglichen werden.

Der Ausprägungsgrad des Merkmals Behinderung im Sinne von Cloerkes (2007) ist prinzipiell beeinflussbar, beispielsweise durch innere Entwicklungsprozesse der merkmalstragenden Person, durch Überwechseln der Person in einen sozialen Kontext mit anderen Normalitätserwartungen, durch therapeutische, technische und pädagogische Eingriffe oder eben – und hier kommt die Bedeutung des Zuschreibungsprozesses als zentrales Konstitutionskriterium zur Geltung – durch den Wandel merkmalsbezogener Normen und damit Normalitätserwartungen innerhalb eines gegebenen Kontextes. Nach Cloerkes' Modell kann, wer Normen einer (Mikro-)Kultur oder Gesellschaft kennt und zudem weiß, welchen Normen in ihr besondere Bedeutung zugemessen wird, mit einiger Sicherheit vorhersagen, welche Merkmale und Verhaltensweisen von Menschen in ihr als Behinderung gelten.

Die soziale Reaktion auf einen Menschen mit einer Behinderung wird nach Cloerkes (2007) von anderen Normen gesteuert als die Feststellung der Behinderung selbst. »Behindert« (Cloerkes 2007, 8) ist ein Mensch nämlich nur dann, wenn:

1. in mindestens einem körperlichen, geistigen oder seelischen Merkmal eine unerwünschte Abweichung von wie auch immer definierten Normalitätserwartungen vorliegt (sogenannte »*notwendige Bedingung*«) und
2. deshalb die soziale Reaktion auf ihn negativ ist (sogenannte »*hinreichende Bedingung*«) (Cloerkes 2007).

Der Status des Behindert-Seins nach Cloerkes ist also nur eine mögliche Folge einer als unerwünschte Abweichung empfundenen Merkmalsausprägung, und zwar eine negative Folge, welche die Entwicklungs- und Partizipationschancen eines Menschen mit einer Behinderung einschränkt. Diese Trennung ermöglicht es unter anderem, die sozialen Folgen einer Behinderung gesondert zu analysieren und nicht als zwingende Folge einer solchen Merkmalsausprägung zu betrachten. Auch entzieht sie einem sozial, historisch oder biologisch begründeten Determinismus jeden Boden. Durch die Trennung von notwendiger und hinreichender Bedingung werden ferner nur solche Menschen als »behinderte Menschen« bezeichnet, bei denen auch eine Behinderung vorliegt; nicht alle Menschen gelten als »behindert«, auf die die soziale Reaktion entschieden und dauerhaft negativ ist.

> »Die Soziologie der Behinderung hat in dem relativistischen Modell von CLOERKES die Aufgabe festzustellen, welche Abweichungen in einem je gegebenen Kontext als Behinderung gelten und wie dort auf Menschen mit einer Behinderung reagiert wird. Dabei ist es zunächst völlig unerheblich, wie ein Merkmal, das die definitorischen Kriterien einer Behinderung erfüllt, in einem gegebenen Kontext genau bezeichnet wird. Der Anteil an

Personen, die nach diesem Modell eine Behinderung aufweisen, kann zwischen verschiedenen Kontexten erheblich variieren« (Felkendorff 2003, 44).

Soziologie in Anwendung 2.1: Behindert sein und behindert werden

Abb. 5: Zugang zum Gebäude durch Treppen

Abb. 6: Zugang zum Gebäude durch eine Rampe

Diese Bilder wurden auf dem Campus der TU Dortmund aufgenommen. Berücksichtigt man nur das erste Bild, kann ein Mensch, der auf einen Rollstuhl angewiesen ist, als behindert bezeichnet werden: Eine Teilnahme an einer Veranstaltung im Hörsaalgebäude wäre wegen der Treppen nicht möglich.

In Kontrast zum ersten Bild weitet sich bei der Betrachtung des zweiten Bilds der Blickwinkel: Durch eine Rampe rechts von der Treppe ist der Zugang zum Gebäude auch mit einem Rollstuhl möglich. Behinderung ist also nicht allein eine Eigenschaft der betroffenen Person, sondern aus der fehlenden Anpassung der Umwelt ergibt sich eine Teilhabeeinschränkung.

Die Bilder verdeutlichen die Ausdrucksweise, dass eine Person nicht behindert *ist*, sondern behindert *wird*. Diese Ausdrucksweise hat eine deutlich weniger negative Konnotation und legt die Verantwortung nicht auf die betroffene Person, sondern auf die gegebenen Bedingungen und diejenigen Menschen, die in der Lage sind, diese zu verändern.

(Beispiel und Fotos von Valentin Assai, 2. Semester Rehabilitationswissenschaften, Sommersemester 2023)

Soziologie in Anwendung 2.2: Kinobesuch

Gehörlose Menschen können an Kinofilmen, die ohne Untertitel laufen, nicht oder nur erschwert teilhaben. Der Umweltfaktor, dass Filme in hohem Maße ohne Untertitel veröffentlicht werden, behindert sie im Besuch dieser Freizeitaktivität. Die Funktionseinschränkung der gehörlosen Person wird durch untertitellose Filme nicht berücksichtigt, wodurch eine gesellschaftliche Behinderung hervorgerufen wird, die durch einen vermeidbaren Umweltfaktor entsteht. Eine Anpassung der Umwelt an Menschen mit Hörbeeinträchtigung könnte beispielsweise sein, dass alle Kinofilme mit Untertiteln gespielt werden. Dadurch kann die Funktionseinschränkung im Kino kompensiert werden, was eine Teilhabe an gesellschaftlichen Freizeitaktivitäten ermöglicht. Dies würde einen neuen Standard setzen und die Teilhabe von Menschen mit Hörbeeinträchtigung fördern. Für Menschen ohne Hörbeeinträchtigungen stellt dieser Zusatz keine große Veränderung dar, der Film kann auch mit Untertiteln geschaut werden. Die Untertitel geben lediglich eine weitere Möglichkeit, den Film verstehen zu können.

(Beispiel von Frieda Kolke, 1. Semester Rehabilitationswissenschaften, Wintersemester 2023/24)

Soziologie in Anwendung 2.3: Zugfahrt

Neulich war ich in einem überfüllten Zug. Eine Person, die als schwerbehindert bzw. gleichgestellt gilt, befand sich auch in diesem Zug. Diese Person ist in ihrer Mobilität eingeschränkt und nutzt einen Rollstuhl zur Fortbewegung. Außerdem liegt bei der Person eine anorektale Inkontinenz vor. In der Mitfahrt im Zug wurde die Person nicht behindert.

Mehrere Umweltfaktoren behinderten nun aber die Person bei ihrem Aufenthalt in dem Zugabteil. Zum einen war der Zug aufgrund eines hohen Fahrgastaufkommens überfüllt. Daraus resultierte ein Platzmangel und die Bewegungsfreiheit der Fahrgäste war stark eingeschränkt. Des Weiteren waren diverse Toiletten außer Betrieb. Für Personen mit Mobilitätseinschränkungen stellte dies eine akute Behinderung dar.

Für die Teilhabe und die Bewahrung der Würde müssten lediglich die Zugkapazität erhöht und eine barrierefreie Mobilität innerhalb der Zugabteile gewährleistet sein. Des Weiteren müsste es regelmäßigere Wartungen der Zugtoiletten geben oder für Ersatz gesorgt werden.

(Beispiel von Sahid Kizgin, 1. Semester Rehabilitationspädagogik, Wintersemester 2023/2024)

2.2 Erklärungsmodelle von Behinderung

Nach Betrachtung ausgewählter Definitionen von Behinderung (▶ Kap. 2.2) ist deutlich geworden, dass Behinderung aus verschiedenen Perspektiven unterschiedlich betrachtet und damit auch verstanden werden kann. Als nächstes wenden wir uns verschiedenen Erklärungsmodellen von Behinderung zu, die in den Rehabilitationswissenschaften breit rezipiert wurden und werden. Zu unterscheiden sind diese Erklärungsmodelle von dem individuellen, sozialen und kulturellen Modell von Behinderung (Waldschmidt 2005), welche in den Disability Studies angelegt sind (Brehme et al. 2020; Waldschmidt 2005, 2022). Zunächst werden einige Grundannahmen unterschieden (▶ Kap. 2.2.1), auf denen Erklärungsmodelle aufbauen können – sie sind quasi das Fundament der Beobachtung. Nach den Grundannahmen werden Paradigmata (▶ Kap. 2.2.2) vorgestellt – also theoretische Ansätze, die erklären sollen, was Behinderung ist. Auf Basis dieses Überblicks werden dann in Kapitel 2.2.3 (▶ Kap. 2.2.3) verschiedene soziologische Konzepte über Behinderung und behinderte Menschen vorgestellt. Die explizierten Grundannahmen, Paradigmata und Konzepte sind dabei nicht immer trennscharf (auch nicht zu den Modellen der Disability Studies), zahlen jedoch alle darauf ein, Behinderung aus soziologischer Perspektive zu konturieren.

2.2.1 Grundannahmen

Ausgangspunkt aller theoretischen Überlegungen zum Verständnis und zur Erklärung von Behinderung sind die in einer Gesellschaft gültigen, kodifizierten Behinderungsbegriffe. Die Konzentration auf diesen Ausgangspunkt verhindert die Vermischung idealer Vorstellungen über Behinderung bzw. wünschenswerter und notwendiger Korrekturen am Behinderungsbegriff mit der realen gesellschaftlichen Praxis der Anwendung des Behinderungsbegriffs und der daraus folgenden Zuschreibung des Behindertenstatus. Insofern gilt zunächst der tautologische Satz: *Behindert ist, wer als behindert definiert wird.* Die oben beschriebenen Definitionen zeigen jedoch, dass gerade dieses »als behindert definiert werden« sehr unterschiedlich erfolgen kann und dass auf ein und denselben Fall eines behinderten Menschen durchaus verschieden geblickt werden kann. Dies ist zum Beispiel relevant, wenn es um die Inanspruchnahme von Ressourcen – etwa eines Nachteilsausgleichs oder der Finanzierung eines Hilfsmittels geht. Hier können unterschiedliche Definitionen – etwa eines Gesetzes, der Richtlinien einer Schule oder der Praxis eines Kostenträgers – zu verschiedenen Festlegungen kommen, wer in ihrem Sinne und der von ihnen zur Verfügung gestellten Ressourcen als »behindert« gilt.

An dieser Stelle interessiert zunächst die soziologische Perspektive. Aus soziologischer Perspektive ist von folgenden fünf Annahmen über Behinderung auszugehen:

1. Behinderung ist *relativ*. Dies meint, dass Behinderung im Vergleich betrachtet wird. Wir unterscheiden den interkulturellen und den intrakulturellen Vergleich.
   Der interkulturelle Vergleich zeigt, dass das Verständnis von Behinderung in verschiedenen Kulturen höchst unterschiedlich sein kann, da kulturell geprägte Deutungsmuster maßgeblichen Einfluss darauf haben, was als Krankheit oder Behinderung angesehen wird (Ingstad & Whyte 1995; Franke 2012). Beispielsweise dominieren im europäischem Kulturkreis aktuell medizinische, rechtliche und wissenschaftliche Kriterien in der Definition von Behinderung, wohingegen in anderen Kulturkreisen teils religiöse Überzeugungen oder Mythen eine stärkere Relevanz entfalten (Ingstad & Whyte 1995).
   Die intrakulturelle Analyse zeigt sowohl den historischen Wandel im Behinderungsbegriff als auch den Definitionsspielraum bei der Bestimmung von Behinderung innerhalb einer Kultur. In den Kapiteln 2.2.1 (▶ Kap. 2.2.1) und 2.2.2 (▶ Kap. 2.2.2) haben wir den Wandel des Verständnisses innerhalb der WHO beschrieben; dies ist ein Beispiel für einen historischen Wandel und dessen Auswirkung auf unser Verständnis von Behinderung. Auch Denkanstoß 2.2 widmet sich der intrakulturellen Relativität von Behinderung.
2. Behinderung ist *relational*, also abhängig von den sozialen Bezugssystemen.
   Behinderung ist nur in Bezug zu den jeweiligen Anforderungsstrukturen (z. B. altersspezifische Leistungserwartungen) und Unterstützungsstrukturen (z. B. individuelle Förderung) der verschiedenen Definitionsinstanzen und Hilfesysteme zu betrachten. Diesem Aspekt widmet sich insbesondere Kapitel 9.2 (▶ Kap. 9.2).
3. Behinderung ist ein *prozesshaftes Geschehen*, kein statisches Phänomen.
   Begrifflich-analytisch ist »Behinderung« von Begriffen der »Schädigung« und »Beeinträchtigung« zu unterscheiden. Real besitzt Behinderung doppelten Prozesscharakter:
   - Zum einen ist Behinderung der Endpunkt eines vorhergehenden Wahrnehmungs- und Bewertungsprozesses. Dieser reicht über die Feststellung einer Schädigung und die Klärung der daraus resultierenden Beeinträchtigung/ Störung bis zur Zuschreibung des Behindertenstatus.
   - Zum anderen kann Behinderung graduell verstärkt, funktional ausgeweitet, partiell kompensiert, aber auch aufgehoben werden und ist damit eher als Prozess zu verstehen denn als Zustand.
4. Behinderung ist ein *institutioneller*, kein personeller Begriff.
   Behinderung ist weitgehend unabhängig von individuellen Maßstäben und Werturteilen, beispielsweise auch bei Studierenden der Rehabilitationswissenschaft, die sagen: »Behinderte Menschen sind nicht behindert, die Gesellschaft ist behindernd.« Diese persönliche, durchaus gut gemeinte Meinung ändert

zunächst nichts an der institutionellen Definition und Festlegung des Behindertenstatus. Behinderung als institutioneller Begriff ist dann zu greifen, wenn eine Einrichtung sich für Menschen zuständig erklärt (z. B. eine Beratungseinrichtung) oder wenn Leistungen zur Verfügung gestellt werden (z. B. ein Parkausweis), und dies an eine institutionelle Regel gebunden ist (z. B. das Vorlegen eines Ausweises mit einem bestimmten Grad der Behinderung).

5. Behinderung ist *ein gesellschaftliches*, kein naturwüchsiges Phänomen.
Immer – auch bei »Behinderung von Geburt an« – handelt es sich bei Behinderung insofern um ein gesellschaftliches Phänomen, als dass neben gesellschaftlichen bzw. sozialen Ursachen für Schädigungen, Beeinträchtigungen, Auffälligkeiten oder Abweichungen erst die soziale Bewertung und die soziale Reaktion Behinderung als sozialen Tatbestand konstituieren.

Denkanstoß 2.2: Behinderung im Mittelalter

Abb 7: Die Krüppel, Pieter Bruegel der Ältere, 1568

Das Verständnis von »Behinderung« ist gesellschaftlich geprägt und entwickelt sich durch gesellschaftliche Veränderungen permanent weiter. Auch unsere heutigen wissenschaftlichen Definitionen von »Behinderung« haben sich über die Jahre durch Beiträge verschiedener wissenschaftlicher Disziplinen entwickelt.

Bereits im Mittelalter wurde zwischen behinderten und nicht-behinderten Menschen unterschieden und das Auftreten von ausgeprägten Funktionseinschränkungen durch religiös-dämonische Glaubenssätze erklärt sowie als Gott gegeben begründet (Egen 2020). Dem Auftreten einer ausgeprägten Funktionseinschränkung wurde mit ambivalenten Reaktionen gegenüber den Betroffenen begegnet:

> »Einerseits waren Menschen mit stark von der damaligen Normvorstellung abweichenden Funktionseinschränkungen – vor allem wenn diese angeboren waren –, lebende und mahnende Beispiele für die Sünde und Verfehlungen der Eltern (Schuldzuschreibung an die Eltern) oder Beispiel für das Wirken des Teufels, der das betreffende Kind ›ausgetauscht‹ hat (Schuldentlastung der Eltern), andererseits wiederum ›benötigt‹ Gott kranke und funktionseingeschränkte Menschen, um Wunder vollbringen zu können« (Egen 2020, 104).

Trotz der Tatsache, dass Menschen mit ausgeprägten Funktionseinschränkungen als different wahrgenommen wurden, gab es im Mittelalter laut Egen (2020) keine systematischen Ausgrenzungs- und Abwertungsprozesse. Zwischen den Begriffen Krankheit und Behinderung wurde damals nicht unterschieden. Sie gehörten zum alltäglichen Leben der Menschen, wodurch behinderte Menschen als homogene Masse angesehen wurden und es keine Klassifikationen (die »Blinden«, die »Tauben«, etc.) gab. Die körperliche Verfassung wurde in Verbindung mit der gesellschaftlichen Funktionsfähigkeit gebracht (Frohne 2013). Die Funktionsfähigkeit eines Menschen, also die an eine Person gestellten Lebenserwartungen, hatte in der Gesellschaft einen hohen Stellenwert, sodass eine Person mit Funktionseinschränkungen erst dann als »different« gesehen wurde, wenn ihre Lebenserwartung nicht dauerhaft erfüllt oder die Einschränkung nicht anderweitig aufgefangen werden konnte (Egen 2020; Müller 1996). Daraus folgte eine soziale Funktionseinschränkung, die einen hohen (negativen) Stellenwert für die betroffene Person in der Gesellschaft hatte und beispielsweise zu schlechteren Heiratschancen oder Arbeitslosigkeit führen konnte (Egen 2020). Falls eingeschränkte Personen sich nicht um sich selbst kümmern konnten, übernahmen die Familien oder Klöster die Pflege. Teilweise wurden vereinzelt Personen aus der Gemeinschaft ausgeschlossen, wenn die Meinung herrschte, dass mit ihnen nicht weiter zusammengelebt werden konnte (Egen 2020). Wenn die Familie eine Person mit Funktionseinschränkung nicht mehr tragen konnte, wurde diese in Ausnahmefällen auch weggesperrt, angebunden, verjagt oder getötet (Dörner 1994). Dieser extreme Umgang war allerdings eher untypisch. Denn auch im Mittelalter wurde versucht, die geschädigten Menschen heilend zu behandeln. Die Behandlung orientierte sich allerdings an den zuvor genannten theologischen Interpretationen der Krankheit. Wurde die Erkrankung als Strafe Gottes interpretiert, so erfolgte die Heilung durch Vergebung der Sünden (Lutherbibel 2017: Matthäus 9, 1–8; Markus 2, 1–12; Lukas 5, 17–26). Wurde als Ursache einer Erkrankung das Wirken eines Dämons oder des Teufel unterstellt, so erfolgte ein Exorzismus (Lutherbibel 2017: Matthäus 8, 28–34; Markus 1, 21–28; Lukas 4, 31–37). Teilweise herrschte der Glaube, dass Menschen mit Funktionseinschränkungen durch die Zuneigung anderer Menschen geheilt werden konnten, da diese Zuneigung gleichermaßen die persönliche Zuneigung Gottes widerspiegele (Beese 2010). Trotz der familiären Pflege und religiösen Heilversuche hatten Menschen mit ausgeprägten Funktionseinschränkungen im Mittelalter angesichts fehlender medizinischer Versorgungsmöglichkeiten nur geringe Überlebenschancen (Egen 2020). Zur Vertiefung siehe Müller (1996).

Das Beispiel illustriert, dass die Sichtweise auf »Behinderung« durch gesellschaftliche Perspektiven, hier durch religiöse Vorstellungen, geprägt ist. Die Auffassung von »Behinderung« und »Krankheit« hat sich durch die Entwicklung wissenschaftlicher Theorien und Methoden stark gewandelt. Je öfter ein bestimmtes Phänomen – in diesem Fall »Behinderung« – auftritt, desto »normaler« und »alltäglicher« wird dieses bewertet.

Denkanstoß

1. Es wird deutlich, dass sich die Auffassung von den Begriffen »Behinderung« und »Krankheit« in einem stetigen Wandel befindet. Welche Rolle und Verantwortung haben Sie als (angehende) Fachkraft bei der Begriffswahl und -auffassung?

2.2.2 Paradigmata

Nach der Unterscheidung von Grundannahmen über Behinderung ist deutlich geworden, dass die Konzeptionalisierung von Behinderung verschiedenen Dynamiken folgt und von vielen Faktoren abhängig ist und demnach sehr unterschiedlich ausfallen kann. Der historische Vergleich in Denkanstoß 2.2 hat die Veränderbarkeit der Grundannahmen zu Behinderung verdeutlicht. An dieser Stelle sollen darum verschiedene wissenschaftliche Sichteisen – sogenannte Paradigmata – auf Behinderung beschrieben und unterschieden werden.

> »Ein Paradigma ist ein theoretischer Ansatz, eine wissenschaftliche Sichtweise, oder eine Theorie, die genügend Anhänger hat, gleichzeitig jedoch noch affin genug ist, um neue Problemlösungen zu finden. Paradigmata können sich von daher verändern und in ›Krisen‹ geraten« (Kuhn 1962, zitiert nach Cloerkes 2007, 10).

Eine in der Rehabilitationspädagogik äußerst einflussreiche, bis heute vielfach verwendete Systematisierung von Erklärungsmodellen stammt von Bleidick (1977). Er unterscheidet vier konkurrierende Paradigmata, die Cloerkes (2007) wie folgt zusammenfasst:

Tab. 2: Paradigmata von Behinderung

Paradigma	Erläuterung
Personenorientiertes Paradigma	• Ist auch als medizinisches Modell, ätiologisches Paradigma, individuumszentriertes Paradigma bekannt. • Es gilt als überholt, wird in der behindertenpädagogischen Praxis allerdings noch häufig verwendet. • Die Ursache der Behinderung liegt in der Person selbst oder wird als individuelle Angelegenheit betrachtet. • Ein medizinorientiertes Forschungsinteresse liegt im Fokus.

Tab. 2: Paradigmata von Behinderung – Fortsetzung

Paradigma	Erläuterung
Interaktionistisches Paradigma	• Behinderung erfolgt als Zuschreibung von Erwartungshaltungen durch andere Personen und ist damit nicht ein vorgegebener, sondern ein zugeschriebener Zustand. • Behinderung ist das Resultat sozialer Reaktionen, da die behinderte Person »in unerwünschter Weise anders« (Goffman 2018, 13) wahrgenommen wird und demnach von bestimmbaren Normen abweicht. • Es erfolgt eine Typisierung, Etikettierung, Stigmatisierung, Kontrollierung. • Behinderung wird zu einem Zwangsstatus, der von außen an eine Person herangetragen wird.
Systemtheoretisches Paradigma	• Behinderung ergibt sich durch leistungsbezogene Unterscheidungskriterien unseres Gesellschaftssystems, beispielsweise im Bildungs- und Ausbildungswesen. Hier wird unterschieden zwischen »behinderten« und »nicht behinderten« Menschen. • Schule gilt als entscheidender Faktor dieser Unterscheidung. • Schule trifft diese Unterscheidung durch Qualifikations- und Selektionsfunktionen. • Schulen für sonderpädagogische Förderung wirken als Entlastungsfunktion des allgemeinen Schulwesens.
Gesellschaftstheoretisches Paradigma	• Dieses Paradigma ist auch als politökonomisches oder materialistisches Paradigma bekannt. • Behinderung ergibt sich als ein Gesellschaftsprodukt durch die ungleichen Produktions- und Klassenverhältnisse. • Behinderung wird dabei als die Produktionsfähigkeit negativ beeinflussend und der behinderte Mensch als »Arbeitskraft minderer Güte« (Jantzen 1974, 100) verstanden. • Schulen für sonderpädagogische Förderung »erschaffen« nach diesem Paradigma behinderte Menschen, indem diese für schlecht bezahlte Tätigkeiten vorbereitet werden. • Behinderung ist damit ein Produkt kapitalistischer Gesellschaften (Jantzen 1974)

An dieser Systematisierung ist unter anderem kritisiert (Cloerkes 2007; Dederich 2009) worden, dass

- der Eindruck entstehen kann, dass alle vier Paradigmata die gleiche Bedeutung haben, während doch das personenorientierte Paradigma lange Zeit eine dominierende Stellung innehatte;
- die Paradigmata zu stark an der Situation der Menschen mit Lernbehinderung ausgerichtet sind;
- das system- und das gesellschaftstheoretische Paradigma verkürzt und verzerrt dargestellt werden.

Nachdem wir Grundannahmen über Behinderung (▶ Kap. 2.2.1) betrachtet sowie verschiedene wissenschaftliche Paradigmata von Behinderung (▶ Kap. 2.2.2) unterschieden haben, wenden wir uns nun soziologischen Konzepten zur Untersuchung von Behinderung zu (▶ Kap. 2.2.3).

2.2.3 Konzepte

Soziologische Ansätze und Konzepte über Behinderung und behinderte Menschen können wie folgt untergliedert werden: Konzepte,

- die primär *die gesellschaftliche Konstruktion* und/oder die Produktion *von Krankheit, Abweichung und Behinderung* zu erklären versuchen (Stigma-Konzept, gesellschaftstheoretischer Ansatz);
- die primär *die Voraussetzungen für die Entstehung von Krankheit, Abweichung und Behinderung* analysieren, also diejenigen gesellschaftlichen, institutionellen und sozialen Bedingungen untersuchen, die zu Normabweichung, zu Leistungsversagen, zu Verhaltensauffälligkeiten oder zur Randständigkeit und in Folge auch zur Behinderung führen können (systemtheoretische, interaktionstheoretische, modernisierungstheoretische Ansätze);
- die primär die *psychischen und sozialen Auswirkungen von Krankheit, Abweichung und Behinderung* thematisieren und die Mobilisierung von sozialer Unterstützung sowie offensive Bewältigungsstrategien favorisieren (Soziales Netzwerk-Konzept, »Independent Living«-Bewegung, Selbsthilfebewegung, Integrationsmodelle).

In den folgenden Ausführungen werden diejenigen soziologischen Konzepte skizziert, die explizit Behinderung (und Krankheit) zum Untersuchungsgegenstand gemacht haben und dadurch auch innerhalb der Rehabilitationswissenschaft bekannt geworden sind (Dederich 2009). Auf eine weitergehende Bezugnahme zu den Disability Studies (Brehme et al. 2020; Waldschmidt 2022) und die prominente Differenzierung in individuelles, soziales und kulturelles Modell von Behinderung (Waldschmidt 2005) und menschenrechtliches Modell von Behinderung (Gottwald 2019) wird an dieser Stelle verzichtet.

Krankheit als »Abweichung«

Die medizinische Sicht von Krankheit ist charakterisiert durch die Vorstellung einer Abweichung von biologisch-physiologischen Normen, die durch Gesundheit und Wohlbefinden gekennzeichnet sind. Diese Systematik geht von einem objektiv dokumentierten pathologischen »Mechanismus« aus.

Aus soziologischer Perspektive stellt Krankheit jedoch nicht nur ein biologisches Phänomen dar, sondern basiert immer auch auf einer sozialen Realität, »nämlich insofern, als sie von Menschen erkannt und bezeichnet wird und als sie ihr durch das eigene Verhalten Rechnung tragen« (Freidson 1979, 177). Krankheit impliziert neben der biologischen Abweichung von Gesundheit immer auch eine soziale Abweichung, da in der Vorstellung von Krankheit eine soziale Bewertung des Gesunden, Normalen oder Wünschenswerten enthalten ist. Die soziologische Sicht von Krankheit als soziale Abweichung von der Norm wurde von Parsons (1951; 2009) dargelegt. Krankheit sieht er als eine Störung oder Abweichung von den normalen Bedingungen menschlichen Seins in biologischer wie sozialer Hinsicht. Gesundheit stellt eine der funktionalen Vorbedingungen der Mitglieder eines jeden sozialen Systems dar. Krankheit hingegen ist dysfunktional, da sie die Ausübung normaler Rollenverpflichtungen beeinträchtigt bzw. unmöglich macht. Somit kann Krankheit »als die Beeinträchtigung der Fähigkeit des Individuums zur effektiven Erfüllung sozialer Rollen und der den Rollenerwartungen entsprechend organisierten Aufgaben« (Parsons 2009, 140) definiert werden.

Krankheit stellt jedoch nicht nur einen abweichenden Status dar, sondern wird zugleich durch strukturierte Verhaltenserwartungen und Normen charakterisiert. Dieser Gedanke bildet die zentrale Prämisse für das durch Parsons entwickelte *Modell der Krankenrolle:* »Krankheit ist somit ein sozial institutionalisierter Rollentyp« (Parsons 2009, 345). Die Konzeption der Krankenrolle basiert dabei auf der Annahme, dass krank zu werden bzw. krank zu sein keine bewusste und freiwillige Entscheidung eines Individuums ist. Es kann somit seine Abweichung nicht verantwortlich gemacht werden.

Die Rolle der kranken Person wird nach Parsons (2009) durch *vier wesentliche Merkmale* charakterisiert:

1. Die kranke Person wird für ihre Unfähigkeit zur adäquaten Rollen- und Aufgabenerfüllung nicht verantwortlich gemacht, da diese als außerhalb der bewussten Kontrolle liegend angesehen wird. Die Überwindung dieses Zustandes kann nicht durch einen reinen Willensakt erreicht werden, sondern durch therapeutische Prozesse, die für die Gesundung als notwendig erachtet werden. Beispiel: Für eine Erkrankung beispielsweise durch eine Infektion oder einen Unfall wird die erkrankte Person nicht verantwortlich gemacht, lediglich hinter vorgehaltener Hand könnte »geraunt« werden: »Kein Wunder, dass er wieder verletzt ist; seine letzte Verletzung war ja noch nicht ausgeheilt.«
2. Die als Krankheit definierte Unfähigkeit gilt als legitime Grundlage für die Befreiung von normalen Rollenverpflichtungen und Aufgaben, das heißt Krankheit bedeutet die Möglichkeit, legitim abzuweichen. Beispiel: Eine kranke Person wird von der Erwartung zur Anwesenheit befreit – zum Beispiel in Schule oder am Arbeitsplatz.
3. Diese partielle und bedingte Legitimierung von Krankheit ist an die »Einsicht« der kranken Person gebunden, dass Krankheit einen unerwünschten Zustand darstellt, und an die Anerkennung seiner Verpflichtung, diesen Zustand zu überwinden, das heißt gesund werden zu wollen. Beispiel: Von einer an einer Erkältung erkranken Person wird erwartet, sich zu schonen, Medikamente zu nehmen und wieder gesund zu werden. Weicht das Verhalten von dieser Erwartung ab, wird dies kritisiert: »Solltest Du mit Deiner Erkrankung jetzt wirklich rauchen?«
4. In Ergänzung hierzu hat die kranke Person kompetente Hilfe aufzusuchen und mit den entsprechenden Instanzen zusammenzuarbeiten. Beispiel: Von erkrankten Beschäftigten wird eine Krankschreibung und die aktive Zusammenarbeit mit Ärzt*innen erwartet.

Behinderung als abweichendes Verhalten

Auch die devianztheoretische Erklärung des Phänomens »Behinderung« wurde zunächst in den USA (insbesondere von Freidson 1965; 1979) entwickelt. Freidson (1965) definiert sowohl Krankheit als auch Behinderung als Formen von Abweichung. Behinderung ist danach eine Zuschreibung von unerwünschten Unterschieden zu anderen Personen. Eine Person wird als behindert bezeichnet, weil andere Personen (oder auch sie selbst) ihr Äußeres oder ihr Verhalten als von der Normalität abweichend betrachten.

Der Ansatz basiert auf folgenden *vier Grundannahmen:*

1. Eine Behinderung besteht von dem Augenblick an, in dem sie als Abweichung von Erwartetem festgestellt (und öffentlich gemacht) worden ist. Vergleiche hierzu die notwendige Bedingung der »Sichtbarkeit« von Behinderung in der Definition nach (Cloerkes 2007, 8). Eine Behinderung, die anderen nicht bekannt ist, kann auch nicht diskreditiert werden. Es kann ein Wechsel in der Sicht auf eine Person durch die Feststellung einer Abweichung von einer Erwartung erfolgen. Beispiel: Zwei Menschen haben bisher nur online kommuniziert. Beim ersten »physischen« Treffen stellt eine fest: »Wie, Du bist ja blind?«
2. Auf die Feststellung erfolgen gesellschaftliche Reaktionen, die für die Entwicklung der Abweichung eine wichtige Bedingung sind. Gesellschaftliche Reaktionen können vielfältig sein; ein Beispiel für die beiden Menschen, die sich nach online-Kontakten zum ersten Mal physisch treffen, wäre zum Beispiel Mitleid oder Respekt der behinderten Person gegenüber; aber auch Angst, etwas Falsches zu sagen oder die überschwängliche Betonung: »Aber das ändert für uns ja gar nichts!«
3. Die Reaktionen orientieren sich an einem vorhandenen Stereotyp des behinderten Menschen und setzen sich in Vorstellungen und Erwartungen um. Die Erwartungen konstituieren die Rolle des behinderten Menschen, die an diesen vermittelt wird und sein Verhalten beeinflusst. Beispiel: »Ich wusste gar nicht, dass blinde Menschen auch in Online-Foren kommunizieren.«
4. Etikettierungen und Verinnerlichung der Rolle können zu einer Verfestigung der Abweichung führen und haben Folgen für die soziale Stellung der Person. So nimmt die blinde Person nach der »Klärung« des Status sämtliche Kommunikation der anderen Person anders wahr und ebenso kommuniziert die nicht blinde Person nun anders.

Während Freidson (1965, 1979) in seiner Interpretation der Behindertenrolle (▶ Kap. 3.2) wegen der gleichzeitigen Zuschreibung von Nichtverantwortlichkeit und Stigma vorrangig die damit einhergehenden Einschränkungen von Lebensmöglichkeiten betont, sehen Haber und Smith (1971) auch *positive Aspekte der Behindertenrolle:* Ähnlich wie die Krankenrolle stellt die Behindertenrolle einen Schutzmechanismus dar. Erstens wird Behinderung »legalisiert«, indem Behinderte gegen andere deviante Gruppen, denen eine Schuld an ihrer Abweichung zugeschrieben wird, abgegrenzt werden. Zweitens wird »unnormales« Aussehen und Verhalten als für Behinderte »normal« umdefiniert und damit die Stigmatisierung gemildert. Drittens werden Behinderte von Leistungserwartungen befreit, denen sie nicht genügen können. Die Behindertenrolle hat also die Funktion einer »Normalisierung« (Haber & Smith 1971).

Denkanstoß 2.3: Was ist »normal«?

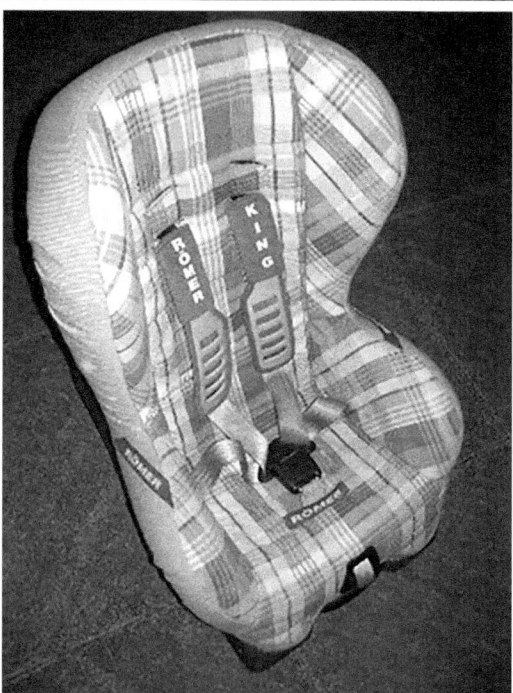

Abb. 8: Kindersitz

Die Frage nach dem, was normal ist und wer bestimmt, was normal ist, lässt sich nicht einfach beantworten. Betrachtet man die drei Abbildungen, so scheinen diese Bilder in keinem Zusammenhang zu stehen. Dennoch wird bei genauerer Überlegung eine wichtige Gemeinsamkeit deutlich. Trotz unterschiedlicher Motive geben diese Bilder einen Handlungsstandard bzw. eine Regelung wieder. Sei es das Schild, welches anzeigt, dass die Toilette von allen Menschen genutzt werden kann; ein hoher Bordstein, der zwar keinen Zugang für Rollstühle, aber ein Leitsystem für sehbeeinträchtigte Personen bietet; oder ein Kindersitz, in dem Kinder bis zu einer bestimmten Größe sitzen müssen. Das Beispiel des Kindersitzes offenbart eine weitere Dimension der gesellschaftlichen Normung: Es passen nur zwei Kindersitze auf die Rückbank eines Autos, so dass Familien mit mehreren Kindern nicht alle Kinder in einem Auto transportieren können – die Anschaffung eines kleinen Busses wird notwendig, wenn eine Familie größer wird als »normal«.

Abb. 9: Erhöhter Bordstein

Abb. 10: WC-Schild

Damit wird deutlich, dass Normen gesellschaftlich geprägt sind und durch Gesellschaft verändert werden können. Das Beispiel der geschlechterneutralen Toiletten und die gesellschaftlichen Diskurse dazu zeigen aber auch, welches Konfliktpotenzial der Veränderung von Normen innewohnen kann. Mit Normen verschieben sich auch Machtsymmetrien.

Normen sind wichtig für das Funktionieren einer Gesellschaft: Sei es in der Industrie, in der Normen zum Beispiel die Maße einer Steckdose vorgeben; in der Medizin, wo die Norm einen Referenzwert zur Einordnung von Messwerten – etwa für den Herzschlag – darstellt; in der Linguistik, in der Normen Regeln in Rechtschreibung, Grammatik und Aussprache beschreiben; oder im gesellschaftlichen Miteinander, wo Normen moralische und rechtliche Verhaltensregeln charakterisieren (Staake 2018).

Im Allgemeinen stellen Normen somit »Sollensbedingungen« bzw. »Sollensregeln« dar, die in ihrer Grundform in Geboten oder Verboten formuliert werden und das Verhalten der Menschen situationsbedingt beeinflussen (Staake 2018). Grundsätzlich »geben [Normen] klare Handlungsanweisungen und regeln das Zusammenleben der Menschen verbindlich« (Cloerkes 2014, 124). Sie können sowohl schriftlich festgehalten als auch mündlich vermittelt werden und variieren zwischen den einzelnen Gesellschaften (Haferkamp 1981). Normen stellen ein Regelwerk des gesellschaflichen Miteinanders dar und lassen sich nach Seitz (1982, zit. nach Müller 2021, 33) in drei Kategorien festhalten:

- »*Explizite Normen* sind gesetzlich verankerte Regeln. Normgerechtes und normabweichendes Verhalten ist in Gesetzen festgeschrieben und wird durch festgelegte Instanzen sanktioniert.
- *Soziokulturelle Normen* dagegen sind gesellschaftsabhängig und in einer sozialen Gruppe, Gesellschaft, Gemeinschaft oder auch Ethnie verbreitet. An ihnen orientieren sich die Mitglieder in ihrem Verhalten und in dessen Bewertung. Sie gehen beispielsweise einher mit weltanschaulichen oder religiösen Anschauungen und können daher in verschiedenen Gruppierungen erheblich differieren.
- *Statistische Normen* unterliegen dem Gesetz der Zahl und werden, oft mithilfe der Entwicklungspsychologie, zur Normbildung herangezogen. Es gilt das Verhalten als normal, welches in einer Gruppe von Personen zu einem gewissen Zeitpunkt am häufigsten auftritt. Verhalten kann daher in zweierlei Hinsicht als auffällig bewertet werden: einerseits nach unten und andererseits nach oben abweichend.«

Diese Normenkategorien werden unterbewusst und zu jeder Zeit parallel wahrgenommen und formen das Leben eines Menschen. Normen müssen zwar nicht eingehalten werden, allerdings muss sich die Person der Konsequenz des Brechens dieser Normen bewusst sein. Die aus dem Einhalten bzw. Brechen einer Norm resultierende positive oder negative Konsequenz kann mithilfe der Formulierung »wenn – dann« eingeschätzt werden (Loer 2008). Beispiel: »Wenn ich stehle, dann komme ich ins Gefängnis.«

Doch wenn Normen Handlungsanweisungen darstellen, dann können diese auch verändert werden. Eine Norm ist »nicht einfach da«, sie wird durch die Gesellschaft geformt. Laut Haferkamp (1981) entwickelt sich eine Norm dann, wenn das Handlungsinteresse der Handlungsakteur*innen zu einem Handlungserfolg führt und die Allgemeinheit dazu bereit ist, sich mit diesen Handlungen und den Handlungsakteur*innen auseinanderzusetzen. Eine Norm kann nur dann entstehen, wenn die Handlung nicht vereinzelt, sondern von einer Vielzahl an Menschen wahrgenommen wird und im Sinne des koordinativen Handelns agiert wird (Haferkamp 1981). Das Handlungsinteresse einer Partei spielt in der Entstehung von Normen eine wichtige Rolle. Denn wenn eine Partei Externalitäten kompensieren, unterbinden oder regulieren möchte, können Normen durch einen gemeinschaftlichen Konsens im Sinne der Koordination oder Kooperation entstehen (Diekmann 2020).

Begriffliche sowie dingliche Definitionen von Behinderung sind stets im Wandel. Die allgemeine Auffassung von Behinderung ist »deskriptiv, evaluativ [sowie] normativ« und berücksichtigt »bei der kritischen Reflexion […] stets das gesellschaftlich konstruierte Verhältnis zwischen Sein und Sollen« (Hartwig 2020, 9). Das bedeutet, dass körperliche oder psychische Auffälligkeiten einer (behinderten) Person in Beziehung zu eigenen bzw. gesellschaftlich gepflegten Vorstellungen gesetzt werden und dadurch eine soziale, meist abwertende Reaktion gegenüber der auffälligen (behinderten) Person entgegengebracht wird (Cloerkes 2014). Diese Reaktionen begründen sich unter anderem in den durch die Gesellschaft vorgelebten normativen Handlungsweisen und führen zu einer Ablehnung bzw. Isolation der behinderten Person (Cloerkes 2014). Der Umgang mit behinderten Menschen ist demnach normgeleitet, was unter anderem dazu führen kann, dass das Leben eines behinderten Menschen durch gesellschaftliche Normen bestimmt wird.

In Bezug darauf stellt das Konzept der inklusiven Schulen ein lösungsorientiertes Beispiel dar. Die Idee: Schüler*innen mit und ohne Förderbedarf gehen gemeinsam auf eine Schule bzw. in dieselbe Klasse. Das Konzept soll helfen, dass Kinder mit Behinderungen nicht vom Grundschul- und weiterführenden Schulunterricht ausgeschlossen werden. Dennoch sind im Schuljahr 2022 55,9 % der Schüler*innen mit Förderbedarf auf Förderschulen gegangen (Kultusministerkonferenz – KMK 2024). Es scheint eine Norm für viele Eltern zu sein, Schüler*innen mit Förderbedarf auf einer Förderschule einzuschulen. Wenn sich das System der inklusiven Schulen weiterhin ausbaut, kann ein Wandel der Norm allerdings eintreten, sodass mehr Schüler*innen mit Förderbedarf auf Regelschulen gehen. Andernfalls findet eine gesellschaftlich normierte Separation von behinderten Menschen statt.

Denkanstöße

1. Normen können nicht nur das Verhalten von Menschen prägen, sondern auch das gesellschaftliche Leben verändern und bestimmen. Welche weiteren Beispiele aus dem rehabilitationswissenschaftlichen Kontext gibt es?
2. Kennen Sie Beispiele für explizite oder soziokulturelle Normen, die im letzten Jahr geschaffen oder abgeschafft wurden?
3. Wie, durch wen und mit welchen Mitteln wurden diese expliziten oder soziokulturellen Normen eingeführt oder deren Gültigkeit beendet?
4. Für wen haben diese Normen Vorteile, für wen Nachteile?
5. Warum wurden sie geschaffen oder abgeschafft? Welche Begründungen finden Sie?

Behinderung als Stigma

Die *Stigma-Perspektive* ist insofern eine *Weiterentwicklung des Devianzansatzes*, da ebenso soziale Normen und Zuschreibungsprozesse theorieleitend sind. Jedoch werden hier stärker die konkreten Interaktionen zwischen behinderten Menschen und Institutionen sowie Menschen mit und ohne Behinderung in den Blick genommen. Für die Identifizierung von Stigmata muss also immer auch Kommunikation untersucht werden – zum Beispiel Einschätzungen zu Behinderung, die sich im Internet finden oder in Gesprächen von Nachbarn*innen. Eine nähere Erläuterung des Stigma-Konzeptes findet sich in Kapitel 5.1.3 (▶ Kap. 5.1.3) und die Beschreibung eines idealtypischen Stigmatisierungsprozesses in Kapitel 5.2.2 (▶ Kap. 5.2.2).

Eine Grundannahme des Stigma-Konzepts ist, dass die Identitätsbildung jedes Menschen sich im Interaktionsprozess vollzieht. Sie sind daher auf gelungene Interaktionen angewiesen, die eine Balance zwischen sozialen Erwartungen und Ich-Leistungen ermöglichen (Kastl 2017). Stigmata stören diese Balance, so dass die Betroffenen im Allgemeinen ihre Identität allmählich verändern, indem sie sich den fremden Erwartungen anpassen und so tatsächlich behindert werden (»Behindertenkarriere«).

Ob eine Person stigmatisiert wird, hängt auch von ihrem sozialen Status ab. So tragen beispielsweise Kinder der sozialen Unterschicht im Vergleich zu Mittel- und Oberschichtkindern bei gleicher Symptomatik ein größeres Risiko, als geistig oder lernbehindert etikettiert zu werden (Wocken 2011).

Betrachtet werden nachfolgend einige Vorzüge und kritikwürdige Aspekte des – hier in aller Kürze eingeführten – eingeführten Stigma-Konzeptes.

Die *Vorzüge des Stigma-Konzeptes* lassen sich in den folgenden fünf Punkten zusammenfassen:

1. Das Konzept vermeidet die Ontologisierung von Behinderung, die dann vorliegt, wenn Behinderung als generelle Andersartigkeit verstanden wird.
2. Es zeigt die Willkürlichkeit des »Behindertenstatus« und seine Abhängigkeit von gesellschaftlich durchgesetzten Vorstellungen von Normalität.
3. Es holt das Problem »Behinderung« auch in die Verantwortung der interagierenden Individuen, die an Zuschreibungsprozessen beteiligt sind.
4. Es ermöglicht die Infragestellung des professionellen Handelns als soziale Kontrolle.
5. Es scheint am ehesten dem Selbstverständnis von behinderten Menschen zu entsprechen (Hohmeier 1982).

Die folgenden drei Aspekte sind jedoch *kritisch* anzumerken:

1. Die Verknüpfung interaktiver Aspekte, also der Handlungsebene mit sozialstrukturellen Bedingungen, gelingt im Grunde nicht. Die gesellschaftlich ungleich verteilte Definitionsmacht wird zwar als ein wesentliches Moment für die »Verteilung« von Stigmata gesehen, kann aber im Rahmen dieses Ansatzes nicht erklärt werden (Kastl 2017).
2. Dem interaktionstheoretischen Ansatz fehlt eine ›sozio-therapeutische Dimension‹ (von Ferber 1976). Zum einen, weil er tendenziell Behinderung als Faktum leugnet, also den soziolätiologischen Aspekt von Behinderung vernachlässigt. Zum anderen werden die positiven Aspekte, die vor allem formale Etikettierungen bei nicht sichtbaren Schädigungen auch haben können, häufig übersehen. Der Behindertenstatus verleiht in unserer Gesellschaft auch gewisse Vorrechte und Geldwerte; Vorteile, die bei bestimmten Schädigungsformen durchaus begehrt sein können.
3. Die Frage, unter welchen Bedingungen die Identität von behinderten Menschen beeinträchtigt wird, unter welchen sie dagegen unbeschädigt bleibt, kann nicht ausreichend beantwortet werden.

Behinderte Menschen als soziale Randgruppe und Minorität

Auch wenn zu ›Behinderte Menschen als Randgruppe/Minorität‹ kein konsistentes theoretisches Konzept vorliegt, so gibt es doch – insbesondere aus den USA – umfangreiche Forschungsarbeiten über gesellschaftliche Minderheiten sowie über die Ursachen und Folgen von Randständigkeit. Ob behinderte Menschen als Randgruppe/Minorität betrachtet werden können, ist in der Forschung schon lange umstritten (Brusten & Hohmeier 1975a).

Einerseits zeigt die Situation von behinderten Menschen und die anderer gesellschaftlicher Randgruppen Ähnlichkeiten bzw. Gemeinsamkeiten:

- Behinderte Menschen sind auf der Ebene von Einstellungen und Vorurteilen stigmatisiert und ihre gesellschaftliche Teilhabe ist eingeschränkt.
- Es besteht ein öffentliches Bewusstsein über das Vorliegen eines sozialen Problems, dem durch sozialpolitische Maßnahmen begegnet werden soll.
- Gesellschaftliche Institutionen sind mit der Bewältigung des Problems beauftragt.

Andererseits sind sie im Gegensatz zu anderen Minoritäten (z. B. ethnische Gruppen) häufig weniger organisiert und verfügen weniger über innere Organisation, die sich etwa in eigenen Institutionen oder einer abgegrenzten eigenständigen Kultur umsetzt.

Trotz der begrifflichen und konzeptionellen Unklarheiten ist die Forschung über Randgruppen und Minoritäten auch für die Situation von behinderten Menschen ertragreich, weil Aspekte wie Stigmatisierung, Ausgrenzung, Desintegration und Isolation, aber auch die individuellen Auswirkungen und subjektiven Bewältigungsstrategien in den Blick genommen werden.

Behinderung als »Arbeitskraft minderer Güte«

Vor allem in den 1970er Jahren war der historisch-materialistisch fundierte sogenannte polit-ökonomische Ansatz in der Rehabilitationspädagogik stark vertreten (Jantzen 1976; 2018), allerdings auch heftig umstritten. Nach diesem Ansatz ist Behinderung notwendig in den charakteristischen Strukturen kapitalistischer Gesellschaften verankert. Im Verständnis von Jantzen (1974) sind die Entstehung, das Sichtbarwerden und die gesellschaftliche Behandlung des Problems »Behinderung« an die Produktionsverhältnisse geknüpft. Diese sind bestimmend für die »gesellschaftlichen Minimalvorstellungen über individuelle und soziale Fähigkeiten« (Jantzen 1974, 21) eines Menschen. Individuen mit Beeinträchtigungen entsprechen diesen Mindestanforderungen nicht, vor allem nicht, was die in kapitalistischen Gesellschaften zentrale Fähigkeit, ihre Verwertbarkeit im Produktionsprozess, angeht. Behinderung wird bestimmt als »Arbeitskraft minderer Güte«, deren Einsatz nur dann rentabel ist, wenn »Mangel an qualifizierter Arbeitskraft besteht« (Jantzen 1974, 100). Behinderte Menschen gehören in diesem Konzept zum Bestandteil der »industriellen Reservearmee«, demjenigen Teil der

Lohnabhängigen, die je nach konjunkturellen und strukturellen Bedingungen der Ökonomie einer Gesellschaft vom Arbeitsmarkt aufgesogen oder ausgestoßen werden.

Bildung, Ausbildung und Rehabilitation bestimmen sich in diesem Ansatz nach den Verwertungsinteressen des Kapitals. Insofern ist es angesichts des geringen »Gebrauchswert(s)« der Ware Arbeitskraft des behinderten Menschen folgerichtig, ja gesetzmäßig, dass behinderte Menschen die Aneignung des kulturellen Erbes der Menschheit, damit die volle Menschwerdung, die sich wesentlich über Arbeit vermittelt, vorenthalten wird. Nach diesem politökonomischen Ansatz ergibt sich folgende Definition von Behinderung:

> »Sie wird sichtbar und damit als Behinderung überhaupt erst existent, wenn Merkmale und Merkmalskomplexe eines Individuums aufgrund sozialer Interaktion und Kommunikation in Bezug gesetzt werden zu gesellschaftlichen Minimalvorstellungen über individuelle und soziale Fähigkeiten. Indem festgestellt wird, dass ein Individuum aufgrund seiner Merkmalsausprägung diesen Vorstellungen nicht entspricht, wird Behinderung offensichtlich, sie existiert als sozialer Gegenstand erst von diesem Augenblick an« (Jantzen 1974, 23 f.).

Auch wegen der allgemein politischen Lage (Ost-West-Konflikt) bis in die 1980er Jahre wurden Überlegungen einer materialistischen Behindertenpädagogik häufig missverstanden, scharf kritisiert und nicht selten diffamiert. Insbesondere der Vorwurf, eine Aufhebung von Behinderung sei erst im Sozialismus möglich und die gesellschaftstheoretische Betrachtung führe zu einer Verweigerung, aktuelle und konkrete pädagogische Aufgaben anzugehen, beruhte oft auf Unkenntnis oder beabsichtigter Verfälschung der Intentionen dieses Ansatzes. Der materialistische Ansatz stellte zweifellos eine wichtige Erweiterung und Alternative zu vorherrschenden Diskursmustern in der (west-)deutschen Sonderpädagogik dar. Seine Fruchtbarkeit für die Analyse lässt sich an einer Reihe von Punkten aufzeigen, die von anderen Ansätzen nur unzureichend erfasst werden. So vermag er die Entwicklung und Ausprägung von Vorurteilen gegenüber Behinderten sowie die Tatsache, dass die Stigmatisierung unterschiedlich stark ist, adäquater zu erklären (Jantzen 1974).

Betrachtet man fortwährende nationale, internationale bzw. globale Probleme wie Massenarbeitslosigkeit, Armut, Verschärfung des Gegensatzes zwischen Arm und Reich, Umweltzerstörungen, Erstarken der Nationalismen etc., so wird die Frage nach dem Einfluss und den Auswirkungen der Ökonomie auf den gegenwärtigen sozialen, politischen und kulturellen Zustand wie auf die künftige Entwicklung moderner Gesellschaften, insbesondere aber auch auf Lebensverhältnisse und Lebenschancen von behinderten Menschen in besonderem Maße wieder aktuell.

Denkanstoß 2.4: Ist Behinderung negativ konnotiert?

Der Soziologe Cloerkes (2007) nähert sich dem Begriff »Behinderung« über die Merkmale Sichtbarkeit, Dauerhaftigkeit und negative Bewertung. Doch dieses

Verständnis wird durch Fälle herausgefordert, in denen teils positive Bewertungen mit einer Behinderung einhergehen oder diese nicht direkt sichtbar ist.

Der – durchaus umstrittene – Unternehmer, Milliardär und politische Aktivist Elon Musk ist mit dem Asperger-Syndrom diagnostiziert (Da Silva 2021; Krachten 2022; Lobe 2022). Er hat sich in einer Fernsehshow dazu geäußert und dabei behauptet, kein »normaler« Mensch zu sein (Spiegel Kultur 2021). Er ist davon überzeugt, die Menschheit mit seiner Technik und seinen Visionen vor dem Untergang zu retten. Musks große »Schaffenskraft« schreiben er und außenstehende Personen seinem Asperger-Syndrom zu (Da Silva 2021; Krachten 2022; Lobe 2022).

Ähnlich verhält es sich bei der – ebenso umstrittenen – Klimaaktivistin Greta Thunberg, denn auch sie ist unter anderem mit dem Asperger-Syndrom, aber auch mit einer Zwangsstörung und selektivem Mutismus diagnostiziert (Nathanson 2022). Thunberg sieht in ihrer Behinderung allerdings keine Einschränkung. Sie sieht ihr Asperger-Syndrom als eine »Superpower« an, die es ihr ermöglicht, tiefer in die (Klima-)Materie sowie den Nahostkonflikt/Israel-Palästina-Konflikt zu blicken und viel von dem »Schwachsinn« anderer Menschen zu durchschauen (Nathanson 2022). Thunbergs Aktivitäten haben eine weltweite Klimakampagne ins Leben gerufen (Nathanson 2022).

Diese beiden politisch aktiven Menschen, deren Behinderung nicht direkt sichtbar ist, polarisieren stark und ziehen sowohl Unterstützung als auch Ablehnung auf sich; sie fordern damit die Definition über das Konzept von »negativer Bewertung« heraus.

Als drittes Beispiel betrachten wir den Astrophysiker Stephen Hawking, der mit einer Amyotrophen Lateralsklerose (ALS) diagnostiziert ist. Mit ALS geht auch der Verlust seiner Sprechfähigkeit einher. Er hat herausragende wissenschaftliche Theorien und Konzepte im Bereich der Astrophysik aufstellen können. Vor allem seine Theorien über schwarze Löcher haben ihn zu einem der weltweit bedeutesten und einflussreichsten Physiker des 20. Jahrhundert werden lassen. Sein Schaffen und die Bewunderung dafür ist in der Außenwahrnehmung eng mit seiner Behinderung verbunden (Carr et al. 2019; Wikipedia 2024).

Denkanstoß

1. Cloerkes (2007) nähert sich dem Begriff Behinderung unter anderem über das Merkmal der negativen Bewertung. In den Beispielen von Musk, Thunberg und Hawking werden allerdings auch positive Bewertungen deutlich. Welche Mechanismen tragen dazu bei, dass ihre Behinderung als positiv bewertet wird?

3 Rollentheoretische Perspektive

Die Rollentheorie wurde grundlegend von Dahrendorf (1959, 2006) expliziert und wird bis heute rezipiert (Schulz-Schaeffer 2018). Dahrendorf (1959, 2006) ging davon aus, dass soziale Rollen Verhaltensvorschriften sind, die »quasiobjektiv« gelten, das heißt losgelöst vom Individuum. Spezifische Rolleninhalte sind demnach wesentlich gesellschaftlich und nicht individuell bestimmt.

Deutlich wird dies an Berufsrollen: Zum Beispiel die Rolle eines*r persönlichen Assistent*in sollte unabhängig von der jeweiligen Person sein, die sie ausfüllt. So ist sichergestellt, dass die Leistung der persönlichen Assistenz auch bei Schichtwechseln oder einem Wechsel der assistierenden Person stets ähnlich und somit erwartbar ist. Damit sind auch mögliche Veränderungen von Rollenerwartungen gesellschaftlich grundiert: Wenn sich die Rolle von Assistent*innen verändert und diese nun neben Pflege und Mobilitätsunterstützung auch den E-Mail-Verkehr einer Person übernehmen, sollte dies in der Regel für alle Träger*innen dieser Rolle gelten. Rollen schaffen Verhaltenserwartungen und damit eine Verbindlichkeit im Anspruch. Die Entziehung oder Nicht-Erfüllung birgt daher mögliche (negative) Konsequenzen (Dahrendorf 2006; Schulz-Schaeffer 2018).

Die rollentheoretische Perspektive ist den Mikrotheorien zugeordnet und analysiert Menschen als Eingebundene in unterschiedliche soziale Rollen. Die Auseinandersetzung mit zugeschriebenen Rollen, beispielsweise der Behindertenrolle, kann den Blick für gesellschaftliche Teilhabechancen und -hindernisse öffnen. Dieses Kapitel skizziert zunächst zentrale Grundlagen der rollentheoretischen Perspektive (▶ Kap: 3.1). Anschließend werden Rollen von behinderten Menschen beschrieben und eingeordnet (▶ Kap: 3.2).

Lernziele

- Sie lernen die Konstrukte Soziale Position, Soziale Rollen, Rollensegment und Rollenkonflikt kennen.
- Sie können Rollenerwartungen antizipieren.
- Sie reflektieren die sozialen Rollen von behinderten Menschen.

3.1 Soziologische Grundlagen

3.1.1 Problemstellung

Aus einer rollentheoretischen Perspektive könnte man das Leben so beschreiben: Wir alle spielen Theater auf der gesellschaftlichen Bühne (Goffman 1959, 2009). Jede*r spielt verschiedene Rollen. Mitspieler*innen und Zuschauer*innen kennen den »Text« der jeweiligen Rolle und haben konkrete Erwartungen an die Darstellung und Präsentation der Rolle.

In bestimmten Positionen (z. B. als Lehrer*in, Studierende*r, Mutter oder Verkehrsteilnehmer*in)

1. übernehmen wir bestimmte Rollen mit spezifischen Verhaltensweisen und
2. erwarten auch von unseren Kommunikations- und Interaktionspartner*innen, dass sie sich (weitgehend) »rollenkonform« verhalten und sie nicht »aus der Rolle fallen«.

Wenn wir von einem*einer Schauspieler*in sagen, er*sie habe die Rolle des Mephistoteles in Goethes »Faust« neu interpretiert, oder von einem*einer Regisseur*in, er*sie habe das Thema und die Rollen in Schillers Drama »Die Räuber« auf die Gegenwart übertragen und aktualisiert, dann wissen wir, dass die Rollen einerseits klar identifiziert werden können und müssen, andererseits aber auch ein großer Spielraum bei der Ausgestaltung der Rollen besteht. Doch gelten die Regeln des Theaters (Goffman 1959, 2009) auch auf der gesellschaftlichen Bühne? Wer schreibt das Stück und legt die Rollen fest? Wer bestimmt, wer welche Rolle spielt? Wer sagt, wie die Rolle interpretiert werden soll und kann? Sind wir lediglich Rollenträger*innen; der Mensch ein »homo sociologicus« (Dahrendorf 2006, 14 ff.)? An diesen Fragen lassen sich zwei unterschiedliche soziologische Perspektiven auf soziale Rollen unterscheiden:

1. eine *funktionalistische Perspektive*, die Rollen als vorgegebene soziale Strukturierung versteht, als Verbindungsglied zwischen System und Verhalten, und
2. eine *symbolisch-interaktionistische Perspektive*, die vor allem den Prozess der Rollenübernahme in den Blick nimmt als ein Aneignen, Aushandeln, Interpretieren und Deuten.

3.1.2 Definitionen

Nachdem am Beispiel des Lebens als Theaterspiel mit Rollen die Problemstellung der rollentheoretischen Perspektive beschrieben wurde, müssen zunächst zentrale Begriffe eingeführt werden, die zum Verständnis dieser Perspektive notwendig sind. An die Vorstellung der drei Begriffe »soziale Position«, »sozialer Status« und »soziale Rolle« schließt sich dann in Kapitel 3.1.3 (▶ Kap. 3.1.3) die »Explikation« – also die Einführung in die rollentheoretische Perspektive – an.

Soziale Position

Dabei handelt es sich um den »Platz« oder sozialen Ort in einer Gesellschaft oder in einer sozialen Gruppe (z. B. Berufsposition, Position der Mutter, des Ehemannes, der Tochter, der Außenseiter*in, der*die Jugendliche, der alte Mensch, der*die »Behinderte«, Leitende einer Gruppe).

Die verschiedenen sozialen Positionen, die Individuen einnehmen, wie beispielsweise Beruf, Alter oder Geschlecht, können *zugeschrieben* (engl. »ascribed«) oder *erworben* (engl. »achieved«) werden:

- *Zugeschriebene* Positionen sind die, die dem Individuum ohne eigenes Zutun aufgrund biologischer Merkmale (Alter, Geschlecht) oder sozialer Bedingungen (soziale Herkunft) in einem sozialen Beziehungsfeld zugeordnet werden.
- Als *erworben* werden Positionen bezeichnet, wenn sie durch persönliche Anstrengungen erreicht worden sind, beispielsweise die Berufsposition (Dahrendorf 2006).

Sozialer Status

In der *Rollentheorie* ist Status ein *Synonym für* »*soziale Position*«. In der *Schichtungstheorie* (makrosoziologische Perspektive, ▶ Kap. 8) bedeutet Status die Wertschätzung, die ein Individuum hinsichtlich eines Kriteriums (z. B. Besitz, Beruf, Macht) im Verhältnis zu anderen Individuen in diesem sozialen System genießt.

Soziale Rolle

»Soziale Rollen sind Bündel von Erwartungen, die sich in einer gegebenen Gesellschaft an das Verhalten der Träger von Positionen knüpfen« (Dahrendorf 2006, 37). Sie sind somit Erwartungen, die an Innehabende einer sozialen Position gestellt werden, beispielsweise an eine Lehrer*innenrolle oder Mutterrolle.

3.1.3 Explikation

An den*die Inhaber*in einer Position werden von einer Person oder einer sozialen Gruppe Erwartungen gerichtet, die als *Rollensegment* oder *Rollensektor* bezeichnet werden. Die Gesamtheit der für eine Rolle relevanten Rollensegmente oder Rollensektoren wird als *Rollenset* bezeichnet. Je ausdifferenzierter eine Rolle ist, das heißt, je mehr verschiedenartige Handlungen erwartet werden, umso größer ist die Zahl der Bezugspersonen/Bezugsgruppen und umso größer die Wahrscheinlichkeit, dass die Erwartungen unterschiedlich oder gar widersprüchlich sind. Werden an eine*n Rolleninhaber*in widersprüchliche Erwartungen aus den einzelnen Rollensegmenten gestellt, so spricht man von einem *Intrarollenkonflikt*. Ein Konflikt aufgrund widersprüchlicher Erwartungen aus verschiedenen Rollen wird dagegen als *Interrollenkonflikt* bezeichnet.

3.1 Soziologische Grundlagen

Soziologie in Anwendung 3.1: Ziehe ich weg, oder nicht? Ein Interrollenkonflikt

Ein junger Mann, nennen wir ihn Jack, hat viele verschiedene Rollen: Sohn, Freund, Schüler und Sportler. Seine Eltern erwarten von ihm, dass er einen guten Schulabschluss macht. Seine Freunde erwarten von ihm, dass er möglichst viel Zeit mit ihnen verbringt und zusammen mit ihnen auch weiterhin in einer Mannschaft spielt. Sein Trainer erwartet, dass er so bald wie möglich die Anfrage einer Bundesligamannschaft annimmt.

Jack befindet sich in einem *Inter*rollenkonflikt, denn seine Rollen stellen widersprüchliche Erwartungen an ihn. Er möchte bald von zuhause weg und in eine andere Stadt ziehen. Seine Freunde erwarten aber weiterhin, dass er mit ihnen in einer Mannschaft spielt. Sein Coach beharrt darauf, dass er zur Profi-Mannschaft geht und dort sein Potenzial entfaltet. Seine Eltern sind mit jeder Entscheidung zufrieden, die er für richtig hält. Sie haben aber die Erwartung, dass er doppelt so hart trainiert, aber gute Leistungen im Studium bringt. Für Jack ist es schwer, diese Erwartungen zu koordinieren und erst recht zu erfüllen.

(Beispiel von Chantal Vogtmann, 1. Semester Rehabilitationspädagogik, Wintersemester 2024/2025)

Denkanstoß 3.1: Das Rollenset von Lehrer Müller

Herr Müller hat eine Position im Bildungssystem. Er ist Lehrer an einer Förderschule. Als Positionsinhaber hat er eine Rolle, die Lehrerrolle, die sich aus den *Erwartungen* zusammensetzt, *die an ihn als Lehrer gerichtet werden*. Diese Erwartungen werden durch verschiedene Bezugsgruppen (Rollensegmente/-sektoren) an ihn herangetragen. Aufgrund der unterschiedlichen Interessen der Bezugspersonen/Bezugsgruppen, die Ausdruck deren Positionen und Rollen sind, kommt es häufig zu Rollenkonflikten: Rektor*innen, Hausmeister*innen, Schüler*innen haben – nicht nur, aber auch aufgrund ihrer Position – möglicherweise andere Vorstellungen über Ordnung und Disziplin in der Schule als Herr Müller. Diese Vorstellungen werden als Erwartungshaltungen an ihn herangetragen. Auf diese Erwartungen muss er reagieren, indem er sie erfüllt, zurückweist, modifiziert oder vielleicht sogar ignoriert. Herr Müller befindet sich in einem *Intrarollenkonflikt*.

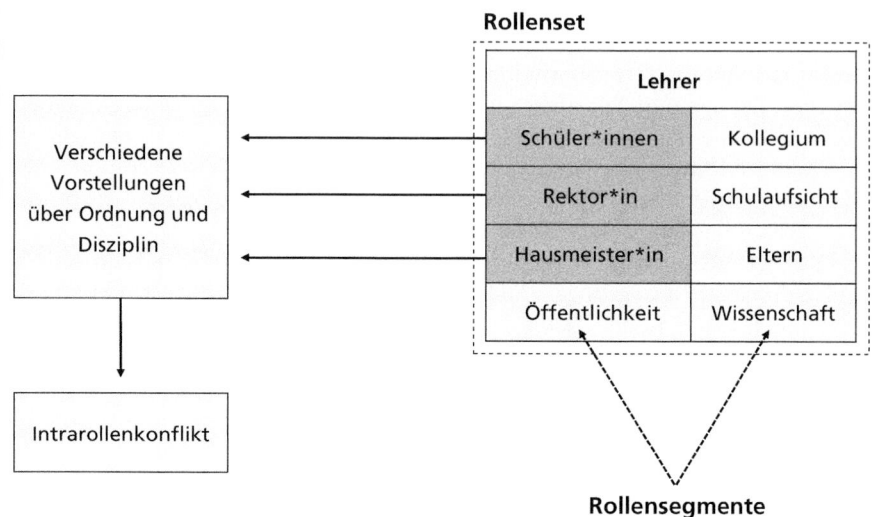

Abb. 11: Intrarollenkonflikt (eigene Darstellung)

Herr Müller ist aber nicht nur Lehrer, sondern auch Ehemann, Vater einer Tochter, GEW-Mitglied und Vorsitzender der örtlichen Bürgerinitiative gegen den Ausbau des Flughafens, das heißt er »spielt« mehrere, verschiedene Rollen. Aufgrund der unterschiedlichen Interessen der Bezugspersonen/Bezugsgruppen, die auch Ausdruck deren Positionen und Rollen sind, kann es zu Rollenkonflikten kommen: Herr Müller engagiert sich in seiner Bürgerinitiative gegen den weiteren Ausbau des Dortmunder Flughafens. Sein Nachbar, ein Vielflieger, ist oft auf Reisen und nutzt den Flughafen intensiv. Für ihn überwiegen die Vorteile des Flughafens hinsichtlich der guten Erreichbarkeit gegenüber den Nachteilen wie der hohen Lärmbelastung. Darüber hinaus ist er bei der Firma beschäftigt, die den Dortmunder Flughafen betreibt. Herr Müller, der an guten nachbarschaftlichen Beziehungen interessiert ist, befindet sich in einem *Interrollenkonflikt*.

3.1 Soziologische Grundlagen

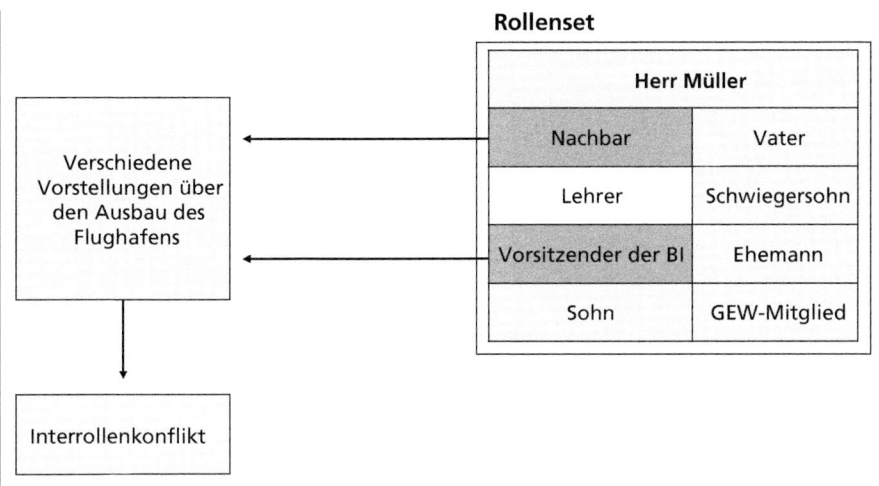

Abb. 12: Interrollenkonflikt (eigene Darstellung)

Denkanstoß

In Ihrem zukünftigen Beruf haben Sie ein individuelles Rollenset.

1. Reflektieren Sie Ihre berufliche Rolle. Welche Rollenerwartungen werden von wem an Sie herangetragen? Wo entstehen Intrarollenkonflikte?
2. Beziehen Sie weitere Ihrer Rollen mit ein. Welche Erwartungen werden hier an Sie herangetragen? Wo entstehen Interrollenkonflikte?

Neben Intra- und Interrollenkonflikt kann es zu einem *Person-Rolle-Konflikt* kommen, wenn Individuen mit der ihnen auferlegten Rolle in Konflikt geraten, »weil ihnen diese Rolle nicht ›auf den Leib geschnitten‹ ist, weil sie diese Rolle eigentlich nicht spielen wollen und weil wichtige Einstellungen zum eigenen Selbst mit der äußeren Rolle konfligieren« (Wiswede 1998, 186). Ein Beispiel für einen Person-Rolle-Konflikt: Eine Studierende der Rehabilitationspädagogik jobbt neben dem Studium in einer Wohlfahrtseinrichtung, die zu einem konfessionellen Träger gehört. Nun bekommt sie das Angebot einer festen Stelle. Dazu muss sie sich aber zu den christlichen Werten der Organisation bekennen, die unter anderem Vorstellungen von Familie enthalten, die denen der Studierenden widersprechen. Sie fühlt einen Konflikt zwischen sich als Person und der Rolle einer Mitarbeiterin in dieser Einrichtung. Es ist kaum eine Rolle vorstellbar, die nur eine einzige bzw. wenige oder ganz eindeutige und vollständig klare Verhaltenserwartungen enthält. Meist werden an den*die Rollenträger*in verschiedene Erwartungen mit unterschiedlichem Verpflichtungsgrad gestellt. Entsprechend differenziert sind auch die Konsequenzen in Form von positiven oder negativen Sanktionen, wenn die Erwartungen mehr bzw. weniger als erwartet oder gar nicht erfüllt werden.

Je nach Ausprägung der Erwartungen, kann zwischen *Kann-, Soll- und Muss-Erwartungen* unterschieden werden:

1. *Kann-Erwartungen* beschreiben die schwächste Form der Erwartung, dass beispielsweise ein*e Lehrende*r sich mehr engagiert als es seine*ihre Pflicht ist. Das steigert gegebenenfalls sein*ihr Ansehen, es führt aber zu keinen negativen Sanktionen, wenn er*sie ›nur‹ seine*ihre Pflicht tut.
2. *Soll-Erwartungen* bezeichnen den harten Kern der Pflichten, ohne dass sie juristisch verbindlich festgelegt sein müssen, beispielsweise die sachgemäße Vermittlung von Unterrichtsinhalten.
3. *Muss-Erwartungen* umfassen die Pflichten, für die verbindliche Regelungen festgelegt sind, beispielsweise das Streikverbot für Beamte (Dahrendorf 2006).

Soziale Rollen werden gelernt, dabei sind folgende Aspekte relevant:

- Je günstiger die Sanktionsbilanz ausfällt, umso stärker wird die Einbindung des Individuums in die Rolle sein. Starke positive oder negative Sanktionen können demnach eine große Rollenbindung begünstigen. Wer zum Beispiel von Arbeitgeber*innen alle zwei Jahre eine tarifliche Gehaltserhöhung bekommt, hat einen Anreiz, in der beruflichen Rolle zu bleiben. Wenn der Arbeitsmarkt aber den Wechsel in einen anderen Beruf finanziell unterstützt – zum Beispiel durch ein höheres Gehalt in einer anderen Branche –, ist die Einbindung in eine bestimmte Berufsrolle leichter zu lösen.
- Das Rollenlernen wird auch von der Erwartung bestimmt, dass die Übernahme der Rolle positive Konsequenzen hat. Diese *Erwartung* wird dann ständig in der Realität überprüft. Wenn Sie zum Beispiel aus dem Grund studieren, dass Sie ein höheres Gehalt erwarten, als wenn Sie nicht studieren, dann überprüfen Sie diese Erwartung anhand Ihres Kontos: Hat sich das Studium finanziell »gelohnt«? Erfüllt die Rolle als pädagogische Fachkraft die Erwartung?
- Rollenlernen ist auch Ausdruck der *Generalisierung*, wenn Erfahrungen mit einer ähnlichen Rolle auf die neue Rolle übertragen und angewendet werden. Dies ist zum Beispiel der Fall, wenn Sie den Eindruck haben, »in der Sozialbranche finde ich einen Sinn stiftenden Beruf«, und daher eine berufliche Rolle in dieser Branche suchen.
- Rollenlernen geschieht auch als *Exploration*, indem durch Beobachtung, Ausprobieren und Korrigieren die Rolle »geübt« wird. Dies geschieht insbesondere dann, wenn die Rolle selbst diffus ist. Gute Beispiele sind hier Praktika oder das Freiwillige Soziale Jahr, das viele Studierende vor dem Studium absolviert haben. Vielleicht haben Sie dabei Rollen von Menschen in sozialen Einrichtungen beobachtet?
- Rollenlernen geschieht wie viele Lernprozesse auch durch *Imitation*, dem sogenannten Modell-Lernen. Ein Beispiel wird in Kapitel 7.1.3 (▶ Kap. 7.1.3) beschrieben: Kinder lernen innerhalb der Familie erste Vorstellungen über Berufe kennen.
- Schließlich kann Rollenlernen auch unter dem *Aspekt der Vermeidung* gesehen werden. Man lernt bestimmte Rollen abzulegen, zu meiden und sich von Rollen zu distanzieren (Dahrendorf 2006). Dies ist etwa dann der Fall, wenn bei der Berufswahl feststeht: »Ich will keinen Beruf haben, in dem ich viel mit Menschen zu tun habe!«

Ob eine Person die Übernahme einer Rolle anstrebt, hängt von verschiedenen Faktoren ab (Wiswede 1998):

- von dem normativen Druck, die Rolle anzunehmen oder zu verweigern;
- von der Einschätzung der eigenen Fähigkeiten, die Rolle auszuüben;
- vom Ergebnis einer Kosten-Nutzen-Rechnung von Rollenträger*innen (z. B. Lob, Belohnungen, Beförderung) und Rollenkosten wie Engagement, Zeit, Kraft.

Die persönliche *Rollenerfolgsbilanz* hat einen Einfluss darauf, ob eine Person eine Rolle weiterhin ausfüllen will. Sie kann günstig gestaltet werden durch eine Senkung der Rollenkosten, die Erhöhung der Rollenerträge oder die Veränderung der Bewertung von Erträgen und Kosten.

Denkanstoß 3.2: Verpflichtungsgrade in der Reha-Klinik

> Jordan, eine Person mit einer Beinprothese, entscheidet sich zur Verbesserung ihrer Lebensqualität dazu, in einer Klinik an einem Rehabilitationsprogramm teilzunehmen. Das Team der Klinik ist in seinen Professionen breit gefächert und interdisziplinär aufgestellt. Jordan nimmt täglich an verschiedenen Einheiten teil, durchgeführt von einem Physiotherapeuten. Dieser erwartet, dass Jordan pünktlich ist und sich an die vorgeschriebenen Übungspläne hält, um den bestmöglichen Nutzen aus dem Programm ziehen zu können. Jordan wird zwar nicht gezwungen, jede einzelne Übung durchzuführen, dennoch wird eine stete Teilnahme erwartet, um nachhaltige Fortschritte zu erreichen. Jordan hat regelmäßige Kontrolltermine bei einer Fachärztin, um den Fortschritt der Therapie zu überwachen und um das Programm bei Bedarf anpassen zu können. Diese Besuche sind verpflichtend, da sie essentiell für den Therapieerfolg sind. Das Nichterscheinen zu diesen Terminen könnte ernsthafte Konsequenzen für Jordans Gesundheitsfortschritt haben. Die Reha-Klinik bietet auch Gruppensitzungen an. Jordan wird häufiger ermutigt, an diesen Sitzungen teilzunehmen, um von den Erfahrungen anderer zu lernen und vielleicht auch etwas Zuspruch aus einer Betroffenenperspektive zu erhalten. Jordan ist »diese Rolle nicht auf den Leib geschnitten« (Wiswede 1998, 186) und nimmt deshalb selten an den Sitzungen teil. Es ist jedoch auch nicht zwingend erforderlich, an jeder Sitzung teilzunehmen. Die Teilnahme ist für viele hilfreich, aber nicht alternativlos.

Denkanstöße

In einem Klassiker der soziologischen Literatur wird proklamiert, »daß Gesellschaft nicht nur eine Tatsache, sondern eine ärgerliche Tatsache ist, der wir uns nicht ungestraft entziehen können. Soziale Rollen sind ein Zwang, der auf den Einzelnen ausgeübt wird – mag dieser als eine Fessel seiner privaten Wünsche oder als ein Halt, der ihm Sicherheit gibt, erlebt werden« (Dahrendorf 2006, 40).

1. Welche Konsequenzen (Sanktionen), die mit der Nichterfüllung einer Rolle zusammenhängen, werden deutlich, wenn man die Erwartungen, die mit Rollen einhergehen, betrachtet: Bei welchen von Jordans Terminen erkennen Sie Kann-Erwartungen, Soll-Erwartungen oder Muss-Erwartungen?
2. Überlegen Sie, in welchen anderen Kontexten aus dem Leben behinderter Menschen Kann-Erwartungen, Soll-Erwartungen oder Muss-Erwartungen auftauchen.

Die soziologische Rollentheorie weist Bezugnahmen zum Strukturfunktionalismus (Parsons 1951) auf, ist aber eine unabhängige, eigenständige Theorie (Schulz-Schaeffer 2018). Zur Analyse eignet sich die rollentheoretische Perspektive gut, um das Handeln und Verhalten von Individuen in Institutionen als Rollenträger*innen zu beschreiben. Die rollentheoretische Perspektive bietet einen guten Zugang, die heterogenen Erwartungen, die beispielsweise an Pädagog*innen herangetragen werden, zu verdeutlichen und die Handlungsspielräume des Berufs auszuloten, um auf diese Weise eine reflektierte, eigenständige Position im Spannungsfeld zwischen institutionellen und individuellen Möglichkeiten und Grenzen zu gewinnen. Mit der Rollentheorie lassen sich die unterschiedlichen und auch widersprüchlichen Erwartungen der jeweiligen Bezugspersonen/Bezugsgruppen erfassen sowie die möglichen Konfliktfelder und -potentiale darstellen und damit auch antizipieren. Das im pädagogischen Bereich verbreitete Rollenspiel basiert auf der Rollentheorie.

In populären Verwendungszusammenhängen, aber auch in vielen wissenschaftlichen Abhandlungen, die den Rollenbegriff benutzen, wird häufig der Fehler gemacht, die Rolle zu statisch zu begreifen. Dabei wird lediglich ihre Funktion zur Stabilisierung sozialer Systeme betrachtet und der normative Charakter der Verhaltenserwartungen wird überbetont, so dass der vorhandene Spielraum, um die Rolle auch individuell auszugestalten, nicht genügend berücksichtigt wird. Eine solche Position zweifelt tendenziell die Autonomie des Subjekts an und reduziert es zu einem*einer »bewusstlosen« Rollenträger*in. Im symbolischen Interaktionismus (▶ Kap. 5) stehen die vom Individuum zu leistenden Interpretationen sozialer Interaktionen und damit auch die Möglichkeiten zur Rollendistanz und zur Rollengestaltung im Mittelpunkt der theoretischen Betrachtungen.

Zu den Stärken der Rollentheorie zählt, dass sie fixierte Berufsrollen, in denen eine präzise Rollenbeschreibung vorliegt (z. B. Inklusionsfachkraft, Lehrer*in, Assistent*in, Mediziner*in) analysieren kann. Dies ist zum Beispiel zu beobachten, wenn diskutiert wird, welche Aufgaben zur Rolle der Lehrkräfte und welche zur Rolle der Eltern gehören. Beispielsweise kann die Digitalisierung als eine Irritation solcher Rollen betrachtet werden: Gehört es zur Aufgabe von Eltern, ihren Kindern digitale Kompetenzen zu vermitteln oder geschieht dies im Unterricht und ist damit an die Rolle der Lehrkraft gekoppelt? Die Diskussion von Rollen ist davon abhängig, ob klare Rollenbeschreibungen vorliegen, die mit Vorschriften und Sanktionen durchgesetzt werden und somit eine Vorausschaubarkeit, Planbarkeit und (Handlungs-)Sicherheit gewährleisten. Die Grenzen der rollentheoretischen Perspektive sind dahingehend markiert, dass sie in gewisser Weise grob und statisch ist. Die Rollentheorie eröffnet keine normative, sondern eine analytische und funktionale Betrachtungsweise und ermöglicht somit keine (Be-)Wertung von Verhaltensweisen von Individuen oder sozialen Gruppen (Dahrendorf 2006; Schulz-Schaeffer 2018). Auf das Beispiel übertragen bedeutet dies: Die rollentheoretische Perspektive ist gut geeignet, um zu analysieren, wie sich die Rolle von pädagogischen Fachkräften durch die Digitalisierung der Lebenswelt verändert hat. Sie kann aber keine normative Stellung beziehen und bestimmte Verhaltensweisen als »gut« oder »schlecht« bezeichnen.

Denkanstoß 3.3: Rollenzuschreibung durch Ableismus

Der Begriff »Ableismus« (englisch: ableism) beschreibt die »ungerechtfertigte Ungleichbehandlung (›Diskriminierung‹) wegen einer körperlichen oder psychischen Beeinträchtigung oder aufgrund von Lernschwierigkeiten« (GSUB o. J., o. S.). Ableismus setzt sich aus den englischen Wörtern »able« (deutsch: zu etwas fähig sein) und »-ism« (deutsch: ismus) zusammen (GSUB o. J., o. S.). Ähnlich den Begriffen ›Sexismus‹ und ›Rassismus‹ wird bei Ableismus eine Person aufgrund eines äußerlich wahrgenommenen Merkmals abgewertet, sodass die Person in diesem Fall auf das »Behindertsein« reduziert und dadurch diskriminiert wird (Birk 2021). Im Gegensatz zu Funktionseinschränkungen oder eingeschränkten Fähigkeiten wird der körperlichen Unversehrtheit bzw. Leistungsfähigkeit dadurch explizit oder implizit eine höhere Wertigkeit zugesprochen (Compes 2021). Eine solche Diskriminierung fällt nicht nur durch negative Äußerungen oder Verhaltensweisen gegenüber einer behinderten Person auf, sondern kann sich auch in positiven Äußerungen oder Taten widerspiegeln. Diese positive Diskriminierung zeigt sich zum Beispiel durch das Loben eines behinderten Menschen, wenn eine Tat oder Aktion trotz Behinderung erfolgreich vollbracht wurde oder aber auch durch Bevorteilung aufgrund der Schädigung (Birk 2021; Vielfalt.Mediathek 2022a). Die behinderte Person wird durch diese Arten der Diskriminierung auf ihre Behinderung reduziert, wodurch sie die Rolle »des*der Behinderten« zugeteilt bekommt. Die Individualität der Person wird durch diese Rollenzuschreibung reduziert. Eine Person, welche die Rolle »des*der Behinderten« zugeschrieben bekommt, scheint in den Augen außenstehender Personen nicht in der Lage zu sein, bestimmte Tätigkeiten aufgrund dieses einen Merkmals der Funktionseinschränkung durchzuführen. Diese zugeschriebene Inkompetenz, welche vermeintlich durch die Behinderung entsteht oder dadurch wahrgenommen wird, spiegelt sich in dem »able« ([nicht] fähig sein) wider, da gesellschaftliche Ideale, Normen oder Werte einen Vergleich herstellen, der Abweichungen als negativ auffasst und die wahrgenommenen Differenzen zwischen dem Selbst und der »andersartigen« Person untermalt (Buchner 2018).

Denkanstoß

1. Welche konkreten Mechanismen zur Herstellung von Ableismus kennen Sie? Denken Sie zum Beispiel an Aussprüche oder Verhaltensweisen.

> Zur Veranschaulichung empfiehlt sich das Erklärvideo von Vielfalt.Mediathek (2022): »Was ist eigentlich … Ableismus?« Online verfügbar unter https://www.vielfalt-mediathek.de/material/zusammenleben-in-der-migrationsgesellschaft/was-ist-eigentlich-ableismus

3.2 Transfer: Behinderung aus rollentheoretischer Perspektive

Der Blick auf die soziale Rolle von behinderten Menschen ist aus mehreren Gründen aufschlussreich und hilfreich für das Verständnis der Lebenssituation von behinderten Menschen, aber auch für das Verhalten von Menschen ohne Behinderungen. Die Reflexion über die eigene Rolle als Mensch mit Behinderungen kann dazu beitragen, die persönliche Situation besser einzuschätzen und mag als Ausgangspunkt dienen, sich gegen gesellschaftliche Zumutungen, Einschränkungen, Zurücksetzungen und Diffamierungen zu positionieren. Die Reflexion über die soziale Rolle von behinderten Menschen kann für Menschen ohne Behinderung eine Möglichkeit sein, das eigene Verhalten gegenüber behinderten Menschen zu überprüfen. Weiter ermöglicht es, in direktem Kontakten sensibler, offener und stärker gleichberechtigt zu interagieren und zu kommunizieren.

Die Bewertung einer Behinderung muss deutlich von der sozialen Reaktion auf behinderten Menschen unterschieden werden. Das bedeutet, dass aus der Bewertung von Behinderung nicht auf eine entsprechende soziale Reaktion geschlossen werden kann. Neubert und Cloerkes (2001) haben mögliche Reaktionen auf Behinderung zwischen zwei extremen Polen verortet, die sie »*Extremreaktionen*« und »*Schutz-und-Hilfe-Reaktionen*« nennen:

1. Die *Extremreaktionen* – als ein Pol von Reaktionen auf Behinderung – umfassen aktive und passive Tötung sowie den »sozialen Tod« als Folge der Ausstoßung aus der Gemeinschaft. Extremreaktionen werden überwiegend als seltene und nur für vergangene Kulturen spezifische Reaktionsformen betrachtet. Doch in Folge der Entwicklung der Reproduktionsmedizin einschließlich der pränatalen Diagnostik sind in den Diskursen zu aktiver und passiver Tötung auch wieder aktuelle Reaktionsformen in unserer Gesellschaft zu beobachten, die sich diesem Extrem zuordnen lassen.
2. Die *Schutz-und-Hilfe-Reaktionen* umfassen Handlungen, die das Ziel haben, Menschen mit Behinderungen zu helfen oder sie zu beschützen und können auch die »Nicht-Rolle«, die Einschränkung der Partizipation (*partieller Rollenverlust*) und die Modifikation der Partizipation (*Sonderrolle*) beinhalten. Ein in Einrichtungen der Eingliederungshilfe zu beobachtendes Phänomen ist etwa, dass Menschen mit Behinderungen bestimmte Technologien vorenthalten

werden, etwa ein Internet-Anschluss mit der Begründung: »Im Internet lauern so viele Gefahren für behinderte Menschen«.

Bei der »*Nicht-Rolle*« handelt es sich im Ergebnis um Isolation:

> »Es wird für ein Mindestmaß an Schutz, Hilfe und Pflege gesorgt, zugleich wird der Behinderte aber vom aktiven Leben der Gruppe völlig ausgeschlossen. Hierzu gehören zum Beispiel das Einsperren von aggressiven psychisch Behinderten, die Isolation von ansteckend Kranken oder die dauerhafte stationäre Versorgung in einer modernen Einrichtung (Missionsstation, Klinik) außerhalb des Lebensraumes der Kultur« (Neubert & Cloerkes 2001, 53).

Der *partielle Rollenverlust* beschreibt eine eingeschränkte Partizipation: »Behinderte, die nicht hilfebedürftig sind oder die notwendige Hilfe erhalten, werden in ihren Rechten und Möglichkeiten zur Teilhabe am Leben der Gesellschaft eingeschränkt und verlieren an sozialem Prestige« (Neubert & Cloerkes 2001, 53). Die modifizierte Partizipation führt zu einer *Sonderrolle*, die entweder als eine Spezialist*innenrolle aufgrund von (unterstellten) besonderen Kompetenzen (z. B. Autist*innen haben besondere mathematische Fähigkeiten) oder als eine beschützende Rolle bei Verminderung der Leistungsanforderungen unter gleichzeitigem Einräumen besonderer Freiheiten (z. B. bei Menschen mit Lernschwierigkeiten) ausgebildet ist.

Für unsere Gesellschaft wäre zu untersuchen, welche soziale Rollen für behinderte Menschen bestehen – sowohl allgemein und behinderungsspezifisch als auch differenziert nach den jeweiligen Versorgungs-, Bildungs- und Betreuungsinstitutionen. Generell ist die Rolle von behinderten Menschen gekennzeichnet »durch einen elementaren Widerspruch zwischen offizieller Entlastung für ihre Abweichung von der Norm einerseits und tatsächlicher Diskriminierung mit Zuweisung einer besonderen, abweichenden Rolle andererseits« (Cloerkes 2007, 166).

Denkanstoß 3.4: Behindertenrolle im Kleingartenverein

> Sasha und einige Freund*innen haben einen Schrebergarten gemietet. Sasha hat durch einen Arbeitsunfall beide Arme verloren und deswegen gelernt, fast alle Handlungen des Alltags mit den Füßen zu erledigen. Sashas Freund*innen wissen das und setzen Sasha auf ihrem internen Gartenarbeitsplan für alle Aufgaben ein, die anfallen. Sasha wird also nicht »übermäßig behütet und vor Umweltauseinandersetzungen ängstlich verschont« (Fischer-Fröndhoff 1979, 95).
> Einige Wochen nachdem die Freund*innen den Garten gemietet haben, findet die erste Vollversammlung des Kleingartenvereins statt. Sasha vertritt die Gartengemeinschaft und kommt mit dem Vorstand und den Vertreter*innen der anderen Gärten zusammen. Nach Klärung einiger Formalia werden die Gemeinschaftsdienste für die nächsten paar Monate geplant. Die Vertretungen der Einzelgärten werden nacheinander gefragt, an welchen Tagen sie welche Dienste erledigen können. Als der Garten von Sasha an der Reihe ist, betont der Vorstand, bevor Sasha etwas sagt, dass Sasha ja ohnehin keine Dienste übernehmen könne und deswegen von den anfallenden Pflichten befreit sei.

Am Ende der Sitzung geht es um das Unterscheiben der Anwesenheitsliste. Ein Vorstandsmitglied bietet an, für Sasha zu unterschreiben, und ist verwundert, als sie sieht, dass Sasha bereits unterschrieben hat. Der Vorstand weiß nichts von Sashas Fähigkeiten und somit ist Sashas Rolle im Verein gekennzeichnet »durch einen elementaren Widerspruch zwischen offizieller Entlastung für ihre Abweichung von der Norm einerseits und tatsächlicher Diskriminierung mit Zuweisung einer besonderen, abweichenden Rolle andererseits« (Cloerkes 2007, 166).

Denkanstöße

1. Worin liegt in diesem Beispiel die »tatsächliche Diskriminierung«? Welche (abweichenden) Rollen unterliegen einer besonders großen offiziellen Entlastung/tatsächlichen Diskriminierung?
2. Können Sie sich ähnliche Phänomene in anderen sozialen Situationen vorstellen?

Häufig lässt sich unterstellen, dass es zur Rollenerwartung an behinderte Menschen gehört, keine Ansprüche an andere stellen zu dürfen sowie bescheiden und dankbar zu sein, wenn ihnen geholfen wird. Zu dieser Erwartung lassen sich Diskurse zuordnen, die die Bezahlung der Arbeit behinderter Menschen thematisieren und diese eher im Bereich der Mildtätigkeit als der der Entlohnung von Arbeit platzieren. So wird häufig der niedrige Stundenlohn in Werkstätten für behinderte Menschen damit gerechtfertigt, dass in der WfbM auch andere Leistungen für die dort Beschäftigten erbracht werden und sie bereits Unterstützung durch Hilfsmittel und beim Wohnen erhielten. Die implizite Rollenerwartung wäre dann, dass behinderte Menschen für diese Unterstützung dankbar sein und keine weiteren Ansprüche artikulieren sollten.

Darüber hinaus bestehen behinderungsspezifische Sonderrollen, zum Beispiel für den »Rolli« (Rollstuhlnutzende), »Stotterer*innen« oder das »Mongölchen«. Weiterhin wäre nach dem jeweiligen Lebensraum zu differenzieren. In der Familie beispielsweise hat der behinderte Mensch oft eine Sonderposition, wie das nachfolgende (historische) Zitat beispielhaft verdeutlicht:

> »Entweder wird er übermäßig behütet und vor Umweltauseinandersetzungen ängstlich verschont; oder aber er wird in einer aversiven Haltung für sein Dasein ›bestraft‹; oder er muss sich als Objekt für fehlende Lebenserfüllung anderer Menschen sehen. Besonders gravierend machen sich derartige Fehlhaltungen der Umwelt bei jungen Menschen und psychisch Behinderten bemerkbar« (Fischer-Fröndhoff 1979, 95).

Als Ergänzung zu den Ausführungen zu rollentheoretischen Grundannahmen (Freidson 1965, 1979; Parsons 2009) stellen wir im Folgenden die *strukturelle Sichtweise der Behindertenrolle* von Haber und Smith (1971) vor:

1. Die Behindertenrolle ist demnach Ausdruck einer Anpassung des*der Betroffenen an die Rollenerwartungen, die dem Zustand »behindert« angemessen sind. Die Rolle des*der »Behinderten« ist vordefiniert und wird durch Sozialisation

vermittelt. Sie legt die Teilhabe am Leben der Gesellschaft fest und hat Einfluss auf das Selbstkonzept.
2. Die Behindertenrolle hat auch positive Funktionen. Sie ist funktional für den*die »Behinderten« und für den*die »Nichtbehinderte*n«, weil sie Klarheit über die gegenseitigen Rollenerwartungen schafft. Sie schützt den*die »Behinderten« vor Überforderung und »normalisiert« damit sein*ihr Verhältnis zu anderen Menschen. Sie »legalisiert« die Abweichung des*der »Behinderten« im Gegensatz zu der von anderen Devianten.
3. Die Behindertenrolle unterscheidet sich von der Krankenrolle vor allem dadurch, dass bei dem*der »Behinderten« eine generelle »Umdefinition« der Person mit Zuweisung einer neuen Rolle und einer neuen Identität erfolgt.
4. Die Feststellung, Zuteilung und Legitimation der Behindertenrolle »normalisiert« die Stellung des*der »Behinderten« in der Gesellschaft. Er*Sie wird nicht zum »illegitimen« Devianten mit Bestrafung und Ausschluss, sofern er*sie sich nicht dem Verlangen der Kontrollinstanzen nach Konformität widersetzt und die Behindertenrolle sowie damit verknüpfte Erwartungen annimmt. Ein niedrigeres Lebensniveau und geringere soziale Teilhabechancen sind häufig ein Preis für die »Normalisierung«.
5. Im »Normalisierungsprozess« (nicht zu verwechseln mit dem »Normalisierungsprinzip« (Nirje 1995), ▶ Kap. 9.2.2) wird »unnormales« Aussehen und Verhalten als für »Behinderte normal« umdefiniert. Dies geschieht in erster Linie in den Kontrollinstanzen und Einrichtungen für »Behinderte«. Sie können die Behindertenrollen gewähren oder verweigern.

Anlehnend an Cloerkes (2007, 168) ist festzuhalten, dass die Argumentation nüchtern, objektiv und frei von sozialem Engagement ist. Damit ist die Behindertenrolle funktional für alle Beteiligten. Die realen Vorgänge werden zwar gut beschrieben – Haber und Smith (1971) übergehen aber mögliche Stigmatisierungskonsequenzen als unbedeutend. Die gesellschaftlichen Rollenerwartungen und Normen werden nicht hinterfragt. Diese Kritik wurde bereits von Thimm (1975b; 2006a) in die Rehabilitationssoziologie eingebracht. Behinderung wird damit zu einer absoluten, nicht hinterfragbaren Kategorie. Die Denkrichtung ähnelt dem »personenorientierten Paradigma« (▶ Kap. 2).

Denkanstoß 3.5: Die Rolle von Kurt in »Die Vorstadtkrokodile«

> Im Jugendbuch-Klassiker »Die Vorstadtkrokodile« von Max von der Grün aus dem Jahr 1976 wird die Geschichte der gleichnamigen Kinderbande erzählt. Durch Mutproben können andere Kinder in die Bande aufgenommen werden. Auch der Rollstuhl fahrende Kurt möchte aufgenommen werden und kämpft um seine Rolle in dieser Gruppe. Zunächst erfährt Kurt Vorurteile in Form negativer Einstellungen. So wird er in der Gruppe nicht akzeptiert, da er nicht an den Aktivitäten der Gruppe teilnehmen kann. Kurt kann zum Beispiel keine Mutprobe durchführen, nicht das Baumhaus – den Unterschlupf der Vorstadtkrokodile – betreten oder ihm wird der Zugang zu der Minigolf-Anlage verwehrt. Aufgrund dieser Vorurteile erfährt er die Zuschreibung einer sozialen

Position, in der Kurt diskriminiert und stigmatisiert wird. Die Gruppe stellt keine (positiven) Erwartungen an ihn und möchte sich angesichts des fehlenden Wissens über den Umgang mit dem Rollstuhl nicht um ihn kümmern. Den ersten Kontakt zur Gruppe findet Kurt durch das Bandenmitglied Hannes. Hannes freundet sich mit Kurt an, nachdem er Hausarrest aufgrund seiner Mutprobe bekommt und sich deswegen mit dem Thema Behinderung bzw. Querschnittslähmung auseinandersetzt. Trotz der anfänglichen Diskrepanzen zwischen Kurt und der restlichen Gruppe schafft er es, sich mit seinen Fähigkeiten zu beweisen und sich einen Platz in der Gruppe zu erarbeiten. Die Vorurteile wandeln sich, als die Kinder merken, dass sie Barrieren beseitigen können und Kurt bestimmte Fähigkeiten hat, die der restlichen Gruppe fehlen. So hat Kurt eine ausgezeichnete Beobachtungsgabe, handelt sehr besonnen und ist der Gruppe in geistiger Reife und Bildung voraus. Kurt wird mit seiner geduldigen, ideenreichen sowie konstruktiven Art ein fester Bestandteil der Gruppe.

Denkanstoß

1. Durch die Aufnahme von Kurt in die Gruppe der Vorstadtkrokodile ändert sich seine Rolle. Inwiefern und warum wandelt sich seine Rolle? Denken Sie dabei auch an die Wahrnehmung der anderen Gruppenmitglieder.

Denkanstoß 3.6: Zwei Rollstuhlnutzende

Nach einem schweren Verkehrsunfall, der zu einer Querschnittslähmung führte, befindet sich Anna in einer Reha-Klinik. Sie wurde aus ihrem gewohnten sozialen und beruflichen Umfeld herausgerissen und hat so keine klar definierte Rolle mehr in ihrer neuen Umgebung. Vorherige Tätigkeiten und sozialen Interaktionen sind ihr nun verwehrt, und sie fühlt sich isoliert und als wäre sie zu nichts zu gebrauchen. Nach einiger Zeit schafft es Anna an verschiedenen Programmen und Aktivitäten der Klinik teilzunehmen. Sie besucht die Physiotherapiestunden, hat Gruppentherapiesitzungen und nimmt auch an Musikveranstaltungen teil. Ihre Teilhabe bleibt dennoch eingeschränkt, da sie ausschließlich aus Angeboten innerhalb der Reha-Einrichtung auswählen kann. Aktivitäten außerhalb der Klinik sind für sie im Moment nicht möglich. Mehrere Monate erhält Anna Therapie, rehabilitiert sich langsam und nimmt an einem Programm zur beruflichen Wiedereingliederung teil, welches sie darin unterstützt, mit technischen Hilfsmitteln und adaptierten Arbeitsbedingungen wieder in ihrem vorherigen Berufsfeld arbeiten zu können. Sie engagiert sich auch in einer inklusiven Sportgruppe, was ihr sportliche Aktivität wieder möglich macht und als erstrebenswert erscheinen lässt.

Denkanstoß

1. Welche weiteren Reaktionen auf Behinderung fallen Ihnen ein?

Ali, der im Gegensatz zu Anna seit seiner Kindheit im Rollstuhl sitzt, versucht meist, sich den Erwartungen anzupassen, die die Gesellschaft an ihn als behinderten Menschen stellt. Diese wurden ihm durch seine Familie, die Schule und andere Institutionen, aber auch im täglichen Zusammenleben mit seinen Mitmenschen vermittelt. Es wird erwartet, dass er Türen nicht öffnen und Treppen auf keinen Fall gehen kann, was aber nicht der Fall ist. Jedes Mal das Gegenteil zu erklären, wäre sehr mühsam. Die Rolle des behinderten Menschen bietet Ali einen vermeintlichen Schutz vor Überforderung, indem sie anzeigt, welche Aktivitäten und Verantwortlichkeiten für ihn angemessen zu sein scheinen. Verglichen mit einer Erkrankung, bei der das Individuum die Rolle des Kranken nur für eine gewisse Zeit annimmt, erfährt Alis Person eine generelle Umdefinition, da seine Identität mit der Rolle des behinderten Menschen eine Einheit bildet. Dies beeinflusst seine Selbstwahrnehmung, aber auch, wie andere ihn wahrnehmen. Immer, wenn er den Normen der kontrollierenden Instanzen entspricht, wird seine Abweichung als »normal« anerkannt. Ali akzeptiert beispielsweise, dass sein Lebensstandard unter dem des Durchschnitts liegt und er geringere Chancen auf Teilhabe besitzt – als »Tausch« dafür, dass seine gesellschaftliche Rolle »Normalisierung« erfährt. Innerhalb gewisser Rehabilitationseinrichtungen wird das »unnormale« Aussehen Alis als »normal« gesehen.

Aus Kritik an der Defizitorientierung in der Behinderungsforschung »entwickelte sich in den 1980er Jahren das soziale Modell von Behinderung: Kritisiert wurde, dass der medizinische bzw. individuelle Behinderungsbegriff aus sozialen Phänomenen individuelle Probleme mache. Damit verschleiere er, dass Behinderung das Ergebnis gesellschaftlicher Erwartungen, sozialer Reaktionen oder misslingenden Umgangs mit Verschiedenheit ist« (Gottwald 2019, o.S.).

Denkanstöße

1. Welche Elemente der strukturellen Sichtweise auf die Rolle behinderter Menschen finden Sie im Beispiel wieder?
2. Welche Teile des Konzepts von Haber und Smith (1971) können im Hinblick auf Stigma und personenorientierte Paradigmen unzureichend sein?

4 Handlungstheoretische Perspektive

Die soziologische Handlungstheorie betrachtet mit »Handlungen« die kleinste soziologische Einheit und stellt damit die am stärksten »mikroskopierte« Form der Betrachtung sozialer Einheiten dar. Mit der Handlungstheorie emanzipieren sich die handelnden Akteur*innen von den Normerwartungen und Erfüllungen vorgefertigter Rollenmuster: Akteur*innen bringen ihren subjektiven Sinn in Handlungen ein, auch wenn diese noch in idealtypische Handlungsformen eingebettet sind, wie beispielsweise traditionelles oder zweckrationales Handeln.

Grundlegend expliziert und ausformuliert wurde die Handlungstheorie von Max Weber, der auch bis heute der zentrale Bezugsautor ist. In Erweiterung des eher analytischen Verständnisses und Grundmodells der Handlungstheorie nach Weber mit seinem Zentralbegriff des subjektiven Sinns ist Alfred Schütz (1971) als Referenzautor zu nennen. Dieser verortete sich und seine Schriften zur soziologischen Handlungstheorie ausdrücklich im Rahmen von Weber, jedoch stützte er sich darüber hinaus in Anlehnung an Husserl (2012; 1936) auf zentrale Gedanken der philosophischen Lehre der Phänomenologie. Mit dieser Hinwendung wurde das, was wir heute unter der »verstehenden Soziologie« nach Weber verstehen, sozusagen von Schütz philosophisch »unterfüttert«.

Während bei Webers Handlungstheorie der zentrale Begriff der subjektive Sinn ist, hat sich Schütz (1974) in seiner Auseinandersetzung und »Abarbeitung« mit und an Weber vor allem mit dem Problem des Fremdverstehens beschäftigt. Darunter versteht Schütz (1974) die Schwierigkeiten der Erfassung des fremd gemeinten Sinns. Prinzipiell sei es unmöglich, die Erlebnisse eines anderen Menschen auf die gleiche Weise zu erfassen wie die eigenen. Nur wenn das Bewusstsein der Beobachtenden identisch wäre mit dem Bewusstsein der Akteur*innen, könnten die Akteur*innen in ihrem Handeln von außerhalb verstanden werden. Im Verständnis nach Schütz (1974) ist der gemeinte Sinn damit ganz wesentlich subjektiv bestimmt und an die Selbstauslegung durch den Erlebenden gebunden.

In diesem Kapitel konturieren wir zunächst Grundlagen einer handlungstheoretischen Perspektive (▶ Kap. 4.1). Anschließend haben wir das pädagogische Konzept eines »einfühlenden Verstehens« ausgewählt, um die handlungstheoretische Perspektive auf Behinderung exemplarisch zu übertragen (▶ Kap. 4.2).

> **Lernziele**
>
> - Sie lernen soziales Handeln, Sinn, Norm, Wert sowie den Idealtypus zweckrationalen Handelns kennen.

- Sie reflektieren den Wert einer handlungstheoretischen Perspektive für sonder- und rehabilitationspädagogische Arbeitsfelder.
- Sie können das Konzept des »einfühlenden Verstehens« reflektieren und dessen Vorteile und Schritte benennen.

4.1 Soziologische Grundlagen

4.1.1 Problemstellung

Ein grundlegender Bereich der von der Soziologie zu erklärenden Wirklichkeit (Berger & Luckmann 1966, 1969) ist das soziale Handeln in all seinen Dimensionen. Hierzu gehören der unmittelbare Austausch mit anderen Personen sowie die über Gruppen und Organisationen, Institutionen und »die« Gesellschaft vorstrukturierten Beziehungsmuster des sozialen Handelns. Das Adjektiv »sozial« ist aus soziologischer Perspektive ein analytischer, jedoch kein normativer Begriff, es bedeutet: auf den oder die Mitmenschen bezogen, also zwischenmenschlich.

> »Damit ist der in alltäglichen, öffentlichen und privaten Situationen zu beobachtende Tatbestand gemeint, dass das soziale Handeln der Menschen nach bestimmten Regeln und in bestimmten Formen abläuft und dass diese Regeln und Formen eine gewisse Konstanz haben. Soziologie fragt nach den Grundlagen der wechselseitigen Orientierung des Verhaltens und den Bedingungen seiner Kontinuität. Hierbei kommt den Begriffen Sinn, Norm und Wert zentrale Bedeutung zu« (Korte & Schäfers 2016, 24).

Denkanstoß 4.1: Die Suche nach dem Letztelement

Die Physik beschäftigt sich unter anderem mit der Frage, aus welchen kleinsten Bausteinen die Welt zusammengesetzt ist. Um diese Frage zu beantworten, wird Materie immer weiter zerteilt. Der Gedanke dabei ist: Wenn wir Materie aufspalten und die Aufspaltungen immer weiter zerteilen, kommen wir irgendwann zu einer Einheit, die sich nicht mehr teilen lässt. Diese Grenze wird in der Physik durch neue Technologien stetig nach unten verschoben: Die früher als unteilbar bezeichneten »Atome« (von altgriechisch átomos »unteilbar«) können heute geteilt werden.

Ähnlich der Physik stellt sich auch die Soziologie die Frage nach dem Letztelement, also dem Kleinsten, woraus »das Soziale« zusammengesetzt ist und womit sich deshalb die Soziologie beschäftigen muss.

Denkanstöße

1. Inwiefern lassen sich die Teilungsprozesse aus der Physik in die Soziologie übertragen? Welche »großen« Bestandteile »des Sozialen« gibt es und wie ließen sie sich »zerteilen«?

2. Überlegen Sie sich eine Situation, in der Menschen ohne Behinderung über Menschen mit Behinderungen sprechen. Denken Sie zum Beispiel an gängige Stereotypen. In welche einzelnen sozialen Handlungsschritte lässt sich dieses Gespräch zerlegen?

Denkanstoß 4.2: Zwei Mikrosoziologen im gemeinsamen Unterricht

Die Frage nach dem kleinsten Element des Sozialen (siehe Denkanstoß 4.1: Die Suche nach dem Letztelement) hat verschiedene Soziolog*innen beschäftigt und wurde unterschiedlich beantwortet. So schlug der Soziologie Gabriel Tarde (1843–1904) vor, zwei kleinste Bausteine zu betrachten, auf die sich alles menschliche Handeln zurückführen ließe: Das Begriffspaar »Entdeckung und Erfindung« als ersten Begriff sowie »Nachahmung« als zweiten (Tarde 2017).

Anhand des Beispiels eines gemeinsamen Unterrichts von Schüler*innen mit und ohne Behinderung lassen sich diese Begriffe mit Leben füllen: Tarde würde den Unterricht betrachten und sich die Frage stellen, welche neuen und welche nachgeahmten Faktoren ihn auszeichnen. Als neu könnte angesehen werden, dass Schüler*innen mit und ohne Behinderung gemeinsam lernen, während die etablierte soziale Praxis vielfach die Trennung von Schüler*innen mit und ohne Behinderung beim Lernen darstellt. Das gemeinsame Lernen wäre laut Tarde eine *Erfindung*, also eine vom Menschen vorgenommene Veränderung. Eine Entdeckung wäre ein als neu verstandenes Phänomen, das aber nicht vom Menschen initiiert wurde – vielleicht die Entdeckung, dass geräuschreduzierende Räume das Lernen fördern.

Tarde würde auch interessieren, welche pädagogischen Konzepte oder Aufgabenstellungen des gemeinsamen Unterrichts aus bereits vorhandenen pädagogischen Kontexten übernommen werden. So könnte zum Beispiel die soziale Praxis der Gruppenarbeit aus vorhandenen Unterrichtssituationen auf die neue Form des gemeinsamen Unterrichts übertragen werden. Dies würde Tarde als *Nachahmung* bezeichnen.

Diese Perspektive auf soziale Phänomene ermöglicht neue Einsichten und kann dabei helfen, Interventionsansätze zu identifizieren. So ließe sich die Frage stellen, von welchen bestehenden Unterrichtskonzepten der gemeinsame Unterricht profitieren kann und welche hingegen durch andere ersetzt werden sollten.

Auch der Soziologe Max Weber (1864–1920) hat sich mit der Frage nach dem kleinsten soziologischen Gegenstand beschäftigt. In Gegensatz zu Tarde beschreibt Weber den kleinsten soziologischen Gegenstand als »Handlung« bzw. »das Handeln«. Also das, was ein soziales Subjekt tut. Weber interessierte insbesondere das soziale Handeln, also das Handeln, das an einem anderen sozialen Wesen orientiert ist. Soziales Handeln lässt sich nach Weber in vier Kategorien einteilen: zweckrationales, wertrationales, traditionelles und affektives Handeln. Max Weber würde im Beispiel des gemeinsamen Unterrichts vielleicht nach Handlungen von Lehrkräften suchen, die an behinderten oder nicht behinderten Schüler*innen orientiert sind.

Die beiden Perspektiven werden der Mikrosoziologie zugerechnet (Maiwald & Sürig 2018). Mithilfe dieser Perspektive sollen größere soziologische Phänomene, wie beispielsweise eine inklusive Gesellschaftsgestaltung, erklärt werden können, indem diese auf die vielen kleinen Mikroprozesse zurückgeführt werden.

Denkanstoß

Ein Unternehmen führt eine inklusive Einstellungspolitik ein, die darauf abzielt, Menschen mit Behinderungen aktiv in den Arbeitsprozess einzubeziehen. Das Unternehmen stellt sicher, dass alle Arbeitsplätze barrierefrei sind und bietet spezielle Schulungen für Mitarbeitende an, um das Bewusstsein für Inklusion und Diversität zu fördern.

1. Welche »kleinsten Elemente« ließen sich in diesem Beispiel entdecken?

4.1.2 Definitionen

Soziales Handeln

- »›Soziales‹ Handeln aber soll ein solches Handeln heißen, welches seinem von dem oder den Handelnden gemeinten Sinn nach auf das Verhalten *anderer* bezogen wird und daran in seinem Ablauf orientiert ist« (Weber et al. 2019, 149). Ein Handeln, das nicht an anderen Menschen orientiert ist – also quasi »im stillen Kämmerlein« erfolgt und keinen Einfluss auf andere Menschen hat –, wäre demnach nicht als »soziales Handeln« zu beschreiben.
- »[Soziales] Handeln ist ein tätiges Verhalten von Menschen, das sich auf Objekte richtet, durch welches ein beabsichtigter Zustand dieser Objekte herbeigeführt oder erhalten werden soll« (Bahrdt 2014, 31).
- »Soziales Handeln ist menschliches Tun oder Lassen, das dem von den Handelnden selbst gemeinten Sinn nach auf die Handlungen oder den vermuteten Sinn des Handelns anderer Menschen in einer Situation bezogen ist« (Arbeitsgruppe Soziologie 2004, 164 f.). Wichtig an dieser Ergänzung ist, dass auch Nicht-Handeln, etwa das Unterlassen von Hilfe oder des Zahlens von Steuern, handlungstheoretisch als soziales Handeln bezeichnet werden kann, wenn es an anderen Menschen – also Hilfsbedürftigen oder der Gemeinschaft der Steuerzahlenden – orientiert ist.

Das Verständnis von »sozialem Handeln« aus handlungstheoretischer Perspektive ist nicht normativ – also nicht wertend. Auch ein im Allgemeinverständnis als »asozial« bezeichnetes Handeln wäre aus dieser Perspektive »sozial«, wenn es auf andere Menschen bezogen ist. Die Soziologie macht es sich hier gleichzeitig »schwer« und »leicht«: »Leicht« in dem Sinne, dass sie sich weitgehend Wertungen menschlichen Handelns verweigert; »schwer« aber in dem Sinne, dass sie versucht, jedes Handeln versteh- und interpretierbar zu machen.

Sinn

- In der verstehenden Soziologie nach Max Weber (Weber et al. 2019) ist subjektiver Sinn das konstitutive Element menschlichen Handelns. Subjektiver Sinn ist dann der Sinn, den der*die Handelnde selbst mit seinem*ihrem Tun verbindet. Dieser subjektive Sinn kann ausschließlich von dem handelnden Subjekt selber und von keinem anderen Menschen gesehen werden. So wäre auch das Handeln eines Menschen auf Basis einer Zwangsstörung für ihn mit einem subjektiven Sinn verbunden, den andere Menschen nicht ohne weiteres erkennen (vgl. dazu beispielsweise die Prinzipien einfühlenden Verstehens, ▶ Kap. 4.2).
- Aus der Perspektive des »symbolischen Interaktionismus« (▶ Kap. 5) handeln Menschen auf der Basis von »Bedeutungen«, die sie selbst als Sinn in die Handlungssituation einbringen.
- In der Systemtheorie nach Niklas Luhmann (▶ Kap. 9) ermöglicht die Fähigkeit der Individuen zur Selektion von Sinn, das heißt die Auswahl der für sie subjektiv passenden Handlungen aus einer Vielzahl möglicher Handlungen, die Reduktion von Komplexität und damit die Orientierung in der Welt.

Wert

Das Konstrukt Wert kann als Maßstab, der das Handeln lenkt, verstanden werden (»ethischer Imperativ«). Werte sind Einstellungen zu symbolischen bzw. abstrakten Konzepten (z. B. Gesundheit, Schönheit) und richten sich (im Unterschied zu Normen) nicht auf soziale Objekte (z. B. Handlungen). Werte können individuell unterschiedlich sein. Ein Beispiel für einen Wert ist die Einschätzung: »Ich finde diesen Körper schön.«

Norm

Normen sind allgemeine Verhaltensregeln und übereinstimmend gedachte, gefühlte und erwartete Verhaltensstandards. Ein Beispiel für eine Norm ist die Einschätzung: »Wenn ich einen Menschen mit Rollator sehe, halte ich die Tür auf.« Es werden drei Bedeutungsebenen von Normen unterschieden (Lautmann 2024c):

1. Die beobachtbare Gleichförmigkeit des Verhaltens; diese findet sich zum Beispiel, wenn sich Menschen zur Begrüßung die Hände reichen. Das Händeschütteln war jedoch in der Pandemie verpönt und ist seitdem weniger zu beobachten – dies zeigt, dass Normen durch gesellschaftliche Mechanismen gestaltet werden.
2. Die soziale Bewertung des Verhaltens; dies ist zu beobachten, wenn ein Verhalten durch andere bewertet wird. Beispiel: »Es ist unhöflich, einen Menschen

anzustarren!« Durch die Bewertung übertragen sich Verhaltensweisen in der Sozialisation (▶ Kap. 7).
3. Die verbindliche Forderung eines bestimmten Verhaltens; findet Niederschlag in den Verkehrsregeln: Wir gehen fest davon aus, dass Fahrzeuge vor einer roten Ampel anhalten. Wir gehen sogar so fest davon aus, dass wir dieser Norm unser Leben anvertrauen – etwa, wenn wir bei »grün« eine Straße betreten und darauf vertrauen, dass Fahrzeuge rechtzeitig anhalten.

Normen sind – im Gegensatz zu Werten – nicht individuell, sondern gesellschaftlich angelegt und stellen allgemeine Verhaltensregeln oder -erwartungen dar. Sie geben Handlungsanweisungen, was in einer (sozialen) Situation (z. B. bei einer Begrüßung oder im Straßenverkehr) geboten ist. Sie zu brechen erzeugt gesellschaftliche Irritationen.

Wert und Norm sind ein sich ausschließendes Begriffspaar; das heißt etwas kann ein Wert oder eine Norm sein, nicht beides.

4.1.3 Explikation

> »Unter dem Namen der H.[andlungstheorie] werden verschiedene Versuche zusammengefasst, generelle Begriffe und Aussagen hinsichtlich der Bedingungen, Formen und Handlungsrichtungen elementaren sozialen Verhaltens in einer sozialwissenschaftlichen Grundlagentheorie zu systematisieren. Es existieren diverse wahrnehmungs- und motivationspsychologische, lerntheoretische, interaktionistische, entscheidungs- und rollentheoretische Ansätze und Modelle, die bisher nicht befriedigend integriert sind« (Lüdtke 2024)

Die folgenden Ausführungen beschränken sich auf die Darstellung der Grundannahmen von Max Weber (1864–1920), einem der bedeutenden Soziologen und zugleich maßgeblichen Begründer der Handlungstheorie. Die amerikanische Variante der Handlungstheorie, die durch George Herbert Mead (1863–1931) begründet wurde und als »symbolischer Interaktionismus« bekannt und einflussreich geworden ist, wird in Kapitel 5 (Interaktionstheoretische Perspektive) (▶ Kap. 5) dargestellt.

Die Handlungstheorie »will gesellschaftliche Systeme auf soziales Handeln in sozialen Situationen zurückführen und soziale Institutionen, gesellschaftliche Gruppen und Organisationen aus der Perspektive der Handelnden thematisieren« (Rexilius & Grubitsch 1981, 433).

> »Grundmodell der H[andlungstheorie] ist das Zweck- (bzw. Ziel-)Mittel-Schema, d. h. Handelnde in einer sozialen Situation, in der sich für sie aus dem Bedingungsgefüge von individueller Motivation und Zielen, alternativen Objekten und Mitteln, sozialen Normen und Erwartungen über Belohnungs-Bestrafungs-Mechanismen oder Strategien der Reduktion kognitiver Dissonanz eine bestimmte Handlungsorientierung ergibt« (Lüdtke 2024).

Grundmodell der Handlungstheorie

Soziales Handeln kann (nach dem Verständnis von Max Weber) *idealtypisch*

- an Zwecken orientiert sein = zweckrationales Handeln,
- an Normen und Werten orientiert sein = wertrationales Handeln,
- von Emotionen bestimmt sein = affektuelles Handeln,
- von Gewohnheiten bestimmt sein = traditionales Handeln.

Welche Gründe und Motive das soziale Handeln bestimmen, welcher Sinn zugrunde liegt, kann nachvollziehend verstehend und erklärend erschlossen werden.

Zweckrational handelt, wer sein Handeln nach Zwecken, Mitteln und Nebenfolgen orientiert. Dabei werden sowohl die Mittel gegen die Zwecke wie die Zwecke gegen die Nebenfolgen als auch die verschiedenen Zwecke gegeneinander rational abgewogen. Absolute Zweckrationalität beschreibt ein rein theoretisches Konstrukt, welche im alltäglichen Handeln nicht erreicht werden kann, da allumfassende Informationen zur Bewertung von Situationen nie vollständig vorliegen.

Wertrational handelt, wer ohne Rücksicht auf die vorauszusehenden Folgen handelt, basierend auf seinen*ihren inneren Überzeugungen, dass etwas aufgrund von Pflicht, Würde, Schönheit, Religion, Pietät oder Wichtigkeit einer Sache wichtig ist. Das wertrationale Handeln ist damit bestimmt durch den Glauben an den ethischen, ästhetischen, religiösen oder wie immer sonst zu deutenden Eigenwert eines bestimmten Verhaltens als solches – unabhängig vom Erfolg.

Affektuelles Handeln bedeutet, dass das Handeln durch Emotionen bestimmt ist, beispielsweise durch aktuelle Affekte und Gefühlslagen.

Das traditionale Handeln wird durch Gewohnheit und Wiederholung bestimmt, beispielsweise der immer wiederkehrende, sonntägliche Besuch des Gottesdienstes (oder des Stadions).

Denkanstoß 4.3: Emotionen im Beruf

> Feli ist seit drei Wochen Lehrkraft an einer Schule mit dem Förderschwerpunkt Sozial-Emotionale Entwicklung. Feli erinnert sich daran, sich mehrere Monate intensiv auf die Stelle vorbereitet zu haben, da ihre hohen Ansprüche an sich selbst häufig dazu führen, dass sie Dinge, Sachverhalte, Aufgaben und Situationen viel durchdenkt und durchspielt, um jeder Eventualität begegnen zu können. Die Entscheidung als sonderpädagogische Lehrkraft tätig zu sein, hat Feli schon mit dem Eintritt in die weiterführende Schule getroffen. Zu dieser Zeit hatte Felis älterer Bruder einen Unfall, der eine chronische Sehbeeinträchtigung nach sich gezogen hat. In diesem Kontext hat Feli viel über Strukturen erfahren, die behinderte Menschen benachteiligen. Aus Felis Sicht wäre vieles davon leicht zu verändern. So entspricht der Beruf einerseits Felis moralischen Vorstellungen; andererseits hat Feli ihn auch aus Zuneigung und Mitgefühl zu ihrem Bruder ergriffen. Feli erinnert sich an die Soziologievorlesung an der Uni, in der immer gesagt wurde: »[Soziales] Handeln ist ein tätiges Verhalten von Menschen, das sich auf Objekte richtet, durch welches ein beabsichtigter Zustand dieser Objekte herbeigeführt oder erhalten werden soll« (Bahrdt 2014, 31).

Heute hat Feli ein Kind aus ihrer Klasse angeschrien, nachdem das Kind ein anderes mehrmals lautstark bedrohte. Feli war einfach wütend über die sich aufstauende Ungerechtigkeit und hat, entgegen ihrer eigentlichen pädagogischen Linie, angefangen laut zu werden. Es war also »ein Handeln, das aktuellen Gefühlslagen folgt [...], also auf seinen Gegenstand primär emotional, durch Hingabe bezogen ist« (Lüdtke 2020, 9). Das beschäftigt Feli auf dem gesamten Heimweg in der Bahn. So, wie Feli es immer macht, wenn etwas eine emotionale Belastung darstellt, lässt Feli sich erstmal ein Bad ein und versucht die Gedanken an den Tag mindestens für eine halbe Stunde von sich fernzuhalten.

Denkanstoß

1. Weswegen handeln Sie? Welche (vielleicht wichtige) Lebensentscheidungen haben Sie aus welchen Gründen getroffen? Beantworten Sie die Fragen an einem selbstgewählten Beispiel, das auch fiktiv sein kann.

Zweckrationalität (objektiv/subjektiv)

Zweckrationalität soll entlang folgenden Beispiels verdeutlicht werden: Eine Person möchte ein Regal an die Wand dübeln – nennen wir sie Markus. Markus trinkt zunächst eine Tasse Kaffee und macht sich dann an die Arbeit. Für den*die Soziolog*in lägen, wenn er*sie die Szene beobachten würde, alle Elemente einer Handlung vor: Es gibt einen Akteur, welcher ein Zweck verfolgt (hier ein Regal an die Wand dübeln). Er verfügt über Mittel (hier Dübel, Bohrer, Hammer, Regalteile, Bauplan usw.), um den Zweck zu verwirklichen. Markus setzt den Schlagbohrer an, bohrt das Loch, schlägt mit dem Hammer den Dübel in das gebohrte Loch ein und es entsteht ein Riesenloch in der Wand! Die Bedingungen für die Verwirklichung seines Zwecks waren nicht gegeben, da sich hinter der Wand ein Hohlraum befand, also die Wand für die Anbringung eines Regals nicht geeignet war. Der*die beobachtende Soziolog*in hat ein Beispiel subjektiv zweckrationalen Handelns gesehen: Der Akteur Markus verfolgt einen Zweck. Markus stellt sich (subjektiv) bestimmte Mittel vor, die nach seiner Auffassung von der Gesamtsituation und ihren Bedingungen erfolgversprechend sind. Hinsichtlich der »Konstitution« der Wand irrt er sich allerdings: Die Wand ist »objektiv« nicht geeignet. Das Beispiel verdeutlicht auch, dass die objektive Zweckrationalität die subjektive verschieben kann: So könnte Markus nun einen Hohlraumdübel benutzen und damit seine subjektive Zweckrationalität anpassen.

Zweckrationales Handeln wird durch bestimmte Erwartungen der Akteur*innen hinsichtlich der Gegenstände ihrer Umwelt bestimmt, wobei Gegebenheiten der Situation als Bedingungen auftreten oder als Mittel eingesetzt werden, um erstrebte eigene Ziele zu verwirklichen (Arbeitsgruppe Soziologie 2004).

Die subjektive Zweckrationalität muss nicht identisch sein mit der objektiven Richtigkeitsrationalität, das heißt die subjektive Überzeugung, die richtigen Mittel zur Erreichung eines Ziels einzusetzen, kann im Widerspruch stehen zur objektiv

»richtigen Wahl« geeigneter Mittel. Im Beispiel ist Markus der Meinung, es lägen alle Bedingungen vor, seinen Zweck zu realisieren, insofern ist sein Tun »subjektiv zweckrational«, aber nicht in jeder Hinsicht »richtigkeitsrational«, weil er die richtige Bedingung (die tragfähige Wand) nicht eingeplant hat. Nach Weber ist jede denkende Besinnung auf die letzten Elemente sinnvollen menschlichen Handelns an die Kategorien Zweck und Mittel gebunden. Die Zwecke des Handelnden zu verstehen ist die primäre und zugleich schwierigste Aufgabe, die nur im nachvollziehenden *Verstehen und Erklären* zu lösen ist.

Der Idealtypus des zweckrationalen Handelns leistet dreierlei:

1. Er hilft einen von Störungen und nicht zweckrationalen Elementen »bereinigten« Ablauf des Handelns zu konstruieren, und zwar in dem Sinne: Was wäre geschehen, wenn der*die Akteur*in konsequent richtigkeitsrational gehandelt hätte, also die allgemein zugänglichen Erfahrungen und wissenschaftlichen Einsichten in regelmäßige Zusammenhänge beachtet hätte?
2. Er gibt damit die Möglichkeit zur Erkenntnis, wie »Irrationalitäten«, beispielsweise Werte, Traditionen, Gefühle, das Handeln beeinflussen können.
3. Er eröffnet dadurch die Einsicht in das Handlungsrepertoire des*der Handelnden.

Die handlungstheoretische Perspektive lenkt den Blick auf die Sinnstruktur des Handelns, also auf die dem sozialen Handeln zugrundeliegenden Motive, Normen und Werte. Auffälliges Verhalten wird in dieser Perspektive nicht primär unter dem Aspekt der Abweichung betrachtet, vielmehr wird der Versuch unternommen, den subjektiven Sinn des Handelns zu verstehen:

- Welches Ziel verfolgt der*die Handelnde; welche(s) Mittel setzt er*sie ein, um dieses Ziel zu erreichen? Welche Handlungsmittel stehen ihm*ihr generell oder aktuell zur Verfügung?
- An welchen Werten sind seine*ihre Handlungsziele orientiert, welche Normen leiten sein*ihr faktisches Handeln?

Denkanstoß 4.4: Perspektiven auf Schulabsentismus

> Elif besucht die achte Klasse einer Sekundarschule. Ihr fällt es seit Beginn des Schuljahres immer schwerer, dem Unterricht zu folgen. Besonders Deutsch und Englisch bereiten ihr große Probleme; zu allem Überfluss hat sie auch noch in der letzten Deutscharbeit eine 5 geschrieben. In den letzten Wochen fällt ihrer Klassenlehrerin auf, dass Elif immer unregelmäßiger zum Unterricht kommt und der Schule fernbleibt. Die Klassenlehrerin fragt sich, womit Elifs Verhalten zusammenhängen könnte. Neulich hat sie Elif vormittags mit Freund*innen in der Stadt beim Shopping gesehen, obwohl sie eigentlich hätte in der Schule sein müssen. Danach erzählt die Klassenlehrerin im Kollegium, dass Elif faul sei und kein Interesse an ihrem Unterricht habe, weshalb sie sich lieber mit Freund*innen in der Stadt treffe. Sie glaubt, damit Elifs Sinn für ihr soziales Handeln verstanden zu haben.

> **Denkanstöße**
>
> 1. Sie sind eine Kollegin der Klassenlehrerin und können sich vorstellen, dass mehr als Faulheit und Desinteresse hinter dem Verhalten stecken könnte. Welche weiteren Interpretationsmöglichkeiten für Elifs subjektiven Sinn für ihr soziales Handeln sehen Sie?
> 2. Wie würden Sie diese weiteren Möglichkeiten einer pädagogischen Bearbeitung – zum Beispiel durch Ihre Kollegin – zugänglich machen?

Handlungstheorien sind insofern mikrosoziologische Theorien, als dass sie kleinste, selbstständige, nicht mehr weiter reduzierbare Elemente sozialen Verhaltens bzw. Handelns, die als weitgehend unabhängig von gesellschaftlichen Verhältnissen begriffen werden, untersuchen. Doch gehören strukturelle Analysen der gesamtgesellschaftlichen Zusammenhänge sowohl bei Weber als auch bei Parsons zur handlungstheoretischen Grundorientierung.

Konzeptionelle Ansätze, die die Spannung bzw. den Gegensatz von mikro- und makrosoziologischer Perspektive, von »Handeln« und »Struktur« zu überwinden versuchen, finden sich vor allem bei Giddens (1995) und Elias (1939), auch bei Habermas (1988), Bourdieu (1982) und Beck (1986, 2016).

4.2 Transfer: Behinderung aus handlungstheoretischer Perspektive

Der handlungstheoretische Blick auf die Sinnstruktur des Handelns, auf die dem sozialen Handeln zugrundeliegenden Motive, Normen und Werte findet sich in vielen, teils älteren sonder- und rehabilitationspädagogischen Beiträgen. In diesem Kapitel wird exemplarisch dargestellt, wie diese Perspektive helfen kann, ein zentrales sonderpädagogisches Problem wie sozial auffälliges und »schwer verstehbares« Verhalten zu lösen, indem sie das Verständnis für den subjektiven Sinn des Handelns erleichtert (Fischer 1996; Werning 1996).

Dabei sind folgende Grundannahmen – in inhaltlicher Anlehnung an die grundständige sonderpädagogische Explikation von Werning (1996) und Fischer (1996) – von Relevanz:

- Jegliches Verhalten von Kindern und Jugendlichen, besonders von solchen, die aufgrund vorliegender Beeinträchtigungen als »schwerstbehindert« und wegen eines fehlenden oder eingeschränkten Zugangs als »verhaltensauffällig« oder »psychisch gestört« bezeichnet werden, ist für sie zweckmäßig und sinnvoll.
- Stereotypien, Autoaggressionen, Apathie und ähnliches sind immer Ausdruck ihrer Befindlichkeit und signalisieren mitunter eine extreme soziale Isolation und einen hohen Bedarf an mitmenschlicher Hilfe.

- Aufgabe der Pädagogik ist die Aufhebung dieser Isolation durch angemessene Erlebens- und Lernangebote.

Verhaltensauffällige Kinder und Jugendliche können unter diesen Gesichtspunkten als »unverstandene« oder zumindest als »wenig verstandene« Menschen betrachtet werden. Die so empfundene Andersartigkeit und Fremdheit ihres Verhaltens und damit die Abweichung von gesellschaftlichen Normen wird allerdings von vielen Erzieher*innen nicht auf eigene Mängel in den Möglichkeiten und Kompetenzen des Verstehens, sondern im Rahmen eines defizitorientierten Verständnisses auf zumeist nicht bekannte Schädigungen oder Persönlichkeitseigenschaften zurückgeführt. Dies entlastet von der Mühe, immer wieder neue Wege zum Verständnis zu suchen und auch eigene pädagogische Defizite und Unzulänglichkeiten einzugestehen (Fischer 1996).

Soziologie in Anwendung 4.1: Ein Auge werfen

> Innerhalb der Ergotherapie hat Julia ein Bild angefertigt. Die Therapeutin gibt ihr die Rückmeldung: »Ich habe ein Auge auf dein Bild geworfen, das ist wirklich schön geworden.« Julia fängt heftig an zu lachen und die Therapeutin versteht nicht, warum sie lacht. Sie empfindet Julias Verhalten als unangebracht und merkwürdig.
>
> Die objektive Ursache der Situation: Julia ist Autistin[2]. Die Autismus-Spektrum-Störung führt dazu, dass sie aufgrund ihres wortwörtlichen Verständnisses die Formulierung ›ein Auge auf etwas werfen‹ nicht versteht.
>
> Die subjektive Ursache der Situation: Als autistische Person hat Julia ein wortwörtliches Verständnis und fragt sich, wieso ihre Therapeutin mit dem Organ Auge auf ihr Bild wirft: »Wer schmeißt denn mit Augen um sich?« Diese bildliche Vorstellung ist für Julia lustig, da es für sie komplett absurd ist, wie und wieso jemand ein Auge wirft.
>
> Wenn die Therapeutin den subjektiven Grund von Julia nachvollziehen kann, wird sie Julias Reaktion auch nicht mehr als merkwürdig empfinden, sondern möglicherweise auch als lustig. Nun kann die Therapeutin Julias Verhaltens- und Handlungsrepertoire erweitern, indem sie Julia darauf hinweist, dass sie sich verbal mitteilen kann, wenn sie eine Aussage nicht richtig verstanden hat und ihre Perspektive schildert und nicht einfach nur lacht.
>
> Außerdem kann die Therapeutin auch ihr eigenes Verhaltens- und Handlungsrepertoire erweitern, indem sie lernt, dass eine präzise Formulierung ohne Metaphern und Sprichwörter für autistische Menschen verständlicher ist.

---

2 In den Beispielen von Alex Spencer Machura werden die Begriffe »autistische Person« und »Person mit Autismus« alternierend verwendet. Damit soll verschiedenen Diskursen Rechnung getragen werden, die jeweils unterschiedlichen Begriffen den Vorzug geben. Hier wird der Argumentation von Habermann und Kißler (2022) gefolgt: »[Es] sollte jedoch in erster Linie verdeutlicht werden, dass es unterschiedliche Einstellungen gegenüber diesen Bezeichnungen gibt und dass auf allen Seiten gute Gründe für und gegen den Gebrauch spezifischer Termini bzw. Begrifflichkeiten existieren.« (Habermann und Kißler 2022, 6).

4.2 Transfer: Behinderung aus handlungstheoretischer Perspektive

(Beispiel von Alex Spencer Machura, 1. Semester Rehabilitationspädagogik, Wintersemester 2024/2025)

Soziologie in Anwendung 4.2: Repetitives Verhalten

Jakob ist autistisch. Seit einem Semester studiert er. In Vorlesungen schaukelt er immer wieder auf seinem Stuhl vor und zurück. Für Jakobs Mitmenschen ist das Verhalten nicht nachvollziehbar. Sie fragen sich, wieso er nicht ruhig sitzen bleiben kann und sich so merkwürdig verhält.

Objektive Ursache der Situation ist Jakobs Autismus-Spektrum-Störung und die damit oft einhergehenden repetitiven Verhaltensmuster.

Jakobs Verhalten ist auch durch viele subjektive Ursachen gekennzeichnet, die seine individuelle Ausprägung der Autismus-Spektrum-Störung erzeugen: Für Jakob ist die Vorlesung eine sehr anstrengende und reizüberflutende Situation. Das Licht ist grell, von überall kommen unterschiedliche Gerüche und Geräusche, die Inhalte der Vorlesung müssen verarbeitet werden. Es ist schwer, dem Dozenten zuzuhören, wenn die Straße von draußen so laut ist. Durch das repetitive Vor- und Zurückschaukeln kann Jakob sich selber regulieren. Das sogenannte autistische Stimming hilft ihm dabei, dass er die Reize um sich herum besser verarbeiten kann, um so an der Vorlesung teilhaben zu können.

Wenn Jakobs Mitmenschen seinen subjektiven Grund für sein Verhalten verstehen, so empfinden sie dieses nicht mehr als merkwürdig, sondern sogar als sinnvoll, da er so an der Vorlesung teilhaben kann.

(Beispiel von Alex Spencer Machura, 1. Semester Rehabilitationspädagogik, Wintersemester 2024/2025)

Prinzipien einfühlenden Verstehens

Einfühlendes Verstehen »geschieht im Interesse des Betroffenen, um Lebensprobleme des einzelnen Kindes [oder Erwachsenen] zu bewältigen und Schwierigkeiten zu überwinden« (Fischer 1996, 63). Einfühlendes Verstehen »vollzieht sich als konstruktiver Prozess der Wahrnehmung und Interpretation des Verhaltens« (Fischer 1996, 63) der zu beurteilenden Person. Die Lebensäußerungen der Personen werden, und seien sie noch so störend und eigenartig, grundsätzlich nicht als pathologisch oder abnorm abgewertet, sondern als sinn- und zweckvoller Ausdruck menschlicher Bedürfnisse und Befindlichkeiten im Rahmen eines lebensgeschichtlichen Entstehungszusammenhangs begriffen. Aus einer emotionalen Sicht wird versucht, sich in die Lage der anderen Person zu versetzen, deren Wahrnehmung von Wirklichkeit (Berger & Luckmann 1966, 1969) zu rekonstruieren und die damit verbundenen subjektiven Gefühlsregungen zu verstehen. »Der Prozess des Verstehens und Beurteilens vollzieht sich in einem interaktionalen und kooperativen Rahmen: Er führt sowohl zu Lern- und Entwicklungsprozessen beim Kind als auch zu Erkenntnisgewinnen beim Erzieher« (Fischer 1996, 64f.).

4 Handlungstheoretische Perspektive

Soziologie in Anwendung 4.3: Nervöse Hände

In der Klasse 2b wurde eine Mitschülerin aufgenommen. Schon nach einigen Tagen fällt auf, dass sie durchgehend mit ihren Händen wedelt und klatscht, mit ihren Füßen stampft und ständig Geräusche macht (Stereotypien). Die Klassenlehrerin stellt fest: Das stört! Ein paar Tage später hängt sie ein Poster im Klassenzimmer auf, das zum Stillhalten auffordert.

Die Klassenlehrerin sieht keinen objektiven Sinn in den Handlungen ihrer Schülerin. Stattdessen nimmt sie bloß wahr, dass die Stereotypien den etablierten Normen der Gruppe dieser Klasse widersprechen. Sie lenkt die Verantwortung auf die Schülerin selbst, dieses Verhalten zu korrigieren und somit die Normen wiederherzustellen.

Nachdem die Klassenlehrerin erkrankt, übernimmt eine Vertretungslehrerin die Klasse für einige Wochen. Auch sie bemerkt das gleiche Verhalten. Statt des Posters stellt sie Körbe mit Spielsachen für die Klasse zur Verfügung.

Nachdem die Vertretungslehrerin die Schülerin kennenlernen durfte, nutzt diese eine andere Herangehensweise. Sie setzt sich hin und überlegt: »Was könnte der subjektive Sinn dieser Handlungen für die Schülerin sein?« Vielleicht ist es so, dass die Stereotypien ihr helfen, sich zu konzentrieren – dann würde dies ein zweckorientiertes Handeln darstellen, mit dem Ziel, die Aufgaben zu lösen. Alternativ könnte es sein, dass die neuen Reize der Klasse sie emotional überwältigen oder dass sie einem ADHS-Impuls folgt. Man könnte von affektuellem Handeln sprechen.

Was auch immer der Grund sein mag, die Vertretungslehrerin realisiert vor allem eines: Die Schülerin hat gar keine anderen Möglichkeiten, ihren Bedürfnissen nachzugehen! Sie kann ihre Befindlichkeit nur durch laute Geräusche ihres Körpers ausdrücken. Durch die Bereitstellung der Spielsachen erhofft sich die Vertretungslehrerin, das Handlungsrepertoire ihrer Schülerin zu vergrößern und dadurch auf weniger störende Tätigkeiten umzulenken. Im Kontrast zur Klassenlehrerin führt die Vertretungslehrerin also einen Perspektivwechsel durch und handelt im Sinne des einfühlenden Verstehens.

(Beispiel von Nico Reiz, 1. Semester Rehabilitationspädagogik, Wintersemester 2024/2025)

Im Sinne einer handlungstheoretischen Perspektive lässt sich festhalten, dass die Analyse von Verhaltensweisen dabei hilft, die subjektive Sinnperspektive der jeweils Handelnden zu ergründen. Angenommen werden kann dabei, dass jedes Verhalten regelgeleitet ist. Auch ist menschliches Verhalten zumeist in ein komplexes, sich gegenseitig bedingendes Muster von Interaktionen eingebunden. Jedes Verhalten zeigt sich Regeln unterworfen und leistet einen Beitrag zur Aufrechterhaltung des sozialen Kontextes. Die Bedeutung des Verhaltens kann dabei erst erschlossen werden, wenn es in Beziehung zu den Verhaltensweisen der anderen Personen des sozialen Kontextes gesetzt wird.

Zum Verständnis von auffälligen Verhaltensweisen muss ihre Einbettung in den sozialen Kontext, beispielsweise innerhalb einer Schulklasse oder Familie, berücksichtigt werden. Verhaltensweisen dürfen nicht isoliert wahrgenommen werden. Wichtig ist, das Muster sozialer Interaktionsbeziehungen nachzuvollziehen, um das einzelne Verhalten mit seiner Botschaft entschlüsseln zu können.

5 Interaktionstheoretische Perspektive

Die Interaktionstheorie ist ein interpretatives Paradigma und viel mehr als nur eine weitere mikrosoziologische Theorie. Sie stellt sozusagen – folgen wir der in diesem Buch vorgenommene Differenzierung und Anordnung der Theorieangebote – die Erweiterung bzw. Weiterentwicklung der vergleichsweise einfachen und zum Teil unterkomplexen Rollen- und Handlungstheorie dar. In einer interaktionstheoretischen Perspektive werden die Handlungen von Akteur*innen in Ausrichtung an anderen Akteur*innen analysiert (Goffman 1959, 2009). Es steht nicht mehr nur die Rolle und der subjektive (Eigen-)Sinn der jeweiligen Akteur*innen im Fokus, sondern die Schwierigkeiten und Herausforderungen des Fremdverstehens und der Eigengestaltung von Handlungen. Man könnte sagen: Die interaktionstheoretische Perspektive erweitert die handlungstheoretische Perspektive um eine besondere Betrachtung der Interaktionen mit anderen Menschen.

Schütz (1971; 1974) hat das theoretische Problem aufgeworfen, wie sich Akteur*innen in die anderen Interaktionspartner*innen hineinversetzen können. Es sei prinzipiell unmöglich »fremdverstehen« zu können, aber allein der Versuch deute ja schon die Bezugnahme und Ausrichtung der eigenen Handlung auf das Gegenüber an. In interaktionstheoretischer Perspektive wird das Gegenüber zentral in die Analyse der Handlungen von Akteur*innen mit einbezogen. Die Anderen sind nicht mehr nur ein Gegenüber, sondern eben auch Interaktionspartner*innen, an denen das eigene Handeln ausgerichtet wird. Nicht nur die einseitige Ausrichtung, sondern die wechselseitige Bezugnahme – im Kern die Interaktion – stellt damit die zentrale theoretische Erweiterung dar.

In diesem Kapitel stellen wir zunächst die Grundlagen der interaktionstheoretischen Perspektive dar (▶ Kap. 5.1). Im nachfolgenden Unterkapitel »Behinderung aus interaktionstheoretischer Perspektive« (▶ Kap. 5.2) skizzieren wir *Behinderung als Form abweichenden Verhaltens* (▶ Kap. 5.2.1), den Idealtypus eines *Stigmatisierungsprozesses* (▶ Kap. 5.2.2) und kontrastieren *stigmatheoretische mit bezugsgruppentheoretischen Perspektiven* (▶ Kap. 5.2.3).

> **Lernziele**
>
> - Sie lernen die Definitionen von sozialer Interaktion, Kommunikation und Identität kennen.
> - Sie kennen die Grundannahmen des symbolischen Interaktionismus und soziologischer Auffassungen über Identitätsbildung.

- Sie reflektieren Behinderung als Form abweichenden Verhaltens und unterscheiden stigmatheoretische und bezugsgruppentheoretische Perspektiven.

5.1 Soziologische Grundlagen

5.1.1 Problemstellung

Die interaktionstheoretische Perspektive fragt nach den Grundlagen des alltäglichen Handelns der Menschen – konkreter danach, woran sie sich in ihrem Handeln orientieren und wie das Handeln von Interaktionspartner*innen aufeinander bezogen ist. Relevante Fragen sind darüber hinaus: Wie kommt eine Interaktion überhaupt zustande? Wie verlaufen Interaktions- und Kommunikationsprozesse?

5.1.2 Definitionen

Soziale Interaktion

Soziale Interaktion »ist die durch Kommunikation (Sprache, Symbole, Gesten usw.) vermittelte wechselseitige Beziehung zwischen Personen und Gruppen und die daraus resultierende wechselseitige Beeinflussung ihrer Einstellungen, Erwartungen und Handlungen« (Bisler & Klima 2024).

Kommunikation

Von Kommunikation wird in diesem theoretischen Diskurs gesprochen, wenn von einem*r »Sender*in« ein Signal an eine*n »Empfänger*in« ausgeht, der*die das Signal richtig entschlüsseln bzw. richtig decodieren muss, um die darin enthaltenen Informationen zu verstehen. Die richtige Deutung von Zeichen, die Verschlüsselung und Entschlüsselung von Kommunikation ist die Voraussetzung für eine gelungene Kommunikation. Es können auch nichtsprachliche, also nonverbale, Kommunikationsformen vorkommen sein wie Gestik und Mimik oder nur ein Augenzwinkern (Göbel 2024).

Identität

Identität ist »das dauernde innere Sich-Selbst-Gleichsein, die Kontinuität des Selbsterlebens eines Individuums (Ich-Identität auch Selbst-Identität), die im Wesentlichen durch die dauerhafte Übernahme bestimmter sozialer Rollen und Gruppenmitgliedschaften sowie durch die gesellschaftliche Anerkennung als jemand, der die betreffende Rolle innehat bzw. zu der betreffenden Gruppe gehört, hergestellt wird« (Hörnig & Klima 2024).

5.1.3 Explikation

Die interaktionstheoretische Perspektive wird an dieser Stelle aus der Sicht des symbolischen Interaktionismus (Blumer 1973; Mead 1927; 1987) dargestellt. Der Symbolische Interaktionismus kann, da er Interaktionen – also Handlungen – zum theoretischen Ausgangspunkt macht, zur Gruppe der Handlungstheorien gerechnet werden. Menschliches Handeln ist in hohem Maße subjektiv und situationsgebunden, das heißt, die soziale Wirklichkeit (Berger & Luckmann 1966, 1969) entsteht durch das wechselseitig aneinander orientierte und interpretierende Handeln von Individuen. Wie es Berger und Luckmann in ihrem Schlüsselwerk der Wissenssoziologie »Die gesellschaftliche Konstruktion der Wirklichkeit« analysieren – welches in enger Vebrindung zum symbolischen Interaktionismus und des Sozialkonstruktivismus steht –, ist die soziale Wirklichkeit keine objektiv gegebene Entität. Wirklichkeit entsteht immer in Interaktion, der menschliche Alltag erscheint wie eine Bühne (Goffman 1959, 2009), auf der soziale Ordnung immer wieder hergestellt und verhandelt wird (Berger & Luckmann 1966, 1969).

Beim symbolischen Interaktionismus handelt es sich um ein interpretatives Paradigma: Es werden diejenigen Prozesse analysiert, in denen durch die Interaktionspartner*innen Bedeutungen und damit Handlungsorientierungen entstehen und verändert werden.

> »Die an einer Interaktion Beteiligten, die Interagierenden, teilen eine Menge mit – direkt und indirekt, bewusst und unbewusst. Dies bezieht sich nicht nur auf Sprache, Tonfall, Mimik oder Gesten, sondern die Beteiligten setzen jeweils ein bestimmtes Vorwissen des Gegenübers und eine voraussehbare Reaktion voraus. Man teilt immer wesentlich mehr mit als das, was man tatsächlich spricht und/oder durch körpersprachliche Signale zum Ausdruck bringt. Diese Mitteilungen verschiedenster Art treffen in der Wahrnehmung des Gegenübers auf bestimmte Erwartungen und Erfahrungen. Sie können nur verstanden werden, wenn die oder der andere sie zu interpretieren weiß« (Treibel 2006, 82).

Die traditionelle Rollentheorie, die bei den Interaktionspartner*innen Stabilität und Kongruenz zwischen Rollendefinition und Rollensituation voraussetzt, wird also um den Definitionsspielraum der einzelnen Interaktionspartner*innen erweitert.

Prämissen des symbolischen Interaktionismus

1. Menschen handeln aufgrund von Bedeutungen, die andere »Dinge«, Menschen, Situationen oder Institutionen etc. für sie besitzen. Die Bedeutung kann von Person zu Person sehr variieren. Ein gutes Beispiel sind »Erinnerungsstücke«, die man vielleicht mit einer besonderen Situation verbindet. Während beispielsweise ein altes T-Shirt für andere Menschen lediglich alt und verwaschen ist, kann die Bedeutung für den*die Tagende*n an die schöne Erinnerung eines

Festivals gekoppelt sein. Wer das T-Shirt also trägt, handelt auf Basis einer Bedeutung, die für andere verschlossen bleibt.
2. Die Bedeutung dieser Dinge ist aus der sozialen Interaktion abgeleitet oder entsteht aus ihr. Sobald wir gefragt werden »Warum trägst Du dieses alte T-Shirt?« und wir antworten, dass es an ein Festival erinnert, wird die Rolle von sozialer Interaktion deutlich: Aus ihr entsteht die Bedeutung des T-Shirts wie auch die Übertragung dieser Bedeutung auf den fragenden Menschen.
3. Bedeutungen werden durch Interpretation in der sozialen Interaktion gewonnen, benutzt und verändert. Vielleicht war das Festival für andere Gäste nichts Besonders, vielleicht langweilig oder verregnet und sie haben auch sicher kein T-Shirt aufbewahrt. Für Sie hingegen hat das T-Shirt durch die Frage »Warum trägst Du es?« noch weiter an Wert gewonnen. Sie werden es sicher weiter pflegen und tragen.

Soziale Interaktionen basieren in Anwendung dieser drei Prämissen auf folgenden Aspekten (Cloerkes 2007):

- Signifikante Symbole (Symbole, die einen »Sinn« haben), vor allem in der menschlichen Sprache. In unserem Beispiel sind die signifikanten Symbole das T-Shirt sowie das Gespräch zu dessen Wert.
- Definition der Handlungssituation. Hier bietet das Beispiel gleich zwei Situationen: In der einen besuchen Sie ein Festival, in der anderen erklären Sie die Bedeutung des T-Shirts.
- Selbstwahrnehmung und Selbstreflexivität. Sie fühlen sich durch das T-Shirt an das Festival erinnert und das fühlt sich gut an. Durch die Frage werden Sie angeregt, das zu reflektieren und zu erklären. Sie entscheiden sich, dass das T-Shirt ein Erinnerungsstück ist. Kurz hatten Sie erwogen, es doch zu entsorgen, weil Sie durch die Frage reflektiert haben, dass es doch arg löchrig ist.
- Verhaltensantizipation: Ich antizipiere das Verhalten der anderen Person. Sie wägen ab: Bin ich bereit zu akzeptieren, dass andere denken, dass ich alte T-Shirts trage, weil ich nicht modebewusst oder arm bin? Wie wichtig ist mir das Verhalten anderer?
- Role-taking: Indem ich die Perspektive wechsle und mich in die andere Person hineinversetze, gewinne ich Vorstellungen über die Einstellungen und Erwartungen anderer Personen, die zu einem Bild des*der Anderen generalisiert werden (›generalisierte*r Andere*r‹ – »the generalized other«), der*die auch als Repräsentant*in einer Gruppe erscheinen kann. Ich erwarte oder unterstelle nun ein bestimmtes Verhalten und verhalte mich dann entsprechend. Ich übernehme eine Rolle. Ich kann beispielsweise zu dem Schluss kommen, dass ich das T-Shirt beim Vorstellungsgespräch nächste Woche besser nicht trage.
- Role-making: Das Individuum wird aus der Sicht des symbolischen Interaktionismus als aktiv und dynamisch und nicht als passiv und determiniert betrachtet. Entsprechend kann sich das Individuum von den Erwartungen der anderen Person distanzieren (Rollendistanz) und die Rolle selbst aktiv ausgestalten und verändern. Zu Ihrer Rolle in einer Freizeitgruppe passt das T-Shirt aber ganz gut

– es bietet Anknüpfungspunkte an andere; so wie die Situation, in der Sie jemand nach dem T-Shirt fragte und Sie vom Festival erzählen konnten.

Das Beispiel des T-Shirts zeigt die Fülle nicht kongruenter Situationsdefinitionen der Interaktionspartner*innen, aber auch, dass das interpretierende und definierende Individuum sowohl *Subjekt* als auch *Objekt* einer Situation ist. Ziel der Interaktion ist eine gemeinsame »Definition der Situation«, mit der die »objektiven« Gegebenheiten wie Normen und Rollen und die »subjektiven« Voraussetzungen wie Biografie und Persönlichkeit für die Interaktionspartner*innen zufriedenstellend ins Gleichgewicht gebracht werden sollen. »Definition der Situation« meint die bewusste oder unbewusste Strukturierung der Situation, nicht die intellektuelle Tätigkeit der Begriffsklärung. Die Interaktionspartner*innen nehmen Merkmale der Situation wahr und richten ihr Verhalten entsprechend ein. Sie gewichten, selektieren und interpretieren das Wahrgenommene. Dabei ist wichtig festzuhalten, dass erworbene Verhaltensmuster in der jeweiligen Situation angewendet und auf sie übertragen werden, das heißt vorangegangene Sozialisations- und Lernprozesse bestimmen das Verhalten in der aktuellen Situation (▶ Kap. 8). Situationsdefinitionen enthalten insofern immer Komponenten der individuellen Lebensgeschichte, des sozialen Erfahrungsfeldes und institutioneller Merkmale. Sie sind außerdem an den jeweiligen Entwicklungsstand des Idividuums gebunden (Eberwein 1994).

Denkanstoß 5.1: Profile auf einer Dating-Plattform

Ein wichtiger Bestandteil der sozialen Interaktion zwischen Menschen ist die Kommunikation, die gegenseitige Beziehungen zwischen Personen und Gruppen und die daraus resultierenden Einstellungen, Erwartungen und Handlungen vermittelt. Es wird betrachtet, wie Menschen kommunizieren und was dabei funktioniert und was nicht. Beispiele sind Profile auf Dating-Plattformen: Zwei Menschen kennen sich (noch) nicht, sie nutzen aber eine ausschließlich digitale Kommunikation, um zu erfahren, ob sie zueinander passen.

Person 1	Person 2
»Ich bin 26 Jahre alt und Erzieher. Ich mag es zu kochen und zu lesen. Ich liebe es, Zeit mit meiner Familie und meinen Freunden zu verbringen. Gerne bin ich auch in der Natur und auf dem Land in meinem kleinen Haus zu finden. Ich suche eine gefestigte Beziehung und eine Partnerin, mit der ich immer lachen kann.«	»Meine Freund*innen beschreiben mich als spontane und freiheitsliebende Person. Wenn ich nicht gerade in der Großstadt unterwegs bin, findest du mich auf einer Reise durch die ganze Welt. Ich bin 28 Jahre alt und Betriebswirtin. Neben den Reisen sind mir auch meine berufliche Entwicklung und eine erfüllende Karriere besonders wichtig.«

Denkanstöße

Beim ersten Lesen der Profile lässt sich direkt erkennen, dass sich die Personen im Wohnort unterscheiden. Während Person 1 auf dem Land lebt, wohnt Person 2 in der Stadt. Doch es gibt auch »verdeckte« Informationen, die nicht direkt und offen kommuniziert werden und daher durch Interpretation aufgedeckt werden müssen.

1. Lesen Sie die beiden Partnerschaftsanzeigen erneut. Denken Sie zum Beispiel an Charakterzüge, Familiensituation oder Lebensentwürfe. Was kann man aus den Anzeigen über die jeweilige Person noch »zwischen den Zeilen« herauslesen, ohne dass es explizit benannt wird?
2. Aus welchen Gründen ist jede Person wohl auf dieser Dating-Plattform?

Identitätsbildung

Soziale Interaktionen sind auch Grundlage der Herstellung und Sicherung von Identität. Mead (1987) unterscheidet:

- »*I*«, als das Ich als Subjekt, das spontan und kreativ ist oder sein kann. Ein Beispiel ist eine kreative Lösungsstrategie in der Bearbeitung eines wissenschaftlichen Problems, die einem spontan einfällt.
- »*Me*«, als das soziale Selbst, in dem sich eine Bezugsperson oder Bezugsgruppe in mir ausdrückt, beispielsweise Studierende, die sich an gemeinsamen Seminarregeln orientieren.
- »*Self*«, als die Integration von »I« und »Me« – die Identität. Das »Self« einer Lehrkraft integriert beispielsweise den persönlichen Lehrstil (»I«) mit universitären Anforderungen (»Me«) an gute wissenschaftliche Lehre.

Im Anschluss an das Mead'sche Identitätsmodell hat Goffman (1963; 2018) in seinem Erklärungsmodell die *soziale Identität (social identity)* von der *persönlichen Identität (personal identity)* sowie der *Ich-Identität (ego identity)* unterschieden. Bei der sozialen Identität geht es um die Gruppenzugehörigkeit und die routinemäßige Einordnung in soziale Kategorien. Die persönliche Identität stellt die Einzigartigkeit eines Menschen dar, in Verbindung mit der eigenen Biografie. Zentral ist der Aspekt der Identifizierung (Cloerkes 2007). Goffman (1963, 2018) versteht die persönliche Identität als eine externe Kategorie zur Verortung des Individuums in einem sozialen Umfeld. Die Ich-Identität (ego identity) beschreibt den Innenaspekt der Identität als »das subjektive Empfinden seiner eigenen Situation und seiner eigenen Kontinuität und Eigenart, das ein Individuum allmählich als ein Resultat seiner verschiedenen sozialen Erfahrungen erwirbt (Goffman 1963, 131).

Frey und Hauser (1987) haben diese und andere gängige Identitätskonzeptionen in einem eigenen Identitätsmodell konsequent und klärend weiterentwickelt

(Cloerkes 2007). Darin werden Außen- und Innenperspektive sowie drei Aspekte von Identität unterschieden:

1. der externe Aspekt (Außenperspektive)
2. der interne Aspekt (Innenperspektive)
3. der Integrations- und Balanceaspekt (Innenperspektive).

1) Der *externe Aspekt* umfasst die soziale und persönliche Identität und gibt die soziale und personale Identifizierung eines Individuums durch die jeweiligen Interaktionspartner*innen an:
   - Die *soziale Identität* beschreibt den sozialen Status, beispielsweise die Berufsposition als Rehabilitationspädagog*in.
   - Die *persönliche Identität* bezeichnet die von anderen wahrgenommene und zugeschriebene *Individualität* des Individuums; zum Beispiel die einer behinderten Person, die einen Rollstuhl nutzt.

2) Der interne *Aspekt* – als reflexiver Prozess – beinhaltet das »Soziale Selbst« und das »Private Selbst«:
   - Das *Soziale Selbst-Konzept* stellt dar, wie eine Person sich selbst aus Sicht der Umwelt definiert, wie sie also die Ansichten, Meinungen und Urteile anderer über sich selbst wahrnimmt und interpretiert. Hier ist die Perspektive autistischer Menschen ein spannender Fall, denn vielfach gelingt es ihnen nur erschwert, die Ansichten, Meinungen und Urteile anderer Menschen zu »dekodieren«. Sie erfahren daher Barrieren in der Gestaltung ihres sozialen Selbst-Konzepts.
   - Das *Private Selbst-Konzept* enthält die Selbstinterpretation einer Person, wie sie sich selbst – möglicherweise im Gegensatz zum Sozialen Selbst – persönlich einschätzt. Ein behinderter Mensch könnte beispielsweise unterscheiden zwischen der Wahrnehmung und Beurteilung der eigenen Person durch andere und der eigenen Selbstbeschreibung (vgl. hierzu die »Behindertenrolle«; ▶ Kap. 2.2.3. und ▶ Kap. 3.2 sowie in »Denkanstoß« 3.4). Der Slogan »Man ist nicht behindert, man wird behindert« pointiert den Unterschied zwischen sozialem Selbst-Konzept (»man wird behindert«) und privatem Selbst-Konzept (»man ist behindert«).

3) Der Begriff der Identität sollte nach Frey und Hauser (1987) nur für den dritten Aspekt, die spezifische *Integrations- und Balanceleistung* des Individuums, angewendet werden. Identität wird also auf den Fall begrenzt, in dem eine Person sich selbst identifiziert. Es sind Subjekt und Objekt der Identifizierung in einer Person vereint. Identität in diesem engeren Sinne integriert das Private und Soziale Selbst-Konzept, berücksichtigt auch andere Rahmeninformationen, leitet das Handeln an und bestimmt die Identitätsdarstellung.

Die *Herstellung und Darstellung von Identität* ist ein ständiger Prozess und lässt sich entlang von vier Problemdimensionen beschreiben:

1. *Realitätsproblem:* Dabei geht es um die Aneignung der Außenperspektive in eine Innenperspektive, also das Wahrnehmen, Begreifen und angemessene Berücksichtigen sozialer Erwartungen und Ansprüche. Leitfragen sind beispielsweise:

»Realisiere ich, dass meine Mitmenschen andere Erwartungen an mich stellen als ich selbst?« Oder: »Was konkret erwarten die anderen Personen von mir in einer Situation?«
2. *Konsistenzproblem:* Dabei geht es um die »sich selbst Gleichheit« trotz unterschiedlicher Verhaltensweisen in verschiedenen Rollen und Situationen *(sozialhorizontale Dimension)*. Eine Leitfrage ist beispielsweise: »Wie bleibe ich mir selbst treu trotz unterschiedlicher Erwartungshaltungen an mich?«
3. *Kontinuitätsproblem:* Dabei geht es um die Stabilität des Subjekts trotz ständiger Veränderungen *(biografisch-vertikale Dimension)*. Eine Leitfrage ist beispielsweise: »Wie bleibe ich bei mir, trotz diverser Änderungen und Beeinflussung (von außen)?«
4. *Individualitätsproblem:* Dabei geht es um die Herstellung und Darstellung der unverwechselbaren Eigenschaften eines Individuums. Eine Leitfrage ist beispielsweise: »Wer bin ich und was zeichnet mich aus?«

Die Vorzüge dieses interaktionistisch fundierten Identitätskonzepts liegen vor allem darin, dass die Bewältigungsstrategien bei Gefährdung der Identität (z. B. durch Stigmatisierungsprozesse) präziser erfasst werden können und dass Stigmatisierung durchaus nicht als Automatismus, dem die Betroffenen ohne Wahl- und Entscheidungsmöglichkeiten bedingungslos ausgeliefert sind, verstanden werden muss. Die interaktionstheoretische Perspektive kann damit helfen, die Prozesse von Stigmatisierung und Identität voneinander zu trennen und ihre jeweiligen Entstehungsprozesse auf der Basis von Interaktionen zu analysieren.

Ziele der Identitätsbildung sind:

- *Interaktionskompetenz:* durch »role-taking« und »role-making« in Interaktionen ein autonomes Rollenverhalten entwickeln,
- *Diskursfähigkeit:* in verbaler Kommunikation eine eigene Meinung formulieren und zur Diskussion stellen,
- *Handlungskompetenz:* realistisch und selbstbewusst Handlungsziele setzen und realisieren,
- *Moralität:* Handlungen in kritischer Auseinandersetzung mit sozialen Normen begründen können,
- *Integrität:* die eigene Biografie konsistent konstruieren, Kontinuität herstellen und gleichzeitig neue Identitäten zulassen und aufbauen.

Identität ist in diesem Verständnis kein Besitz, sondern ein Idealziel, das nur approximativ, also annähernd zu erreichen ist. Für die Herausbildung und Absicherung von Identität bedarf es folgender Kompetenzen, um sowohl den sozialen Erwartungen angemessen entsprechen zu können als auch die persönlichen Ansprüche und Bedürfnisse befriedigend einbringen zu können:

- *Rollendistanz* meint die Fähigkeit von Rollenträger*innen, kraft der eigenen sozialen Kreativität oder der übergeordneten Stellung, die konkreten Rollenverpflichtungen zeitweise zu lockern oder mit individuellen Verhaltensäußerungen zu mischen, um nach außen den Eindruck zu erwecken, autonom und

rollenunabhängig zu handeln. Wenn Sie sich in der Mittagspause vom anstrengen Arbeitstag in einer Wohngruppe mit einem Eis belohnen, können Sie dadurch Distanz zu Ihrer Rolle als pädagogische Fachkraft bewahren.
- *Empathie* bedeutet das Sich-Hineinversetzen in eine andere Person oder die Identifikation mit ihr zu dem Zweck, sie durch inneren Nachvollzug ihrer Verhaltensweisen zu verstehen. Als Beispiel für einen professionellen Einsatz dieser Kompetenz haben wir in Kapitel 4.2 (▶ Kap. 4.2) die »Prinzipien einfühlenden Verstehens« kennen gelernt.
- *Frustrationstoleranz* ist die Fähigkeit eines Individuums, Frustrationen zu ertragen, ohne dadurch Schäden in der psychobiologischen Anpassung zu erleiden. Diese Toleranz ist für Menschen mit Behinderungen oft bedeutsam, denn Frustration kann sich beispielsweise bei dem Aufeinandertreffen von sozialem und privatem Selbst-Konzept (s. o.) oder von Rechten und deren Durchsetzungswirklichkeit entstehen. Für Fachkräfte in pädagogischen und pflegenden Berufen ist Frustrationstoleranz ebenso wichtig und kann unter anderem durch Coachings oder Mentorings gefördert werden.
- *Ambiguitätstoleranz* ist die Fähigkeit, Mehrdeutigkeiten und widersprüchliche Verhaltenserwartungen in sozialen Interaktionen auszuhalten und handlungspraktisch zu bewältigen. Ambiguitätstoleranz ist eine zentrale Kompetenz zur Entwicklung und Behauptung von Ich-Identität und biografischer Kontinuität. In Kapitel 3 (▶ Kap. 3) (Rollentheoretische Perspektive) wurden mit dem inter-, dem intra- und dem Person-Rolle-Konflikt verschiedene durch Rollen induzierte Konflikte thematisiert; diese fordern oft die Ambiguitätstoleranz der Rollenträger*innen heraus.
- *Kommunikative Kompetenzen* umfassen die Fähigkeit eines Individuums, den Interaktionspartner*innen die eigene Interpretation der Situation verständlich mitzuteilen, aber auch die Botschaft der Interaktionspartner*innen in die eigene Sprache zu »übersetzen« und zu »lesen«. Das »Lesen« von Interaktionspartner*innen wird in Kapitel 4.2 (▶ Kap. 4.2) mit den »Prinzipien einfühlenden Verstehens« sowie in den »Soziologie in Anwendung«-Beispielen 4.1 (»ein Auge werfen«), 5.2 (»Du hörst mir nicht zu«) und 5.3 (»double empathy problem«) thematisiert.

Die Koordinierungsleistung des Individuums im Prozess der Auseinandersetzung mit der äußeren und der inneren Realität liegt darin, die »Spannungen auszuhalten, auszugleichen oder aktiv zu bearbeiten, die sich aus der Nicht-Übereinstimmung zwischen eigenen Bedürfnissen und Kompetenzen und sozialen und dinglichen Anforderungen ergeben« (Hurrelmann 2001, 173).

In Emanzipation von der Rollentheorie, in der die Akteur*innen gewissermaßen in einem Korsett der Rollenaufnahme und Rollenübernahme »festhängen«, wurde mit der Hinzunahme der handlungstheoretischen Perspektive (▶ Kap. 4) bereits die Vielschichtigkeit und Sinnhaftigkeit von Handlungen aufgezeigt und verdeutlicht. Das Betrachtungsfeld ist weiter geöffnet worden: Durch den Sinnbegriff (▶ Kap. 4 »Handlungstheoretische Perspektive« zur Bedeutsamkeit des subjektiven Sinns und das Problem des Fremdverstehens) werden das Handlungsfeld und die Handlungsoptionen für Akteur*innen multipler und komplexer.

In interaktionstheoretischer Perspektive wird dieses (Handlungs-) Repertoire noch weiter gesteigert: Zentral ist die Feststellung der interdependenten Ausrichtung der Handlungen von Akteur*innen. Aber darüber hinaus passen sich Individuen nicht nur an, respektive fügen sich nicht nur in Rollen und Erwartungen ein und handeln entsprechend. Sie können auch aus Rollen und Erwartungshaltungen ausbrechen und sich ganz anders verhalten als von Anderen antizipiert. Dieses »anders verhalten« kann beim Gegenüber eine Überraschung auslösen, die Handlung kann den Interaktionspartner*innen möglicherweise auch erstmal Rätsel aufgeben und sie irritieren (siehe »Soziologie in Anwendung« 4.1 »ein Auge werfen«, 4.2 »repetitives Verhalten« und 4.3 »nervöse Hände«). Individuen können sogar – und das ist die zentrale interaktionstheoretische Erkenntnis – Rollen und Erwartungshorizonte und damit ihre Handlungen

- aktiv mitgestalten,
- diese sogar verändern, was das sogenannte »role making« (s. o.) anschaulich beschreibt,
- und an den Erwartungshaltungen von anderen ausrichten.

Labeling approach

Auf der Grundlage des symbolischen Interaktionismus hat sich in der soziologischen Devianzforschung der *labeling approach* entwickelt, der auch als Definitions- bzw. Etikettierungsansatz bezeichnet wird. Im Verständnis des *labeling approach* wird abweichendes Verhalten primär als ein auf mehreren Ebenen ablaufender Prozess verstanden: Der gesellschaftlichen Normsetzung folgt die interpersonelle Reaktion, das abweichende Verhalten, welches das label (Etikett) »kriminell« erhält. Das Etikett wird von der Umwelt der Betroffenen wahrgenommen als auch in deren Selbstbild integriert. Der Ansatz des labeling approach stellt sich damit gegen Erklärungsansätze, die abweichendes Verhalten als gegeben ansehen und monokausal mit dem Verhalten der Devianten erklären (Lautmann 2024a).

Der labeling approach entwickelte sich aus Konzepten und Ansätzen der amerikanischen Kriminologie der Nachkriegsjahre, die vor allem durch die Arbeiten und die Aufsatzsammlung von Becker (2019 [1973]) in der Wissenschaftsdiskussion prominent wurden. Rezipiert und in die deutsche Kriminalsoziologie importiert wurde der Ansatz von Sack (1968). Diese theoretischen Grundlagenarbeiten fanden ab Anfang der 1970er Jahre dann Eingang in die Erziehungswissenschaft, Sozial- und Sonderpädagogik und wurden von Autoren wie Mollenhauer, Keckelsen und Homfeldt aufgegriffen.

Stigma-Konzept

Ebenfalls auf dem Boden des symbolischen Interaktionismus steht der *Stigma-Ansatz*, der auf Goffman (1963, 2018) zurückgeht und in den 1970er Jahren von Brusten und Hohmeier (1975a, 1975b) in die Sozialpädagogik und von Thimm (1975a) in die Sonderpädagogik eingeführt wurde.

Unter *Stigmatisierung* wird in der Soziologie ein Prozess verstanden, durch den Individuen bestimmte andere Individuen in eine bestimmte Kategorie von Positionsinhaber*innen einordnen. Stigmatisierung meint somit die Kategorisierung »einer Person durch gesellschaftliche oder gruppenspezifisch negativ bewertete Attribute, d. h. durch Eigenschaften, die sie sozial diskreditieren« (Bisler 2024).

Behinderung ist in diesem Verständnis keine Eigenschaft einer Person, sondern ein Stigma, respektive das *Ergebnis einer sozialen Zuschreibung*. Weicht jemand hinsichtlich seines Verhaltens oder eines Merkmals von den in einer gegebenen sozialen Situation »normalen« Erwartungen ab, erweist er sich als »in unerwünschter Weise anders, als wir es antizipiert hatten« (Goffman 2018, 13), so kann ein *Stigma* zugewiesen werden. Das Stigma kann *als Legitimation zum Abbruch einer sozialen Beziehung mit einer Person* verwendet werden, zu ihrer Isolation oder zur Umstrukturierung sowohl des verbalen als auch des nonverbalen Verhaltens ihr gegenüber führen. Stigmata können zum »Masterstatus« (Becker 2019 [1973], 25) werden, das heißt es findet eine *Generalisierung* statt, die das Merkmal zum alles bestimmenden Attribut einer Person macht: der*die »Lernbehinderte« oder der*die »Körperbehinderte«.

Soziologie in Anwendung 5.1: Der Herr des Rings

> Herr Boris und Frau Becker sind seit fünf Jahren verheiratet und tragen täglich einen Ehering. In ihrem Alltag erkennen nicht nur Herr Boris und Frau Becker die symbolische Bedeutung der Ringe, sondern auch deren soziale Umgebung. Freunde, Familie, Kollegen und Fremde sehen den Hochzeitsring als Zeichen, dass die beiden verheiratet sind. Für Herrn Boris ist der Ring vor allem eine persönliche Erinnerung an einen emotionalen Moment. Für Frau Becker ist der Ring eher ein Ausdruck der gemeinsamen Zukunft. Obwohl beide den Ring tragen, geben sie ihm also leicht unterschiedliche Bedeutungen.
>
> Eines Tages bemerkt Herr Boris bei der Arbeit, dass er seinen Ring zu Hause vergessen hat. Er misst dem keine große Bedeutung bei, weil er den Ring vor allem als privaten Ausdruck seiner Ehe betrachtet. Eine Kollegin hingegen bemerkt den fehlenden Ring und macht scherzhaft die Bemerkung: »Na, hast du etwas zu verbergen?« Diese Aussage zeigt, dass die Kollegin dem Ring eine weitere Bedeutung beimisst: Für sie ist er ein öffentlich sichtbares Zeichen der Treue und des ehelichen Status. Herr Boris erklärt, dass er den Ring vergessen hat.
>
> Dieses Gespräch ist ein Beispiel dafür, wie Menschen in sozialen Interaktionen die Bedeutung von Symbolen neu verhandeln. Es zeigt sich, dass Symbole nicht festgelegte Bedeutungen haben, sondern durch Interaktion immer wieder interpretiert und angepasst werden. Dieses Beispiel verdeutlicht mehrere Kernelemente des symbolischen Interaktionismus:
>
> 1. Erstens wird die Bedeutung eines Symbols wie des Hochzeitsrings durch soziale Konventionen und persönliche Erfahrungen geformt.
> 2. Zweitens ist diese Bedeutung kontextabhängig und kann von verschiedenen Personen unterschiedlich interpretiert werden.

3. Drittens zeigt die Auseinandersetzung um den fehlenden Ring, wie Bedeutungen in sozialen Interaktionen ausgehandelt werden. Symbole und ihre Bedeutungen sind somit nicht starr, sondern dynamisch und werden durch die kontinuierliche Interaktion zwischen Individuen geformt und verändert.

Dieses Beispiel zeigt eine zentrale Idee des symbolischen Interaktionismus: Bedeutungen gehen nicht von den Dingen selbst aus, sondern entstehen durch die Art und Weise, wie Menschen in sozialen Kontexten miteinander interagieren. Es ist daher wichtig, die Interaktionen zu untersuchen.

(Beispiel von Josie Griem, 1. Semester Rehabilitationspädagogik, Wintersemester 2023/2024)

5.2 Transfer: Behinderung aus interaktionstheoretischer Perspektive

Die pädagogische Relevanz der interaktionistischen Perspektive zeigt sich vor allem darin, dass

- Definitions-, Zuschreibungs- und Etikettierungsprozesse gut mit dem interaktionistischen Ansatz zu begreifen sind;
- das Stigma-Konzept einen Erklärungsbeitrag zur Entstehung und Verfestigung abweichenden Verhaltens in schulischen und außerschulischen Institutionen leistet;
- die Herstellung und Sicherung konkreter Fähigkeiten und Kompetenzen sowie deren Entwicklung und Erweiterung in pädagogisch strukturierten Interaktionsprozessen gefördert werden kann;
- namhafte Vertreter*innen der Behindertenpädagogik und Rehabilitationssoziologie Behinderung aus dieser Sichtweise betrachten.

5.2.1 Behinderung als Form abweichenden Verhaltens

Lernbehinderung kann als eine spezifische Form abweichenden Verhaltens interpretiert werden (Eberwein 1994; Homfeldt 1974), die Schüler*innen von der sozialen Kontrollinstanz Schule zugeschrieben wird.

> »Schulversagen, Lernbehinderung kann daher nicht als Folge einer defizitären Persönlichkeitsstruktur und damit aus der Individualität des Schülers begründet werden, sondern ist eine Konsequenz von schulischen Interaktionsprozessen, d.h. eines Verstoßes gegen Leistungs- und Verhaltensnormen der Schule« (Eberwein 1994, 96).

Damit erfährt Behinderung durch die interaktionstheoretische Perspektive eine starke Umdeutung: Behinderung ist kein individuelles Phänomen mehr, sondern ein gesellschaftliches; die Suche von Ursachen und Verbesserungspotenziale bewegt sich damit vom Individuum zur Gesellschaft. Das zentrale Erkenntnisinteresse dieses Ansatzes richtet sich deshalb vor allem auf die Schule als soziale Kontroll-, Definitions- und Sanktionsinstanz und die dort Lehrenden (Homfeldt 1974), die bei der Entwicklung von Lernversagen durch Typisierungen und Stigmatisierungen ganz entscheidend beteiligt sind.

5.2.2 Stigmatisierungsprozess

Lösel (1975, 25) entwickelte ein Stufenmodell einer abweichenden Karriere, welches als »klassische« und idealtypische Beschreibung eines Stigmatisierungsprozesses nachfolgend rezipiert wird:

1. Ein Schüler handelt in einer Situation erwartungswidrig (er fertigt keine Hausaufgaben an; er spricht, obwohl er nicht dazu veranlasst worden ist; er fehlt unentschuldigt; er schlägt während der Pause einen Mitschüler; er gibt keine Antwort, obwohl er dazu aufgefordert ist).
2. Der Lehrer reagiert auf die Handlungsweise des Schülers, indem er seine Definition der Situation zum Ausdruck bringt: Er ermahnt den Schüler, seine Hausaufgaben nachzuholen, sie künftig sorgfältiger anzufertigen und trägt dem Schüler eine Extraaufgabe zu machen.
3. Der Schüler verhält sich wiederholt erwartungswidrig.
4. Anfangs versucht der Lehrer noch, im Kontext der Situation zu agieren und zu interpretieren. Er stellt seine Erwartungen aber schon nachdrücklicher dar, indem er seine Definition verschärft. Schließlich bezieht er sich nicht nur auf die Situation – welche nur noch als Auslöser fungiert –, sondern auf die Person des Schülers, indem er ihn als Problemschüler etikettiert (z. B. befragt er Kolleg*innen über den Schüler. Er beginnt, sich besonders für das Primärmilieu zu interessieren).
5. Der Lehrer fällt ein Urteil über den Schüler. Er hält ihn für abweichend und stellt seine weiteren Aktivitäten und Erwartungen auf die mit der Benennung verknüpfte Bedeutung ein.
6. Für den Schüler ist die folgende Handlungskonsequenz nicht verständlich. Da er durch sie seine soziale Identität bedroht sieht, ist er bemüht, sich gegen diese Bedrohung zu wehren.
7. Irgendwann sehen Lehrer und Schule ihren Toleranzspielraum überschritten. Sie ergreifen eine grundlegende Maßnahme gegen den Schüler. Der Schüler wird zu einem offiziellen Fall. Es wird eine Akte über ihn angelegt. Möglicherweise wird der Schüler einer anderen Institution zugewiesen.
8. Der Schüler übernimmt letztlich die ihm angetragene Identität.

Im Anschluss an Goffman (1963, 2018) und gegen eine individuumszentrierte Sichtweise in der Behindertenpädagogik ging Thimm davon aus, »dass Stigmatisierungen aus Interaktionen hervorgehen, dass Stigma das *Produkt* sozialer Zuschreibungen ist und *nicht Anlass* für soziale negative Zuschreibungen« (Thimm 1975a, 152). Die zentrale Fragestellung des Stigma-Paradigmas lautet: Wie kommt es zu der Aussage: »Dieser Mensch ist behindert«, das heißt: Wie werden welche Verhaltensmerkmale für die Definition »Behinderung« ausgewählt?

Grundlage des Definitionsprozesses, der beispielsweise den Status »Lernbehinderung« zuschreibt, sind nach Thimm vor allem die sozio-ökonomischen Bedingungs-Stigmata und Lernfaktoren, denn Menschen mit Lernbehinderung aus der sozialen Unterschicht würden Merkmale einer Behinderung aufweisen, die in der Wahrnehmung anderer als Zeichen für »schlechtes« Milieu fungieren (vgl. dazu auch den gemeinsamen Unterricht von Kindern mit Behinderungen und Kindern aus sozial schwachen Familien, ▶ Kap. 1.1.1). Das Stigma »Lernbehinderung« wird nun auf einer weiteren Stufe des Etikettierungsprozesses durch die Überweisung zur Förderschule manifest und beeinflusst als solches auch die außerschulischen Interaktionen, das heißt sowohl die nebenschulischen Interaktionen im Freizeitbereich als auch die nachschulischen Interaktionen, vor allem in Fragen der beruflichen Eingliederung (Eberwein 1994). Für Thimm (1975a, 138) stellt »Lernbehinderung als Stigma [...] nun wie jedes andere Stigma grundsätzlich eine Gefährdung für die Entwicklung von Ich-Identität dar«, die sich in zwei Formen von Balancestörungen auswirken kann: als »Distanzierungsstörungen« (Thimm 1975a, 139f.), die zu hohem Anpassungsverhalten führen und die es den Schüler*innen nicht möglich machen, ihre persönliche Identität ins Interaktionsgeschehen einzubringen, sowie als »Kontaktstörungen« (Thimm 1975a, 140f.), die aus dem Zusammenbruch der Balance zwischen personaler und sozialer Identität resultieren.

Denkanstoß 5.2: Was tun gegen (medial) vermittelte Stigmata? Protest, Aufklärung und Kontakt

> Viele Menschen haben keinen oder kaum Kontakt zu behinderten Menschen, weshalb ihnen soziale Erfahrungen mit Betroffenen fehlen. Ihr Wissen über Behinderung beziehen sie daher häufig über Massenmedien. Röhm und Ritterfeld (2020) verweisen darauf, dass Stigmata stetig durch Massenmedien aktiviert und verbreitet werden. Zum Beispiel geschieht dies, wenn im Crime- oder Horror-Genre psychische Erkrankungen und Gewalt in einen Zusammenhang gebracht werden, weil sich damit Verhaltensweisen, die als ungewöhnlich wahrgenommen werden, begründen lassen. Ein weiteres Beispiel ist die Darstellung von Menschen mit körperlicher oder geistiger Beeinträchtigung als hilfsbedürftig oder unselbstständig. Dadurch soll bei den Zuschauer*innen Mitleid erzeugt werden, wodurch eine Opferrolle der Betroffenen reproduziert wird (Röhm & Ritterfeld 2020).
>
> Darum stellt sich die Frage, wie Rehabilitationswissenschaft und -pädagogik zu einer Destigmatisierung und Enttabuisierung von vermittelten Stigmata beitragen können. Röhm und Ritterfeld (2020) unterscheiden die drei Handlungsansätze Protest, Aufklärung und Kontakt:

1. Protestansätze beziehen sich auf die (Selbst-) Vertretung der stigmatisierten Personen und Gruppen. Beispielsweise können behinderte Menschen und Fachkräfte aus der Rehabilitationswissenschaft an öffentlichen Demonstrationen teilnehmen oder unangemessene Berichterstattungen über behinderte Menschen thematisieren. Eine entscheidende Rolle kommt hier den sozialen Medien zu, in denen die Sichtbarkeit von behinderten Menschen erhöht und tabuisierte Themen diskutiert werden können.
2. Die Verwendung von sozialen Medien ist auch im Aufklärungsansatz sinnvoll, der Mythen oder Vorurteile mit Hilfe von Fakten widerlegen soll. Fachkräfte könnten durch Berichterstattung zur Aufklärung beitragen oder gesicherte Informationen über das Fernsehen, Zeitungen oder soziale Medien verbreiten. Der Verein Sozialhelden e.V. betreibt die Seite https://sozialhelden.de/leidmediende/. Dort werden Formulierungsvorschläge für Journalist*innen bereitgehalten, die über behinderte Menschen auf Augenhöhe berichten wollen.
3. Zusätzlich können Fachkräfte aktiv Begegnungen zwischen Menschen mit und ohne Behinderungen fördern, zum Beispiel über inklusive Sport- oder Musikgruppen. Das beschreibt auch der Kontaktansatz, nach dem sich der Kontakt mit einer anderen Person positiv auf die Einstellungen und destigmatisierend auswirken kann (Röhm & Ritterfeld 2020).

Denkanstoß

1. Beschreiben Sie weitere konkrete Aktivitäten, wie Fachkräfte gegen die Reproduktion von Stigmata gegenüber behinderten Menschen aktiv werden können.

5.2.3 Stigmatheorie versus Bezugsgruppentheorie

Die Auswirkungen eines Förderschulbesuchs auf die Identitätsentwicklung wurden vor allem in den 1980er und 1990er Jahren – seltener auch heute noch – kontrovers diskutiert. Stigmatheoretische Erklärungen explizieren identitätsbedrohende Sozialisationseffekte, bezugsgruppentheoretische Erklärungen postulieren stärker die identitätsstärkende Wirkung einer Förderschulzugehörigkeit.

Aus bezugsgruppentheoretischer Perspektive ist die Behauptung der beschädigten Identität von Förderschüler*innen »ein weit verbreitetes Vorurteil, eine nicht bewiesene Legende« (Wocken 1983, 122), denn die psychische Befindlichkeit eines Menschen wird weniger durch die objektive Lage oder objektive Kriterien bestimmt, sondern mehr durch den Vergleich mit anderen. Durch die Wahl der entsprechenden Bezugsgruppe können selbstwertfördernde Vergleiche gezogen bzw. selbstwertbedrohende Vergleiche vermieden werden.

> »Das Selbstbild der Sonderschüler weist auf eine gelungene Entwicklung der persönlichen Identität hin. Die Sonderschüler sehen sich selbst mit achtenswerten Fähigkeiten und Eigenschaften ausgestattet und reagieren auf ihr Selbst mit positiven Empfindungen und Einstellungen. Sie attribuieren sich Normalität und können sich, so wie sie sind, akzep-

tieren. Der Stereotyp vom frechen, faulen, dummen und aggressiven Hilfsschüler schlägt sich nicht in einem negativen Selbstkonzept nieder. Eine beschädigte oder zerstörte Identität der Förderschüler als Folge gesellschaftlicher Diskriminierung kann nicht festgestellt werden« (Wocken 1983, 120).

Gegenüber diesem Selbstbild weist das Gesellschaftsbild »auf eine unbefriedigende Entwicklung der sozialen Identität hin. Die Förderschüler kennen ihren Platz in der Gesellschaft und sie wissen um ihre bedrohliche Lage am Rande der Normalität« (Wocken 1983, 120).

Frey (1987) unterscheidet das Soziale Selbst-Konzept und das Private Selbst-Konzept folgendermaßen:

>»Als Soziales Selbst-Konzept wird erfasst, wie abweichend die Person sich selbst (ihr Selbst) aus der Sicht der signifikanten Umwelt definiert, als Privates Selbst-Konzept, wie abweichend sie nach ihrer persönlichen Einschätzung ist« (Frey 1987, 180).

Es ist anzunehmen, dass der Devianzstatus, der bei Förderschüler*innen nach wie vor unbestritten ist, sich als *ambivalente abweichende Identität* niederschlägt, das heißt, dass das Soziale Selbst sich wesentlich »abweichender« darstellt als das Private Selbst. Das Private Selbst übernimmt dabei eine Schutz- und Sicherungsfunktion gegen die Bedrohung der Umwelt. Im Privaten Selbst lässt sich beispielsweise die aktive Gegenwehr eines Stigmatisierten ablesen, der dem abweichenden Sozialen Selbst seine private Bilanz gegenüberstellt, »die ihm sagt, daß er in soundso viel Fällen seines bisherigen Lebens nicht abweichend war, dass die und die Personen ihn bisher nicht ›verurteilt‹ haben« (Frey 1987, 184).

Fasst man das Selbstbild von Schüler*innen mit Lernbehinderung in Wockens (1983) Untersuchung als Privates Selbst-Konzept und das Gesellschaftsbild als Soziales Selbst-Konzept, so ist die gefundene Diskrepanz zwischen Selbst- und Gesellschaftsbild nicht überraschend, sondern eher erwartbar gewesen. Sie zeigt, dass Stigmatisierungen aus einem Interaktionsprozess resultieren, in dem die Kompetenzen und Sanktionsmittel bei der Definition der Situation zwar ungleich verteilt sind, die stigmatisierte Person aber nicht einfach ein »Etikettierungsdepp« bzw. nur ein »Opfer« ist.

Aus diesen älteren theoretischen Abhandlungen und empirischen Untersuchungen lassen sich folgende Auswirkungen des Förderschulbesuchs herauslesen: Der Förderschulbesuch bedeutet für viele Schüler*innen offensichtlich eine spürbare Entlastung und Erleichterung. Die Misserfolge nehmen ab bzw. sind durch die fehlenden Vergleiche mit den »guten« Schüler*innen nicht mehr so offensichtlich. Die persönliche Zuwendung von Seiten der Lehrer*innen wird häufig als wohltuend empfunden und der Unterricht nicht mehr ausschließlich als lästige Pflicht und nutzloses Absitzen betrachtet. Außerhalb der Förderschule ist das Stigma »Lernbehinderung« jedoch nach wie vor präsent. Der*die Förderschüler*in weiß um die eigene Diskreditierbarkeit, vielfältige Versuche, das Stigma zu verbergen, zeugen von der Wirkung. Mit zunehmenden Schulalter stört die gesellschaftliche Realität die »Schonraumfalle« (Schumann 2007, 15) Förderschule, spätestens dann, wenn der Schulabschluss und damit auch die Entwicklung einer beruflichen Perspektive ansteht. Hier wirkt das Stigma in voller Schärfe: Es zeigt sich, dass man nicht »nur ein bisschen stigmatisiert« ist, sondern es klärt sich, ob ausreichende personale und soziale Ressourcen vorhanden sind, die Fortdauer des Devianzstatus zu verarbeiten.

5.2.4 Interaktionspädagogische Perspektiven

Als Konsequenz der bisherigen Ausführungen zur interaktionstheoretischen Perspektive werden im Folgenden die Grundannahmen einer Interaktionspädagogik resümiert:

- Die interaktionspädagogische Perspektive zum sonderpädagogischen Förderbedarf ist offen für gesellschaftliche Veränderungsprozesse. Sie setzt sich mit den gewandelten Strukturen einer veränderten Kindheit und einer veränderten Jugend im gesellschaftlichen Kontext auseinander.
- Die interaktionspädagogische Perspektive geht im Rahmen sonderpädagogischer Förderung von der Gleichwertigkeit der Schüler*innen in der Verschiedenheit aus. Sie hat das Ziel der Entfaltung in der Verschiedenheit.
- Die interaktionspädagogische Perspektive setzt sich mit den subjektiven Bedeutungen der Weltsicht der Schüler*innen auseinander und erkennt ihnen in Erziehung und Unterricht einen primären und eigenständigen Stellenwert zu.
- Aus interaktionspädagogischer Perspektive wird der*die Schüler*in nicht zum Objekt von Erziehung und Unterricht, sondern als mitgestaltendes Subjekt gesehen.
- Das interaktionistische Denken geht hierbei von der anthropologischen Grundannahme von der aktiven und kreativen Kompetenz eines jeden Menschen aus. Es betont Eigentätigkeit, Gestaltungs- und Verantwortungsfähigkeit von Schüler*innen. Diese werden allen Schüler*innen unabhängig von Art, Grad und Schwere einer Behinderung oder Beeinträchtigung zuerkannt.
- Die interaktionspädagogische Perspektive zielt bei Schüler*innen in einer erschwerten Lern- und Lebenssituation vorrangig auf die Vermittlung von Identitätshilfen. Zwischenmenschliche und auf die dingliche Umwelt bezogene Interaktionen gehen unmittelbar aus der Identitätsdarstellung der Einzelnen hervor bzw. sind wechselseitig aufeinander bezogen. Identitätsfindung, -veränderung, -darstellung und -bewahrung sind somit zentrale Aufgabenbereiche im interaktionspädagogischen Handlungsfeld.

Soziologie in Anwendung 5.2: »Du hörst mir nicht zu«

Wir befinden uns in einer Interaktion zwischen einer Person mit Autismus-Spektrum-Störung (ASS) und einer Person ohne ASS (allistische Person). Die allistische Person erzählt der autistischen Person begeistert von ihren Plänen am Wochenende. Auf die Erzählungen antwortet die Person mit Autismus: »Das klingt aber super«, während sie mit verschränkten Armen vor dem Oberkörper steht.

Die allistische Person reagiert enttäuscht mit den Worten, »Du hörst mir gar nicht richtig zu, dich interessiert es gar nicht, was ich dir zu erzählen habe!« und die autistische Person versteht die Situation plötzlich nicht mehr und ist verzweifelt.

Ein Konflikt ist aus der Interaktion entstanden, wie kann das sein?

In der Welt der allistischen Person bedeuten verschränkte Arme vor dem Oberköper, dass die Person kein Interesse an der Situation hat, sich distanziert und ihre Ablehnung der Situation in ihrer Körpersprache ausdrückt. Aus Perspektive einer autistischen Person ist diese Situation ganz anders zu interpretieren. Die Person mit ASS hat Defizite in ihren empathischen Fähigkeiten; sie hat unter anderem kein Gefühl für Mimik und Gestik.

Die autistische Person ist sich als »Sender« nicht darüber bewusst, dass ihre verschränkten Arme eine bestimmte »Nachricht« an den »Empfänger« vermitteln. Sie empfindet diese Körperhaltung lediglich als bequem und sie hat das Gespräch sehr genossen.

Die Interaktion ist also gescheitert, da Körpersprache unterschiedlich interpretiert wird.

(Beispiel von Alex Spencer Machura, 1. Semester Rehabilitationspädagogik, Wintersemester 2024/2025)

Soziologie in Anwendung 5.3: double empathy problem

Bei der Interaktion zwischen einer Person mit und einer ohne Autismus kann es schnell zu Problemen kommen, da es eine große Angriffsfläche für Fehlinterpretationen gibt. Gibt es diese Angriffsfläche auch zwischen zwei autistischen Personen, die miteinander in Interaktion treten?

Wahrscheinlich nicht. Beide Personen mit Autismus haben Defizite in ihren empathischen Fähigkeiten, das heißt, dass beide Personen nicht in der Lage sind, Mimik und Gestik korrekt zu deuten. Es kann zu keiner Fehlinterpretation kommen, da die autistischen Personen bestimmte Informationen gar nicht erst interpretieren können.

Person 1 weiß nicht, dass sie mit ihrer Körperhaltung der verschränkten Arme eine Art Negativität ausstrahlt. Person 2 wäre nicht in der Lage, diese Negativität in die Körperhaltung hinein zu interpretieren, da sie ebenfalls nicht versteht, dass diese Körperhaltung eine bestimmte Nachricht vermittelt.

In dieser Situation kommt es also nicht zu Fehlinterpretationen, aber eine ganze Bandbreite an Informationen (Mimik, Gestik, Perspektivwechsel etc.) gehen verloren, da diese gar nicht erst kommuniziert/interpretiert werden können.

Anhand des double empathy problem erkennt man, dass ein und dieselbe Situation unterschiedliche Interpretationen und Outcomes haben kann, basierend auf den Lebenserfahrungen und Lebensrealitäten der verschiedenen Interaktionspartner*innen.

(Beispiel von Alex Spencer Machura, 1. Semester Rehabilitationspädagogik, Wintersemester 2024/2025)

6 Gruppentheoretische Perspektive

Mit sozialen Gruppen wird in der Soziologie ganz allgemein eine Zahl von Individuen beschrieben, deren Beziehungen untereinander unterschiedlich stark ausgeprägt sein können. Die Soziologie kennt verschiedene Definitionsmerkmale von sozialen Gruppen und viele Vertreter*innen gruppensoziologischer Perspektiven, die an dieser Stelle jedoch nicht allumfassend behandelt werden können. Einführend beschreiben wir in diesem Kapitel vielmehr ausgewählte gruppentheoretische Grundlagen aus soziologischer Perspektive (▶ Kap. 6.1). Dabei nehmen wir viele Bezüge aus der Sozialpsychologie auf. Anschließend wird die gruppentheoretische Perspektive auf Behinderung angewendet anhand von vier Themen: Entlang von *Einstellungen gegenüber behinderten Menschen* (▶ Kap. 6.2.1), von *sozialer Interaktion in Anhängigkeit von der Art der Behinderung* (▶ Kap. 6.2.2), von *Erklärungsansätzen zur Genese von Vorurteilen* (▶ Kap. 6.2.3) sowie von *Reaktionen auf behinderte Menschen* (▶ Kap. 6.2.4).

> **Lernziele**
>
> - Sie lernen das Konstrukt soziale Gruppe kennen und können verschiedene Gruppenbegriffe, -formen, -strukturen und -prozesse unterscheiden.
> - Sie kennen die Konstrukte Konformität und Nonkonformität und können Einstellungen von Vorurteilen abgrenzen.
> - Sie können zentrale wissenschaftliche Befunde zu Einstellungen gegenüber sowie Reaktionen auf behinderte Menschen einordnen.

6.1 Soziologische Grundlagen

6.1.1 Problemstellung

Der Mensch ist nach der Formulierung des Biologen Adolf Portmann (1897–1982) eine »physiologische Frühgeburt« (Portmann 1969, 68), weil ein Großteil seiner Reifung außerhalb des Mutterleibes stattfindet, in starker physischer und emotionaler Abhängigkeit von seinen Eltern und/oder anderen primären Bezugspersonen. Weil er den Kontakt zu anderen Menschen braucht und auch sucht, ist der Mensch ein soziales Wesen. Als Säugling und Kind ist er zum Überleben und Leben auf die Hilfe anderer Menschen angewiesen. Als Jugendlicher und Erwachsener sucht er den Kontakt, um Identität zu finden und zu erhalten, und als alter Mensch hat er oft einen besonderen Bedarf an Unterstützung und Zuwendung.

Zwar geschieht nicht jeder menschliche Kontakt in Gruppen, doch überwiegend treten wir mit anderen Menschen innerhalb von (Klein-)Gruppen in Beziehung und werden lebenslang stark durch Gruppenerfahrungen beeinflusst. Gruppen können Orientierung, Unterstützung und Sicherheit bieten. Sie formen unsere Einstellungen und Verhaltensweisen, leiten unser Handeln durch (gruppenspezifische) Werte und Normen sowie durch die Erwartungen der anderen Gruppenmitglieder und sorgen somit dafür, dass wir uns gruppenkonform verhalten.

Die hohe Bedeutung von (sozialen) Gruppen im Alltag, im Berufsleben, in der Freizeit erklärt unter anderem auch die Attraktivität des Themas bei Studierenden in pädagogischen Studiengängen, insbesondere bei denjenigen, die ihre dezidierte Distanz zu Theorien, die als »zu abstrakt« gelten, mit dem Ruf nach Praxisnähe und praktischen Beispielen begründen. Die gruppentheoretische Perspektive ist in der pädagogischen Praxis sehr beliebt und begründet zahlreiche pädagogische Interventionen. Insbesondere die soziale Arbeit setzt häufig auf »Handlungsformen, in denen die pädagogisch geleitete Gruppe Ort und Medium der Erziehung [ist]« (Galuske 2007, 93). Das Interesse richtet sich dann bevorzugt auf die Betrachtung von (Klein-)Gruppen, weil deren Größe überschaubar ist und Gruppenaktivitäten aus eigener Erfahrung bekannt sind sowie auf die Beschäftigung mit Gruppenarbeit und Gruppendynamik einschließlich ihrer vielfältigen Angebote an pädagogischen und therapeutischen Methoden und Techniken zur Beeinflussung, Steuerung und Veränderung von Gruppenprozessen bezogen sind.

Auch in der Wissenschaft wird gerne auf die »soziale Gruppe« als theoretischer Hintergrund zurückgegriffen (Bahrdt 2014). Dies könnte zum einen als Versuch interpretiert werden, auf die Folgeerscheinungen von Modernisierung wie beispielsweise Individualisierung und Anonymisierung (vgl. Kapitel 10 – Modernisierungstheoretische Perspektive) in der Weise zu reagieren, dass der wissenschaftliche Blick verstärkt auf diejenigen »kleinräumigen Sozialformen« gerichtet wird, die gesellschaftlich wie individuell eine Antwort auf die Probleme von Sinnverlust, Vereinzelung und Desintegration versprechen. Zum anderen ist das Faszinierende an der Analyse kleiner Gruppen, dass hier die Prozesse der Vergemeinschaftung und der Vergesellschaftung des Menschen unmittelbar und sehr deutlich beobachtet werden können.

»In der [Gruppe] erfahren die Individuen unmittelbar soziale Grundtatbestände wie Norm- und Konsensbildung, Konflikte und Konfliktlösung, Herausbildung von Führungspositionen und Funktionsdifferenzierungen mit entsprechenden Rollenzuweisungen sowie Bedingungen für Bestand und Erhalt sozialer Gebilde ganz allgemein. In der [Gruppe] wird das Soziale – seine Normiertheit und Strukturiertheit, Differenzierung und Hierarchisierung – anschaulich, verstehbar und nachahmbar, und der Einzelne begreift sich als soziales, auf Gemeinschaft angewiesenes Wesen« (Schäfers 2003, 119).

Die Bedeutung sozialer Gruppen für die Vergesellschaftung des Menschen zeigt sich auch in theoretischen Versuchen, Kleingruppen als Basiskategorie zu betrachten, auf der eine Theorie größerer sozialer Strukturen bis hin zu einer Gesellschaftstheorie aufgebaut werden könnte (Homans 1950; 1978).

Schließlich werden auch auf politischer Bühne gruppentheoretische Bezüge genutzt, etwa wenn Menschen mit als ähnlich identifizierten Merkmalen als Gruppe adressiert werden (»*die* Migranten«, »*die* Behinderten«, »*die* Westdeutschen«, »*die* Spitzenverdiener«). Diese Gruppenbildungen schließen oft an lebensweltliche Erfahrungen an und sind damit leicht kommunizierbar. Die Nähe zu Einstellungen, Vorurteilen und Stigmata ist dabei aus Sicht der Kommunizierenden produktiv, weil auch diese Komplexität reduzieren und eine leichte Darstellbarkeit fördern (▶ Kap. 5.2.2 und ▶ Kap. 2.2.3 sowie Denkanstoß 5.2).

Zwar konstituiert sich die gesellschaftliche Realität zweifelsohne über Gruppen, dennoch ist eine soziologische Anschauung der Gruppe nicht gleichbedeutend mit einer Gesamtansicht der Gesellschaft. »Dieser Zusammenhang zwischen der allgemeingesellschaftlichen Fragestellung und der Fragestellung der Gruppe ist kein äußerer oder formaler. Beide Probleme hängen organisch miteinander zusammen, sind jedoch nicht identisch, sondern bewegen sich auf verschiedenen Ebenen« (Hahn 2014, 410). Bahrdt (2014) warnt im Zuge dessen davor, die Bedeutung der Kleingruppen bei der Bildung von Gesellschaftstheorien zu überschätzen, da sich zum einen nicht alle sozialen Beziehungen in Gruppenstrukturen kristallisieren und zum anderen größere soziale Gruppen weder unbedingt auf Kleingruppen aufbauen noch ihre Strukturprinzipien sich als »organische« Fortsetzung von Kleingruppenbeziehungen begreifen lassen. Mit dieser Argumentation kann auch die verbreitete Meinung, dass die Familie die »Keimzelle der Gesellschaft« oder sogar des Staates sei, zu Recht in Frage gestellt werden.

6.1.2 Definitionen

Da es eine Vielzahl von Gruppen und Gruppierungen gibt, die sich in Größe, Struktur, Interaktion etc. deutlich unterscheiden, kennzeichnet die Gruppensoziologie ihren eigentlichen Gegenstandsbereich in Abgrenzung von anderen Gruppen mit dem Begriff *soziale Gruppe*.

Nicht zur sozialen Gruppe zählen:

- die »statistische Gruppe« (auch: statistische Kategorie), z. B. alle Brillenträger*innen;
- die »demografische Gruppe« (auch: soziale Kategorie), z. B. alle Jugendlichen im Alter von 13–18 Jahren;
- die »flüchtige Gruppe« (auch: Menge oder soziales Aggregat), z. B. Zuschauer*innen bei einem Verkehrsunfall, Besucher*innen eines Konzertes etc.

Die Grenzen zwischen diesen Gruppen und sozialen Gruppen sind fließend. So kann beispielsweise die Körpergröße als Merkmal einer statistischen Gruppe »zum Keim einer sozialen Gruppe werden, wie der Verein langer Menschen zeigt« (Bellebaum 2001, 28). Eine einheitliche Definition von »sozialer Gruppe« gibt es nicht. Schon bei der Bestimmung der minimalen Gruppengröße lassen sich unterschiedliche Positionen finden. So gilt eine Zweiergruppe (Dyade) allgemein nicht als soziale Gruppe, zumindest ist sie ein Sonderfall, da wesentliche Merkmale von sozialen Gruppen (s. u.) nicht zutreffen. Auch die Dreiergruppe (Triade) ist eine atypische Gruppe, da hier Besonderheiten auftreten. So kann etwa durch »Koalitionen« die jeweils dritte Person vom Gruppenleben ausgeschlossen werden, als »drittes Rad« behandelt werden und sich überflüssig fühlen. Die Obergrenze einer sozialen Gruppe ist ebenfalls nicht exakt zu bestimmen. Schäfers (2016, 158) setzt als Grenze die Zahl von max. 25 Gruppenmitgliedern (»Kleingruppe«) und impliziert, dass die darüberhinausgehenden Gruppen als »Großgruppen« gedeutet werden können. Die Bestimmung der Gruppengröße ist nicht lediglich ein formales Problem, denn mit der Zahl der Gruppenmitglieder nehmen auch die möglichen Zweierbeziehungen zu und damit können sich Intensität und Qualität der Interaktion und Kommunikation zwischen den Gruppenmitgliedern wesentlich ändern. Überwiegend konzentriert sich die Gruppenforschung auf die Bearbeitung von Kleingruppen (bspw. Familie, Freundeskreis, Schulklasse, Peer Groups oder Arbeitsgruppen).

Nach einer Minimaldefinition besteht eine soziale Gruppe aus mindestens drei Personen (Schäfers 2016), die über einen bestimmten Zeitraum miteinander »von Angesicht zu Angesicht« (Homans 1978, 29) interagieren. Werden über diese Minimaldefinition hinaus jedoch auch strukturelle Aspekte, wie die strukturierte Interaktion, gemeinsame Normen, Werte und Ziele sowie das Gefühl der gemeinsamen Identität, dem Wir-Gefühl, berücksichtigt, so lässt sich folgende Definition von sozialer Gruppe formulieren:

> »Eine soziale Gruppe umfasst eine bestimmte Zahl von Mitgliedern (Gruppenmitgliedern), die zur Erreichung eines gemeinsamen Ziels (Gruppenziel) über längere Zeit in einem relativ kontinuierlichen Kommunikations- und Interaktionsprozess stehen und ein Gefühl der Zusammengehörigkeit (Wir-Gefühl) entwickeln. Zur Erreichung des Gruppenziels und zur Stabilisierung der Gruppenidentität ist ein System gemeinsamer Normen und eine Verteilung der Aufgaben über gruppenspezifische Rollen erforderlich« (Schäfers 1999, 20 f.).

Schäfers (2016) hebt in seiner Begriffsbestimmung sechs zentrale Merkmale hervor, die das Konstrukt einer sozialen Gruppe beschreiben:

1. Anzahl der Mitglieder,
2. gemeinsame Ziele,
3. kontinuierliche Kommunikation und Interaktion,
4. Gefühl der Zusammengehörigkeit,
5. gemeinsame Normen und
6. Aufgabenverteilung über gruppenspezifische Rollen.

6.1.3 Explikation

Gruppenformen

Soziale Gruppen lassen sich in verschiedene Gruppenformen unterscheiden, von denen die wichtigste die Differenzierung nach Primärgruppen (auch: »informelle Gruppen«) und Sekundärgruppen (auch: »formelle Gruppen«) ist. Primärgruppen sind immer Kleingruppen, Sekundärgruppen können sowohl Kleingruppen als auch Großgruppen sein.

Die Primärgruppe, die durch enge persönliche Beziehungen charakterisiert ist, weist fünf Merkmale nach Homans (1978) auf:

1. kontinuierliche persönliche Interaktion,
2. starke persönliche Verschmelzung mit der Gruppe,
3. starke Bande der Zuneigung zwischen den Gruppenmitgliedern,
4. vielseitige Kontakte und
5. relativ lange (Bestands-)Dauer.

Bei der Unterscheidung zwischen Primär- und Sekundärgruppen soll das Adjektiv »primär« zum einen ausdrücken, dass in den Primärgruppen, die zeitlich am Anfang der Entwicklung eines Menschen stehen – also vor allem die Familie –, die Grundlagen der Persönlichkeitsentwicklung gelegt werden, auf der alle späteren Entwicklungsphasen und -schritte aufbauen. In diesem Sinne kann die Primärgruppe »Familie« auch als primäre Sozialisationsinstanz bezeichnet werden, weil in ihr die erste und grundlegende Vermittlung von sozialen und gesellschaftlichen Normen und Werten geschieht. Zum anderen werden in den Primärgruppen wie beispielsweise in Partnerschaften oder Freundeskreisen im gesamten Lebenslauf grundlegende emotionale, physische und psychische Bedürfnisse des Menschen erfüllt. Zumindest wird die Befriedigung dieser Bedürfnisse erwartet und gefordert.

Demgegenüber sind die Beziehungen in Sekundärgruppen (auch: »formelle Gruppen«) durch die Orientierung auf klar fixierte Gruppenziele gekennzeichnet. Die Aufgabengebiete der Gruppenmitglieder sind weitgehend präzise umschrieben und begrenzt. Persönliche und emotionale Beziehungen zwischen den Gruppenmitgliedern bilden hier generell keine unabdingbaren Voraussetzungen für die Realisation der Gruppenziele. Tendenziell können sie eher kontraproduktiv werden, wenn sich – wie es häufig geschieht – in den formellen Gruppen informelle Gruppen bilden, die gegen die Gruppen- bzw. Organisationsleitung arbeiten oder sich gegenseitig ablehnen, bekämpfen und nicht miteinander kooperieren.

Denkanstoß 6.1: Gruppenbildung im Pflegeheim

> Eine Gruppe Pfleger*innen im Schichtdienst in einem Pflegeheim für demenzerkrankte Menschen kann den Merkmalen nach als Sekundärgruppe bezeichnet werden. Sie arbeiten arbeitsteilig daran, dass die zu pflegenden Personen fachgerecht gepflegt werden, aber auch daran, dass das Unternehmen seinen Profit erhöhen kann. Dieser ist höher, wenn die Pfleger*innen möglichst wenig

Geld verdienen. Die Pfleger*innen müssen sich nicht zwangsläufig besser kennen oder privat mögen, um als professionelles Team zu agieren und die Gruppenziele zu erreichen. Innerhalb oder aus Sekundärgruppen bilden sich oft Primärgruppen.

Denkanstoß

1. Welche (positiven und negativen) Effekte kann das Entstehen einer informellen Gruppe innerhalb der formellen Gruppe für das Erreichen der Gruppenziele haben? Auf wen hätten diese Effekte eine Auswirkung?

Gruppenstrukturen und Gruppenprozesse

In allen sozialen Gruppen besteht eine Tendenz zur Strukturierung der Sozialbeziehungen, das heißt, dass die Interaktion zwischen den Gruppenmitgliedern nicht zufällig und willkürlich, sondern mehr oder weniger nach festen Regeln verläuft. Gruppenstrukturen und Gruppenprozesse beeinflussen weitgehend das Verhalten und das soziale Handeln des Einzelnen: Wir handeln in einer Gruppe selten so, wie wir es tun würden, wären wir allein (Joas 2002). Oder anders formuliert: Oft handeln wir in Gruppen so, wie wir es nicht tun würden, wenn wir alleine wären.

Diese Erkenntnis, die durch alltägliche Erfahrungen und Ereignisse (z.B. Gewaltdelikte in und durch Gruppen) gestützt wird, findet ihre Erklärung in spezifischen *Gruppenstrukturen*, die sich folgendermaßen differenzieren lassen (Schäfers und Lehmann 2024):

- Normstruktur,
- Rollenstruktur,
- Statusstruktur,
- Machtstruktur und
- Führungsstruktur.

Eine *Normstruktur* umfasst die verbindlichen Regeln des Zusammenlebens und des gemeinsamen Handelns. Sie bildet sich zwangsläufig, wenn Menschen häufig miteinander interagieren und gemeinsame Gruppenziele entwickeln. Je wichtiger die Erreichung der Gruppenziele, je überschaubarer und kontrollierbarer die Gruppe, desto stärker ist der Zusammenhalt innerhalb der Gruppe (»Gruppenkohäsion«) und desto rigider sind die Gruppennormen (»Normenrigidität«). Fördert einerseits Gruppenkohäsion und Normenrigidität die Realisierung der Ziele, so können andererseits eben dadurch desintegrative Tendenzen entstehen, wenn Abgrenzung von Fremdgruppen und Abschottung von der Außenwelt zunehmen. »Die Förderung des Zusammenhalts nach innen untergräbt demnach tendenziell die Integration nach außen« (Wiswede 1998, 165).

Mit der *Rollenstruktur* wird die unterschiedliche Verteilung von Aufgaben und Funktionen erfasst. Als Beispiel kann die »traditionelle Familie« genannt werden, in der durch die geschlechtliche Arbeitsteilung dem Mann die Erwerbsarbeit und der Frau die Hausarbeit zugewiesen wurde.

Wenn die verschiedenen Rollen bewertet und mit höherem und niedrigem Prestige versehen sind, spricht man von einer *Statusstruktur*. Die Position der Hausleitung einer Wohneinrichtung hat beispielsweise einen höheren Status als die einer Gruppenleitung einer einzelnen Wohngruppe innerhalb dieser Wohneinrichtung.

In der *Machtstruktur* manifestiert sich die unterschiedliche Verteilung von Ressourcen. Diese Verteilung kann institutionalisiert sein wie beispielsweise in der Schulklasse, in der Lehrer*innen qua Amt mehr Machtbefugnisse haben als die Schüler*innen. Die Machtstruktur kann sich aber auch in informellen Gruppen entwickeln (i. S. einer »Hackordnung«). Im Beispiel der Rollen innerhalb der Wohneinrichtung ist die Machstruktur hierarchisch: Die Hausleitung kann den Gruppenleitungen Ressourcen (z. B. eine*n Praktikant*in) zuweisen oder entziehen (z. B. die Genehmigung für eine Weiterbildung).

Mit der Machtstruktur eng verknüpft ist die *Führungsstruktur*. Hier kann holzschnittartig unterschieden werden zwischen instrumentellen Führer*innen, die die Gruppe bei der Aufgabenbewältigung leiten und lenken (»Lokomotionsfunktion«), und den sozio-emotionalen Führer*innen, die die Gruppenatmosphäre bestimmen und die Gruppe zusammenhalten (»Kohäsionsfunktion«).

Der *Führungsstil* hat entscheidende Bedeutung für Leistung und Harmonie der Gruppe; die folgende Unterscheidung nach Lewin et al. (1939) hat dabei lediglich grob schematischen Charakter:

- Der *autoritäre Führungsstil* ermöglicht eine hohe Gruppenleistung, allerdings nur in Anwesenheit des*der Führenden. Die Gruppenharmonie ist dagegen schwach ausgeprägt.
- Der *demokratische Führungsstil* hat eine eher mittlere Leistung zur Folge, aber dies auch bei Abwesenheit der Leitungsperson und mit einem allgemein großen Interesse an der Arbeit.
- Beim *»laissez-faire« Führungsstil* zeigten sich die niedrigsten Arbeitsleistungen und gleichzeitig auch viel Entmutigung und Lustlosigkeit.

Darüber hinaus liefert die Kleingruppenforschung weitere Hinweise zu *Gruppenprozessen*, deren zentrale Erkenntnisse in folgenden fünf Thesen zusammengefasst werden können:

1. »Aktivitäten und Interaktionen verstärken Prozesse der Normbildung« (Schäfers & Lehmann 2024, 188).
2. Aktivitäten und Interaktionen sind über ein gruppenspezifisches Schema der Arbeitsteilung bzw. ein Rollendifferential verbunden.
3. Der soziale »Rang des Individuums in der Gruppe ist umso höher, je vollständiger es sich die gruppenspezifischen Normen und Ziele zu eigen macht« (Schäfers & Lehmann 2024, 188).

4. Mit der Abnahme der sozialen Interaktion werden die Normen immer unbestimmter und immer weniger konsequent vertreten. Dadurch verliert auch der soziale Rang des Einzelnen an Kontur und Bedeutung.
5. Mit einer Zunahme an Interaktionen zeigen Gefühle die Tendenz, sich anzugleichen.

Konformität versus Nonkonformität in sozialen Gruppen

Konformität, respektive die Übereinstimmung mit den Zielen, die Akzeptanz und Einhaltung der Gruppenregeln, erwartet die Gruppe von jedem Gruppenmitglied, um den Bestand und den Zusammenhalt der Gruppe nicht zu gefährden. Umgekehrt ist jedes Gruppenmitglied bemüht, sich konform zu verhalten, um anerkannt und in die Gruppe integriert zu sein. Doch es stellt sich die Frage, bis zu welchem Grad Konformität sinnvoll und ab wann schädlich ist bzw. ab wann Nonkonformität geboten ist:

> »Wie stark darf der Einzelne eigentlich in eine Gruppe integriert sein, um für sie das zu leisten, was sie von ihm erwartet? Benötigt sie nicht, insbesondere wenn sie in eine Krise gerät, wenigstens einige Mitglieder, die genügend Ich-Stärke besitzen, um sich einer destruktiven Gruppenstimmung entgegenzustellen? Können diese Mitglieder eigentlich diese Ich-Stärke gewonnen haben, wenn sie nicht zuvor Phasen der Vereinzelung (evtl. sogar der Einsamkeit) durchlaufen und ohne Gruppenrückhalt allein bewältigt haben? Gehören nicht Phasen der Einsamkeit zu einem ordnungsgemäßen Sozialisationsprozess?« (Bahrdt 2014, 103).

Der Begriff »Konformität« wird im heutigen Sprachgebrauch häufig mit »Anpassung«, »Abhängigkeit«, »Fremdsteuerung« konnotiert, während die Bezeichnung »Nonkonformität« mit »Selbständigkeit«, »Unabhängigkeit« und »Freiheit« verbunden wird. Doch diese Bewertungen sind sowohl kulturspezifisch als auch zeitgebunden, denn auch die Gegenposition ist denkbar: Konformität kann mit »Vertrauen«, »Verlässlichkeit«, »Voraussagbarkeit«, und »Ordnung« in Verbindung gebracht werden und Nonkonformität mit »Misstrauen«, »Unsicherheit«, »Ungewissheit«, und »Störung« (Wiswede 1998, 172 f.). Konformität ist die Grundlage für verlässliche, vorhersehbare und planbare Sozialbeziehungen und somit auch die Grundlage für die Integration des Einzelnen in der Gruppe. Konformes Verhalten ist in der Regel für das Individuum mit einem Nutzen verbunden, wenn es materielle oder symbolische Belohnungen erhält bzw. erwartet. Andererseits wird ein großer Teil an Konformitätsleistungen nicht belohnt, sondern selbstverständlich erwartet (z. B. keine Straftat zu begehen, findet keine Anerkennung). Erklärt werden kann diese Haltung durch Rückgriff auf Mechanismen der Internalisierung von Normen und Werten in vorhergehenden Sozialisationsprozessen (zu Normen und Werten: ▶ Kap. 4.1.2; zu Sozialisationsprozessen: ▶ Kap. 7). Jedoch müssen auch die »Kosten« in Rechnung gestellt werden, die für eine Konformitätsleistung anfallen können. Wenn wider besseres Wissen oder gegen die eigene Überzeugung gehandelt oder geschwiegen wird, kann das Selbstwertgefühl leiden. Widersprüchliche Anforderungen aus unterschiedlichen Bezugssystemen können das

Individuum überfordern, der jeweiligen Konformitätserwartung gerecht zu werden.

Als allgemeines Resümee lässt sich pauschal formulieren, dass keine Gruppe ohne beträchtliche Konformitätsleistungen ihrer Mitglieder dauerhaft bestehen kann, dass aber im Gegenzug auch zu hoher Konformitätsdruck die Individuen langfristig in ihrer Ich-Stärke schädigen kann und damit letztlich auch der Zusammenhalt und der Bestand der Gruppe gefährdet ist, weil die Mitglieder die integrativen Aufgaben nicht mehr erbringen können.

Denkanstoß 6.2: Konformität in der Volleyballmannschaft

> Die Volleyballmannschaft »Schmetter-Ling S.C.« möchte die regionale Meisterschaft gewinnen. Alle Spieler*innen haben sich diesem Ziel verschrieben und arbeiten hart im Training. Das Team hat klare Regeln. Dazu gehören pünktliches Erscheinen zu Trainings und Spielen, Respekt gegenüber Trainer*innen und Mitspieler*innen sowie eine positive Einstellung sowohl auf als auch neben dem Spielfeld. Wenn ein Teammitglied wiederholt zu spät zum Training erscheint, wird dies im Teammeeting besprochen und es wird gemeinsam eine Lösung gesucht. Durch diese Gruppenkonformität wird sichergestellt, dass alle an einem Strang ziehen und gemeinsam auf das große Ziel hinarbeiten. Dies stärkt den Teamzusammenhalt und erhöht die Wahrscheinlichkeit, dass die Mannschaft ihre Ziele erreicht. Benja, ein Teil des Teams, hat einen Unterstützungsbedarf im Bereich Lernen. Somit muss Benja oft mehr Zeit als andere Personen für die Hausaufgaben aufwenden und kommt häufiger zu spät zum Training. Benjas Verspätungen sollen demnächst in einem Teammeeting besprochen werden.
>
> »Wie stark darf der einzelne eigentlich in eine Gruppe integriert sein, um für sie das zu leisten, was sie von ihm erwartet?« fragt Bahrdt (2014: 103) in Bezug darauf, wie tief die Integration eines Individuums in eine Gruppe sein sollte, welche Effekte die Integrationstiefe für die Gruppe hat und welche möglichen schädlichen Auswirkungen eine zu tiefe Integration haben kann. Das Übereinstimmen mit den Zielen und das Akzeptieren und Einhalten der Regeln einer Gruppe nennt man Gruppenkonformität: »Wir erkennen an der Funktion der Statuszuschreibung in der gesellschaftlichen Kommunikation die Bewertungen, die zu dem Universum des Sozialen gehören. Damit gehen unterschiedliche Arten der Übereinstimmung/Nicht-Übereinstimmung, des Konformitätsverhaltens und der Konfrontation einher« (Preyer 2012, 76).
>
> **Denkanstoß**
>
> 1. Wie weit sollte die Integration von Benja in die Gruppe erfolgen, welche Konformitätserwartungen sollte er erfüllen?

6.1 Soziologische Grundlagen

Soziologie in Anwendung 6.1: »Alles steht Kopf«

> Im Animationsfilm »Alles steht Kopf« (Pixar/Disney 2015) geht es um Emotionen, die die Protagonistin Riley steuern. Im Film erhalten wir einen Blick in ihren Kopf, in dem die Emotionen durch Figuren dargestellt werden.
>
> Die Figuren Freude, Kummer, Ekel, Wut und Angst leiten Riley als Gruppe ziemlich gut durch ihren Alltag, jedoch kommen mit der Pubertät neue Emotionen bzw. Gruppenmitglieder hinzu. Neid, Peinlich und Zweifel stellen sich nun in den Vordergrund und zerstören die Strukturen in der Gruppe der Emotionen. Dadurch gerät Rileys ganzes Leben aus den Fugen.
>
> Zweifel hat divergierende Konformitätserwartungen an Rileys Leben als Freude. Daraufhin verbannt er die alte Gruppe und versucht Rileys Leben neu zu gestalten. Er ändert damit Rileys Identität und beschädigt den Zusammenhalt der Gruppe der Emotionen. Außerdem gefährdet er Rileys Freundschaften und damit ihre soziale Gruppe sowie das Fortbestehen dieser Freundschaft.
>
> (Beispiel von Chantal Vogtmann, 1. Semester Rehabilitationspädagogik, Wintersemester 2024/2025)

Interne und externe Integration von sozialen Gruppen und Gruppenkonflikte

Bei der internen Integration von Gruppen geht es um den Zusammenhalt der Gruppe und die Einbettung der Gruppenmitglieder in die Gruppe. Die Integration des einzelnen Gruppenmitgliedes ist umso höher, je mehr es

- in das Handeln, in Bewertungsprozesse und die Affektstruktur der Gruppe einbezogen ist (oder einbezogen sein möchte);
- mit Normen, Zielen und Mitteln der übrigen Mitglieder übereinstimmt (oder übereinstimmen möchte);
- es an den Belohnungsquellen interessiert ist, die die Gruppe bereitstellen kann (Wiswede 1998).

Strukturelle und/oder individuelle Faktoren können zu latenten oder manifesten internen (Gruppen-) Konflikten führen, die wiederum die Desintegration des Einzelnen wie die der Gruppe zur Folge haben kann.

Strukturinduzierte Konflikte können aufgrund ungleicher sozialstruktureller Bedingungen wie einem Zugang zu und einer Verteilung von Ressourcen, Macht und Kommunikation entstehen, beispielsweise in »steilen« und starren Hierarchien.

Verhaltensinduzierte Konflikte resultieren beispielsweise aus einem inadäquaten Führungsstil, ausgeprägtem Konkurrenzklima aber auch fehlender individueller Kooperationsfähigkeit.

Denkanstoß 6.3: Konflikte in der Rehabilitationsklinik

In einer Rehabilitationsklinik für seelische Gesundheit gibt es eine Gruppe von Patient*innen, die an Gruppentherapien teilnehmen, um ihre psychischen Erkrankungen zu behandeln. Eine dieser Personen, Nikita, hat Schwierigkeiten, sich an die Gruppendynamik anzupassen. Nikita neigt dazu, die Gespräche zu dominieren und den anderen Patient*innen nicht genügend Raum zu lassen, ihre Gedanken und Gefühle auszudrücken. Dies führt zu Unmut und Frustration bei den anderen Gruppenmitgliedern, die sich nicht gehört fühlen.

In einer Rehabilitationsklinik für Patient*innen mit körperlichen Behinderungen gibt es einen Konflikt, der durch die festgelegten Zeiten für Physiotherapie verursacht wird. Die Klinik hat nur eine begrenzte Anzahl an Physiotherapeut*innen und Behandlungsräumen, was bedeutet, dass die Patient*innen feste Zeiten für ihre Therapieeinheiten zugewiesen bekommen. Einige Patient*innen, insbesondere solche mit schweren Mobilitätseinschränkungen, finden diese Zeiten ungünstig, da sie zusätzliche Unterstützung benötigen, um rechtzeitig zur Therapie zu kommen.

Denkanstöße

Wiswede (1998) unterscheidet zwischen verhaltensinduzierten und strukturinduzierten Konflikten.

1. Welche Konflikte erkennen sie in den beiden Beispielen?
2. Wie könnte eine Lösung der genannten Konflikte aussehen?
3. Welche weiteren denkbaren Konflikte könnten in den genannten Kontexten auf Verhalten oder Struktur zurückgeführt werden?

Bei der *externen Integration von Gruppen* geht es um die Eingliederung von Gruppen in umfassendere soziale Systeme oder um die Beziehungen zu anderen Gruppen. Der türkische Psychologe Muzafer Sherif führte das berühmt gewordene »Ferienlager-Experiment« (»Robbers Cave Experiment«) durch (Sherif & Sherif 1969), in dem er zunächst zwei Gruppen von Jungen bildete und diese dann in Konflikte miteinander geraten ließ. Sherif beobachtete, wie sich die Gruppenstruktur durch interne Interessensgegensätze und durch Konkurrenz um knappe Ressourcen veränderte.

Nach der Theorie der *sozialen Identität* (Tajfel & Turner 1982) können sich abwertende, stereotyp-diskriminierende und feindselige Einstellungen gegenüber Fremdgruppen allein schon dadurch entwickeln, dass (beliebige) Abhebungs- und Unterscheidungskriterien vorhanden sind. Die *fünf Kernaussagen* dieser Theorie lauten:

1. Soziale Kategorisierung ist eine hinreichende Bedingung für soziale Diskriminierung.

2. Es besteht ein Motiv nach sozialer Identität, die über Vergleichsprozesse die Erfahrung positiver Eigenart vermittelt.
3. Dieses Motiv stimuliert bestimmte Strategien der Distinktheit (= Unterscheidbarkeit), beispielsweise sozialer Wettbewerb in Bezug auf selbstgewählte Vergleichsdimensionen oder Neudefinition von Vergleichssituationen.
4. Der soziale Vergleich wirkt innerhalb der Gruppe konformitätserhöhend. Intergruppenvergleiche sind dagegen auf Abwertung und Abhebung gerichtet.
5. Im Ausmaß der Distinktheit wächst das Gefühl positiver Eigenart und negativer Fremdart (Diskriminierung).

Bezugsgruppen

Keine soziale Gruppe existiert isoliert von der Außenwelt. Diese Tatsache hat auch zur Folge, dass soziale Gruppen sich mit anderen Gruppen vergleichen und sich in Bezug auf Eigen- und Fremdgruppen durch Abgrenzung oder Übereinstimmung definieren.

> »Bezugsgruppen sind Eigen- und Fremdgruppen, zu denen eine emotionale und/oder kognitive Beziehung besteht. Diese Beziehung ist verhaltensrelevant, d. h. sie bestimmt das individuelle Handeln der Betroffenen« (Wiswede 1998, 164).

Bezugsgruppen können soziale Gruppen sein, beispielsweise andere Fan-Gruppen, sie können aber auch »imaginäre« Gruppen sein, wie die »Öko Bubble«. Es gibt positive Bezugsgruppen, denen man angehört oder angehören möchte. Hier versucht das Individuum, durch konformes Verhalten Zugehörigkeit anzustreben oder zu festigen oder bei unerreichbaren Bezugsgruppen durch symbolische Demonstrationen wie Sprache oder Mode Nähe zu simulieren. Umgekehrt sind negative Bezugsgruppen Fremdgruppen, denen man in keiner Weise angehören möchte und von denen man sich durch entsprechendes Verhalten real und symbolisch abgrenzt.

Bestehen größere Diskrepanzen zwischen Eigengruppe und Bezugsgruppe, insbesondere bei der Orientierung an sozial höher gestellten Gruppen, können Gefühle relativer Deprivation, also Benachteiligung bzw. Ausschluss, entstehen, die durch den Wechsel der Bezugsgruppe vermieden oder vermindert werden können. So zeigten empirische Studien,

> »dass Arbeiter meist andere Arbeiter als Bezugsgruppen wählen und sich daher kaum depriviert fühlen. Trotz finanzieller Besserstellung fühlen sich Angehörige der Mittelschicht stärker depriviert, weil hier häufiger Vergleiche nach oben möglich waren. Ständige dissonante Vergleiche führen zu Stress und wirken selbstwertbedrohlich« (Wiswede 1998, 165).

Bezugsgruppen unterliegen auch politischen und weltanschaulichen Dynamiken. So kommen Teichler et al. (2023) nach einer Untersuchung der Bezugsgruppen innerhalb der deutschen Wohnbevölkerung zur Diagnose starker politischer gruppenbezogener Segregationsmaße:

> »Am stärksten segregiert zeigen sich Menschen entlang ihrer politischen Einstellungen: Menschen mit einer Wahlabsicht für die AfD bzw. für die Grünen haben äußerst häufig Bekanntenkreise, die überwiegend aus Sympathisant:innen der AfD bzw. der Grünen bestehen« (Teichler et al. 2023, 32).

Die geringste Segregation – also das Verbleiben innerhalb einer den eigenen Merkmalen ähnlichen Gruppe – weisen Menschen auf, die sich den Merkmalen »migrantisch« und »westdeutsch« zuordnen. Sie haben mehr Kontakte in andere Gruppen als die Durchschnittsbevölkerung. Die Gruppentheorie bietet sich damit auch zur Interpretation politischer Phänomene wie auch parteipolitischer Strategien an.

Innerhalb der Rehabilitationswissenschaften ist hier der Diskurs relevant, der ein Verbleiben von behinderten Menschen in sogenannten »geschützten« Sozialräumen thematisiert. Damit sind Sozialräume gemeint, die Wohn-, Arbeits-, Lern- und Freizeiteinrichtungen für behinderte Menschen räumlich konzentrieren. So bestehen in vielen Städten – oft auf einzelne Straßenzüge oder die Umgebung von bestimmten Einrichtungen fokussierte – Sozialräume, in denen sich überwiegend behinderte Menschen begegnen. Aus gruppentheoretischer Perspektive wird dadurch die Gruppenbildung innerhalb der Gruppe behinderter Menschen gestärkt, eine Gruppenbildung über dieses Merkmal hinweg aber erschwert.

Einstellung

Ein weiteres Forschungsgebiet der Sozialpsychologie, das auch für die Rehabilitationswissenschaften große Bedeutung hat, beschäftigt sich mit der Entstehung und Funktion von Einstellungen und Vorurteilen. »Eine ‚Einstellung' ist ein stabiles System von positiven oder negativen Bewertungen, gefühlsmäßigen Handlungen und Handlungstendenzen in Bezug auf ein soziales Objekt« (Cloerkes 2007, 104).

In der von Gordon Allport (1954) begründeten Einstellungsforschung wird dabei zwischen drei Einstellungskomponenten unterschieden:

1. Die *kognitive Komponente* (auch: Wissenskomponente) umfasst die Kenntnisse, Vorstellungen, Überzeugungen und Urteile gegenüber dem Einstellungsobjekt. Ein Beispiel wäre hier ein Unternehmen, in dem keine behinderten Menschen arbeiten und dessen Personalabteilung keine Erfahrung in der Beschäftigung dieser Zielgruppe, mit deren Bedarfen sowie mit Förderangeboten hat. Bei der ersten Bewerbung eines behinderten Menschen würde die Personalabteilung vielleicht mit Unwissenheit reagieren.
2. Die *affektive Komponente* (auch: Gefühlskomponente) beschreibt den emotionalen Aspekt, die positiven oder negativen Gefühle und subjektiven Bewertungen gegenüber dem Einstellungsobjekt. Um im Beispiel zu bleiben, könnte man annehmen: Bei Vorliegen der ersten Bewerbung eines behinderten Menschen denkt die Personalleiterin an die Sorgen der behinderten Person und möchte dieser gerne helfen.
3. Die *konative Komponente* (auch: aktionale Komponente oder Handlungskomponente) erfasst die Verhaltensintentionen und Handlungstendenzen, jedoch nicht die tatsächlichen Handlungen gegenüber dem Einstellungsobjekt. Wenn die Personalleiterin erwägt, die behinderte Person zu einem Vorstellungsgespräch einzuladen, wäre dies eine konative Komponente ihrer Einstellung gegenüber behinderten Menschen.

Die affektive bzw. Gefühlskomponente gilt als Kern der Einstellung, da diese nur schwer zu verändern ist. Unterschieden werden muss zwischen den Einstellungen als solchen und den tatsächlichen Handlungen gegenüber den Einstellungsobjekten.

Denkanstoß 6.4: Ein Unfall und verschiedene Einstellungen zu Behinderung

> Nach einem Unfall hat Ilja multiple Behinderungen, darunter eine Querschnittlähmung und eine Aphasie. Die Therapeut*innen in der Einrichtung, in der Iljas Rehabilitation vorgenommen wird, müssen sich auf beide Arten der Behinderung einstellen und ihre Behandlungsstrategien entsprechend anpassen. Iljas Querschnittlähmung ist offensichtlich, da ein Rollstuhl benutzt wird. Neben den funktionellen Einschränkungen hat er Narben im Gesicht, die durch den Unfall verursacht wurden. Diese Narben beeinflussen das Verhalten einiger Therapeut*innen ihm gegenüber. Es ist auffällig, dass Ilja von diesen seltener angesehen wird und diese auch versuchen, möglichst wenig mit ihm zu sprechen. Iljas Aphasie erschwert die Kommunikation. Einige Therapeut*innen und Pflegekräfte finden es anstrengend, mit ihm zu kommunizieren und sind genervt, wenn sie seine Wünsche und Vorstellungen nicht auf Anhieb verstehen. Es gibt unterschiedliche Meinungen darüber, wer für Iljas Zustand verantwortlich ist. »Eine Einstellung ist ein stabiles System von positiven oder negativen Bewertungen, gefühlsmäßigen Handlungen und Handlungstendenzen in Bezug auf ein soziales Objekt« (Krech, Crutchfiled & Ballachey 1962, 177 zitiert nach Cloerkes 2007, 104). Einige Mitarbeiter*innen glauben, dass Iljas Zustand durch Eigenverschulden hervorgerufen ist. »Einstellungen beinhalten also weniger negative Äußerungen über soziale Gruppen oder offensichtliche Diskriminierung, sondern vielmehr die Nicht-Anerkennung von Diskriminierungserfahrungen anderer« (Degner 2022, 21). Andere erkennen an, dass Iljas Zustand durch einen Unfall hervorgerufen wurde, ohne dass jemand direkt schuld ist, und zeigen mehr Verständnis für seine Lage.
>
> **Denkanstöße:**
>
> 1. Welche Situationen in Iljas Alltag könnten noch von Einstellungen beeinflusst sein?
> 2. Hat das ausschließlich Nachteile für ihn?

Vorurteil

Von einem Vorurteil spricht man erst dann, wenn die kognitive und die affektive Komponente gemeinsam auftreten. »‚Vorurteile' sind extrem starre, irrationale und negative Einstellungen, die sich weitestgehend einer Veränderung widersetzen« (Cloerkes 2007, 104). Entlang dieser Definition wird ein Vorurteil ausschließlich negativ verstanden. Ein Verständnis von Vorurteil als »positives Vorurteil« oder als »Vorausurteil« ist auch möglich und kann sinnvoll sein. Die affektive Seite des

Vorurteils kann als »Gefühlshaushalt« einer Person beschrieben werden, der stark verankert, oft beiläufig erworben und mit positiven Gefühlen gegenüber der eigenen Bezugsgruppe verbunden ist (Cloerkes 2007).

Nach der Theorie der sozialen Identität (Tajfel & Turner 1982) können sich abwertende, stereotyp-diskriminierende und feindselige Einstellungen gegenüber Fremdgruppen schon allein dadurch entwickeln, dass beliebige Abhebungs- und Unterscheidungskriterien überhaupt nur existieren. Die soziale Kategorisierung allein ist hinreichende Bedingung für soziale Diskriminierung. Emotional negativ gefärbte Vorurteile werden meist schon früh im Lebenslauf erlernt und sind den Akteur*innen oft gar nicht bewusst (Aronson et al. 2008). Sie sind besonders persistent bzw. andauernd. Durch die im laufenden Handeln beständig bestätigte Aufwertung der eigenen Gruppe und damit auch der eigenen Person, formt sich die praktische Einstellung zur Welt und die tendenzielle Abwertung der Fremdgruppe.

Denkanstoß 6.5: Wann wird eine Einstellung zum Vorurteil?

In einer physiotherapeutischen Praxis arbeitet Eli mit behinderten Patient*innen. Er hat eine relativ positive Einstellung gegenüber behinderten Menschen, einschließlich der Patienten*innen mit Trisomie. Eli hat sich umfassend über Trisomie informiert und weiß, dass Menschen mit dieser Diagnose viele Fähigkeiten und Potenziale besitzen und in der Regel besondere Bedürfnisse haben. Er kennt die medizinischen, sozialen und pädagogischen Aspekte der Trisomie, empfindet Sympathie und Empathie für seine Patient*innen, freut sich, wenn sie Fortschritte machen und ist emotional interessiert an deren Wohlbefinden. In seinem Verhalten zeigt Eli die Bemühung, die Patient*innen bestmöglich zu unterstützen. Die Physiotherapieeinheiten werden so gestaltet, dass sie auf die individuellen Bedürfnisse der Patient*innen abgestimmt sind. Eli geht geduldig mit ihnen um.

Trotz des Wissens hat Eli die unbewusste Überzeugung, dass Menschen mit Trisomie weniger fähig sind, bestimmte motorische Fähigkeiten zu erlernen. Seine Überzeugung beruht auf gesellschaftlichen Stereotypen und nicht auf eigener Erfahrung mit den Patient*innen. Dieses Vorurteil führt dazu, dass er bei der Arbeit manchmal Unbehagen oder Unsicherheit im Umgang mit den Patient*innen empfindet. Aufgrund dieser Einstellung neigt Eli dazu, die Therapieziele für seine Patient*innen mit Trisomie niedriger zu setzen, als es nötig wäre. Obwohl er weiß, dass sich die Kinder von 4 bis 7 Jahren eigentlich »erfolgreich in Gruppen mit nichtbehinderten Kindern integrieren« (Kesper & Hottinger 2024, 149) lassen, wird häufig vor kooperativen Angeboten des lokalen Sportvereins zurückgeschreckt, da Eli Angst hat, dass seine Patient*innen sich zusammen mit den nicht-behinderten Kindern unwohl fühlen könnten. All dies führt dazu, dass die Patient*innen weniger Fortschritte machen, als sie eigentlich vermögen. Eli ärgert sich oft über sich selbst, denn eigentlich ist ihm bekannt, dass viele Annahmen über Eigenschaften von Menschen mit Trisomie keine Ergebnisse wissenschaftlicher Beobachtungen sind: »Typische Verhaltensweisen, die empirisch belegt werden konnten, sind die hohe soziale Kompetenz und die Musikaffinität« (Zaynel 2017, 32).

> **Denkanstoß**
>
> 1. Welche Maßnahmen könnten im konkreten Beispiel zur Identifikation und Abbau der Vorurteile von Eli führen?

Bei jedem Menschen besteht ein Motiv nach sozialer Identität. Über Vergleichsprozesse wird die Erfahrung positiver Eigenart vermittelt. Ausgehend von diesem Motiv werden Strategien der Distinktion stimuliert wie beispielsweise im Wettbewerb in eigens gewählten Vergleichsdimensionen. Dieser soziale Vergleich wirkt innerhalb der »eigenen, gleichen Gruppe« konformitätserhöhend, während er gleichzeitig im Intergruppenvergleich mit der »anderen Gruppe« wie beispielsweise im Vergleich mit Behinderten zu Abwertung und Abhebung bzw. Selbst-Überhöhung führt (von Kardorff et al. 2013). In diesem Ausmaß der Distinktheit wächst das Gefühl positiver Eigenart und negativer Fremdart, welches zu sozialer Diskriminierung führt oder führen kann (Cloerkes 2007).

Einstellungen müssen scharf von *sozialen Reaktionen* (= tatsächlichem Handeln) unterschieden werden. Es gibt eine Reihe von intermittierenden Variablen wie dem Handlungskontext, der Handlungssituation, der Kontaktfrequenz oder Persönlichkeitsvariablen, die den Zusammenhang zwischen Einstellung und sozialer Reaktion beeinflussen. Eine Einstellung führt also nicht immer zu einer Reaktion, teilweise kann eine Einstellung natürlich auch zum Unterlassen von Reaktionen führen.

Denkanstoß 6.6: »Die Welle«

> Der Roman »Die Welle« beschreibt die Geschichte eines missglückten Unterrichtsexperiments von Ron Jones aus dem Jahre 1969. Jones hat seine Erfahrungen in verschiedenen Zeitschriftenartikel mit dem Titel »The Third Wave« und im Whole Earth Review (1972) als Kurzgeschichte mit dem Titel »Take as Directed« verbreitet (TheWaveHome & Hancock 2021). Seine Geschichte wurde daraufhin in Büchern und Filmen adaptiert und als schulische Standardlektüre eingesetzt. Im folgenden wird Bezug genommen auf das im Jahr 2008 veröffentlichte deutsche Filmdrama »Die Welle« von Dennis Gansel und Peter Thorwarth sowie auf die pädagogische Bewertung dieses Films von Hanna Kiper (2011).
>
> »Die Welle« erzählt die Geschichte des Lehrers Reiner Weger, der den Unterricht in einer Projektwoche zum Thema »Autokratie« gestaltet, sowie der Schüler*innen, die an diesem Kurs teilnehmen. Aufgrund der Tatsache, dass die Schüler*innen den repetitiven Unterricht am Beispiel des Nationalsozialismus als langweilig empfinden und meinen, dass es im heutigen aufgeklärten Deutschland keine Gefahr einer Diktatur gäbe, entscheidet sich Weger dazu, das Thema in seinem Unterricht in einem pädagogischen Selbstexperiment durchzuführen. Dazu wird die Sitzordnung verändert, sodass die Schüler*innen frontal zum Lehrer gerichtet sind. Außerdem werden Verhaltensregeln eingeführt, die Schüler*innen beim Reden zum Aufstehen sowie zu knappen Ant-

worten auffordern. Der neue strengere Ton des Lehrers sowie die straffere Disziplin trifft bei den Schüler*innen auf Anklang und motiviert diese. Zur körperlichen Ertüchtigung wird zudem das Marschieren im Gleichschritt auf der Stelle geübt. Des Weiteren führt Weger eine autokratische Bewegung mit dem Motto »Macht durch Disziplin« ein und schlägt den Schüler*innen vor, uniformähnliche Kleidung zu tragen. Diese Tätigkeiten werden von Weger in Form von Vorschlägen an die Schüler*innen getragen, über die in demokratischen Prozessen abgestimmt wird. Die Schüler*innen überlegen sich einen Namen, ein Logo und eine Grußgeste für ihre Bewegung. Sie nennen sich »Die Welle« und verbreiten ihren Namen auch im außerschulischen Kontext. Die Welle hat augenscheinlich positive Effekte auf ihre Mitglieder. So werden Theaterproben strukturierter, die Sportmannschaft gewinnt mehr Zuschauer*innen und der Zusammenhalt der Welle-Mitglieder wächst. Es werden viele Gemeinschaftsaktionen wie eine spontane Party unter den Mitgliedern veranstaltet und zuvor außenstehende Personen dürfen der »Welle« beitreten sowie sich einbringen. Personen, die den Ideologien der »Welle« widersprechen und sich der Bewegung widersetzen, werden von den Mitgliedern der »Welle« ausgeschlossen; ihnen wird auch mit Gewalt begegnet (Kiper 2011).

Während zu Beginn der Geschichte die Schüler*innen einen heterogenen Personenkreis mit unterschiedlichen Vorstellungen und Zielen darstellen, entwickelt sich im Laufe der Projektwoche eine gewisse Dynamik zwischen den Mitschüler*innen, die eine Homogenität hervorruft und auch klassenexternen Anklang findet. Die Schüler*innen beginnen sich mit ihren neuen Rollen zu identifizieren, wodurch sie Experiment und Realität vermischen und die Mechanismen ihrer Realität (Cliquen, Konkurrenz, Selbstbestimmung) nutzen und neu inszenieren (Kiper 2011).

Die Anzahl der Mitglieder beschränkt sich anfangs auf die Größe des Projektkurses und gewinnt im Verlaufe der Geschichte sogar an Zuwachs. Die Schüler*innen wählen den Kurs nicht aus Interesse am Thema, sondern eher aufgrund von Interesse am Lehrer. Im Späteren treten Schüler*innen vor allem aus Interesse an der Bewegung dem Kurs bzw. der Bewegung bei.

Dabei spielen die gemeinsamen Ziele der Schüler*innen eine wichtige Rolle: Sie wollen ihr Projekt selbst mitgestalten. Diese Selbstverwirklichung zeigt sich beispielsweise im gemeinsamen Erschaffen des Namens oder Logos, spiegelt sich allerdings auch in der Verbreitung dieses Namens, der Kontrolle über die Schule oder dem Erhalt der Bewegung wider. Grundsätzlich möchten »Die Welle«-Mitglieder ihre Ideale und Werte durchsetzen und der restlichen Welt ihren Namen zeigen.

Denkanstöße

1. Handelt es sich bei der »Welle« um eine soziale Gruppe? Entscheiden Sie auf Basis der Definition in Kapitel 6.1.2 (▶ Kap. 6.1.2).
2. Wo finden Sie die vier Merkmale Kontinuierliche Kommunikation und Interaktion, Gefühl der Zusammengehörigkeit (Wir-Gefühl), Gemeinsame

Normen und Aufgabenverteilung über gruppenspezifische Rollen in »Die Welle«?
3. Finden Sie diese Merkmale in aktuellen tagespolitischen Themen?

6.2 Transfer: Behinderung aus gruppentheoretischer Perspektive

Die dargestellten Befunde der Kleingruppenforschung haben Bedeutung für die pädagogische Arbeit mit behinderten Menschen, soweit sie in sozialen Gruppen erfolgt, insbesondere aber auch für das Themenfeld der Inklusion von behinderten Menschen wie beispielsweise die gemeinsame Beschulung von Kindern und Jugendlichen mit und ohne Behinderung. Aus sozialpsychologischer Perspektive kann unter anderem geklärt werden, ob und wie Arbeitskolleg*innen oder Kinder und Jugendliche mit Behinderung in der sozialen Gruppe am Arbeitsplatz oder in der Schulklasse akzeptiert und angenommen werden, wieweit sie integriert sind beziehungsweise welche Integrationshemmnisse bestehen und wie diese abgebaut werden können. Außerdem gestattet die gruppentheoretische Perspektive Einsichten in die Entstehungsbedingungen von Einstellungen, Vorurteilen und Stigmata und eignet sich damit, kommunikative Maßnahmen zur Thematisierung von Inklusion abzuleiten.

Das Forschungsgebiet zu Einstellungen und Vorurteilen ist in den Rehabilitationswissenschaften traditionell ein Forschungsschwerpunkt, da Einstellungen und Vorurteile gegenüber behinderten Menschen große Bedeutung für ihre gesellschaftlichen, sozialen und beruflichen Teilhabechancen haben. Behinderte Menschen gehören in der Wahrnehmung der Mehrheitsgesellschaft zu einer Gruppe von Menschen, die in spezifischer Hinsicht »in unerwünschter Weise anders [ist], als wir es antizipiert hatten« (Goffman 2018, 13). Die damit konstituierte kategoriale Wir-Sie-Differenz wie zwischen Menschen mit und ohne Behinderung, »Einheimischen« und Migrant*innen oder Armen und Reichen beruht auf einer historisch gewachsenen, kollektiv hergestellten, sozial-kulturell kodierten und in den alltäglichen Interaktionen und Diskursen beständig bestätigten Stigmatisierbarkeit der jeweiligen Merkmalsklassifikationen. Die in den kulturellen Mustern verankerten Stereotype fungieren als vereinfachende, für praktische Zwecke der Alltagsinteraktion stabilisierte Orientierungsmuster. Phänomene wie Behinderung und die Gruppe ihrer Merkmalsträger steuern die Wahrnehmung und kognitive Zuordnung von Phänomenen und Personen im Horizont der sozialen und rhetorischen Ordnung der Welt (von Kardorff et al. 2013).

Die (sozial-)politischen, gesetzlichen, organisatorischen und architektonischen Vorgaben sind zwar die allgemeinen Rahmenbedingungen zur umfassenden Teilhabe von behinderten Menschen, doch können sie durch negative Einstellungen und Vorurteile gegenüber diesen unterlaufen oder sogar außer Kraft gesetzt werden. Aber auch umgekehrt gilt: Positive Einstellungen gegenüber behinderten Menschen können Veränderungen der gesetzlichen Vorgaben bewirken, die zu einer Verbesserung der Lebenssituation und Lebensperspektiven dieser führen können.

Auf politischer und rechtlicher Ebene (unter anderem durch die UN-BRK, ▶ Kap. 2.1.4) hat es in den letzten Jahren positive Entwicklungen hinsichtlich der Teilhabe von Menschen mit Behinderung gegeben. Gleichzeitig zeigen Einstellungs- und Vorurteilsstudien über Jahrzehnte hinweg, dass sich die Sicht auf Menschen mit Behinderungen, besonders auf bestimmte Teilgruppen gerichtete Vorurteile, kaum verändert haben. Die Ergebnisse weisen auf andauernde patriarchal geprägte Einstellungsmuster hin, welche sich beispielsweise als Bedauern hinsichtlich der Schicksalshaftigkeit einer Behinderung oder der Betonung des Aspekts des »Ausgeliefertseins« (Schulze et al. 2021, 395 ff.) äußern. Damit wird eine Einstellung offenbar, die eher auf Bedauern, denn auf Lösungen fokussiert ist. Ferner zeigen sich Einstellungsmuster, welche den meisten Personen weder Erfahrungen, noch Eigenaktivität (Agency) und Selbstbestimmungswunsch, -fähigkeit und -recht der betroffenen Menschen zugestehen (von Kardorff et al. 2013).

6.2.1 Einstellungen gegenüber behinderten Menschen

Die Einstellungsforschung hat eine kaum überschaubare Zahl empirischer Untersuchungen zu Einstellungen gegenüber behinderten Menschen durchgeführt. Trotzdem kann die Frage, wie sich die Einstellungen zu behinderten Menschen gestalten, nicht pauschal beantwortet werden. Hensle (1994) beschrieb negative Einstellungen gegenüber behinderten Menschen:

> »Die Einstellungen der Bevölkerung gegenüber Behinderten sind ungünstig gefärbt, in der Interaktion wird Unsicherheit empfunden, Distanz grundsätzlich bevorzugt. Den Behinderten werden ungünstige Eigenschaften zugeschrieben, die mit der ›Behinderung‹ als solcher nichts zu tun haben. Die Kenntnisse über Häufigkeit und Erscheinungsbilder von ›Behinderungen‹ sind unzureichend, die Begriffe verschwommen« (Hensle 1994, 69).

Andere Studien zeigen – je nach befragter Gruppe – auch positive Einstellungen oder signifikante Unterschiede zwischen verschiedenen Stichproben (Chan et al. 2002; Kuhl et al. 2014; Schulze et al. 2021). In vielen der Untersuchungen werden zudem bestimmte Arten von Behinderungen in den Blick genommen. Die Frage nach den Einstellungen zu behinderten Menschen lässt sich daher vielmehr mit »es kommt darauf an, wer und was untersucht wird« beantworten.

Neben der Valenz der Einstellungen hat die Forschung auch verschiedene Determinanten untersucht. Vorweg: Auch hier sind nicht alle Befunde einheitlich. Es hat sich gezeigt, dass die Art der Behinderung und ihre Sichtbarkeit (Tröster 1990) einen Einfluss auf die Einstellungen haben. Beispielsweise gehen intellektuelle und psychosoziale Beeinträchtigungen mit tendenziell negativeren Einstellungen einher als körperliche Behinderungen (Cloerkes 2007). Eine weitere Determinante ist der Kontakt zu Menschen mit Behinderungen. Dabei kann persönlicher Kontakt (Kontakthypothese, Allport 1954) zwar grundsätzlich positiv mit den Einstellungen zusammenhängen (Kuhl & Walther 2008), jedoch führt der Kontakt nicht zwangsläufig zu positiven Einstellungen. Bedeutsam sind die Bedingungen des Kontakts, wie Freiwilligkeit, Kontext und emotionale Fundierung (Cloerkes 2007; Kuhl & Walther 2008). Welche Rolle das Wissen der befragten Personen spielt, ist ebenfalls vielfach untersucht, aber nicht abschließend geklärt. Während Fachwissen oder eine bestimmte Profession in einigen Untersuchungen zu positiveren Einstellungen führt (Schulze et al. 2021), führen sie in anderen Untersuchungen zu negativeren Einstellungen (Geskie & Salasek 1988). Ein Grund für die ambivalenten Ergebnisse kann in den eingesetzten Messinstrumenten und Fragebögen bestehen (Schulze & Schröter 2023). Wird beispielsweise explizit nach Differenzen gefragt, können Personen mit viel Wissen und Kontakt negativere Einstellungen hervorbringen.

Zudem handelt es sich bei Einstellungen zu behinderten Menschen um soziokulturell kodierte gesellschaftliche Wahrnehmungen und Bewertungen, die einem fortlaufenden Wandel unterliegen (Schulze et al. 2021), daher müssen die Ergebnisse immer vor dem aktuellen kultur-historischen Zeitpunkt eingeordnet werden. In der wissenschaftlichen Forschung besteht weitgehender Konsens hinsichtlich der beeinflussenden Faktoren der Einstellungen gegenüber Menschen mit Behinderung: Als Faktoren werden die Kontakthäufigkeit, die sozialen Distanz und die »Art der Behinderung« identifiziert. Außerdem haben die Sichtbarkeit (siehe dazu auch Cloerkes 2007; ▶ Kap. 2) und das Ausmaß der Funktionseinschränkungen Einfluss auf die Einstellung gegenüber Menschen mit Behinderungen.

Das zeigt sich unter anderem in der differenzierten Bewertung einzelner »Behinderungsformen«, im Sinne einer Hierarchisierung, das heißt in der abgestuften Ablehnung bzw. Akzeptanz von Behinderung (Schulze et al. 2021). Eine starke Funktionseinschränkung wird häufiger negativer bewertet als eine geringere Funktionsbeeinträchtigung eines Menschen. Die sogenannte »geistige Behinderung« wird als »schwere Form der Behinderung«, Lern- und Sprachbehinderungen als »leichtere Form« der Behinderung wahrgenommen; Sinnes- und Körperbehinderungen hingegen werden differenzierter betrachtet (Cloerkes 2007). Körperliche oder Sehbeeinträchtigungen sind damit insgesamt positiver bewertet, geistige Beeinträchtigungen sehr negativ. Zu erklären ist das mit dem hohen gesellschaftlichen Stellenwert der Merkmale Leistungsfähigkeit und Gesundheit (Kreuz 2002). Menschen mit körperlicher Behinderung als Arbeitskolleg*innen zu akzeptieren oder Freundschaften zu schließen, können sich Teile der Mehrheitsgesellschaft eher vorstellen. Eine starke soziale Distanz findet sich gegenüber Menschen mit geistigen oder psychischen Beeinträchtigungen, hier schließen die allermeisten eine Bekanntschaft aus (Thimm 2006a).

Der Kontakt fördert meistens die Wertschätzung gegenüber behinderten Menschen, wenn dieser auf Freiwilligkeit beruht und etwas Verbindendes hat. Bezugnehmend auf die grundständig aus der Sozialpsychologie stammende prominente »Kontakthypothese« (Allport 1954), führt der häufige Kontakt nicht automatisch zu positiveren Einstellungen gegenüber behinderten Menschen. So können negative Einstellungen auch trotz häufigen Kontakts existent bleiben, beispielsweise bei Eltern behinderter Kinder oder Sonderpädagog*innen (Cloerkes 2007).

Bei der Betrachtung soziodemografischer Aspekte zeigen sich Unterschiede hinsichtlich des Geschlechts und des Alters. Cloerkes (2007) formulierte, dass

Frauen eher als Männer Menschen mit Behinderung akzeptieren und mit höherem Alter die negativen Einstellungen zunehmen. Unklar seien jedoch die Einflüsse von Merkmalen wie Bildungsstand, Beruf, Ethnie, Familienstand, Wohnort (Cloerkes 2007).

Empirische Studien lassen vermuten, dass die Diskriminierung von behinderten Menschen in den vergangenen Jahren zugenommen hat. Im Europabarometer 2023 gaben 39 % der Befragten an, dass Diskriminierung auf Grund von Behinderung in Deutschland verbreitet sei (Europäische Kommission 2023). Im Jahr 2019 ordneten nur 29 % der befragten Personen Diskriminierung auf Grund von Behinderung als verbreitet ein (Europäische Kommission 2019). Eine repräsentative FORSA-Umfrage (2012) beschrieb, dass 19 % beim Begriff »Behinderung« spontan an »Benachteiligung« denken, was gewissermaßen ein Gefühl für die reale Benachteiligung der Betroffenen abbildet, und 16 % assoziieren »Mitleid« (Antidiskriminierungsstelle des Bundes 2013, o. S.). Das Inklusionsbarometer Arbeit 2024 zeigt verglichen mit der vorangegangene Erhebung eine verschlechterte Inklusionslage von Menschen mit Behinderungen am ersten Arbeitsmarkt (Aktion Mensch e.V. 2024).

Gleichzeitig existieren und überdauern eine Vielzahl persistenter stereotyper Vorstellungen über behinderte Menschen bzw. einzelner Teilgruppen noch immer. Diese Phänomene wurden bereits in älteren klassischen Studien beschrieben (Überblick bei Wocken 2000a). Prominent sind die Repräsentativbefragungen von Jansen (1972) und von Bracken (1976) in Deutschland, Bächtold (1981) in der Schweiz und Seifert und Stangl (1981) in Österreich. Ein zusammenfassender Überblick älterer Forschungsbefunde findet sich bei Cloerkes (1985). Diese älteren Forschungsergebnisse geben folgende Größenordnungen an: Die Hälfte der Bevölkerung erfülle der Anblick von behinderten Menschen mit Ekel und Abscheu, zwei Drittel empfinde Mitleid, zum Teil Angst. Das häufigste Verhaltensmuster im Umgang mit behinderten Menschen ist Unsicherheit, welches zu einer sozialen Distanzierung und Ausgrenzung führe. In der Regel werde daher der persönliche Kontakt vermieden und Ersatzleistungen wie beispielsweise Spenden einem persönlichen Engagement vorgezogen.

Jansen (1972) zufolge fehlte dem Großteil der Befragten Kontakt zu Körperbehinderten, weshalb eine Verhaltensunsicherheit bestehe, welche sich häufig durch Ekel, Abscheu und zum Teil Angst ausdrücke, bei gleichzeitigem Empfinden von Erschütterung und Mitleid sowie dem Wunsch Hilfe zu leisten. Bächtold (1981) führt an, dass Körperbehinderung allgemein mit Verschlossenheit und Passivität assoziiert wird und die Betroffenen als einsam, unausgeglichen und unglücklich charakterisiert werden. Auf der affektiven Ebene wurden Verunsicherung, Neugier und Mitleid beobachtet, die sich negativ in sozialer Distanzierung äußerten. Tröster (1988) nannte als zentrales Ergebnis die Diskrepanz der Interaktionen zwischen nichtbehinderten Studierenden mit körperbehinderten rollstuhlabhängigen Personen. Im verbalen Verhalten werden Freundlichkeit und Zuvorkommenheit gezeigt, im nonverbalen Verhalten Anspannungen und Vermeidungstendenzen. Die signalisierte Reserviertheit erschwere dem Gegenüber die Möglichkeit, Rückschlüsse auf dessen Haltung und Gefühlen ziehen zu können.

In der Bielefelder Langzeitstudie »Deutsche Zustände«, herausgegeben von Wilhelm Heitmeyer, der den Umgang mit unterschiedlichen Personengruppen analysiert (Heitmeyer 2002, 2012), wird mit dem Konstrukt der »gruppenbezogenen Menschenfeindlichkeit« gearbeitet. Ausgegangen wird hier von einer »Ideologie der Ungleichwertigkeit«, das heißt, dass die prinzipielle Gleichwertigkeit von Menschen infrage gestellt beziehungsweise nicht anerkannt wird. Bestimmte Personengruppen – diese können neben behinderten Menschen unter anderem Wohnungslose, Migrant*innen oder Empfänger*innen von Bürgergeld (vorher/früher »Hartz 4«) sein – wird aufgrund eines oder mehrerer Merkmale eine Andersartigkeit zugeschrieben. Verstärkt wird diese Ideologie der Ungleichwertigkeit durch gesellschaftliche Entwicklungen wie der Ökonomisierung von Sozialbeziehungen und dem zunehmenden Leistungsdruck und -denken (Endrikat 2012). Dieses zeigt sich beispielsweise in der Betitelung und Abwertung sogenannter »Sozialschmarotzer« bzw. »Überflüssigen und Nutzlosen«. Teilweise werden behinderte Menschen dieser Kategorie der »Nutzlosen« zugeordnet, welche im Kontext der Ökonomisierung des Sozialen die Abwertung schwacher Gruppen begünstigt. Bei der Gruppe behinderter Menschen wird die Normabweichung als »Andersartigkeit« verstanden, damit lassen sich die Ungleichwertigkeitsideologien und Abwertungen von Bevölkerungsgruppen erklären, was den Kriterien der gruppenbezogenen Menschenfeindlichkeit entspricht (Heitmeyer & Endrikat 2008).

Die Abwertung von behinderten Menschen resultiert aus der Abweichung von (imaginierter) Normalität und daraus abgeleiteten Unterstützungsforderungen (Heitmeyer 2006). Folglich wird behinderten Menschen nicht nur ein funktionales Defizit attestiert, sondern auch weitere (belastende) Merkmale zugeordnet, die ihre Andersartigkeit zum Ausdruck bringen (Thimm 2006a). Als Folge der Abweichung und daraus folgender Stigmatisierung werden behinderte Menschen dann sogar aus Sozialkontexten ausgeschlossen, entlang von Klassifikationen kategorisiert und in Sondersysteme überwiesen wie in Werkstätten für behinderte Menschen, Förderschulen oder separierende Wohnformen (Jochmaring & Falk 2023). Klassifizierung und Bewertung führen damit zur sozialen Ausschließung aufgrund des Merkmals mangelnder Leistungsfähigkeit (Jochmaring 2022).

Trotz der Erweiterung und Etablierung umfangreicher Rechtsansprüche wie der UN-BRK oder dem Bundesteilhabegesetz ist für Teilgruppen behinderter Menschen ein Ende von Stigmatisierung, Diskriminierung und sozialer Ausschließung nicht erreicht. Ergebnisse der Einstellungs- und Vorurteilsforschung zeigen, dass ein Abbau von Vorurteilen nur begrenzt über kognitiv orientierte Aufklärungskampagnen gelingen kann. Ist es das Ziel, Vorurteile zu reduzieren und Einstellungsmuster zu ändern, sind wie beim Beispiel gelungener (Arbeitsmarkt-) Integration (von Kardorff et al. 2013) eine stärkere Fokussierung auf konkrete Erfahrungen und positive Berichte zielführender.

6.2.2 Art der Behinderung und soziale Interaktionen

Die Art der Behinderung hat wesentlichen Einfluss auf die Qualität der Interaktion (Tröster 1990). Die Auffälligkeit der Behinderung ist eine bedeutsame Variable, die mehr meint als die »bloße« Sichtbarkeit.

Es können hierbei *drei Stufen* unterschieden werden:

1. Die Behinderung ist bereits vor der Kontaktaufnahme sichtbar, dann kann beispielsweise eine prophylaktische Kontaktvermeidung erfolgen.
2. Die Behinderung »drängt sich erst im Kontakt auf«, respektive wird erst in der Interaktion bemerkt, wie beispielsweise in der Kommunikation mit hörbeeinträchtigten Menschen. Dies könnte zur Veränderung und im Extremfall zum Abbruch der Kommunikation führen.
3. Die Behinderung kann zunächst verborgen und bei längerem und intensivem Kontakt offenbart werden. Auch hier könnten eine Veränderung, ein Abbruch oder eine nachgelagerte Umdeutung der Kommunikation erfolgen.

Dabei ist die ästhetische Beeinträchtigung meist wichtiger als die funktionale Beeinträchtigung, da sie ein möglicher Auslöser für affektive Reaktionen sein kann. Ästhetische Attraktivität erleichtert generell soziale Kontakte. Die funktionale Beeinträchtigung kommunikativer Fähigkeiten belastet hingegen Kontakte und Interaktionen immer, unabhängig von der Einstellung des*der nichtbehinderten Interaktionspartner*in. Von Relevanz ist darüber hinaus die zugeschriebene Verantwortlichkeit: Bei angenommener Schuld des behinderten Menschen für seinen Zustand wird die Interaktion erheblich erschwert, weil Ablehnung bis hin zu Bestrafung leichter zu rechtfertigen ist. Diese Variable ist unabhängig von der Auffälligkeit der Behinderung (Cloerkes 2007).

6.2.3 Erklärungsansätze von Vorurteilen

Es gibt eine Vielzahl von unterschiedlichen soziologischen (Dederich 2009) und psychologischen (Allport 1954) Erklärungsansätzen für das Entstehen von Vorurteilen (Cloerkes 2007; Dederich 2009). So sind in einigen Konzepten die nicht erfüllten, gesellschaftlich positiv bewerteten Rollenerwartungen, in anderen Konzepten die fehlende Erfahrung mit behinderten Menschen der theoretische Ausgangspunkt. Andere sehen die Angst vor der fremden und der möglichen eigenen Behinderung als zentrale Erklärungskategorie an.

Soziologische Erklärungsansätze zu Vorurteilen

Die soziologischen Erklärungsansätze gehen von den Rollen und Erwartungen der Beteiligten aus. Folgende Erklärungsansätze lassen sich – in Anlehnung an Cloerkes (2007) – unterscheiden:

- *Irrelevanzregel:* Dem*der Interaktionspartner*in ist dannach eine allgemeine, nichtwertende Aufmerksamkeit entgegenzubringen. Es wird sich in einer »so-tun-als-ob« (Goffman 1980) Haltung eingerichtet. Besondere Merkmale wie eine sichtbare Behinderung, die sich der Aufmerksamkeit »aufdrängen« bzw. »ins Auge fallen«, sind höflich zu »übersehen«. Sie haben ohne Bedeutung bzw. irrelevant zu sein. Das ist schwer durchzuhalten und führt zu einer »Scheinnormalität« der Begegnung und zu Interaktionsspannungen. Ein Beispiel ist dann zu beobachten, wenn Menschen das Verhalten oder Aussehen eines behinderten Menschen im Diskurs explizit nicht thematisieren.
- *Interrollenkonflikt:* Die Behinderung wird als niedriges, diskreditierendes Statusmerkmal wahrgenommen. Andere Statusmerkmale des behinderten Menschen wie beispielsweise der Bildungsabschluss oder das Einkommen können dem entgegenstehen. Der Widerspruch verunsichert und wird meist dadurch aufgelöst, dass alles dem Merkmal »Behinderung« (siehe auch »Master Status« nach Becker (2019 [1973]), ▶ Kap. 2.2.3) untergeordnet wird. Diese Konflikte werden oft von behinderten Aktivist*innen thematisiert; etwa, wenn nachgezeichnet wird, wie eine hoch qualifizierte behinderte Person von anderen zuerst als behinderter Mensch und erst dann als beispielsweise Programmierer*in adressiert wird.
- *Uneindeutige Verhaltensregeln:* Mangelnde Erfahrungen im Umgang mit behinderten Menschen führen zu Unsicherheit und Unbehagen in »gemischten« Interaktionen. Dies ist zum Beispiel zu beobachten, wenn Sie an der Ampel zaudern: Soll ich einer Person, die einen Langstock nutzt, anbieten, ihr beim Queren der Straße zu helfen, oder unterstelle ich damit, sie sei dazu nicht in der Lage? Darf ich in einer Situation, in der auch eine Person mit Behinderung mitspricht, von einer (nicht anwesenden Kollegin) mit einer ähnlichen Behinderung erzählen? Darf ich die Person dabei ansehen?
- *Widersprüchliche Normen:* Das Verhalten gegenüber behinderten Menschen ist gekennzeichnet durch einen Widerspruch zwischen »originären« – im Sinne von affektiven – Reaktionen und sozial erwünschten, positiven Reaktionen. Der Konflikt lässt sich im Allgemeinen nur teilweise durch eine vordergründige »Scheinakzeptanz« auflösen. Wenn Sie beispielsweise einen »entstellten« Menschen sehen, könnten Sie zwischen ihrem Schrecken über den Anblick und der gesellschaftlichen Erwartung, diesen Menschen nicht zu ignorieren, hin- und hergerissen sein.

Psychologische Erklärungsansätze zu Vorurteilen

In den psychologischen Erklärungsansätzen ist Angst vor behinderten Menschen und vor einer potenziellen eigenen Behinderung eine zentrale Kategorie (Cloerkes 2007).

- *Schuldangst:* Die unerlaubte Ablehnung von behinderten Menschen führt zu Schuldangst vor dem verinnerlichten »Über-Ich«, also der Summe bewusster und unbewusster Soll-Einstellungen gegenüber einem Bewusstseinsobjekt. Der Gedanke wird verdrängt und bewirkt gegen den behinderten Menschen gerichtete Abwehrmechanismen. Dies ist zum Beispiel dann der Fall, wenn Sie Angst vor den Reaktionen anderer Menschen auf Ihren Umgang mit einem behinderten Menschen haben: Habe ich alles richtig gemacht? Oder werden andere Menschen – zum Beispiel die Kolleg*innen im pädagogischen Kontext – mir vorwerfen, mein Verhalten entspreche nicht den Normen professionellen Verhaltens?

- *Bedrohung der physischen Integrität*: Die Begegnung mit Menschen mit sichtbarer Behinderung aktiviert entsprechende Ängste, die ansonsten, ähnlich wie beim Tod, sorgfältig verdrängt werden. Eine Kontaktvermeidung erfolgt teilweise auch wegen einer »magischen« Furcht vor Ansteckung (»Aussätzigen-Syndrom«). Hier könnte die Begegnung mit Unfallopfern oder Tumorpatient*innen als Beispiel dienen: Haben Sie selber Angst vor Unfällen oder einer Krebserkrankung, kann der Kontakt mit diesen Menschen ihre verdrängten Ängste wecken. Auch wenn Sie wissen, dass eine »Ansteckung« nicht möglich ist, meiden Sie vielleicht trotzdem den Kontakt, um ihr eigene Gesundheit zu schützen.
- *Kognitive Dissonanz*: Menschen streben nach Gleichgewichtszuständen. Alles Fremde und Andersartige wird, abgesehen von gelegentlicher Neugier bei einem maßvollen Reiz, tendenziell gemieden. Empfinden Sie Behinderung als »abweichend« (▶ Kap. 2.2.3), könnte dies Ihren Gleichgewichtszustand beeinflussen. Die Wahrnehmung von behinderten Menschen kann dann zu als unangenehm empfundenen Dissonanzen führen. Eine Reduktion der Dissonanz erleichtert den Spannungszustand; als Beispiel könnte eine Spende für behinderte Menschen den direkten Kontakt mit einem behinderten Nachbarn »ersetzen«.

Weitere Erklärungsansätze zu Vorurteilen

Tröster (1990) bzw. Cloerkes (2007) fassen vier weitere Hypothesen zu Vorurteilen gegenüber behinderten Menschen wie folgt zusammen:

1. Die *Just-World-Hypothese* geht davon aus, dass Menschen im Allgemeinen an eine gerechte (engl. »just«) Welt glauben, in der jede*r das bekommt, was er*sie verdient hat. Die Konfrontation mit behinderten Menschen gefährde diesen Glauben. Es entsteht die Befürchtung, selbst in so ungerechter Weise vom Schicksal betroffen zu werden. Der spannungsreiche Konflikt kann dadurch entschärft werden, dass die Person entweder ihre Zweifel durch kompensatorisches positives Verhalten zu neutralisieren (ver-)sucht oder in negativer Weise unterstellt, dass der behinderte Mensch verdientermaßen und eigenverantwortlich zum Opfer wurde.
2. Nach der *Komplexitäts-Polarisierungs-Hypothese* werden Angehörige von Fremdgruppen kognitiv viel undifferenzierter wahrgenommen als die Eigengruppe, was zu polarisierenden und extremen Reaktionen führt. Wenn Sie Menschen mit Behinderungen als eine fremde Gruppe wahrnehmen und wenig über diese

wissen, kann der Eindruck entstehen, dass es sich bei dieser Gruppe um eine »homogene« Gruppe handelt, was sich in der Vorstellung »so sind Menschen mit Behinderungen« ausdrücken könnte.
3. Die *Novel-Stimulus-Hypothese* postuliert, dass bei fremdartigen Wahrnehmungen zum Beispiel einer auffälligen Behinderung ein intrapsychischer Konflikt zwischen der »Anstarr-Neigung« und der gesellschaftlichen Norm, die dies untersagt, entsteht. Die Interaktion wird dadurch belastet. Eine Entspannung der Situation könnte durch ein angemessenes exploratives Verhalten erreicht werden.
4. Gemäß der *Ambivalence-Amplification-Hypothese* wird die zwiespältige Grundhaltung in der Begegnung mit einem behinderten Menschen verstärkt und sie löst innere Konflikte aus, was als Bedrohung des Selbstkonzepts erlebt wird. Eine Stabilisierung kann dadurch erfolgen, dass beispielsweise mit Kontaktvermeidung oder Ersatzhandlungen wie Spenden reagiert wird (siehe auch »kognitive Dissonanz«).

Denkanstoß 6.7: Mitglied in einer Umweltschutzorganisation

»Die Sicherung der vollen politischen und bürgerlichen Rechte für alle Bürger*innen ist ein Grundelement moderner Demokratien« (Wegscheider 2013, 218). Das denkt sich auch Luca, eine Person mit einer Autismus-Spektrum-Störung (ASS), die sich leidenschaftlich für Umweltschutz einsetzt. Luca engagiert sich ehrenamtlich in einer Organisation, die für Nachhaltigkeit und Naturschutz eintritt. Einige Mitglieder der Organisation haben Probleme mit Lucas Arbeitsweise und verstehen häufig nicht, durch welche Gedankengänge sie zu Schlussfolgerungen kommt. Diese sind häufig richtig, da Luca eine große Menge an Fakten und Daten behalten kann. Es gibt Mitglieder der Organisation, denen das nicht behagt und die sich in Ihrer Autorität von Luca angegriffen fühlen. Auch Lucas Doppelrolle einer Person, die fachkundig und organisiert die Umwelt schützt, und einer Person mit ASS ist für einige Mitstreiter*innen kognitiv nicht vereinbar. Luca hat selbst Schwierigkeiten, die vermeintliche Diskrepanz von »Aktivist*innenrolle« und »Behindertenrolle« mit bestehenden Bedenken in Einklang zu bringen. Sie ist allerdings auch erst ein paar Wochen in der Organisation aktiv. Gewisse Verhaltensregeln, Abläufe, Kompromisse und klare Absprachen etablieren sich erst noch in die Prozesse der Sitzungen. Uli und Peppi, zwei Mitglieder der Organisation, fühlen sich unsicher in der Interaktion mit Luca, da sie keine Fehler machen möchten. Deshalb meiden sie den Kontakt, soweit er sich vermeiden lässt. Da sie die dienstältesten und anerkanntesten Mitglieder der Gruppe sind, beeinflusst ihr Verhalten die Gruppe dahingehend, dass auch die anderen ihre Vorurteile nicht aktiv abbauen. Dies ist eine Praxis, die den Statuten der Organisation, in denen Inklusion ein wichtiges Thema ist, entgegensteht.

Denkanstöße

1. Wo in dem Beispiel wird eine »Scheinnormalität« aufgebaut?
2. Findet man hier den »Master Status« aus Kapitel 2 wieder?
3. Welche Rollen nimmt Luca ein bzw. werden ihr zugeschrieben?
4. Wie könnte man für konsistente Normen sorgen und klare Verhaltensrichtlinien einführen?

Wir sehen also, dass Lucas formelle Möglichkeit der politischen Partizipation nicht gleichbedeutend mit einer realen wirklich gleichen Partizipation ist, denn: »Inklusive Maßnahmen wie die Zuerkennung gleicher politischer Partizipationsrechte können nicht ipso facto einen emanzipatorischen Status für sich beanspruchen« (Jentsch 2014, 93).

Seit Luca der Organisation beigetreten ist, bemerken einige Mitglieder, dass Inklusion »eine gesellschaftliche Vorstellung, die vor allem auf humanistischen Werten und Normen beruht« (Böttinger 2016, 5), ist und fühlen sich schuldig, da sie denken, nicht genügend Ressourcen in die Inklusion behinderter Menschen zu investieren. Sie entwickeln Vorurteile gegenüber Luca, um ihre eigene Verantwortung nicht in ihren Fokus zu rücken. Ihre Argumente sind, dass es mitunter zu schwierig sei, die Bedürfnisse von Luca zu berücksichtigen. Sie rechtfertigen dadurch ihre eigene, aus ihrer Ohnmacht resultierende Untätigkeit. So wurde Luca bei der Überlegung, wer ein zukünftiges Projekt im Bereich Krötenwanderung federführend leiten solle, einfach nicht gefragt, obwohl Krötenwanderungen zu ihren Spezialgebieten gehört. Auch Jona und Bela, die wie Luca erst seit kurzem in der Gruppe engagiert sind, haben Probleme mit der Zusammenarbeit mit ihr. Lucas teilweise herausragendes Fachwissen lässt sie sich manchmal selbst als uninformiert, sogar dumm fühlen. Sie versuchen oft Aufgaben zu übernehmen, für die sich Luca ebenfalls interessiert, und begründen das häufig mit einer eingeschränkten Belastbarkeit von Personen mit ASS. Dabei heben sie jedes Mal das große Fachwissen von Luca hervor. Andere Mitglieder der Gruppe hingegen reden immer besonders gut über sie, wenn andere in Hörweite sind, um ihre Schuldgefühle abzubauen und sich selbst als mustergültig darzustellen.

Denkanstöße

1. An welchen Begebenheiten aus dem Beispiel lassen sich kognitive Dissonanzen ableiten?
2. Welche positiv bewertete *Ausgleichshandlung* wird von einigen Mitgliedern der Gruppe vorgenommen?
3. Sind diese der Inklusion zuträglich?

6.2.4 Reaktionen auf behinderte Menschen

Reaktionen auf Behinderung können aus einer gruppentheoretischen Perspektive vor dem Hintergrund der unterstellten Auffassung von behinderten Menschen als Mitglieder einer vermeintlich »kohärenten Gruppe« analysiert werden (Cloerkes 2007). Dazu sollen im Folgenden die bereits vorgestellten Mechanismen zur Identifizierung von Gruppen und der eigenen Positionierung zu ihnen – hier als Reaktionen auf Behinderung – übertragen werden. Dabei werden zentrale Begriffe wie Norm und Wert (▶ Kap. 4.1.2), Einstellung und Vorurteil (▶ Kap. 6.1.3) sowie die in den Kapiteln 6.2.2 (▶ Kap. 6.2.2) und 6.2.3 (▶ Kap. 6.2.3) skizzierten Interaktionszusammenhänge in Bezug auf Behinderung – in Anlehnung an Cloerkes (2007) – vorgestellt: Welche Reaktionen auf behinderte Menschen lassen sich beschreiben? Und wie lassen sich diese aus gruppentheoretischer Perspektive erklären?

Cloerkes (2007, 119 ff.) unterscheidet drei mögliche Reaktionsformen auf Behinderung: (1) »Originäre«, (2) »offiziell erwünschte« und (3) »(sozial-) überformte« Reaktionen.

1. *Originäre Reaktionen:* Die grundlegenden Werte einer Kultur werden sehr früh verinnerlicht. Kleine Kinder bis zum Alter von etwa drei Jahren reagieren noch unbefangen auf fremdartige Wahrnehmungen. Danach wird die Tatsache, dass ein Mensch mit sichtbarer Behinderung von der Norm abweicht, bereits wahrgenommen. Es entsteht eine kognitive (hier: wahrnehmungsmäßige) Dissonanz – meist ist die Reaktion ablehnend. »Originär« meint, dass die Reaktion ursprünglich spontan und affektiv ist. Der Auslöser für originäre Reaktionen ist die wahrgenommene Abweichung. Originäre Reaktionen gibt es zunächst typischerweise bei kleinen Kindern (Cloerkes 2007). Hier überwiegt das Element der Neugierde mit den Erscheinungsformen »Anstarren« und »Ansprechen« (manchmal auch »Anfassen«). Hingegen ist Aggressivität aufgrund unspezifischer Ängste charakteristisch für das »Ausleben« originärer Reaktionen. Originäre Reaktionen kommen eher selten vor – dafür bedarf es auch entsprechender politischer Verhältnisse (vergleichbar denen zu Zeiten des Nationalsozialismus), die ein solches Verhalten »legitimieren«. Zu der extremsten Form, der physischen Vernichtung – konkret die Ermordung von behinderten Menschen – kam es im Rahmen der sogenannten »Euthanasie«-Aktionen im Dritten Reich.
2. *Offiziell erwünschte Reaktionen:* Den originären Einstellungen und Reaktionen, die in der frühkindlichen Sozialisation erworben werden, stehen entgegengesetzte gesellschaftliche Normen beziehungsweise Vorschriften gegenüber (Cloerkes 2007), beispielsweise »In unserer Einrichtung akzeptieren wir behinderte Menschen und erkennen sie als gleichberechtigt an«. Gesellschaftlichen Normen sind bedeutsam für die Konstituierung von Einstellungen und Reaktionen. Das offiziell erwünschte Verhalten tritt jedoch vergleichsweise selten auf.
3. *(Sozial) überformte Reaktionen:* Sozial überformte Reaktionen sind dagegen häufiger zu beobachten und beinhalten bereits eine Verarbeitung originärer Reaktionen (Cloerkes 2007). Hier finden wir eine Reihe von Erscheinungsformen: Sie sind ein Ausweg aus dem normativen Konflikt zwischen originärer und

offiziell erwünschter Reaktion, eine Form der Unehrlichkeit (Allport 1954). Sie sind das Kennzeichen der Scheinakzeptierung von behinderten Menschen (Allport 1954). Mitleid ist ein gesellschaftlich hochbewerteter und geförderter Ausweg aus Schuldgefühlen und Ängsten. Nach Cloerkes (2007) ist Mitleid sogar eine sozial akzeptable Form von überführtem Hass und Aggression. Es schafft außerdem Distanz zum Objekt des Handelns. Behinderte Menschen wollen aber in der Regel nicht zum bloßen Objekt degradiert werden und lehnen darum Mitleid häufig klar ab. Auch unpersönliche Hilfe beispielsweise in Form von Spenden für einen »guten Zweck« lässt sich ähnlich interpretieren: Folgen wir den theoretischen Annahmen, geht es hier um das »Freikaufen« von Verpflichtungen und tatsächlichem, physischem Kontakt. Auch eine »aufgedrängte Hilfe« bietet daher primär Entlastung und demonstriert zugleich die eigene Statusüberlegenheit, verbunden mit der Abwertung des behinderten Menschen. Weitere Kompensationsakte sind Witze oder (vermeintlich) humorvolle Bemerkungen. Witze zum Beispiel kanalisieren Aggressionen in sozial tolerierter Weise (Cloerkes 2007). »Sozial überformten Reaktionen« stehen häufig in Beziehung zu Schuldangst und stützen letztlich die Ablehnung und Isolation von behinderten Menschen.

Cloerkes (2007) unterscheidet vier Konfliktfelder in der Reaktion auf behinderte Menschen:

1. *Ambivalenzkonflikt:* Die sozial überformten Reaktionsweisen sind Ausdruck widersprüchlicher Normen und der Ambivalenz zwischen affektiver Abwehr und sozial vorgeschriebener Akzeptanz von behinderten Menschen (Cloerkes 2007). Die Ambivalenz in der sozialen Reaktion zeigt sich vor allem dann, wenn etwa Menschen mit sichtbarer Behinderung versichert wird, sie würden ebenso behandelt wie Menschen ohne Behinderung (vgl. hierzu Denkanstöße 3.4. und 6.7). Gleichzeitig wird aber unausgesprochen von ihnen erwartet, dass sie dieses Angebot nicht überstrapazieren, sondern gesellschaftlich im Hintergrund bleiben (Krappmann 2010).
2. *Scheinakzeptanz:* Die den behinderten Menschen zugestandene Normalität ist das, was Erving Goffman (2018) »Schein-Normalität« genannt hat, die auf einer bloßen »Schein-Akzeptierung« (Goffman 2018, 152) beruht. Um eine solche vordergründige Akzeptierung im Sinne der sozialen Norm zu sichern, gibt es die »Irrelevanzregel« (Goffman 2018). Es handelt sich dabei um eine Verhaltensvorschrift für den »korrekten« Umgang mit offensichtlich »abweichenden« Personen: Alle sind angehalten, so zu tun, als existiere ihre Behinderung gar nicht, als sei sie »irrelevant«. Nun ist es häufig so, dass sich die Tatsache der Behinderung geradezu aufdrängt und die totale Aufmerksamkeit des*der nicht behinderten Interaktionspartner*in auf sich zieht, was die Einhaltung der Irrelevanzregel zu einem kaum lösbaren Sachverhalt macht. Es kommt zu Verhaltensunsicherheit und Interaktionsspannung wie beispielsweise Unbehagen, Stress, Angst, Peinlichkeit oder gekünstelte krampfhafte Heiterkeit. Das antizipatorische Vermeiden von solchen belastenden sozialen Situationen wird durch den Ausweg der Scheinakzeptanz erleichtert (Cloerkes 2007).

3. *Verhaltensunsicherheit:* Verhaltensunsicherheit und die häufig daraus resultierenden Vermeidungstendenzen sind auf das Wirken der Irrelevanzregel zurückzuführen und über die mangelnde Interaktionserfahrung mit behinderten Menschen zu erklären. Die »Definition der Situation« als Grundlage sozialen Handelns (▶ Kap. 1) wird hier außerordentlich erschwert. In Ermangelung einer klaren Vorstellung von dem*der Interaktionspartner*in mit Behinderung wird die Behinderung selbst zum einzigen und beherrschenden Anhaltspunkt. Sofern die Interaktion überhaupt aufrechtgehalten werden kann, erfolgt eine zwanghafte Orientierung an vagen Stereotypen beispielsweise über die »Blinden«, die »Spastiker« oder die »geistig Behinderten«. Das heißt, es erfolgt ein Rückgriff auf Vorurteile, die Distanz und Ablehnung beinhalten (Cloerkes 2007).
4. *Schuldgefühle und -zuschreibungen:* Die Folgen widersprüchlicher Normen sind für beide Seiten fatal. Was der Mensch ohne Behinderung auch tut – eine dauerhafte Befreiung von Schuldgefühlen und Schuldangst ist wenig wahrscheinlich. Schuldangst ist die Angst vor Verletzung der gesetzten Wertnormen einer Kultur. Insoweit dient sie dem gesellschaftlichen Ziel der Sicherstellung angepassten und normkonformen Verhaltens. Genau dieses Verhalten ist aber aus den hier diskutierten Gründen in Bezug auf behinderte Menschen erheblich erschwert (Cloerkes 2007).

Denkanstoß 6.8: Othering

Mit dem Begriff »Othering«, aus den englischen Worten »other« (deutsch = »anders«) oder »otherness« (deutsch = »andersartig«) abgeleitet, wird ein Phänomen beschrieben, bei dem bestimmte Personen oder Gruppen sich von anderen Gruppen abgrenzen bzw. die anderen Gruppen abgegrenzt werden (Vielfalt.Mediathek 2024). Diese Distanzierung kann aufgrund unterschiedlicher Merkmale, wie zum Beispiel durch (körperliche) Eigenschaften, Fähigkeiten oder Bedürfnisse der Personen, erfolgen, die in besonderem Maße hervorgehoben werden bzw. hervorstechen (Diversity Arts Culture 2024). Ein solches Personenmerkmal könnte beispielsweise eine (sichtbare) Behinderung darstellen, die als Folge körperlicher Funktionseinschränkungen entstanden ist. Die Behinderung kann daraufhin von einer Menschengruppe ohne Behinderung als anders oder fremd wahrgenommen werden. Diese Fremdheit oder Andersartigkeit weicht aus Sicht der nicht behinderten Personen von der (eigenen) Norm ab und wird daraufhin negativ bewertet, während die eigene »Unversehrtheit« zeitgleich positiv aufgewertet wird (Vielfalt.Mediathek 2024). Grundsätzlich wird eine »die Anderen-Wir-Beziehung« erschaffen, in der alles Fremde negativ, abwertend und als nicht der Norm entsprechend kategorisiert wird sowie die eigenen Ansichten, Eigenschaften oder Fähigkeiten hingegen als übergeordnet angesehen werden (Vielfalt.Mediathek 2024). Freuding (2022, 48 f.) definiert: »Othering als ordnendes, künstlich ›Fremdheit‹ produzierendes Prinzip räumt ›fremden‹ Personen, Dingen und Formen keine Möglichkeiten ein, jemals Teil der ›eigenen‹ Ordnung zu werden. Othering denkt ›Fremdheit‹ statisch, unveränderlich und niemals dem ›Eigenem‹ gleichgestellt. ›Fremdes‹ wird zum Objekt, zum bloßen Korrektiv, oft zur Bedrohung des Subjekts«. Das führe dazu, dass die betroffenen Personengruppen zurückgewiesen, abgelehnt oder diskriminiert werden können. Denn »[um] die eigene Gruppenidentität zu bilden, zu stärken und als Norm zu bestätigen, braucht es die Abgrenzung von der anderen Gruppe« (Diversity Arts Culture 2024, o. S.). Bezieht man sich auf die vorher genannten Beispielgruppen, so könnten sich solche ablehnenden Verhaltensweisen beispielweise dadurch äußern, dass behinderte Personen »explizite Ausgrenzung aus bestimmten gesellschaftlichen Ordnungen [erfahren], aber auch durch die Produktion von [Vorurteil geprägtem] Wissen« (Freuding 2022, 66). Das bedeutet, dass zwar Teilwissen über die »andere« Gruppe vorhanden ist, sich mit der Gruppe aber nicht weiter beschäftigt wird, sodass kein neues Wissen über die Gruppe entstehen kann. Dadurch bleibt die »andere« Gruppe »anders«. Diese Zuschreibung wird pauschalisiert, was zu einer Abgrenzung von diesen Menschengruppen führen kann.

Denkanstöße

1. Durch welche Mechanismen wird »Othering« erzeugt?
2. Fallen Ihnen Beispiele ein?

Das Lernvideo von Vielfalt.Mediathek (2022): »Was ist eigentlich ... Othering?« arbeitet dieses Thema auf und hilft bei der weiteren Vertiefung (Online verfügbar unter https://www.vielfalt-mediathek.de/material/rassismus/was-ist-eigentlich-othering).

7 Sozialisationstheoretische Perspektive

Im deutschsprachigen Raum widmet sich die interdisziplinäre Sozialisationsforschung – wesentlich beeinflusst durch die Soziologie sowie Pädagogik und Psychologie – den Wechselwirkungen von Individuen und sozialer Umwelt (Bauer & Hurrelmann 2021). Die Sozialisationsforschung untersucht, wie sich ein Individuum unter bestimmten sozialen, ökologischen und ökonomischen Lebensbedingungen entwickelt, respektive wie in einem lebenslangen Prozess Eigenschaften, Einstellungen, Selbstwahrnehmungen und Handlungskompetenzen in Auseinandersetzung mit der vorgegebenen materiellen, sozialen und kulturellen Umwelt erworben werden. Sozialisationstheoretische Ansätze werden in der Regel der Mikrosoziologie zugeordnet, weil sie sich auf das Individuum fokussieren. In diesem Kapitel kommen nun aber zunehmend auch makrosoziologische Aspekte in das Blickfeld, welche den Einfluss von Institutionen und größerer gesellschaftlicher Zusammenhänge bei der Sozialisation berücksichtigen. Zunächst werden wir Grundzüge der sozialisationstheoretischen Perspektive entlang von ausgewählten Konzepten der sozialstrukturellen Sozialisationsforschung beschreiben (▶ Kap. 7.1), bevor wir dann (▶ Kap. 7.2) Überlegungen zur behinderungsspezifischen Sozialisation vorstellen. Dabei werfen wir diesmal eher Fragestellungen und Untersuchungsdimensionen auf als konkrete Anwendungen sozialisationstheoretischer Konzepte auf Behinderung vorzustellen.

> **Lernziele**
>
> - Sie unterscheiden primäre von sekundärer Sozialisation und können verschiedene Sozialisationskonzepte skizzieren.
> - Sie reflektieren mögliche Sozialisationserfahrungen behinderter Menschen.

7.1 Soziologische Grundlagen

7.1.1 Problemstellung

Das Nachdenken über die Lern- und Entwicklungsmöglichkeiten von Schüler*innen, aber auch von Auszubildenden, Studierenden, Beschäftigten, Menschen ohne

Arbeit oder Senior*innen ist nicht beschränkt auf deren aktuelle Lebenssituation, sondern sollte ebenso die individuelle Lebensgeschichte, die Biografie und die Sozialisation berücksichtigen. Welche Lebens- und Lernerfahrungen haben Menschen gemacht, welche Lernerfahrungen und welche Lernorte sind ihm*ihr angeboten und oder vorenthalten worden? Aber auch: Welche der für ihn*sie wichtigen Lern- und Lebenserfahrungen wurden angeboten, genutzt, nachgefragt oder entwertet? Diese Fragen nach Lebens- und Lernerfahrungen werden von der Sozialisationsforschung thematisiert. Sie bemüht sich damit, das Individuum und dessen Entwicklung in Gesamtschau vor dem Hintergrund dessen Teilwerdung von Gesellschaft zu betrachten.

7.1.2 Definitionen

> »Sozialisation ist ein facettenreicher, spannungsgeladener Begriff. Sozialisation heißt, sozialisiert zu werden und in gewisser Hinsicht auch, sich selbst zu sozialisieren. Sozialisation ist ein Prozess, der von ›außen‹ auf das Individuum einwirkt und der ›innen‹ vom Individuum selbst gesteuert wird« (Bauer & Hurrelmann 2021, 10).

Der Begriff der Sozialisation umfasst alle beabsichtigten und unbeabsichtigten Lernerfahrungen. Der eng gefasste Begriff der Erziehung umfasst dabei ausschließlich die bewussten und geplanten Einflussnahmen, also nur einen Teil der gesellschaftlich vermittelten Einflüsse auf die Persönlichkeitsentwicklung im Sozialisationsprozess (Bauer & Hurrelmann 2021).

Es wird zwischen *primärer* und *sekundärer* Sozialisation unterschieden:

Die primäre Sozialisation, vor allem die familiale, wird nicht nur deshalb als primäre bezeichnet, weil sie am Anfang der Entwicklung eines Menschen steht, sondern auch und vor allem, weil in ihr die Grundlagen für die nachfolgenden, darauf aufbauenden insbesondere schulischen sekundären Sozialisationsvorgänge gelegt werden:

> »Es gehören dazu der Aufbau grundlegender Persönlichkeitsmerkmale – beispielsweise bestimmter Grade von Umweltvertrauen, Leistungs- und Erfolgsmotivation oder Emotionalität –, die Einführung in allgemeine ‚Kulturtechniken' wie Sprechen, Lesen und Rechnen, das Erlernen des richtigen ‚Benehmens' und die angemessene Deutung sozialer Signale ebenso wie die Auseinandersetzung mit einfachen und komplexeren Moralsystemen und eine Unmenge spezifischer Symbol- und Wissensbereiche, zum Beispiel in der schulischen oder der beruflichen Ausbildung« (Biermann 1992, 35).

Sozialisation ist ein lebenslanger Prozess. Diese Annahme ist gegen das Missverständnis gerichtet, mit der primären Sozialisation sei »alles gelaufen« und nichts mehr korrigierbar (Bauer & Hurrelmann 2021). Ein solcher Fatalismus ist weder theoretisch begründet noch pädagogisch vertretbar. Über das Ausmaß der Möglichkeiten in sekundären Sozialisationsprozessen die »Schäden« oder »Defizite« der primären, der »basalen« Sozialisation aufzuheben, zu kompensieren oder zu »heilen« ist damit allerdings noch nichts gesagt.

7.1.3 Explikation

Sozialisationstheoretische Modelle

Weder gibt es *die* Sozialisation noch *die* Sozialisationstheorie, sondern es hat sich eine höchst ausdifferenzierte Sozialisationsforschung entwickelt, die ihren real existierenden, aber in der Realität nicht dinghaft greifbaren Gegenstand »Sozialisation« mit unterschiedlichen erkenntnisleitenden Modellen und mit verschiedenen psychologischen und soziologischen Theorien untersucht (Bauer & Hurrelmann 2021). Die sozialisationstheoretische Ausgangsfrage bewegt sich im Spannungsverhältnis zweier Pole, die verschieden benannt werden können:

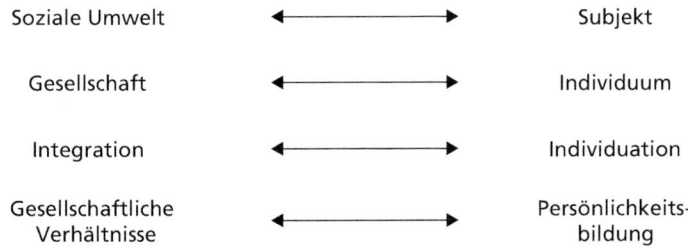

Abb. 13: Pole einer sozialisationstheoretischen Betrachtung

Entsprechend der komplexen Wechselwirkungsbeziehungen zwischen Person und Umwelt gibt es primär psychologisch begründete Beiträge zur Sozialisationsforschung und primär soziologisch fundierte Beiträge (Bauer & Hurrelmann 2021) sowie pädagogisch ausgerichtete Beiträge, die wiederum verschiedene Schnittstellen miteinander aufweisen. Die psychologischen Beiträge thematisieren schwerpunktmäßig innerpsychische Prozesse, in deren Verlauf bestimmte Bedingungen in der »konkreten Umwelt eines Individuums unter Mitwirkung seiner [genetisch-physiologischen Disposition] zu psychischen Formation verarbeitet werden« (Geulen & Hurrelmann 1980, 51). Die *psychologisch* ausgerichtete Sozialisationsforschung präferiert:

- lerntheoretische Theorien,
- psychoanalytische Theorien,
- entwicklungstheoretische Theorien und
- ökologische Theorien (Bauer & Hurrelmann 2021).

Die *soziologischen* Beiträge zur Sozialisationsforschung bestehen überwiegend darin, »die dem Subjekt gegenüberstehenden Umweltbedingungen als gesellschaftliche [und] als gesellschaftlich vermittelte [zu analysieren und diesen Vermittlungsprozess] bis hin zu den allgemeinen Strukturbedingungen des jeweils gegebenen historischen Gesellschaftssystems nachzuzeichnen« (Bauer & Hurrelmann 2021, 52). Die soziologisch ausgerichtete Sozialisationsforschung greift vor allem zurück auf:

- systemtheoretische Theorien,
- gesellschaftstheoretische Theorien und
- handlungstheoretische Perspektiven (Bauer & Hurrelmann 2021).

Die *pädagogischen* Beiträge zur Sozialisationsforschung gehen »schwerpunktmäßig der Frage nach, wie das menschliche Individuum und seine soziale und dingliche Umwelt so stimuliert und beeinflusst werden können, dass eine nach persönlichen und zugleich nach gesellschaftlichen Kriterien wünschenswerte Persönlichkeitsentwicklung zustande kommt« (Hurrelmann 2001, 9).

Denkanstoß 7.1: Berufliche Orientierung

> Aus sozialisationstheoretischer Perspektive können vier erkenntnisleitende Modelle für die Persönlichkeitsentwicklung und Sozialisation unterschieden werden (Bauer & Hurrelmann 2021). Diese Modelle sollen im Folgenden auf das Beispiel der Berufsorientierung übertragen werden.
>
> 1. Das *mechanische Modell* geht davon aus, dass die Umwelt (vor-)gegeben ist und die Entwicklung oder Verhaltensänderungen von Individuen ausschließlich von außen kommen bzw. Reaktionen auf Umweltfaktoren sind (Bauer & Hurrelmann 2021). Aus dieser Sicht könnte man formulieren: Der Arbeitsmarkt gibt Jugendlichen unterschiedliche Berufe vor. Als Reaktion auf diese Vorgaben entscheiden sich die Jugendlichen für einen Beruf, der gebraucht wird.
> 2. Im *organismischen Modell* entwickeln sich die Individuen selbst, indem eigene Ordnungsschemata für die Verarbeitung von Informationen, die die Umwelt anbietet, entworfen werden (Bauer & Hurrelmann 2021). Auch hier die Übertragung auf das Beispiel berufliche Orientierung: Der Arbeitsmarkt gibt Berufe und dafür notwendige Kompetenzen vor, Jugendliche sehen sich die Berufe an und entwickeln individuelle Antworten auf diese wahrgenommen Umweltinformationen. Dazu können die bewusste Entscheidung für eine Ausbildung ebenso zählen wie das Verwerfen beruflicher Optionen oder die Schulverweigerung auf Basis der Ansicht, dass sich Schule »nicht lohne«.
> 3. Das *systemische Modell* umfasst die wechselseitige Anpassung und den gegenseitigen zirkulären Prozess von Person und Umwelt. Das Individuum nimmt dabei Erwartungen aus der Umwelt auf, bis sie zu verinnerlichten Zielen für das eigene Handeln werden (Bauer & Hurrelmann 2021). In der beruflichen Praxis findet dies statt, wenn Arbeitsmarkt und Jugendliche sich gegenseitig beobachten und daraus Berufe ableiten. Da sich die Ziele der beiden Akteure gegenseitig bedingen, müssen beide miteinander kommunizieren. Dies passiert etwa, wenn Unternehmen ihre Arbeitsplätze so verändern, dass sie für Ausbildungsinteressent*innen attraktiv sind, oder wenn Jugendliche die Logik eines Unternehmens verinnerlichen – beispielsweise einen Dress-Code.
> 4. In einer wechselseitigen Abhängigkeit stehen Individuum und Umwelt im *interaktiven Modell*. Das Individuum steht dabei in einem produktiven An-

eignungs- und Auseinandersetzungsprozess mit der Umwelt (Bauer & Hurrelmann 2021). Dieses Modell wird erfüllt, wenn Jugendliche und der Arbeitsmarkt in gegenseitiger Abhängigkeit stehen. So können sich Unternehmen auf Berufsmessen oder in sozialen Medien kommunikativ so darstellen, dass sie für Ausbildungsinteressent*innen attraktiv sind. Die Jugendlichen beobachten sich selbst und ihre Umwelt – zum Beispiel, indem sie während eines Praktikums Fragen zum Beruf stellen – und ziehen daraus Schlüsse für den eigenen Beruf. Eine institutionalisierte Möglichkeit für diese Interaktionen stellt dazu die Berufsberatung dar, in der Berufe exploriert und die eigenen Potenziale analysiert werden.

Denkanstöße

1. An welche Möglichkeiten aus Ihrer eigenen Berufsorientierung an der Schule erinnern Sie sich? Welche der aufgeführten Angebote haben Sie genutzt Denken Sie an folgende Beispiele:
   - Potenzialanalyse
   - Berufsfelderkundung, Praktikum
   - Beratung durch Berufsinformationszentrum und weitere Angebote der Agentur für Arbeit
   - Beratung durch Berufswahllehrkräfte
   - Ausbildungsmessen, Tagesbesuch einer Hochschule
   - Bewerbungstraining
   - »Dortmunder Berufswahlpass«
   - »Girls' Day«/»Boys' Day«
2. Lassen sich in diesen Angeboten theoretische Ansätze der sozialisationstheoretischen Perspektive identifizieren?

Sozialisationstheoretische Grundannahmen des interaktiven Modells

Das Modell der produktiven Realitätsverarbeitung (Bauer & Hurrelmann 2021) zeichnet sich durch folgende Grundannahmen aus (Details zu erkenntnistheoretischen und konzeptionellen Grundannahmen siehe Bauer & Hurrelmann 2021 sowie ▶ Kap. 4):

1. Es besteht eine Interdependenz von gesellschaftlicher und individueller Entwicklung. Weder ist die Entwicklung sozialer Strukturen unabhängig von den handelnden Menschen zu begreifen noch die Entwicklung des Individuums losgelöst aus dem sozialen und gesellschaftlichen Kontext.
2. Die soziale und materielle Umwelt ist gesellschaftlich vermittelt, das heißt, sie ist zum einen Ergebnis und Ausdruck gesellschaftlichen und sozialen Handelns und sie wird zum anderen dem Individuum über soziale und (sub-)kulturelle Wahrnehmungs- und Interpretationsmuster, Sprache und Kommunikation, Verkehrsformen und Konventionen nahegebracht bzw. »erklärt«.

3. Das Individuum wird als ein die äußere und innere Realität produktiv verarbeitendes Subjekt angesehen: »Die Persönlichkeitsentwicklung vollzieht sich zum einen in Auseinandersetzung mit der ›äußeren Realität‹, den das Subjekt umgebenden externen Gegebenheiten; zum anderen in der Auseinandersetzung mit der ›inneren Realität‹, zu der neben körperlichen und physiologischen Merkmalen auch Bedürfnisse und Temperament zu rechnen sind« (Neubauer 1990, 17).
4. Mit diesem Subjektverständnis kann der Gefahr begegnet werden, entweder das Individuum als ohnmächtiges Opfer übermächtiger Systeme theoretisch zu entmachten oder aber als omnipotenten Schöpfer seiner Lebenswelt zu inthronisieren.

»Das Modell des produktiv realitätsverarbeitenden Subjekts steht mit anderen Worten in Opposition zur Vorstellung des Menschen als Mängelwesen, das passiv durch die Umwelt seine kognitiven, emotionalen und sozialen Konturen annimmt. Das produktiv realitätsverarbeitende Subjekt ist handlungsaktiv. Indem es sich seine Umwelt aneignet, nimmt es kognitive, emotionale und soziale Persönlichkeitsmerkmale an, bildet es eine kognitive Kompetenz, eine Sprachkompetenz, eine interaktive Kompetenz und eine Identität aus – das sind neben der biologischen Konstitution und der physischen Befindlichkeit die individuellen Voraussetzungen, um in sozialen bzw. psychischen Handlungs- bzw. Anforderungssituationen handlungsfähig und bewältigungsaktiv zu sein« (Wissinger 1991, 100).

Der Begriff »produktive Realitätsverarbeitung« ist unter Hinweis auf aggressive oder gewalttätige Handlungen Jugendlicher schon sehr früh kritisiert worden (so z. B. Breyvogel 1989, 16 f.) – nicht ganz zu Unrecht, handelt es sich doch in vielen Fällen eher um destruktive als produktive Lösungen. Jedoch ist mit dem Begriff »produktiv« weniger der legitime oder legale Charakter, die gesellschaftliche Akzeptanz der Handlung gemeint, sondern mehr die aus Sicht der Jugendlichen aktive, persönlich sinnvolle Problembewältigung – sei sie auch noch so provisorisch oder für das Individuum oder die Gesellschaft schädlich. Pädagogisch ist ein »destruktives« Verhalten primär nicht deswegen problematisch, weil es von sozialen Normen abweicht, sondern weil es Risiken für die weitere Entwicklung des Individuums enthält oder anzeigt. Der Begriff »produktiv« ist damit nicht normativ gemeint im Sinne eines »damit wird ein allgemein als ›gut‹ erachtetes Ziel erreicht«, sondern meint lediglich eine nicht weiter bewertete »Produktivität« für das jeweilige Individuum. Hier wird die individuelle Perspektive besonders deutlich, denn »produktiv« für das Individuum kann damit auch eine Handlung sein, die andere Menschen als »unproduktiv«, ja sogar »asozial« beschreiben würden.

Das vorgestellte Modell des realitätsverarbeitenden Subjekts ist pädagogisch höchst bedeutsam, da mit diesem Sozialisationsverständnis riskante oder problematische Verhaltensweisen eines Individuums als Ergebnis eines aktiven Problemlösungsverhaltens gesehen werden können, deren Sinn sich durch Nachvollziehen und Verstehen erschließen lässt. Indem Pädagog*innen jedes Verhalten, auch das für das Individuum und/oder seine Umwelt »problematische« Verhalten, als Ergebnis eines spezifischen Aneignungs- und Verarbeitungsprozesses begreifen, lenken sie den Blick auf die dem Individuum aktuell zur Verfügung stehenden materiellen, psychischen und sozialen Ressourcen und sind damit in der Lage, über die individuell notwendige pädagogische Intervention zu reflektieren und geeignete Hilfs- und Unterstützungsangebote zu machen. So kann ein »problematisches« Verhalten zum Beispiel als das einzige einem Subjekt zur Verfügung stehende Verhalten identifiziert und der Blick so auf die Frage gelenkt werden, wie das Verhaltensrepertoire um andere, ggf. sozial akzeptierte Problemlösungsstrategien erweitert werden kann. Indem jedes Verhalten als subjektiv realitätsverarbeitend akzeptiert wird, verschiebt sich damit der Fokus der Intervention vom Verhindern eines Verhaltens hin zum Verstehen und Ergänzen. Das Erkennen und Verstehen der aktuellen Bearbeitungs- und Bewältigungsfähigkeiten des Individuums kann aus sozialisationstheoretischer Perspektive nur dann gelingen, wenn sowohl das jeweilige soziale Milieu als auch die jeweils einzigartige Biografie in der Weise angemessene Berücksichtigung finden, dass die individuelle Lebens- und Bildungsgeschichte als sozial rekonstruiert und beschrieben wird.

Es gibt »eine Tendenz zur Schließung der Kluft zwischen den erkenntnisleitenden Orientierungen und Annahmen in der psychologischen und der soziologischen Forschung der Persönlichkeitsentwicklung« (Hurrelmann 2001, 19). Das Grundproblem jeder Sozialisationstheorie, die dialektische Beziehung von menschlichem Verhalten und gesellschaftlichen Verhältnissen zu erfassen bzw. dem Doppelcharakter von Sozialisation (Bauer & Hurrelmann 2021) – Persönlichkeitsentwicklung als Vergesellschaftung und zugleich als Individuation – Rechnung zu tragen, ist jedoch bisher noch nicht überzeugend theoretisch gelöst. Gesellschaftstheoretische Positionen haben den Anspruch das Verhalten und die Verhältnisse aus den konkreten gesellschaftlichen Verhältnissen heraus zu erklären. Dieses Unterfangen bleibt immer ein Spagat und stellt eine theoretische Herausforderung dar.

Konzepte der sozialstrukturellen Sozialisationsforschung

Schichtenspezifische Sozialisationsforschung

Das Ende der 1960er und in den 1970er Jahre war die Blütezeit der schichtenspezifischen Sozialisationsforschung, die sich einer ungebremsten Rezeption der Ergebnisse angloamerikanischer Untersuchungen verdankte. Ihre Erklärungskategorie für eine Analyse sozialer Ungleichheit war die »Sozialschicht« und ihr Programm die Beschreibung und Erklärung der Zusammenhänge zwischen sozioökonomischen Schichten und den korrespondierenden spezifischen Einstellungs- und Verhaltensmustern. Das damalige sozialpolitische und bildungspolitische »Verwertungsinteresse« (»Chancengleichheit«, »Ausschöpfung von Bildungsreserven«) verstärkte die Attraktivität dieser Forschungsrichtung.

Die Familie wurde als zentrale Vermittlungsinstanz für die »*Reproduktion gesellschaftlich erwünschter Sozialcharaktere*« betrachtet. Der »Sozialcharakter« – so nahm man an – wird von einer Generation an die nachfolgende weitergegeben, soziale Ungleichheit also in diesem Sinne »sozial vererbt«. Berühmt geworden ist die *These des zirkelförmigen Verlaufs des Sozialisationsprozesses*, wie ihn Rolff (1997, 34) idealtypisch beschreibt:

> »Die Sozialisation durch den Beruf prägt in der Regel bei den Mitgliedern der sozialen Unterschicht andere Züge des Sozialcharakters als bei den Mitgliedern der Mittel- und Oberschicht: während der Sozialisation durch die Familie werden normalerweise die jeweils typischen Charakterzüge der Eltern an die Kinder weitervermittelt; die Sozialisation durch die Freundschaftsgruppen der Heranwachsenden vermag die schichtspezifischen Unterschiede nicht aufzuheben. Da die Sozialisation durch die Schule auf die Ausprägung des Sozialcharakters der Mittel- und Oberschicht besser eingestellt ist als auf die der Unterschicht, haben es die Kinder der Unterschicht besonders schwer, einen guten Schulerfolg zu erreichen. Sie erlangen häufig nur Qualifikationen für die gleichen niederen Berufspositionen, die ihre Eltern bereits ausübten. Wenn sie in diese Berufspositionen eintreten, dann ist der Zirkel geschlossen.«

Dieses Modell ist vielfach kritisiert worden: Neben der breiten Kritik an den Konstruktionsprinzipien des Schichtungsmodells und dem Vorwurf, »neue« Ungleichheiten nicht zu berücksichtigen, sind vor allem folgende Kritikpunkte zu nennen:

- unzureichende empirische Basis,
- unzureichende Methodik (überwiegend Befragungen der Eltern),
- Ausblenden mütterlicher Erwerbstätigkeit bzw. alleinerziehender und erwerbstätiger Mütter,
- zu geringe Berücksichtigung rollenspezifischer Einflüsse von Vätern und Müttern,
- zu grobe Analyse faktischer Interaktions- und Kommunikationsprozesse in der Familie und
- ungenügendes Beachten geschlechtsrollenspezifischer Einflüsse.

Bei aller Kritik am Schichtmodell besteht die grundlegende Leistung dieser Perspektive weiterhin im Wesentlichen darin, »Korrelation zwischen sozialer Schichtzugehörigkeit und einzelnen Aspekten familiärer Sozialisation nachzuweisen« (Steinkamp 1991, 259). Insofern kann die folgende zentrale These der schichtenspezifischen Sozialisationsforschung »als eine heuristisch wertvolle, also für die weiterführende Hypothesenbildung fruchtbare theoretische Annahme, aber nicht als exakte Realitätsbeschreibung verstanden werden« (Hurrelmann 2001, 110).

> »Mit abnehmender Stellung einer Familie im System gesellschaftlicher Ungleichheit ist diese in ihrer Wirkung sich kumulativ verstärkenden ökonomischen, sozialen und kulturellen Benachteiligungen und Belastungen ausgesetzt, die die sozialisatorischen Prozesse auf der Familienebene derart strukturieren, dass eine optimale Entwicklung solcher kognitiver, motivationaler und sprachlicher Kompetenzen der Kinder zunehmend unwahrscheinlicher wird, die für den Schulerfolg besondere Bedeutung haben« (Steinkamp 1991, 252).

Neuere sozialstrukturelle Sozialisationsforschung

Die neuere sozialstrukturelle Sozialisationsforschung ist kein gänzlich neues Konzept zum Zusammenhang von Sozialstruktur und Sozialisation, sie war vielmehr angetreten, die theoretischen und methodischen Mängel ihres schichtspezifischen

Vorläufers zu überwinden (Steinkamp 1991), vor allem die Reduktion sozialer Ungleichheit auf Schichtzugehörigkeit und deren unvermittelte Wirkung auf familiäre Sozialisation. In der schichtenspezifischen Sozialisationsforschung wurde die Sozialstruktur durch die Erwerbsstruktur – überwiegend erhoben durch den (väterlichen) Berufsstatus – erfasst. Die neuere sozialstrukturelle Sozialisationsforschung bearbeitet vor allem dieses Defizit, indem sie die beruflichen Arbeitsbedingungen detailliert untersucht, um so erst verständlich zu machen, »inwiefern dem Beruf des Vaters für den familialen Sozialisationsprozess und damit für die kindliche Persönlichkeitsentwicklung Bedeutung zukommen könnte« (Steinkamp 1991, 129).

Die frühere schichtspezifische Sozialisationsforschung hat bereits in den 1960/70er Jahren die große Bedeutung der Lernmilieus in den Familien herausgearbeitet. Größere finanzielle Ressourcen und der bessere kulturelle Anregungsgehalt in statushöheren Familien fördern die Entwicklung von Fähigkeiten und Motivationen, die gute Schulleistungen und eine erfolgreiche Bildungskarriere begünstigen – wie kognitive und sprachliche Fähigkeiten, Leistungsmotivation oder den Glauben an den Erfolg individueller Anstrengungen (Geißler 2014).

Bedeutsam sind die genannten Ausführungen zur schichtenspezifischen Sozialisation bzw. sozialstrukturellen Sozialisationsforschung auch für die Erklärung ungleicher Zugangschancen zu höherwertigen Bildungsabschlüssen. So lässt sich der Zusammenhang zwischen familiärer Sozialisation und der Verfügung von Bildungszertifikaten anhand des sogenannten »Bildungstrichters« aufzeigen (Allmendinger et al. 2018). Die zentralen Annahmen der – lange Zeit völlig zu Unrecht als antiquiert bezeichneten – Zirkelthese werden regelmäßig bestätigt (Geißler 2014).

Denkanstoß 7.2: Bildungstrichter

> Beeinflusst mein Elternhaus, ob ich studiere? Wer sich diese Frage stellt, findet Antworten im sogenannten »Bildungstrichter«. Der Bildungstrichter (Stifterverband für die Deutsche Wissenschaft e. V. 2022, 87) zeigt den Bildungsverlauf von Kindern, getrennt nach familiärem Hintergrund. Dabei wird unterschieden in Akademiker*innenkinder – das sind Kinder »mit mindestens einem studierten Elternteil« (Stifterverband für die Deutsche Wissenschaft e. V. 2022, 91) und Nicht-Akademiker*innenkindern. Bei dieser Gruppe hat kein Elternteil einen Hochschulabschluss. Beide Gruppen sind in der Abbildung als »Trichter« mit darin befindlichen Kreisen dargestellt. Der oberste Kreis stellt die Kinder dar, die die Grundschule besuchen. Dies sind 100 % und die Ausgangsgröße der folgenden Kreise. Von den Grundschüler*innen treten in Nichtakademiker*innenfamilien 27 % ein Studium an, bei den Akademiker*innenfamilien sind es 79 %. Damit scheint der familiäre Hintergrund einen sehr starken Einfluss auf den ersten Übergang in die Hochschulbildung zu haben. Nach dem Eintritt ins Studium nähern sich die Übergangsquoten in Bezug auf einen Bachelor-, Master- oder Promotionsabschluss an. Beispielsweise absolvieren von den studierenden Nichtakademiker*innenkindern 76 % einen Bachelor, bei den studierenden Akademiker*innenkindern sind es 82 %. Den höchsten Abschluss – die

Promotion – erreichen 2% der Kinder aus Nicht-Akademiker*innenfamilien und 6% aus Akademiker*innenfamilien. In der Betrachtung der Gesamtkohorte – also aller Kinder eines Schuljahres – ergeben sich damit stark unterschiedliche Chancen auf einen Abschluss. Während 20% aller Nichtakademiker*innenkinder einen Bachelorabschluss erreichen, sind dies 64% der Akademiker*innenkinder. Einen Masterabschluss haben 11% der Nichtakademiker*innenkinder im Vergleich zu 43% der Akademiker*innenkinder (Stifterverband für die Deutsche Wissenschaft e.V. 2022). Der Stifterverband für die Deutsche Wissenschaft e.V. urteilt: »Die soziale Herkunft entscheidet noch immer maßgeblich über den Bildungserfolg eines Kindes, auch wenn sich die Bildungschancen für Nichtakademiker*innenkinder etwas verbessert haben« (Stifterverband für die Deutsche Wissenschaft e.V. 2022, 86).

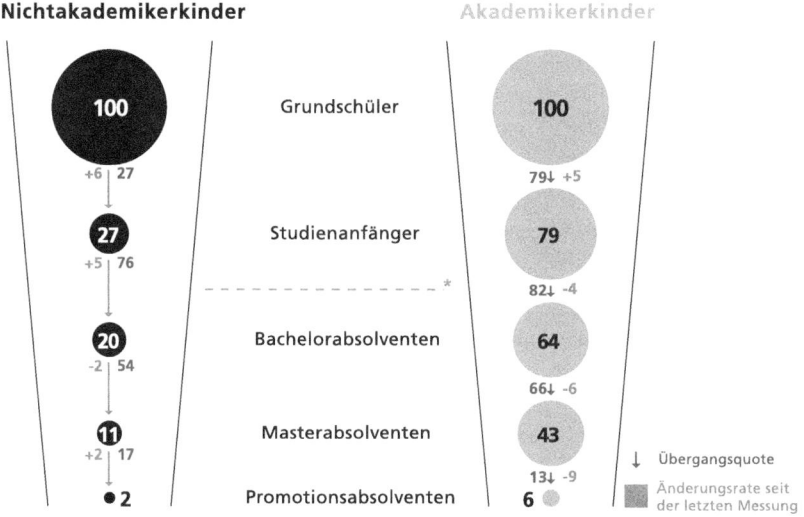

Lesehilfe: 27 von 100 Nichtakademikerkindern beginnen mit einem Studium, elf von 100 Nichtakademikerkindern erwerben den Mastertitel, zwei den Doktortitel
* In der Stufe zwischen Studienanfänger und Bachelorabsolventen ändert sich die Berechnungsgrundlage.
Quelle: Middendorff et al. 2017, Kracke et al. 2018, Autorengruppe Bildungsberichtserstattung 2020, DZHW 2019, Statistisches Bundesamt 2021, ISTAT-KOAB 2021, Konsortium Bundesbericht Wissenschaftlicher Nachwuchs 2021

Abb. 14: Bildungstrichter: Grundschule – Studium – Promotion

Die Zirkelthese von Rolff (1997) wird vielfach kritisiert, da sie sich an der westdeutschen Gesellschaft in den 1980er Jahren orientiert und weitere Ungleichheitskriterien wie Geschlecht, Behinderung oder Migrationshintergrund unberücksichtigt bleiben. Zudem weise sie methodische Mängel dahingehend auf, dass sie ausschließlich Eltern befrage und den Fokus auf den Beruf der Väter lege. Aus diesen Gründen kann die Zirkelthese nicht mehr in dieser Form als zeitgemäß gelten. Dennoch wird mit Blick auf den Bildungstrichter deutlich, dass der Beruf der Eltern auch heute noch einen wichtigen Einflussfaktor auf den Hochschulzugang von Kindern darstellt. Trotz der Kritik an der Zirkelthese von Rolff lassen sich damit ihre zentralen Annahmen durch den Bildungstrichter bestätigen (Geißler 2014).

Denkanstöße

1. Welche konkreten Faktoren könnten bewirken, ob Schüler*innen ein Studium beginnen? Fallen Ihnen Beispiele ein?
2. Wie war das bei Ihrer eigenen Entscheidung für ein Studium? Können Sie Einflüsse des Hintergrundes Ihrer Eltern identifizieren?

Der aktuelle Bildungstrichter zeigt anschaulich, wie scharf und hochselektiv das deutsche Bildungs- bzw. Hochschulsystem nach sozialer Herkunft filtert. Die Chancen für Kinder aus Nichtakademiker*innenfamilien, ein Studium zu beginnen und erfolgreich abzuschließen sind deutlich geringer als für Kinder aus Akademiker*innenfamilien. Nur eins von vier Kindern aus Nichtakademiker*innenfamilien schafft den Zugang ins Studium, hingegen vier von fünf aus Akademiker*innenfamilien. Entsprechend unterschiedlich sind auch die Absolvierungschancen der Nichtakademiker*innenkinder im Vergleich zu Akademiker*innenkindern bei Bachelor- (20 zu 64 Prozent) und Masterabschlüssen (11 zu 43 Prozent) sowie Promotionen (2 zu 6 Prozent) im Bezug zur Gesamtkohorte eines Jahrgangs (Allmendinger et al. 2018; Stifterverband für die Deutsche Wissenschaft e. V. 2022).

Sozialökologische Sozialisationsforschung

Die sozialökologische Sozialisationsforschung (v. a. Bronfenbrenner 1981) bezog die soziale Umwelt (daher »sozial ökologisch«) mit einem *Mehrebenenmodell* in die Betrachtung der Sozialisation ein. Das Mehrebenenmodell unterscheidet hierarchisch soziale Umwelten. Im Zentrum dieser Forschung steht die Analyse der alltäglichen und dauerhaften sozialen, kulturellen und räumlich-materiellen Umwelten – die ökologischen Kontexte –, in denen Familien bzw. ihre Kinder leben.

> »Unter einem ökologischen Kontext wird der räumlich abgrenzbare Erfahrungsraum einer Familie und/oder ihrer Mitglieder verstanden. Dieser Erfahrungsraum kann einmal durch die unmittelbare Wohnumwelt aber auch durch den Arbeitsplatz konstituiert werden. Die Addition dieser Erfahrungsräume ergeben den ökologischen Gesamtkontext« (Beckmann et al. 1982, 144).

Besondere Bedeutung kommt der physischen Dimension des ökologischen Raumes, seiner räumlich-stofflichen Ausstattung zu, die direkt – oder vermittelt durch das Verhalten der Eltern – kindliche Entwicklung fördern oder beeinträchtigen kann. Das verbreitete Modell von Bronfenbrenner (1981) unterscheidet vier Systeme in zunehmender Abstraktion und in hierarchischer Ordnung:

1. Das »*Mikrosystem*« ist die jeweilige unmittelbare Umwelt des Kindes (Wohnung, Schule, Straße etc.) und »kann nach ihrer räumlichen und stofflichen Anord-

nung, nach den Personen mit ihren Rollen und Beziehungen zum Kind und nach den Tätigkeiten und ihren sozialen Bedeutungen hin analysiert werden« (Geulen 1991, 41).
2. Das »*Mesosystem*« bildet die Gesamtheit der verschiedenen Mikrosysteme, in denen die Kinder zu verschiedenen Zeiten eingebunden sind (Familie, Kindergarten etc.).
3. Das »*Exosystem*« konstituiert und formt Mikro- und Mesosysteme, auch wenn das Individuum nicht direkt mit ihnen verbunden ist (Erziehungs-, Sozial- und Gesundheitswesen, Wirtschaft, Verwaltung, Medien etc.).
4. Das »*Makrosystem*« schließlich umfasst die allgemeinen kulturellen, politischen, rechtlichen und ökonomischen Bedingungen.

Hinter dem sozialökologischen Modell stand weniger eine neue Theorie als ein umfassendes Programm zur Erforschung der Vielzahl sozialisationsrelevanter Bedingungen, die sowohl in vertikalen wie horizontalen Zusammenhängen (zu den Begriffen »vertikal« und »horizontal« ▶ Kap. 8.1.3) als auch in ihrer Interdependenz konzipiert werden.

> »Die Fortschritte des sozialökologischen Ansatzes gegenüber der älteren Sozialisationsforschung sind offensichtlich, hauptsächlich in der Konzipierung vertikaler Zusammenhänge zwischen naher Umwelt und Systembedingungen, in der Breite und Detailanalyse unmittelbar relevanter Sozialisationsbedingungen und in der programmatischen Annahme interaktiver statt einlinig kausaler Beziehungen zwischen den Bedingungen einerseits und den Subjekten andererseits« (Geulen 1991, 42).

Im Gegensatz zur schichtenspezifischen Sozialisationsforschung, in der der Einfluss einer unabhängigen Variable auf abhängige Variablen ohne Berücksichtigung der Beziehungen der unabhängigen Variablen untereinander untersucht wurde, legt das sozialökologische Modell großen Wert auf den Kontexteinfluss, respektive auf die Wechselbeziehungen zwischen einzelnen Variablen einer Ebene wie auch zwischen den verschiedenen Ebenen. Kontexte sind die in der Aufzählung oben genannten vier Ordnungen Mikro-, Meso-, Exo- und Makrosystem. Die sozialökologische Sozialisationsforschung leistet damit eine Aufklärung der komplizierten Zusammenhänge zwischen den verschiedenen Umwelten und der Entwicklung der (kindlichen) Persönlichkeit. Durch Einbeziehung der Lebensraumvariablen bringt sie viele unabhängige Variablen im Forschungsprozess zusammen. Der wesentliche Verdienst der sozialökologischen Sozialisationsforschung war und ist es, auf die Bedeutung des Nahraumes und die Vielzahl kontextueller Einflüsse in den familialen Umwelten hingewiesen zu haben.

Denkanstoß 7.3: Video-Games und Gewalt

Die sozialisationstheoretische Perspektive untersucht, wie sich ein Individuum unter bestimmten sozialen, ökologischen und ökonomischen Lebensbedingungen entwickelt. Zu diesen Lebensbedingungen zählt immer stärker auch die Nutzung digitaler Medien und Spiele. 2023 geben 8 % der 12- bis 19-Jährigen an, nie digitale Spiele zu spielen. 72 % spielen täglich oder mehrmals wöchentlich Games (Medienpädagogischer Forschungsverband Südwest [mpfs] 2023]. Dabei sind insbesondere auch sogenannte Ego-Shooter-Spiele wie Grand Theft Auto (GTA) oder Call of Duty beliebt. 10% der 18- bis 19-Jährigen, die digitale Spiele nutzen, bewerten GTA als ihr liebstes Game (Medienpädagogischer Forschungsverband Südwest [mpfs] 2023). Es stellt sich darum auch die Frage nach Zusammenhängen von Computerspielen und Sozialisation, aus pädagogischer Sicht häufig insbesondere von gewalthaltigen Spielen und realem gewalttätigem Verhalten. Nach DeCamp und Ferguson (2017) zeigen das Spielen von Videospielen und gewaltbezogene Ergebnisse kleine aber statistisch signifikante Zusammenhänge. Wenn jedoch andere Prädiktoren einbezogen werden, verschwinden diese Zusammenhänge zugunsten familiärer und sozialer Variablen, deren Effekte stärker sind als die von gewalthaltigen Computerspielen. So haben sowohl das soziale Umfeld als auch Persönlichkeitsmerkmale der Spieler*innen von Games einen Einfluss auf die Wahrnehmung und Verarbeitung gewaltträchtiger Medieninhalte, sodass kriminelle und gewalttätige Verhaltensweisen nicht zwangsläufig auf gewalthaltige Medieninhalte zurückzuführen sind (Bundesprüfstelle für jugendgefährdende Medien 2006; Deutscher Bundestag 2006). Nach DeCamp und Ferguson (2017) stellen insbesondere ein geringes Alter (unter 11–12 Jahre), exzessiver Computerspielkonsum, eine geringe soziale Problemlösungsfähigkeit und Gefühlsregulierung sowie erhöhte Reizbarkeit ein Risiko dar, von negativen Auswirkungen durch gewalthaltige Computerspiele betroffen zu sein. Einem höheren Risiko hinsichtlich des sozialen Umfelds sind auch Jugendliche ausgesetzt, die elterliche bzw. häusliche Gewalt erleben (DeCamp & Ferguson 2017).

Diese Erkenntnisse können mit Hilfe der sozialisationstheoretischen Perspektive in Verbindung gebracht werden, die besagt, dass die menschliche Persönlichkeit bzw. das Individuum sich aus der Auseinandersetzung mit der Lebensumwelt lebenslang entwickelt. Unterschiedliche Sozialisationsinstanzen wie Eltern oder Lehrkräfte, aber auch soziale Medien oder Computerspiele, beeinflussen die Entwicklung. Es wird ersichtlich, dass unterschiedliche Einflüsse auf das Individuum wirken und es in seinen kognitiven, sozialen und emotionalen Persönlichkeitsmerkmalen prägen. Deshalb kann nicht durch einen einzigen Faktor, wie am Beispiel der gewalthaltigen Computerspiele gezeigt, auf Verhaltensweisen und Entwicklungen der Individuen geschlossen werden. Insgesamt müssen damit die Auswirkungen von Mediengewalt bzw. gewalthaltigen Computerspielen differenziert betrachtet werden, da diese nur einen Faktor innerhalb eines komplexen Zusammenspiels von Ursachen für die Entstehung von gewalttätigem Verhalten darstellen (Bundesprüfstelle für jugendgefährdende Medien 2006; Deutscher Bundestag 2006).

Denkanstöße

1. Welche Einflüsse können bei gewalttätigem Verhalten noch eine Rolle spielen? Denken Sie dabei an die unterschiedlichen Sozialisationsinstanzen von Kindern und Jugendlichen.
2. Welchen Einfluss haben Games auf Ihre Rolle als pädagogische Fachkraft?

3. Wie lassen sich Games in der pädagogischen Praxis nutzen?

7.2 Transfer: Behinderung aus sozialisationstheoretischer Perspektive

Die Sozialisation von Menschen mit und ohne Behinderung ist immer individuell und damit einzigartig. Bei gleicher sozialer Herkunft, sozialer Lebenslage oder sozialem Milieu lassen sich überindividuelle Gemeinsamkeiten oder Ähnlichkeiten im Sozialisationsprozess erkennen. Insofern unterscheidet sich die Sozialisation von behinderten Menschen prinzipiell nicht von der von Menschen ohne Behinderung. Nicht in jedem Fall bestimmt eine Behinderung primär Art, Verlauf und Ergebnis der Sozialisation. So kann beispielsweise eine Frau mit körperlicher Behinderung Professorin werden, das heißt ihre Körperbehinderung hat – sofern die Professur als Indikator für eine gelungene Sozialisation gewertet wird – ihre Sozialisation offensichtlich nicht erkennbar beeinträchtigt. Es bestehen jedoch besondere objektive Erschwernisse und subjektive Belastungen im Sozialisationsprozess von behinderten Menschen, die es erlauben, behinderungsspezifische Sozialisation zu untersuchen und zu beschreiben. Einige wenige seien exemplarisch genannt:

- Menschen mit Sehbeeinträchtigung oder Blindheit nehmen Menschen und ihre Umwelt anders wahr. Ihre Sozialisation unterscheidet sich in vielen Punkten von der Sozialisation sehender Menschen und muss von daher in besonderer Weise verstanden, begleitet und unterstützt werden.
- Das Problem der körperlichen Integrität und Identität stellt eine besondere Bewältigungsaufgabe in der Sozialisation von Menschen mit einer Körperbehinderung dar.
- Die kognitive Beeinträchtigung von Menschen mit sogenannter »geistiger Behinderung« bedeutet eine besondere Erschwernis bei der Auseinandersetzung mit der materiellen, sozialen und kulturellen Umwelt.
- Stottern kann durch die Erfahrung von Stigmatisierungen zu einer erheblichen Einschränkung sozialer Partizipation führen und damit die soziale und berufliche Teilhabe nachhaltig gefährden.
- Die Erfahrung des Schulversagens kann bei Kindern und Jugendlichen mit Lernbehinderungen zu einer massiven Bedrohung des Selbstwertgefühls und damit zu einem lebenslänglichen Kampf um persönliche und soziale Identität führen.
- Verhaltensauffälligkeiten sind in ihren vielfältigen Erscheinungsformen zum einen Ergebnis problematischer Primärsozialisation und zum anderen Ausdruck erheblicher Bewältigungsschwierigkeiten von Entwicklungsaufgaben (Quenzel 2016) in der sekundären Sozialisation.

7.2 Transfer: Behinderung aus sozialisationstheoretischer Perspektive

Diese Beispiele zeigen, dass von *der* Sozialisation von behinderten Menschen nicht gesprochen werden kann. Umgekehrt dürfen aber auch nicht nur die jeweiligen behinderungsspezifischen Sozialisationsprozesse betrachtet werden, ohne zu fragen, welche Gemeinsamkeiten an Sozialisationsaufgaben, an Sozialisationserfahrungen und an Sozialisationskonflikten Menschen mit und ohne Behinderung teilen.

Eine Übertragung der sozialisationstheoretischen Perspektive auf Behinderung lenkt den Blick insbesondere auf Möglichkeiten und Grenzen der Sozialisation behinderter Menschen. So erfahren behinderte Menschen unterschiedliche Chancen und Wege

- um alterstypische Erfahrungen machen zu können (vgl. hierzu SIA 2.2, Denkanstoß 6.2)
- in der Partizipation an relevanten Lebensbereichen (z. B. Arbeitsleben, Privatleben; vgl. hierzu SIA 4.3, Denkanstöße 2.4, 6.7),
- und die damit verbundenen Gelegenheiten zum Lernen/zur Übernahme sozialer Rollen (z. B. Partner*in, Arbeitnehmer*in; vgl. hierzu Denkanstöße, 3.4, 3.5)
- unter segregierenden oder inkludierenden Lebensbedingungen (z. B. in Form von Schulen, Wohneinrichtungen oder Arbeitsorten; vgl. hierzu SIA 2.1, Denkanstöße 9.3, 9.4),

Ein produktiver Einsatz der sozialisationstheoretischen Perspektive kann dabei helfen, die Unterschiedlichkeit der sozialisationsbedingten Lebenswelten behinderter und nicht behinderter Menschen zu betrachten und daraus Schlussfolgerungen zu positiven wie negativen Sozialisationsphänomenen zu ziehen sowie Ansätze zur Gestaltung von Sozialisation insbesondere unter der Perspektive von Behinderung aufzuzeigen.

8 Sozialstrukturelle Perspektive

Die Sozialstrukturanalyse hat in der Soziologie eine große Bedeutung und Geschichte und ist auch heute zentraler Gegenstand einer Vielzahl soziologischer Forschungstätigkeiten. Bei der Sozialstrukturanalyse geht gewissermaßen um die Vermessung der Gesellschaft – im Kern um die Analyse sozialer Ungleichheit. Der erste, der den Begriff der Sozialstruktur verwendete, war in Deutschland Georg Simmel und später in den USA Robert Merton. Die prominentesten ungleichheitstheoretischen Analysen, die auch weit über disziplinäre Grenzen hinweg prominent wurden, sind wohl die Hauptwerke von Karl Marx (1867) »Das Kapital« und von Pierre Bourdieu (1982) »Die feinen Unterschiede«. In der deutschen Nachkriegszeit sind vor allem die Gesellschaftsanalysen und die wesentlich mit ihren Werken verbundenen Autoren wie Schelsky, Bolte und Dahrendorf bekannt geworden. Später prägten unter anderem Geißler (2014), Hradil (2005) und Burzan (2011) den innersoziologischen Fachdiskurs zur Sozialstruktur und sozialer Ungleichheit.

Mit der sozialstrukturellen Perspektive bzw. der Sozialstrukturanalyse betreten wir auf unserer Reise durch die Soziologie nun das Terrain der Makrosoziologie und nehmen gesamtgesellschaftliche Entwicklungen in den Blick. Die sozialstrukturelle Perspektive gilt als klassisches makrosoziologisches Forschungsgebiet (Burzan 2011; Geißler 2014; Hradil 2005; Huinink & Schröder 2019); sie fragt unter anderem mithilfe der Konstrukte Lage, Schicht, Klasse und Milieu nach Unterschieden oder Ungleichheiten innerhalb von Gesellschaften. Im Folgenden werden wir in gewohnter Struktur zunächst ausgewählte Grundlagen der sozialstrukturellen Perspektive skizzieren (▶ Kap. 8.1). Dabei wird deutlich, dass die sozialstrukturelle Perspektive eine starke Affinität zu empirischen Daten aufweist; entsprechend finden sich in diesem Kapitel zahlreiche Verweise auf empirische Studien und Datensammlungen. Anschließend diskutieren wir Behinderung aus sozialstruktureller Perspektive entlang der Sozialschichtverteilungen von Behinderungen (▶ Kap. 8.2.1) und der sozialen Lebenslage behinderter Menschen (▶ Kap. 8.2.2). Dabei stellt das letzte Kapitel keine direkte Übertragung eines spezifischen sozialstrukturellen Ansatzes dar, sondern vielmehr den Versuch, den Blick auf mögliche Problemfelder im Zusammenhang von Behinderung und Sozialstruktur zu lenken.

> **Lernziele**
>
> - Sie können die Begriffe soziale Lage, Schicht, Klasse und Milieu definieren sowie unterscheiden und können Kritikpunkte zu den einzelnen Modellen benennen.
> - Sie unterscheiden Dimensionen sozialer Ungleichheit und entwickeln Ideen, entlang welcher Kriterien die soziale Lebenslage von behinderten Menschen beschrieben werden kann.

8.1 Soziologische Grundlagen

8.1.1 Problemstellung

Die Sozialstruktur einer Gesellschaft hat massiven Einfluss auf die Verteilung von Chancen für Teilhabe. So hat bereits die sozialisationstheoretische Perspektive (▶ Kap. 7) den Blick für den Zusammenhang von Elternhaus und Bildungschancen geschärft (vgl. hierzu z. B. Denkanstoß 7.2). Solche Bezüge lassen sich auch für das soziodemografische Merkmal »Behinderung« sowie für weitere Exklusionsrisiken (z. B. Geschlecht oder Migrationshintergrund) nachzeichnen – dies macht sie zu einem Anlass für die Betrachtung aus sozialstruktureller Perspektive. Die Sozialstrukturanalyse kann zum Beispiel die Thesen untersuchen, dass Kinder aus einer Familie mit staatlichem Leistungsbezug später ebenfalls Transferleistungen beziehen oder dass sich der sozioökonomische Status auf die Wahrscheinlichkeit, von Behinderung betroffen zu sein, auswirkt. Thematisiert werden kann beispielsweise auch der Zusammenhang von sozioökonomischem Status mit der Ausübung von (gefährlichen) Berufen und der Wahrscheinlichkeit von Unfällen, Erkrankungen und Behinderungen, mit der Inanspruchnahme medizinischer Präventionsangebote sowie einer Hilfsmittelversorgung oder mit der Wahrscheinlichkeit einer Einschulung im gemeinsamen Unterricht. So entstammen Schüler*innen von Förderschulen überproportional häufig Familien, die mit geringeren materiellen, sozialen und kulturellen Ressourcen ausgestattet sind. Eine Vielzahl der Familien, insbesondere der Schüler*innen mit Lernbehinderung sind mittel- oder langfristig arm und häufiger (dauerhaft) auf staatliche Transferleistungen angewiesen. Der Sachverhalt, dass die Lebensqualität vieler Familien von Schüler*innen der Förderschule schwerwiegend, umfänglich und dauerhaft eingeschränkt ist, drängt Fragen nach der sozialen Herkunft und der sozialen Lage auf, die eng mit dem Problem der sozialen Ungleichheit und der sozialen Schichtung verknüpft sind.

8.1.2 Definitionen

Klasse

Der Begriff der Klasse – in der angelsächsischen Literatur häufig als Synonym für Schicht und Status verwendet – wird in der marxistischen Theorie ökonomisch gefasst. Entscheidendes Kriterium ist der Besitz beziehungsweise Nichtbesitz von Produktionsmitteln (König 2024). Bei Marx existieren nur zwei konkurrierende Klassen: die Bourgeoisie – im Besitz von Produktionsmitteln – und das Proletariat bzw. die Arbeiterklasse – ohne Besitz von Produktionsmitteln und genötigt, ihre Arbeitskraft zu verkaufen (Burzan 2011).

Soziale Schicht

In Abgrenzung zum Klassenbegriff nach Marx führte Geiger (1932) den Schichtbegriff in die Soziologie ein. Bei der sozialen Schicht handelt es sich um die »Bevölkerungsgruppe, deren Mitglieder bestimmte gemeinsame Merkmale besitzen und sich dadurch von anderen Bevölkerungsgruppen in einer als hierarchisches Gefüge vorgestellten Sozialstruktur unterscheiden« (Brusten 2024, 1105). Ein »klassisches« Beispiel ist »die Arbeiterschicht«. Gerade das »klassische« Beispiel macht deutlich, dass sich soziale Merkmale und damit die an ihnen orientierten Schichtvorstellungen wandeln können (Burzan 2011): Wie relevant ist die Bezeichnung »Arbeiterschicht« heute noch?

Milieu

Ein soziales Milieu beschreibt eine gesellschaftliche Gruppe mit ähnlichen Wahrnehmungsmustern, Werthaltungen und Einstellungen, Lebenszielen und -weisen sowie Handlungsvoraussetzungen und -mitteln. Der Milieubegriff berücksichtigt dabei neben inneren Faktoren wie beispielsweise Werthaltungen auch äußere Umstände wie Wohnumgebungen oder Arbeitsorte. Bei der Betrachtung von Milieus können die soziale Herkunft, die soziale Lage oder Klasse einflussreich sein – sie müssen es aber nicht oder sie können auch nur eine untergeordnete Bedeutung haben. Damit ist der Milieubegriff in der Lage, Strukturen nachzuzeichnen, die sich nicht ausschließlich über *vertikale* – und damit in »oben« und »unten« unterscheidbare – Merkmale (z. B. Einkommen, Bildungsabschluss), sondern auch entlang sogenannter »*horizontaler*« Merkmale (z. B. Hobbies, politische Einstellungen, Geschlecht) differenzieren (Sinus Institut o. J.; Steuerwald 2016).

Soziale Herkunft

Soziale Herkunft bezeichnet den sozioökonomischen und soziokulturellen Status der Herkunftsfamilie – klassischerweise vor allem bestimmt durch die berufliche Position der Eltern (Schneider 2024). In jüngster Zeit erfährt vor allem der Bildungshintergrund – unter anderem als Ausdruck von kulturellem Kapital und Bildungsaspiration im Elternhaus – eine zunehmende und dominierende Bedeutung.

Soziale Lage

Der Begriff der sozialen Lage umfasst die Gesamtheit aller »harten« Fakten, der »objektiven« Voraussetzungen der Handlungsbedingungen, wie materielle Ressourcen, Arbeits- und Wohnbedingungen, Einkommen oder Schulabschlüsse (Hradil 1987). Das Konzept der sozialen Lage bezieht sowohl vertikale als auch horizontale Ungleichheitsmerkmale mit ein. Es erweiterte damit die (zum Teil antiquierte) Klassen- und Schichtanalyse zu einer mehrdimensionalen Ungleichheitsforschung der Analyse von Sozialstrukturen (Burzan 2011; Geißler 2014).

8.1.3 Explikation

Mit der Bestimmung der sozialen Herkunft ist die Annahme verknüpft, dass vor allem Ausbildungs- und Berufschancen, die Einkommens- und Vermögensbildung sowie soziale Aufstiegsmöglichkeiten, generell die Gesamtheit der Lebenschancen von den sozioökonomischen Lebensbedingungen der Herkunftsfamilie abhängen, respektive entscheidend davon beeinflusst werden.

Die theoretische Brisanz der Frage nach der sozialen Herkunft liegt in der – häufig unausgesprochenen – Annahme, dass die Lebensverhältnisse das Verhalten bestimmen und dass kausale Zusammenhänge bestehen zwischen (Burzan 2011; Hradil 2005, 1992)

- den »objektiven« Lebens- und Handlungsbedingungen,
- der Wahrnehmung und Interpretation dieser Umweltbedingungen,
- den zentralen Werten, Normen und Handlungszielen sowie dem faktischen Handeln

Nach dieser (falschen) Prämisse würde es also ausreichen, zentrale »objektive« Merkmale wie Einkommen, Bildung, Beruf zu erheben, um von diesen Handlungsbedingungen auf das tatsächliche Denken, Fühlen und Handeln der Menschen schließen zu können oder umgangssprachlich: »Sag' mir, was du bist, und ich sage dir, was du denkst!«. Die (bildungs-)politische und (sonder-)pädagogische Brisanz liegt in der häufig uneingestandenen Hoffnung und Erwartung, durch die Bestimmung der sozialen Herkunft auch die Ursachen für soziale Ungleichheit und soziale Benachteiligung, insbesondere für die Chancenungleichheit im Bildungswesen aufzuklären. So sollen zumindest die theoretischen Voraussetzungen geschaffen werden, um schulische, berufliche und soziale Marginalisierung zu verhindern, soziale Ungleichheit abzubauen und damit mehr soziale Gerechtigkeit zu erreichen.

Begriff, Ursachen, Dimensionen und Auswirkungen sozialer Ungleichheit

Das Phänomen, dass bestimmte Menschen sozial bessergestellt sind als andere, es vorteilhafte und nachteilige Lebensbedingungen von Menschen gibt, die ihnen aufgrund ihrer Positionen in gesellschaftlichen Beziehungsgefügen zukommen, wird in der Soziologie mit dem Begriff »*soziale Ungleichheit*« beschrieben. *Soziale Ungleichheit* findet sich in allen uns bekannten Kulturen und Gesellschaften und ist so verbreitet, dass wir geneigt sind, diese Tatsache als eine natürliche, unveränderliche, schicksalhafte Erscheinung zu betrachten. Wir vergessen dabei leicht, dass soziale Ungleichheit »eine von Menschen gemachte und somit auch von Menschen veränderbare Grundtatsache heutigen gesellschaftlichen Lebens« (Kreckel 2004, 13) darstellt. Der Wirtschaftswissenschaftler Thomas Piketty weist beispielsweise darauf hin, dass Ungleichheit durch gesellschaftliche Mechanismen (z. B. das Vererben) erzeugt wird, aber auch durch andere Mechanismen (z. B. Steuern, aber auch Kriege) aufgefangen werden kann (Piketty 2020). Nicht alle denkbaren oder real existierenden sozialen und individuellen Differenzierungen unter Menschen sind Tatbestände sozialer Ungleichheit, sondern nur diejenigen sozialen Merkmale, die individuell erstrebenswert sind, weil sie gesellschaftlich hoch eingeschätzt oder bewertet werden (meist im Sinne von besser oder schlechter, höher- oder tiefergestellt).

> »Soziale Ungleichheit im weiteren Sinne liegt überall dort vor, wo die Möglichkeiten des Zuganges zu allgemein verfügbaren und erstrebenswerten sozialen Gütern und/oder zu sozialen Positionen, die mit ungleichen Macht- und/oder Interaktionsmöglichkeiten ausgestattet sind, dauerhafte Einschränkungen erfahren und dadurch die Lebenschancen der betroffenen Individuen, Gruppen oder Gesellschaften beeinträchtigt bzw. begünstigt werden« (Kreckel 2004, 17).

Beispiele für soziale Ungleichheiten:

- Als ein in unserer Gesellschaft für die meisten Menschen erstrebenswertes Gut gilt beispielsweise das Einkommen oder die (Aus-)Bildung; als erstrebenswerte Position wird beispielsweise ein Beruf, der mit hohem Prestige verbunden ist, angesehen.
- Die begehrten Güter und Positionen haben deshalb einen so hohen Wert, weil mit ihnen vielfältige Chancen zur individuellen und gesellschaftlichen Lebensgestaltung verbunden sind.
- Die erstrebenswerten Güter und Positionen sind knapp und nicht für alle vorhanden.
- Die begehrten Güter und Positionen sind nicht zufällig oder beliebig verfügbar, sondern nur systematisch über gesellschaftlich verankerte und geregelte Zugangsbedingungen und Verteilungsmechanismen erreichbar (z. B. über Bildungszertifikate).
- Umgangssprachlich wird Ungleichheit häufig mit Ungerechtigkeit gleichgesetzt. Dies kann, muss aber nicht sein. So sind beispielsweise die Einkommen zwischen einer Kfz-Meisterin und einem Kfz-Gesellen ungleich, ihre ungleiche Verteilung gilt üblicherweise aber nicht als ungerecht.

- Der Begriff soziale Ungleichheit erfasst die Vor- und Nachteile zwischen allen Gesellschaftsmitgliedern, beispielsweise in dem Erwerbsprozess von Bildungsabschlüssen. Zu nennen sind beispielsweise die geringeren Chancen für ausländische bzw. migrantische Jugendliche oder Kinder aus »Arbeiterfamilien«, höhere Bildungsabschlüsse zu erreichen (Hradil 2016; Stifterverband für die Deutsche Wissenschaft e. V. 2022).

Das weit verbreitete und vorherrschende Verständnis von sozialer Ungleichheit beschränkt sich auf die *drei Dimensionen Bildung, Beruf und Einkommen.* Daher werden diese auch als soziale Ungleichheit im *engeren Sinne* beziehungsweise als *vertikale Ungleichheiten* bezeichnet. Zum einen, weil soziale Unterschiede, die mit Bildung, Beruf und Einkommen zusammenhängen, deutlicher mit der Vorstellung eines »Oben« und »Unten« verknüpft werden als horizontale Ungleichheiten, zum anderen, weil diese Dimensionen den vertikal gegliederten Schichtenmodellen zu Grunde liegen (Burzan 2011).

Als *horizontale Ungleichheiten* bzw. soziale Ungleichheit im *weiteren Sinne* gelten insbesondere *Geschlecht, Alter, Generation, Region und Nationalität.* Sie werden häufig auch als *»neue Ungleichheiten«* bezeichnet – neu allerdings nur deshalb, weil sie von der früheren Klassen- und Schichtungsanalyse nicht ausreichend berücksichtigt worden sind. Die o. g. Definition von Kreckel umfasst ebenso wie die nachfolgende Auflistung die vertikalen und die horizontalen Dimensionen sozialer Ungleichheit (Hradil 2005; Huinink & Schröder 2019).

Denkanstoß 8.1: Fachärztin mit Migrationsgeschichte

Fatma ist Ärztin mit eigener Praxis und die erste Person mit einem akademischen Abschluss aus ihrer Familie. Sie steht kurz vor ihrer Rente und resümiert über ihren persönlichen Weg: Ihre Eltern sind vor vielen Jahren aus der Türkei nach Dortmund gekommen. Aus ihrer Grundschule war Fatma eine der wenigen Schüler*innen, die ein Gymnasium besucht hat. Wie alle in ihrer Klasse war sie ein Kind aus der Arbeiterklasse. Später auf dem Gymnasium war Fatma eines der wenigen Kinder eingewanderter Eltern. Die Eltern ihrer Freund*innen waren Lehrer*innen, Anwält*innen und Ärzt*innen. Fatma erinnert sich noch, wie sie ihren Eltern sagte, dass sie auch Ärztin werden wolle. Diese meinten, dass sie es besonders schwer haben werde, was Fatma damals noch nicht verstand.

Heute weiß sie: »Der Begriff soziale Ungleichheit erfasst die Vor- und Nachteile zwischen allen Gesellschaftsmitgliedern, z. B. die Verteilung von Bildungsabschlüssen. Der Begriff der Chancenungleichheit dagegen bezieht sich auf die unterschiedlichen Chancen bestimmter Bevölkerungsgruppen, z. B. die geringere Chance für ausländische Jugendliche, höhere Bildungsabschlüsse zu erreichen« (Hradil 2016, 250). Während ihres Studiums fiel Fatma immer auf, dass sich medizinische Einheiten und Dosierungen fast ausschließlich auf männliche Körper beziehen. Auch störte sie sehr, dass sie als Frau von ihren männlichen Professoren und angehenden Kollegen oft nicht ernst genommen wurde. Fast alle Studienkolleg*innen hatten Eltern, die ihrerseits bereits studiert hatten und ihren Kindern beim Studium mit Rat, Tat und Geld zur Seite stehen konnten. Auf Fatma traf dies nicht zu, weswegen sie nun den Ausspruch ihrer Eltern bezüglich des Medizinstudiums verstand. Sie musste fast alles alleine lernen und neben dem Studium arbeiten, um ihre Miete zu bezahlen. Nach Abschluss des Studiums arbeitete Fatma noch einige Jahre in einem Krankenhaus, bevor sie eine Praxis in dem Stadtteil ihrer Kindheit bezog. Sie ist dort eine anerkannte und beliebte Person, was ihr im Viertel viel Prestige einbringt. Durch ihr gutes Einkommen als Ärztin konnte sie viel reisen und ihren Eltern ein Haus kaufen. Viele der Menschen, die damals in Fatmas Grundschulklasse waren, sind lange Jahre ihre Patient*innen gewesen. Die meisten sind im Viertel geblieben, sind wenig gereist und haben kein Haus erworben. Fatma denkt an eine Freundin, die Soziologin ist und ruft sich ins Gedächtnis: »Soziale Ungleichheit im weiteren Sinne liegt überall dort vor, wo die Möglichkeiten des Zuganges zu allgemein verfügbaren und erstrebenswerten sozialen Gütern und/oder zu sozialen Positionen, die mit ungleichen Macht- und/oder Interaktionsmöglichkeiten ausgestattet sind, dauerhafte Ungleichheit erfahren und dadurch die Lebenschancen der betroffenen Individuen, Gruppen oder Gesellschaften beeinträchtigt bzw. begünstigt werden« (Kreckel 2004, 17).

Denkanstöße

1. Denken Sie über Ihre Laufbahn nach. Haben Sie schon persönlich von sozialer Ungleichheit profitiert? Wann hatte diese einen negativen Einfluss auf Sie?
2. Wie können Sie in Zukunft persönlich von Ungleichheit profitieren? Welche professionellen Handlungsansätze können Sie daraus für die Arbeit mit Menschen mit Behinderungen ziehen?

Ursachen, Auswirkungen und Dimensionen sozialer Ungleichheit

Als *Ursachen* sozialer Ungleichheit werden in verschiedenen theoretischen Erklärungsansätzen (Burzan 2011; Geißler 2014; Hradil 2005; Huinink & Schröder 2019) das Privateigentum, die Arbeitsteiligkeit der Gesellschaft, Macht und Herrschaft, das Geschlecht, aber auch Stigmatisierungsprozesse angesehen. Bei den Auswirkungen sozialer Ungleichheit wird nicht nur danach gefragt, wie die Menschen auf soziale Ungleichheiten im Denken und Handeln reagieren, sondern auch, wie soziale Ungleichheit in einem Bereich auf andere Lebensbereiche ausstrahlt (kumulativer Effekt). Von besonderem Interesse sind die *Dimensionen sozialer Ungleichheit* (Hradil 2005; Huinink & Schröder 2019): Will man prüfen, in welcher Hinsicht Gesellschaftsmitglieder als höher oder tiefer, besser oder schlechter gestellt sind oder erscheinen, so lassen sich eine Vielzahl von ungleichheitsrelevanten Dimensionen angeben, von denen einige im Folgenden beispielhaft aufgeführt werden.

- *Produktive Ungleichheit:* Ungleichheit der Produktiv-, Sach- und Sparvermögen; unterschiedlicher Zugang zu Arbeits- oder Kapitalmarkt; unterschiedliche Bewertung der Arbeit: Bruttoeinkommen bzw. Nichterwerbstätigkeit. So werden in Deutschland unterschiedlich hohe Steuern und Sozialabgaben fällig, je nachdem, ob Geld mit sozialversicherungspflichtiger Arbeit oder in Form von Zinsen auf Kapital verdient wurde.
- *Distributive Ungleichheit:* Ungleiche Verteilung des verfügbaren Einkommens nach Haushaltsgröße und -zusammensetzung. Für Deutschland kann man beispielsweise feststellen:»Insgesamt besitzen die wohlhabendsten zehn Prozent der Haushalte zusammen etwa 60 Prozent des Gesamtvermögens, netto, also abzüglich Schulden. Die unteren 20 Prozent besitzen gar kein Vermögen. Etwa neun Prozent aller Haushalte haben negative Vermögen, sie sind verschuldet« (Hans Blöcker Stiftung 2017, o. S.).
- *Symbolische Ungleichheit:* Höheres oder niederes Berufs- oder Sozialprestige und das »Ansehen« einer Person. Beispiel: Auf die Frage »Welche dieser Berufe genießt Ihrer Meinung nach ein hohes bzw. kein hohes Ansehen?« antworteten 94 % der Befragten »Feuerwehrmann/-frau«, 90 % »Krankenpfleger/in und 6 % »Versicherungsvertreter/in« bzw. »Mitarbeiter/in einer Werbeagentur« (Forsa. 2024, o. S.).
- *Kulturelle Ungleichheit:* Unterschiede in allgemeiner, kultureller und beruflicher Bildung, im Zugang und in der Nutzung von Medien und Kulturgütern aus den Bereichen Musik, Kunst und Sport.
- *Ungleichheit der Arbeit:* Soziale Differenzierungen und Hierarchisierungen in der Arbeitssituation, der Sicherheit des Arbeitsplatzes, den Arbeitsbelastungen sowie der Direktion (Leitungs- und Weisungsaufgaben oder untergeordnete Funktionen). So kann für Deutschland das verfügbare Familieneinkommen nach Kreisen ausgewertet werden und offenbart erhebliche Einkommensunterschiede innerhalb Deutschlands (Arbeitskreis »Volkswirtschaftliche Gesamtrechnungen der Länder« 2023).
- *Normative Ungleichheit:* Unterschiede in den Norm- und Wertorientierungen, beispielsweise in Erziehungsvorstellungen, ökologischem, humanistischem und politischem Bewusstsein.
- *Ökologische Ungleichheit:* Unterschiede in den Wohn- bzw. Wohnumfeld-Bedingungen sowie Zugang zu natürlichen und nachhaltigen Ressourcen.
- *Gesundheitliche Ungleichheit:* Ungleiche Verteilung von Krankheits- und Sterblichkeitsrisiken, von Gesundheitskompetenz, gesundheitlicher Versorgung und Inanspruchnahme medizinischer Leistungen sowie Unterschiede in Ernährung und Hygiene. So lassen sich in Deutschland unterschiedliche Lebenserwartungen für Menschen, die in Ost- oder Westdeutschland aufgewachsenen sind und sogar zwischen einzelnen Bundesländern nachzeichnen (Statistisches Bundesamt o. J.a).
- *Geschlechtliche Ungleichheit:* Geschlechtsspezifischer Arbeitsmarkt und Segmentierung der Berufsfelder, Mehrbelastungen durch ungleiche Verteilung von Care-Arbeit. So berechnet beispielsweise die »Gender Pay Gap« für die Deutschland »den Verdienstabstand pro Stunde zwischen Frauen und Männern« (Statistisches Bundesamt o. J.b, o. S.).

Denkanstoß 8.2: Ungleichheit in der Senior*innen-WG

Jona wohnt in einer Senior*innen-WG mit drei anderen Personen, die sich schon lange kennen. Eine Bewohnerin der WG, Dr. Wohl, hat als Hausärztin gearbeitet. Ihre Praxis hatte sie nur wenige hundert Meter neben der Wohnung, sie kennt fast jeden Menschen in der Gegend und wird von vielen Bewohner*innen des Viertels hochgeachtet. Das bringt der WG einige Vorteile ein. Frühere Patient*innen schenken Dr. Wohl häufiger mal eine Flasche Wein, backen einen Kuchen oder machen Besorgungen, was allen Bewohner*innen eine Menge Mühe erspart. Frau Herrmann wiederum hat jahrzehntelang im Straßenbau gearbeitet. Durch die ständige schwere Arbeitsbelastung hat sie massive Rückenprobleme und ist nicht mehr so mobil. Darum hat Frau Herrmann mehr Bedarf an Unterstützung als die anderen Bewohner*innen. Außerdem hat sie selbst während ihrer Berufstätigkeit ihre Mutter gepflegt.

Neulich gab es eine Meinungsverschiedenheit mit der benachbarten Senior*innen-WG. Die Fenster dieser anderen WG zeigen zum schönen Park im Innenhof. Von allen Fenstern in Jonas WG aus sieht man die laute Hauptstraße oder Häuserwände. Deswegen haben Jona und die Mitbewohner*innen auch eine Initiative unterstützt, die sich für die Umwandlung der Parkplätze vor dem Haus in Grünflächen einsetzt. Die andere WG besteht allerdings aus leidenschaftlichen Autofahrer*innen, die ja ohnehin schon einen Blick ins Grüne besitzen und hat sich deshalb gegen die Initiative stark gemacht. Die Nachbar-WG besteht ausschließlich aus Erb*innen reicher Familien und besitzt deswegen die schönere und größere Wohnung. Bis auf die Wohnung von Jonas WG gehört Ihnen das gesamte Haus mit mehreren Parteien. Sie zahlen also keine Miete, sondern erhalten Geld durch das Vermieten der anderen Wohnungen. Jonas dritter Mitbewohner ist Herr März. Ihm gehört die Wohnung, in der die WG lebt, daher zahlt er keine Miete. Er ist früher als Berater für große Firmen tätig gewesen und hat dadurch ein recht großes Vermögen angespart. Vergleicht man die Situation der Nachbar-WG und die von Herrn März, so sieht man, »[...] dass die Ungleichheit hinsichtlich des Kapitals stets größer ist als die Ungleichheit hinsichtlich der Arbeit« (Piketty 2014, 322). Herr März hat keine Kinder und Enkel, er ist in technischen Fragen oft überfordert. Die Kinder und Enkelkinder von Jona helfen Herrn März aber gern beim Einrichten seines neuen Smartphones und seines Social-Media Accounts.

»In der Regel steht in der Ungleichheitsforschung der Zusammenhang von drei lebenslauf- und ungleichheitsprägenden Bereichen im Mittelpunkt: Familie, Bildung und Beschäftigung. Diese drei Bereiche weisen eine hohe kumulative Verkettung im Lebenslauf auf« (Schwinn 2007, 52).

Denkanstöße

1. Welche Ausprägungen sozialer Ungleichheit finden Sie im Beispiel wieder?
2. In welchen Dimensionen sozialer Ungleichheit bewegen sich diese Ausprägungen?

3. Wo gibt es »kumulierte Verkettungen«?
4. Von welchen Formen sozialer Ungleichheit sind Studierende betroffen?

Modelle zur Erfassung sozialer Ungleichheit

Die bisher beschriebenen Facetten der sozialen Ungleichheit stellen ein weit verbreitetes und sich stetig reproduzierendes Phänomen in der Gesellschaft der Bundesrepublik Deutschland dar. Doch wie lassen sie sich einer wissenschaftlichen Bearbeitung zugänglich machen, wie durch Daten erfassen? Betrachten wir dazu die Sozialstruktur unserer hoch differenzierten Gesellschaft unter den Aspekten berufs-, bildungs- und einkommensspezifischer Ungleichheiten (soziale Ungleichheit im engeren Sinne), so wird eine ungleiche, in allmählichen Übergängen von reich zu arm abgestufter, vertikal gegliederter Gesellschaft erkennbar (Burzan 2011). Die Abstufungen bzw. Segmente werden in der Sozialstrukturanalyse üblicherweise als Schichten oder Klassen bezeichnet. Die Gesellschaft wird entsprechend je nach Blickwinkel oder Intention als eine Schicht- oder Klassengesellschaft verstanden. Modelle, die eine solche hierarchisch gegliederte Gesellschaft beschreiben, werden Schichtmodelle, Schichtenmodelle oder Schichtungsmodelle genannt (Burzan 2011). Klassenmodelle stehen meist in marxistischer Theorietradition und rekurrieren vor allem auf den Gegensatz zwischen Kapital und Arbeit und divergente Interessen von Akteur*innen (Burzan 2011). Schicht- und Klassenmodelle versuchen »Ordnung und Übersicht in das Chaos sozialer Ungleichheit zu bringen« (Geißler 2016 [1994], 7) und damit einer wissenschaftlichen Betrachtung, aber auch der Modellbildung (z. B. in der Pädagogik oder Politik) nutzbar zu machen. Die Gemeinsamkeit solcher Modelle liegt in der Intention, die Gesamtbevölkerung einer Gesellschaft vertikal in verschiedene Großgruppen zu untergliedern, die sich

- in ähnlichen Klassenlagen bzw. Soziallagen befinden,
- ähnliche Erfahrungen machen und deshalb
- ähnliche Einstellungs- und Verhaltensmuster entwickeln und klassen- bzw. schichttypische Lebenschancen besitzen.

Soziale Schicht, soziale Schichtung

Ein kurzer Blick auf die allgemeinen Konstruktionsprinzipien soll das Prinzip hinter der Bestimmung einer Sozialschichtzugehörigkeit erläutern: In der geläufigen Schichtungsforschung addiert man die individuellen Statuswerte für die Einzeldimensionen Bildung, Einkommen und (Berufs-)Prestige und erhält so einen Wert für den Gesamtstatus eines Menschen. Dann fügt man diese Werte zu einem Statusaufbau aller Gesellschaftsmitglieder zusammen und unterteilt ihn durch Schichtgrenzen. Hat ein Mensch in allen oder vielen wichtigen Dimensionen sozialer Ungleichheit einen ähnlichen Status, so spricht man von *Statuskonsistenz*, im anderen Fall von *Statusinkonsistenz* (Hradil 2005; Huinink & Schröder 2019). Ein

Beispiel für Statuskonsistenz kann beobachtet werden, wenn ein Mensch die Schule ohne Abschluss verlässt und ein Einkommen durch mehrere niedrig bezahle »Mini-Jobs« im Reinigungsgewerbe bestreitet. Ein erstes Beispiel für Statusinkonsistenz ist das einer promovierten Taxifahrerin, die einen hohen Bildungsstatus, einen niedrigen Berufsstatus und einen relativ geringen Einkommensstatus hat. Ein zweites Beispiel wäre ein Fußballprofi ohne Schulabschluss, der in der Bundesliga ein hohes Ansehen genießt und viel Geld verdient. Die beiden Beispiele verdeutlichen, dass Statusinkonsistenz – wie übrigens auch Statuskonsistenz – Phänomene in hohen wie niedrigen Statusgruppen beschreiben können.

Gruppen von Menschen, die über einen ähnlich zusammengesetzten Status verfügen, nennt man *Statusgruppen*. Vertikal übereinander liegende Statusgruppen, die durch horizontale Grenzen deutlich voneinander getrennt werden, heißen Schichten (Burzan 2011; Geißler 2014).

Soziale Schichten sind theoretische Konstrukte, die je nach Zahl und Gewichtung der einzelnen Indikatoren (hauptsächlich Beruf, Bildung, Einkommen) und je nach Unterteilung in Schichtgrenzen zu unterschiedlichen Schichtungen der Gesellschaft führen. Dieses Vorgehen hat den Schichtungsmodellen den Vorwurf der Beliebigkeit eingebracht hat. Schichten werden aber nicht nur im Hinblick auf sozio-ökonomische Merkmale, sondern auch durch unterschiedliche »schichtspezifische« Einstellungs- und Verhaltensmuster unterschieden, sodass »im Idealfall« aus der Zugehörigkeit zu einer Sozialschicht auf das Verhalten des Individuums geschlossen bzw. umgekehrt individuelle Verhaltensdifferenzierungen auf die sozialstrukturelle Einbettung von Menschen zurückgeführt werden könnten. Dieser »Kurzschluss« hat zu berechtigter Kritik geführt, basiert aber auch auf Missverständnissen (Geißler 2014). Im Folgenden werden vielfach geäußerte *Kritikpunkte an Schichtenmodellen* zusammengefasst, es werden aber auch zwei verbreitete Missverständnisse korrigiert (Geißler 2016 [1994], 2014; Preuss-Lausitz 1981):

- Der Schichtbegriff ist zu eng, weil er nur die vertikalen Dimensionen der sozialen Ungleichheit erfasst.
- Der Schichtbegriff ist zu grob, weil er Milieuunterschiede nicht berücksichtigt, also beispielsweise in der unteren Sozialschicht Büroangestellte, Industriearbeiter*innen und landwirtschaftlich Beschäftigte zusammenfasst – »ein in nahezu jeder Hinsicht sozial inhomogenes Sammelsurium« (Kreckel 1983, 139).
- Der Schichtbegriff ist zu abstrakt, weil Schichten wissenschaftliche Konstruktionen sind, denen keine realen Gruppen entsprechen.
- Schichtmodelle liefern lediglich Beschreibungen, aber keine Erklärungen sozialer Unterschiede.

Insbesondere werden Schichtenmodelle kritisiert, in denen lediglich das Prestige von Berufen als Schichtungsindikator verwendet wird. Die kritischen Einwände sind überwiegend sachlich zutreffend und in neueren Varianten von Schichtmodellen, beispielsweise durch innere Differenzierungen bei der Gruppe der Arbeiter*innen und Angestellten, partiell berücksichtigt. Die Kritik ist dann überzogen, wenn sie folgert, Schichtmodelle seien für die Analyse sozialer Ungleichheit generell unbrauchbar (geworden). Es ist festzuhalten, dass die Gruppierung der Bevölkerung in Schichten zwar nicht das einzige oder einzig sinnvolle, aber ein durchaus geeignetes Instrumentarium sein kann, wesentliche und typische Unterschiede in den Lebensbedingungen und Lebenschancen festzustellen (Geißler 2014; Hradil 2005).

Häufig werden in Diskussionen über den Zusammenhang von Schichtzugehörigkeit und Schulerfolg Beispiele angeführt, die scheinbar belegen, dass die Verknüpfung von Sozialschicht und Bildungserfolg nicht gerechtfertigt und unzutreffend sei, da das »Arbeiterkind von nebenan« studiere oder der*die Nachbar*in verhalte sich ganz und gar »schichtuntypisch«, indem er*sie einen anderen Lebensstil entwickle, als für seine*ihre Schicht als charakteristisch angenommenen wird. Solche verbreiteten »Gegenbeispiele« basieren zum einen auf einem falschen Verständnis von Schicht, als ob es sich bei Schichten um »scharf gegeneinander abgesetzte Gruppierungen von Menschen in jeweils eindeutig besserer oder schlechterer [Soziallage handelt]« (Bolte & Hradil 1984, 348), zum anderen wird ein deterministischer Zusammenhang von Schichtzugehörigkeit und schichtenspezifischen Einstellungs- und Verhaltensmustern unterstellt.

Drei Argumente sollen diese beiden Missverständnisse korrigieren:

1. *Schichten in unserer Gesellschaft sind prinzipiell nicht scharf voneinander abzusetzen,* ihre Grenzen sind eher verschwommen, ausgenommen die Extrembereiche sozialer Ungleichheit: Klare Abstufungen sind »bei den besonders Privilegierten wie bei den Eliten oder der ›Prominenz‹ sowie bei den besonders Benachteiligten« (Geißler 2016 [1994], 25) wie bei Wohnungslosen, Ausländer*innen ohne Aufenthaltsstatus, Langzeitarbeitslosen oder behinderten Menschen erkennbar (Geißler 2014).
2. Nicht alle Menschen in der gleichen Schicht entwickeln die gleichen Vorstellungen und Verhaltensweisen (Geißler 2014). Der *Zusammenhang zwischen Sozialschicht und Einstellungs- und Verhaltensmustern ist typisch und nicht deterministisch,* respektive die Wahrscheinlichkeit, dass eine bestimmte »Mentalität« entwickelt wird, ist höher als in einer anderen Soziallage, sodass Schichtanalysen nur Zusammenhänge von einer gewissen Wahrscheinlichkeit, aber keine deterministischen Zusammenhänge aufdecken (Geißler 2016 [1994]).
3. *Der empirisch nachweisbare Zusammenhang von Sozialschicht und (beispielsweise) Schulerfolg ist ein korrelativer, kein kausaler Zusammenhang,* das heißt nicht die Sozialschichtzugehörigkeit entscheidet über den Bildungsweg, sondern die zur Verfügung stehenden Ressourcen und deren Nutzung. Diese Ressourcen und ihre Nutzung sind allerdings schichtspezifisch unterschiedlich verteilt (Geißler 2014; 2016 [1994]).

Denkanstoß 8.3: Thomas Piketty – Reale Rendite → Wirtschaftswachstum

Thomas Piketty vergleicht in »Das Kapital im 21. Jahrhundert« Einkommensstatistiken aus den vergangenen Jahrhunderten vieler Länder miteinander (Kwasniewski et al. 2014). Dabei fällt ihm eine Ungleichheit zwischen Kapitalrendite und Wirtschaftswachstum auf. Die Kapitalrendite gibt den Zinssatz an, mit dem sich Kapital – zum Beispiel bei Festgeld, aber auch das in einem Unternehmen steckende Kapital – pro Jahr verzinst (Kyrer 2001). Das Wirtschaftswachstum bezeichnet den »Zuwachs an verfügbaren materiellen Gütern und Diensten für eine Volkswirtschaft in einem bestimmten Zeitraum« (Kyrer 2001, 638). Die Kapitalrendite betrifft also Menschen, die über Kapital verfügen und dieses investieren – und damit eher reiche Menschen. Das Wirtschaftswachstum beeinflusst die Löhne, die gezahlt werden, und die Steuern, die in einem Land erhoben werden und die der Staat beispielsweise in Bildung investieren kann – und damit alle Menschen innerhalb einer Volkswirtschaft. Wenn die Kapitalrendite (r) dauerhaft höher ist als das Wirtschaftswachstum (g), dann wird eine Ungleichheit in einer Gesellschaft erzeugt. Dies beschreibt Piketty mit der Gleichung r → g (Bofinger & Scheuermeyer 2015; Fromm 2014). Die Ungleichheit führt zu einer immer stärkeren Vermögenskonzentration (Bofinger & Scheuermeyer 2015), denn »je größer der Besitz, desto leichter vermehrt er sich« (Fromm 2014, o. S.). Daraus folgt nach Piketty, dass reiche Menschen durch hohe Renditen reich bleiben oder noch reicher werden und Menschen mit Arbeitseinkommen nicht mithalten können, weil dieses mit dem Wirtschaftswachstum zusammenhängt (Fromm 2014). Da das Vermögen in der Regel an die Nachkommen vererbt wird, wird die Ungleichheit über mehrere Generationen fortgesetzt (Kwasniewski et al. 2014).

An einem Beispiel lässt sich die Kapitaltheorie von Piketty verdeutlichen: Maria ist eine Investorin und besitzt 1 Mio. €, die sie angelegt hat und ihr jährlich 5 % Rendite, also 50.000 €, bringen. Das Geld investiert sie in weitere Aktien, sodass sie über mehrere Jahre immer mehr Vermögen aufbaut. Marius hingegen ist Arbeitnehmer und verdient 30.000 € jährlich. Er bekommt eine jährliche Gehaltserhöhung von 1,5 % als Inflationsausgleich. Im Gegensatz zu Maria hat er keine Ersparnisse, die er anlegen kann. Wenn sich dieser Prozess über mehrere Jahre hinweg fortsetzt, steigt das Vermögen von Maria kontinuierlich durch eine Rendite von 5 % an und akkumuliert sich zudem, während Marius jedes Jahr lediglich 1,5 % mehr erhält und dieses nicht akkumuliert.

Im Jahr 2018 konnten 43 % der Menschen mit Behinderung monatlich kein Geld zum Sparen zurücklegen. Bei Menschen ohne Behinderung konnten dies lediglich 28 % nicht (BMAS – Bundesministerium für Arbeit und Soziales 2021).

Denkanstöße

1. Wie lässt sich die ungleiche Verteilung zwischen Menschen mit und ohne Behinderung erklären?
2. Was müsste geschehen, um die finanzielle Benachteiligung von Menschen mit Behinderungen zu verändern?

Soziale Klasse

Der Begriff der Klasse ist in marxistischer Theorie ökonomisch gefasst. Entscheidendes Kriterium ist der Besitz bzw. Nichtbesitz an Produktionsmitteln. Dieses

Kriterium der Klassenzugehörigkeit teilt die Gesellschaft also im Wesentlichen in zwei Klassen: die Kapitalbesitzer*innen einschließlich derjenigen mit Kapitalfunktionen sowie die Arbeiter*innen-Klasse. Da diese beiden Klassen zwar die antagonistische Struktur kapitalistischer Gesellschaften zum Ausdruck bringen können, nicht aber die – vor allem innerhalb der Arbeiter*innen-Klasse – realen Differenzierungen von Lebenslagen und Lebenschancen, hat es Versuche gegeben, Klassen und Schichten theoretisch miteinander zu verknüpfen (Geißler 2014; Kreckel 2004).

Generell stellt sich die Frage, ob das Klassenmodell angesichts vielfältiger nationaler und internationaler gesellschaftlicher Wandlungs- und Differenzierungsprozesse heutzutage überhaupt noch Gültigkeit besitzt (Burzan 2011). Eine ausführliche Erörterung dieser Frage kann hier nicht erfolgen. Stellvertretend für die Diskussion über dieses Problem wird die gut begründete Position von Kreckel (2004, 149) zitiert, in der im Ergebnis eine Klassengesellschaft ohne Klassen postuliert wird:

> »Es ist denkmöglich geworden, dass fortgeschrittene kapitalistische Staatsgesellschaften einerseits Klassengesellschaften sind, weil ihre Ungleichheitsstruktur nach wie vor in hohem Maße von dem ›abstrakten‹ Klassenverhältnis zwischen Lohnarbeit und Kapital geprägt wird, dass sie andererseits aber keine Klassengesellschaften mehr sind, weil die Integration der Bevölkerung in ›konkrete‹ soziale Klassen an Bedeutung verloren hat« (Kreckel 2004, 149).

Die Einschätzung von Kreckel (2004) basiert auf einem spezifischen Verständnis von Klasse. Er weist einerseits die weit verbreitete Vorstellung zurück, Klasse definiere ausschließlich eine reale Gruppe von Menschen, hält andererseits aber daran fest, dass Klasse auch eine analytische Kategorie ist, sodass eine doppelte Verwendung des Klassenbegriffs möglich wird: Klassen sind soziokulturell und politisch integrierte Großgruppen mit gemeinsamen ökonomischen Interessen, andererseits soll mit dem Klassenbegriff der grundlegende Interessensgegensatz von Kapital und Arbeit analysiert werden. Das bedeutet für unsere heutige Gesellschaft, dass »mit der These vom revolutionären Proletariat allerdings kein Blumentopf mehr zu gewinnen« ist (Kreckel 2004, 141), dass von der Vorstellung abgerückt werden muss, es ließen sich konkrete soziokulturell integrierte empirische Klassen (»Kapitalisten« versus »lohnabhängiges Proletariat«) identifizieren. Das bedeutet aber nicht, dass damit auch das abstrakte Klassenverhältnis von Kapital und Arbeit als strukturelle Bedingung von sozialer Ungleichheit aufgehoben ist. Sehr vereinfacht gesagt: Wir leben in einer kapitalistischen Klassengesellschaft ohne Klassen.

Soziale Milieus

Das Milieukonzept bzw. der Milieubegriff haben eine lange Tradition in den Sozialwissenschaften. Bereits im 19. Jahrhundert wurden so äußere Wirkungsfaktoren als ursächlich für alltägliche Lebensweisen von Menschen erklärt. Bekannt geworden jenseits der Wissenschaftsdiskussion sind das mittlerweile über 40 Jahre alte (fortlaufend aktualisierte und erweiterte) Sinus-Milieumodell, welches ursprünglich zur Zielgruppenerfassung für die Werbewirtschaft entwickelt wurde.

Das Modell differenziert die deutsche Bevölkerung in verschiedene Milieus entlang von zwei Achsen: Vertikal werden die in diesem Kapitel vorgestellten »sozialen Lagen« nach der klassischen Unterscheidung von Ober-, Mittel und Unterschicht differenziert. Horizontal werden im Modell sogenannte »Grundorientierungen« unterschieden: »Tradition«, »Modernisierung« und »Neuorientierung«. Im Ergebnis stellt das Modell damit ein Raster zur Verfügung, in dem zehn Milieus unterschieden werden – jedes davon umfasst rund zehn Prozent der Befragten (Sinus Institut o. J.).

Vielfältige empirische Befunde der Milieu-, Subkultur- und Lebensstilforschung zeigen eine Pluralisierung von Sozialmilieus, die sowohl die traditionelle Gliederung der Gesellschaft in Schichten als auch die verbreitete Annahme eines engen Zusammenhanges von sozioökonomischen Lebensbedingungen und soziokulturellen Lebensweisen in Frage stellen. In der gegenwärtigen Diskussion über die Struktur der sozialen Ungleichheit geht es vorrangig nicht mehr wie in den 1970er Jahren um das Problem Klassengesellschaft versus soziale Schichtung, sondern um die Frage, ob weiter von der Existenz von Klassen und Schichten ausgegangen werden kann oder ob sie einem stetigen Auflösungsprozess unterworfen sind (Geißler 2014; Hradil 2005). Vor allem folgende gesellschaftliche Entwicklungen haben die Diskussion über Fortdauer oder Auflösung von Klassen und Schichten angestoßen und die Forschung zu »neuen« soziologischen Konzepten der Sozialstrukturanalyse geführt (Geißler 2014):

- *Vereinheitlichung der Lebensbedingungen:* Steigender Wohlstand, aber auch industrielle Risiken haben zu einer tendenziellen Vereinheitlichung der Lebensbedingungen zwischen den sozialen Schichten geführt.
- *Differenzierung und Diversifizierung von Soziallagen:* Die neuen »horizontalen« Ungleichheiten wie Geschlecht, Alter, Region oder Generation haben zu einer Differenzierung von Soziallagen geführt, die quer zu den vertikalen Schichtstrukturen verläuft.
- *Auflösung schichttypischer Subkulturen:* Homogenisierung und Diversifizierung von Lebensbedingungen haben zur Auflösung schichttypischer Subkulturen geführt: »Traditionelle klassen- und schichttypische Milieus mit entsprechenden Mentalitäten, Einstellungen und Verhaltensweisen lösen sich zunehmend auf« (Geißler 2014, 122).
- *Pluralisierung bzw. Individualisierung von Lebensmilieus, Lebensstilen und Lebenslagen:* Die Auflösung schichttypischer Subkulturen hat eine Pluralität von sozialen Milieus und Lebensstilen erzeugt, die nicht mit der klassischen vertikalen Gliederung der Gesellschaft vereinbar ist.
- *Entschichtung der Lebenswelt:* Klassen und Schichten werden immer weniger im Alltag, im Bewusstsein, in konkreten Interaktionen, in Kommunikationen und Sozialbeziehungen wahrgenommen.
- *Pluralisierung der Konfliktlinien:* In sozialen und politischen Konflikten bestimmen situations- und themenspezifische Interessenslagen, welche Gruppen aus verschiedenen Soziallagen miteinander koalieren. Konflikte zwischen Klassen oder Schichten verlieren an Bedeutung (Geißler 2014).

Vor allem diese Entwicklungen haben zu Versuchen geführt, die Sozialstruktur empirisch zu erfassen. So kam es zu einer »soziologischen Wiederentdeckung relativ eigenständiger sozio-kultureller Kollektive« (Hradil 1992, 20), zu einer Differenzierung der Sozialstruktur in soziale Lage, Milieu, Subkultur und Lebensstil.

Im Gegensatz zur traditionellen Sozialstrukturforschung, die zunächst nach »objektiven« Soziallagen gliedert und anschließend diesen Soziallagen typische Mentalitäten und Verhaltensweisen zuordnet, geht die Milieu-, Subkultur- und Lebensstilforschung den umgekehrten Weg. Sie gliedert die Bevölkerung zunächst nach »Milieus«, also nach »subjektiven« Lebensauffassungen und Lebensweisen und fragt anschließend, welche Soziallagen diesen Milieus zuzuordnen sind (Hradil 2005). Die Milieu-, Subkultur- und Lebensstilforschung zielt auf die Überwindung der eher deterministischen Perspektive der älteren Klassen- und Schichtungstheorie (Geißler 2014; Hradil 2005):

- Gegen den »Adlerblick« auf Großgruppen setzt sie die Nahbetrachtung familialer Milieus und (regionaler) Teilkulturen.
- Gegen die These der gesellschaftlichen »Prägung« behauptet sie die tendenzielle Unabhängigkeit der Lebensweisen von sozialstrukturellen Lebensbedingungen.
- Gegen die These der gesellschaftlichen Prägungen über das Medium unbewusster Anpassung setzt sie die bewusste Wahl und Gestaltung von Lebensweisen.
- Gegen die These der Langzeitwirkung gesellschaftlicher Prägungen setzt sie die temporäre Begrenzung von Lebensweisen und Lebensstilen.
- Gegen die These der Nichtteilbarkeit gesellschaftlicher Prägungen (Arbeiter*innen z. B. verhalten sich in allen Lebensbereichen als Arbeiter*innen) setzt sie die individuelle Kombination und Mischung von Lebensweisen und Lebensstilen (Hradil 1992).

Die Milieuforschung hat überzeugend die Pluralität subkultureller Milieus nachgewiesen und sich vor allem in der Markt-, Jugendkultur- und Wahlforschung bewährt. Ob sie die in den Schichtmodellen erfasste Struktur sozialer Ungleichheit ablösen kann oder nur verfeinert, werden die Untersuchungen der nächsten Jahre und Jahrzehnte erweisen (Geißler 2014).

Im Vergleich zu den anderen vorgestellten soziologischen Betrachtungsweisen besitzt die sozialstrukturelle Perspektive nicht die gleiche direkte pädagogische Relevanz – sie liefert jedoch unverzichtbare Hintergrundinformationen für das pädagogische Handeln: Einerseits werden strukturelle Restriktionen und Benachteiligungen der Lebensbedingungen und Lebensmöglichkeiten aufgezeigt. Andererseits können durch die Zuordnung zu bestimmten Soziallagen und Sozialmilieus Hinweise gegeben werden über »typische« Ausstattungen mit materiellen, sozialen und kulturellen Ressourcen sowie über die damit verknüpften Orientierungen, Einstellungen, Lebenspraxen, Handlungsmuster und Handlungsmöglichkeiten.

Die Zuordnung zur sozialen Unterschichte bzw. spezifischen Milieus ist zunächst lediglich als ein eindeutiges und gewichtiges Indiz für eine unter erschwerten und belastenden inneren und äußeren Bedingungen verlaufende familiale und außerfamiliale Sozialisation zu begreifen. Eine Erklärung für die Reproduktion sozialer Ungleichheit, für schulischen Misserfolg, für berufliche Minderqualifikation oder für Lernbehinderung ist damit noch nicht gegeben. Vielmehr muss gefragt werden, wie die Familien »subjektiv« mit den »objektiven« Lebensbedingungen »umgehen«, wie sich nachteilige Lebensbedingungen in der familialen Kommunikation und Interaktion niederschlagen, welche sozialen und kulturellen Antworten auf ihre ungleiche soziale Lebenslage die Familienmitglieder gefunden haben und wie sich die familialen Sozialisationsprozesse auf die Entwicklung der kindlichen bzw. jugendlichen Persönlichkeit und damit letztlich auch auf Schul- und Berufserfolg sowie auf die Lebensbewältigung insgesamt auswirken.

Die »Theorie der sozialen Praxis« nach Pierre Bourdieu

Im Folgenden soll ein Schwerpunkt auf Aspekte der »Theorie der sozialen Praxis« des französischen Soziologen Pierre Bourdieu gelegt werden, da diese geeignet sind, zahlreiche Phänomene im Zusammenhang von Sozialstruktur und Behinderung zu erklären. Dem Werk von Bourdieu wollen wir uns über seine Biografie nähern; sie hilft, viele seiner theoretischen Perspektiven zu verstehen. Bourdieu (1930–2002) stammte aus einer Angestelltenfamilie und leistete Militärdienst im Algerienkrieg (1954–1962). Dort entwickelte er sein Interesse für Fragen von Ungleichheit, kulturellen Unterschieden und der Bedeutung von Bildung. Immer wieder widmete er sich in empirischen Studien der algerischen Gesellschaft, dem französischen Bildungswesen (Bourdieu & Passeron 1971; Bourdieu 1993), den ländlichen Regionen Frankreichs und leitete aus diesen Studien Erklärungsansätze für gesellschaftliche Phänomene ab (Bourdieu 1982; Bourdieu & Passeron 1971). Auch als international renommierter Wissenschaftler setzte Bourdieu sich für die Belange ökonomisch benachteiligter Menschen ein; so solidarisierte er sich öffentlich mit Streikenden und Arbeitslosen und unterstützte die globalisierungskritische Organisation Attac. Zu seinem politischen Wirken gehörte auch, dass er die französische Regierung bei der Reform des Bildungswesens beriet. Es lassen sich Bezüge zwischen seiner wissenschaftlichen Analyse und seinem politischen Wirken ziehen; so kritisierte er vielfach ökonomische Muster/Gegebenheiten, die Ungleichheit erzeugen.

Im Folgenden werden drei zentrale Konzepte seiner »Theorie der sozialen Praxis« kurz vorgestellt und anschließend deren Anschlussfähigkeit an die Rehabilitationssoziologie beschrieben.

Habitus

Im allgemeinen Sprachgebrauch wird unter Habitus in Anlehnung an das Lateinische »Habitus« = »Haltung« das Gesamterscheinungsbild einer Person verstanden. Bourdieu verwendet den Begriff aber in einer viel weiteren eigenen Definition. Für ihn ist Habitus die »Vermittlungsinstanz zwischen Struktur und Subjekt« (Jurt 2012, 21). Darunter werden verkörperte Eigenschaften des Sozialen verstanden,

Dispositionen, die sich der Sozialisation verdanken und die bestimmte Handlungs- und Wahrnehmungsschemata generieren (Jurt 2012). Diese »verkörperten Eigenschaften des Sozialen« finden wir zum Beispiel, wenn Akademiker*innen-Kinder höhere Bildungsabschlüsse erreichen als Kinder aus bildungsfernen Schichten (vgl. hierzu Denkanstoß 7.2.) oder wenn wir beobachten, dass Menschen mit Behinderungen ihr Leben so ausrichten, dass sie sich mit Barrieren arrangieren. In beiden Fällen können wir unterstellen, dass bestimmte erlernte soziale Codes (»Wie verhalte ich mich?«) sowie das »richtige Auftreten« oder die »richtige Sprache« Einfluss haben auf die Chancen, einen Bildungsabschluss zu erreichen oder Unterstützung bei der Überwindung von Barrieren zu bekommen. Der Habitus stellt also eine Sammlung all dieser Erfahrungen sowie deren Auswirkungen auf das Subjekt und gleichzeitig dessen Wahrnehmung durch andere Subjekte dar.

Kapital

Bourdieu (1982) setzte sich mit den Werken von Max Weber (▶ Kap. 4 und Denkanstoß 4.2) und Karl Marx (▶ Kap. 8.1.2 und 8.1.3) auseinander und nutzte diese für seine Beschäftigung mit Ungleichheit; insbesondere entwickelte er den Kapital-Begriff von Marx weiter. Während Marx unter Kapital ausschließlich ökonomisches Kapital (Geld, Unternehmensanteile, Mieten) fasst und gesellschaftliche Ungleichheit auf dessen ungleiche Verteilung zurückführte, sah Bourdieu, dass es auch andere Ressourcen gibt, die Ungleichheit erzeugen. Bourdieu unterscheidet:

- *Ökonomisches Kapital*, also alles, was einfach in Geld umgewandelt werden kann. Hierzu zählen Guthaben, Anteile an Unternehmen, Einkünfte oder staatliche Leistungen. Hier kann beispielsweise beobachtet werden, dass Menschen mit Behinderungen häufiger staatliche Leistungen als nicht behinderte Menschen beziehen, aber weniger Einkommen aus Arbeit erwerben und über geringere Vermögen verfügen.
- Das *kulturelle Kapital* bezeichnet die »Währung« der Kultur, womit Bourdieu mehr meint als das alltagssprachliche Verständnis von »Kultur«. Für ihn bedeutet kulturelles Kapital die Stellung eines Menschen in der Sozialstruktur – also beispielsweise die Zugehörigkeit zu Schichten oder Klassen. »Bourdieu unterscheidet dabei zwischen drei Formen des kulturellen Kapitals; es kann existieren: 1.) im verinnerlichten, inkorporierten Zustand, in Form von dauerhaften Dispositionen [z. B. Wissen, Fertigkeiten oder Kompetenzen, d. A], 2.) in objektiviertem Zustand, in Form von kulturellen Gütern wie Bildern, Büchern, Nachschlagewerken, (…), und schließlich 3.) in institutionalisiertem Zustand in der Form von Stellen und Titeln (…)« (Jurt 2012, 25). Eine Übertragung auf das Thema Behinderung kann beispielsweise zeigen, dass Menschen mit Behinderungen häufiger formal niedrigere Bildungswege beschreiten und niedrigere Bildungsabschlüsse aufweisen sowie erschwerten Zugang zu kulturellen Gütern haben. Stichworte: barrierefreie Schulen und Kultureinrichtungen.
- *Soziales Kapital* bezeichnet alle Ressourcen, die sich aus Beziehungen und Netzwerken ergeben. Mit diesen Beziehungen lassen sich Vorteile erzeugen. »Mit

anderen Worten: ›Vitamin B‹ kann die Bewegungsmöglichkeiten in einem sozialen Feld enorm steigern« (Dimbath 2021, 300). Ein Beispiel für diese Perspektive ist die Analyse der Beziehungen behinderter Menschen: Haben sie überwiegend Kontakt zu anderen behinderten Personen – etwa in einer Förderschule, Wohneinrichtung oder Werkstatt – oder verfügen sie über ein Netzwerk zu nicht behinderten Personen?

- Mit *symbolischem Kapital* schließlich wird das Ansehen bezeichnet, das mit dem Besitz von Kapitalarten einhergeht. Es ist damit eine Art Zusammenführung der anderen Kapitalarten. Symbolisches Kapital kann sich in Anerkennung von Besitz, dem Respekt für eine Leistung oder der Achtung vor einer gesellschaftlichen Position ausdrücken. Behinderte Menschen können hier durchaus auch mit Überformung konfrontiert werden, etwa, wenn Respekt ausgedrückt wird »es trotz Behinderung zu schaffen«.

Habitus und Kapital entscheiden, ob eine Person eine für sie günstige Stellung in der Gesellschaft erlangen kann – beispielsweise einen Arbeitsplatz, den Vorsitz in einem Verein, den Zugang zu Bildung oder einer Vergünstigung.

Sozialer Raum und Felder

Bourdieu entwickelte ein eigenes Verständnis dessen, was wir oben (▶ Kap. 1) als »Gesellschaft« bezeichnet haben. »Der Begriff der Gesellschaft wird schließlich ersetzt durch den des sozialen Raums, der sich ausdifferenziert in unterschiedliche Felder« (Jurt 2012, 21). Dieser »soziale Raum« lässt sich mit einem physikalischen Kräftefeld vergleichen (Dimbath 2021), in dem es Kräfte gibt, die Menschen nach unten oder oben ziehen und in dem Menschen in bestimmte Richtungen streben, wobei manche Bewegungen leichter fallen als andere. Bourdieu unterscheidet im sozialen Raum die sogenannten »Felder« (z. B. Wirtschaft, Politik, Gesundheit), die einerseits das Handeln der Menschen (Arbeitgeber*innen, Politiker*innen, Patient*innen) in diesen Feldern erklären (so handelt ein*e Arbeitgeber*in nicht als Vorgesetzte*r, wenn sie*er als Patient*in in ein Krankenhaus eingewiesen wird), andererseits aber auch deren Position innerhalb der Gesellschaft. Jedes Feld folgt sogenannten »Interessen«. So »interessiert« sich das ökonomische Feld für Geld, das medizinische Feld für Gesundheit. Besonders wirkungsmächtig schien Bourdieu das ökonomische Feld zu sein – es hat starke Einflüsse auf andere Felder.

Mit den drei Konzepten »Habitus«, »Kapital« und »soziales Feld« von Bourdieu können wir nun erklären, wie die Position innerhalb des Feldes durch Habitus und Kapital bestimmt wird: »Nur wenn man etwas für das Feld Relevantes beizusteuern vermag, ist man ›mit von der Partie‹. Das Kapital ist das, was in einem Feld zugleich als Waffe und als umkämpfter Gegenstand eingesetzt wird. Durch Kapitalbesitz können Macht und Einfluss im Feld geltend gemacht werden« (Dimbath 2021, 294). Gemäß der Metapher vom physikalischen Kräftefeld ist der soziale Raum also ein Ort, an dem sich Menschen durch einen permanenten Einsatz ihre Kräfte (Kapital und Habitus) bewegen, um vorteilhafte Positionen zu erlangen – dabei werden sie von den Kräften des Feldes bewegt. Manchen Menschen gelingt es besser, aus dem Verhältnis eigener und fremder Kräfte ihre Position zu verbessern, während andere nicht die Ressourcen aufbringen, ihre Position zu halten.

Bourdieu vergleicht diese Bewegungen mit einem Spiel, bei dem Menschen unterschiedlich viele Jetons einsetzen können, um Chancen zu nutzen. Die Kapitalarten lassen sich dabei wie Jetons beliebig ineinander konvertieren und einsetzen, um den Habitus und die Position im Feld zu verbessern. Ein Beispiel für das Umtauschen von Jetons wäre ein behindertes Kind, das in einer Ressourcen-reichen Familie aufwächst: Geld (ökonomisches Kapital) wird eingesetzt, um Hilfsmittel und Assistenz zu bezahlen, Wissen um Angebote des Gesundheitssystems (kulturelles Kapital) hilft dabei, Diagnosen einzuholen oder Anträge für Leistungen und Angebote zu stellen, und Beziehungen (soziales Kapital) werden genutzt, um einen Platz in einer Bildungseinrichtung zu erhalten. Es wurden also viel Jetons eingesetzt, um viele Chancen auf eine günstige Position in der Gesellschaft zu haben. Dieses »Spiel um Chancen« kann gut erklären, warum auch Menschen mit vielen Chancen scheitern können oder Menschen mit schlechten Startbedingungen durch die Wahrung einer guten Chance ihr Leben verbessern. Doch die Stochastik lehrt auch, dass es besser ist, viele Chancen zu haben; konkret bedeutet dies, dass Individuen mit mehr Chancen auch öfter ihre Ziele erreichen.

Bourdieu vertritt einen Ansatz, der zwischen zwei großen soziologischen Perspektiven vermittelt – den individuellen und den gesellschaftlichen Erklärungsansätzen (»Mikro-Makro-Dualismus« (Giddens 1988)). Er erteilte strukturdeterministischen Ansätzen eine Absage, die soziale Phänomene, wie beispielsweise die geringe Teilhabe behinderter Menschen an sozialversicherungspflichtiger Beschäftigung, ausschließlich mit gesellschaftlichen Strukturen, wie beispielsweise Pfadabhängigkeiten von der Förderschule in die Werkstatt für behinderte Menschen, erklären. Gleichzeitig lehnte er aber auch Ansätze ab, die soziale Phänomene ausschließlich über individuelle Faktoren (z.B. ein Vorurteil eines Menschen in einer Personalabteilung) erklären wollen. Positiv ausgedrückt bedeutet dies, dass Bourdieu zur Erklärung und Untersuchung sozialer Phänomene (z.B. der Bildungsbiografie, vgl. hierzu Denkanstöße 8.1 und 8.2) immer sowohl individuelle als auch gesellschaftliche Einflussfaktoren mitbetrachtet: »Es sind also nicht allein die Individuen, die für die Erzeugung sozialer Strukturen einstehen, und es sind auch nicht ausschließlich die gesellschaftlichen Strukturen oder Systeme, welche die Individuen formen« (Dimbath 2021, 293).

Seine Theorie mit ihren Bezügen sowohl zur Mikrosoziologie, also auch zur Makrosoziologie ist damit für viele soziologische Analysen und auch Gegenwartsbetrachtungen attraktiv und erklärungsmächtig. Damit liegt ein erster Nutzen der »Theorie der sozialen Praxis« auf der Hand: Sie bietet einen analytischen Rahmen, um Behinderung sowohl auf individueller als auch gesellschaftlicher Ebene zu untersuchen (▶ Kap. 2) und in diese Untersuchung auch die Perspektive auf Sozialstrukturen und Ungleichheit einzubeziehen.

Bourdieu bezog sich in Forschung, Lehre oder politischem Wirken allerdings nicht explizit auf Behinderung; dennoch lassen sich aus seinem Werk einige Perspektiven zur Betrachtung von behinderungsrelevanten Phänomenen ableiten. Auch wenn Waldschmidt (2011) kritisiert, dass sich nur wenige Beiträge zur Soziologie der Behinderung an Bourdieu anlehnen, kann doch eine gewisse Verbreitung des Ansatzes festgestellt werden, Behinderung vor einem von Bourdieu inspirierten sozioökonomischen Hintergrundverständnis von Ungleichheit zu betrachten. So lässt sich empirisch nachzeichnen, dass behinderte Menschen über weniger ökonomisches Kapital verfügen, formal niedrigere Bildungsabschlüsse erreichen und kleinere soziale Netze pflegen als nicht behinderte Menschen (BMAS – Bundesministerium für Arbeit und Soziales 2021). Sie verfügen damit über weniger »Kapital«, das sie zur Verbesserung ihrer Position im sozialen Feld einsetzen können. Der Habitus behinderter Menschen ist unter anderem geprägt durch Barrieren, denen nicht behinderte Menschen weniger ausgesetzt sind oder sozialisierende Strukturen, die Menschen mit Behinderungen separieren.

8.2 Transfer: Behinderung aus sozialstruktureller Perspektive

Die sozialstrukturelle Perspektive nimmt die soziale Herkunft, Lage, Schicht oder das Milieu in den Blick, also die soziale Bedingtheit von Behinderung. Anschaulich beschreibt Waldschmidt (2005) diese Zusammenhänge in ihrer Erläuterung zum sozialen Modell:

> »Auf der Basis einer Dichotomie zwischen Beeinträchtigung (impairment) und Behinderung (disability) lautet der Kerngedanke des sozialen Modells: Behinderung ist kein Ergebnis medizinischer Pathologie, sondern das Produkt sozialer Organisation. Sie entsteht durch systematische Ausgrenzungsmuster, die dem sozialen Gefüge inhärent sind. Menschen werden nicht auf Grund gesundheitlicher Beeinträchtigungen behindert, sondern durch das soziale System, das Barrieren gegen ihre Partizipation errichtet. Während das individuelle Modell den Körperschaden oder die funktionale Beeinträchtigung als Ursachenfaktor ausmacht, geht das soziale Modell von der sozialen Benachteiligung als der allein entscheidenden Ebene aus. Entsprechend wird soziale Verantwortlichkeit postuliert und die Erwartung, dass nicht der einzelne, sondern die Gesellschaft sich ändern müsse« (Waldschmidt 2005, 18).

So vermag es die sozialstrukturelle Perspektive – trotz noch bestehender ungeklärter Probleme und empirischer Lücken – Behinderung als Produkt sozialer Organisation zu konturieren. Damit wird die Frage nach den Zusammenhängen von Sozialstruktur und Behinderung aufgeworfen: Wie lassen sich diese identifizieren, wie analysieren?

8.2.1 Sozialschichtverteilungen von Behinderungen

Analysen der Sozialschichtverteilung von Behinderungen (Cloerkes 2007) orientieren sich beispielsweise an Fragen, ob die Zugehörigkeit zu einer Sozialschicht, insbesondere eine Ursache, ein randständiges Phänomen oder gar ein Produkt von Behinderung ist (Rauschenbach 1980). Auch werden Fragen danach adressiert, ob einzelne Behinderungsformen vermehrt in einzelnen Sozialschichten zu finden sind – insbesondere die Lernbehinderung (Cloerkes 2007).

Untersuchungen zur Sozialschichtverteilung von Behinderung ergeben, dass einige Behinderungsformen in einigen gesellschaftlichen Gruppen in Relation häufiger auftreten als in anderen, das heißt häufiger als es dem Anteil dieser Gruppe an der Gesellschaft entspricht (Thimm 2006a). Die Ergebnisse dieser Untersuchungen können als gewichtige Indizien für soziale Ursachen von Behinderung gewertet werden, geben gleichzeitig aber auch erste Anhaltspunkte für die soziale Lage, Lebensqualität und Lebensperspektiven behinderter Menschen (Cloerkes 2007). Bereits 1985 beschrieb Weiss in seinem Aufsatz »Behinderung und soziale Herkunft« den Zusammenhang von sozialer Herkunft und Behinderung. Auch wenn die Terminologie im rezipierten Zitat mitunter nicht mehr zeitgemäß erscheint, hat seine Einordnung zur sozialen Bedingtheit von Behinderung nicht an Aktualität verloren:

> »Mit der weitgehenden Überwindung der einseitigen Orientierung der Behindertenpädagogik am ›medizinischen Krankheitsmodell‹ und mit der stärkeren Etablierung der Soziologie der Behinderten in den letzten Jahren […] ist in der wissenschaftlichen Diskussion die soziale Bedingtheit von Behinderungen wieder stärker in den Vordergrund gerückt worden. Insbesondere wird deutlicher herauszuarbeiten versucht, dass irreversible Schädigungen, auf deren Grundlage Behinderungen als sozial vermittelte Phänomene erst entstehen (vgl. Jantzen 1974, 28), nicht ausschließlich einer außergesellschaftlichen biologischen Determination unterliegen, sondern in ihrer Entstehung und in ihrem Verlauf durch die gesellschaftlichen Verhältnisse mitbedingt werden und schichtenspezifisch variieren. Am bekanntesten ist der Zusammenhang von Behinderung und sozialer Herkunft in Bezug auf Lernbehinderungen geworden. Dagegen dürfte immer noch zu wenig zur Kenntnis genommen werden, dass auch bei den sog. ›harten‹ Behinderungsformen (Hohmeier 1982, 12), also insbesondere bei Sinnes-, körperlichen und geistigen Behinderungen, soziale Faktoren die Genese entsprechender Schäden und Beeinträchtigungen bedingen oder wesentlich mitbedingen« (Weiss 1985, 32).

Die (rehabilitations-)soziologische Forschung der vergangenen Jahrzehnte hat dabei besonders die Genese und Institutionalisierung der sogenannten Lernbehinderung in den Blick genommen (van Essen 2013; Pfahl 2011; Powell 2007; Cloerkes 2007). So ist unter anderem die Überrepräsentation von lernbehinderten Schüler*innen aus den sozial unteren Schichten lange bekannt und vielfach belegt worden (Begemann 1984; Merz 1982; Rodeck-Madsen & Gebhardt 1987; Weiss 1985) und wird auch in aktuelleren Studien immer wieder bestätigt (Blanck 2020; van Essen 2013). Insbesondere Wocken (Wocken 1983, 2000b, 2011) hat den Zusammenhang zwischen dem Phänomen der Lernbehinderung und Zugehörigkeiten zu unteren Sozialschichten immer wieder aufgegriffen. Bei der Betrachtung der Schulen für Lernbehinderte können 80 % bis 90 % der Schüler*innen ihrer sozialen Herkunft nach den sozialen Unterschichten zugerechnet werden (Wocken 2000b, 2011). Nicht unerwähnt sei an dieser Stelle, dass Begrifflichkeiten, wie soziale Unterschicht oder Unterklasse selbst Gegenstand wissenschaftlicher Diskurse waren und sind (Dörre 2015). Verzichtet man auf die Einordnung in ein Sozialschichtmodell und legt ein Berufsmodell zugrunde, so gehören ca. 60 % der Väter von lernbehinderten Kindern und Jugendlichen in die Gruppe der beruflich nicht bzw. niedrig Qualifizierten: Hilfsarbeiter, Arbeitslose und (Früh-)Rentner (Wocken 2000b, 2011).

Früh wurde dabei beispielsweise von Preuss-Lausitz (1981) betont, dass zwar viele Kinder der sozialen Unterschicht die Schule für Lernbehinderte besuchen, jedoch die meisten Kinder und Jugendlichen der sozialen Unterschichten diese Schule eben nicht besuchen. Mit einer Kritik am dichotomen Schichtmodell versuchte dieser, die Bedeutung der sozialen Herkunft für die Entstehung von Lernbehinderung durch eine Analyse der Klassenlage der Sonderschulpopulation zu differenzieren und zu präzisieren, da »die soziale Lage der Sonderschulpopulation mit dem Begriff der ‚Unterschicht' nicht angemessen bezeichnet ist« (Preuss-Lausitz 1981, 23). Weiterhin griff er in seiner Bestimmung der sozialen Herkunft auf einen differenzierten Klassenbegriff zurück - in Beibehaltung marxistischer Terminologie. Demach gehören die Eltern von lernbehinderten Schüler*innen ausschließlich der Arbeiterklasse an und stehen dem Kernbereich der materiellen Produktion nahe oder sind aus Altersgründen, wegen Frühinvalidität oder Arbeitslosigkeit aus dem Produktionsprozess vorübergehend oder auf Dauer ausgeschieden, so dass ein erheblicher Teil der Familien der industriellen Reservearmee und den verarmten, pauperisierten Gruppen der Arbeiterklasse zugerechnet werden muss (Preuss-Lausitz 1981).

> »In die Hilfsschule kommen nicht einfach nur Unterschicht- oder Arbeiterkinder. Vielmehr ist jene Bandbreite der Arbeiterklasse vertreten, die von der ›aktiven Armee‹ bis zur Reservearmee einschließlich der pauperisierten lumpenproletarischen Gruppen geht. Dies gilt von der Herkunft der Hilfsschüler her und in noch stärkerem Maß im Hinblick auf ihre eigene Zukunftsperspektive« (Preuss-Lausitz 1981, 22).

Preuss-Lausitz (1981) argumentiert, dass eine undifferenzierte Zuordnung von lernbehinderten Schüler*innen bzw. ihrer Familien in die soziale Unterschicht unzulässig ist, weil »diese Kinder und ihre Familien als Teil der Arbeiterklassen am Rande oder außerhalb der gesellschaftlichen Reproduktionsbedingungen stehen oder von solcher Randposition bedroht sind« (Preuss-Lausitz 1981, 24).

Die berechtigte Kritik an der pauschalen Zuordnung der lernbehinderten Schüler*innen zur sozialen Unterschicht mündet in die Forderung nach einer differenzierteren und präziseren Bestimmung der Sozialschicht bzw. Soziallage. Diese Differenzierung ergibt eine Konzentration der lernbehinderten Schüler*innen auf die untersten Sozialschichten (Wocken 2000b, 2011). Sie entstammen also in ihrer Mehrheit nicht einfach der sozial heterogenen Unterschicht, sondern sind überwiegend den randständigen oder von Randständigkeit bedrohten Bevölkerungsgruppen zuzurechnen. Die Bestimmung der sozialen Herkunft kann je nach Modellorientierung auf unterschiedliche Weise vorgenommen werden (Cloerkes 2007, 90 ff.):

- Nach Untersuchungen, die sich an Schichtmodellen orientieren, entstammen lernbehinderte Schüler*innen aus den sozialen Unterschichten bzw. aus den untersten Sozialschichten.
- Nach Untersuchungen, die sich an einem Berufsmodell orientieren, gehören die Väter von lernbehinderten Schüler*innen zu den untersten Berufsgruppen.

- Nach Untersuchungen, die sich am Klassenmodell orientieren, stammen lernbehinderte Schüler*innen aus der Arbeiterklasse, der potenziellen und realen Reservearmee sowie den deklassierten und pauperisierten Teilen der Reservearmee.
- Nach der durch die Milieuforschung herausgearbeiteten Milieustruktur der deutschen Bevölkerung erlauben die vorliegenden Daten eine vorläufige Zuordnung der Familien mit lernbehinderten Schüler*innen vor allem zum traditionslosen Arbeiter*innen-Milieu (Un-/Angelernte, Arbeitslose) und zum hedonistischen Milieu (Un-/Angelernte, Arbeitslose, ausführende Angestellte) und mit deutlich geringerem Anteil zum traditionellen Arbeiter*innen-Milieu (Facharbeiter*innen) und zum kleinbürgerlichen Milieu (kleine Angestellte und Verbeamtete).

Untersucht wurden neben der Sozialschichtverteilung von Lernbehinderungen auch andere Behinderungsformen, wie beispielsweise Sinnesbeeinträchtigungen: »Wie auch bei anderen Gruppen von Schülern mit sonderpädagogischem Förderbedarf lässt sich bei der Gruppe der gehörlosen, insbesondere aber bei den schwerhörigen Schülern in der Bundesrepublik Deutschland eine deutliche Überrepräsentation der niedrigen Sozialschichten der Elternhäuser feststellen« (Krüger 1991, 28, zitiert nach Leonhardt 2019, 72).

Soziale Faktoren spielen nicht nur bei Lernbehinderungen eine wichtige Rolle, vielmehr sind sie – entgegen verbreiteter Annahmen zum Teil selbst in der Fachliteratur – durchgängig, wenn wohl auch in unterschiedlicher Gewichtung für die Genese und Ausformung jener Behinderungen mitverantwortlich, bei denen (neuro-)physiologische bzw. allgemein somatische Schädigungsphänomene augenfällig hervortreten (Dworschak & Ratz 2012). Unter ätiologischen und pathogenetischen Gesichtspunkten können dabei vor allem drei Bedingungszusammenhänge herausgearbeitet werden:

1. sozialisationsbedingte Behinderungsgenese aufgrund erheblicher sozio-kultureller Benachteiligungen (Beispiel: die geringere Wahrnehmung von Präventions-, Diagnose- oder Therapieangebote durch Zielgruppen mit geringer Berührungsfläche zu Behörden und/oder medizinischen Einrichtungen);
2. sozialmedizinisch analysierbare schichtabhängige Auftretenshäufigkeiten von organischen Schädigungen, auf deren Grundlage Behinderungen als sozial vermittelte Phänomene zum Tragen kommen (Beispiel: die Ausübung von Berufen mit erhöhtem Verletzungs- oder Erkrankungsrisiko);
3. Interaktions- und Kumulationsprozesse zwischen beiden Bedingungsebenen im Sinne sozialisationsspezifisch beeinflusster Akzentuierung und Verschärfung möglicher Folgen vorliegender organischer Schädigungen, die in ihrer Auftretenshäufigkeit wiederum von sozialen Faktoren mitbestimmt werden (Weiss 1985).

Die *Bestimmung der sozialen Herkunft* von behinderten Menschen liefert noch keine hinreichende *Erklärung* der Entstehung von Behinderung, sondern lediglich eindeutige und gewichtige *Hinweise* auf eine unter erschwerten äußeren und inneren Bedingungen verlaufende familiale und außerfamiliale Sozialisation.

Familiale und außerfamiliale Sozialisationsprozesse verlaufen jedoch nicht in einem theoretischen Konstrukt wie Schicht, Klasse oder Milieu, sondern in einer realen Umwelt, die sich aus einer Vielzahl »objektiver« materieller und sozialer Faktoren zusammensetzt.

8.2.2 Lebenslage behinderter Menschen

Im Rahmen dieser Einführung ist es nicht möglich, die soziale Lebenslage von behinderten Menschen vollumfänglich darzustellen. Kurz skizziert werden nachfolgend jedoch ausgewählte Aspekte aus dem dritten Teilhabebericht der Bundesregierung, der repräsentative Bevölkerungsbefragungsdaten nutzt, um Unterschiede in der Entwicklung der Teilhabe zwischen Menschen mit und ohne Behinderung darzustellen (BMAS – Bundesministerium für Arbeit und Soziales 2021). Der dritte Teilhabebericht hält fest, dass die Erwerbsbeteiligung von Menschen mit Beeinträchtigung deutlich geringer ist als die von Menschen ohne Beeinträchtigung (BMAS – Bundesministerium für Arbeit und Soziales 2021). Zwischen 2015 und 2019 ist gleichsam die Arbeitslosenquote von Menschen mit anerkannter Schwerbehinderung gesunken, liegt jedoch nach wie vor deutlich höher als die von Menschen ohne Beeinträchtigung (BMAS – Bundesministerium für Arbeit und Soziales 2021). Festgestellt wird ein positiver Trend in Richtung ambulanter Wohnformen: »Die Zahl der Leistungsbeziehenden des ambulant betreuten Wohnens stieg zwischen 2014 und 2018 deutlich um 22 Prozent auf 197.612 Personen an« (BMAS – Bundesministerium für Arbeit und Soziales 2021, 13). Menschen mit geistigen Beeinträchtigungen profitieren von diesem Trend jedoch nicht in gleichem Maße wie Menschen mit anderen Beeinträchtigungsformen (BMAS – Bundesministerium für Arbeit und Soziales 2021). Zudem hat sich der öffentliche Personennahverkehr beispielsweise durch die stufenlose Erreichbarkeit von Bahnhöfen, der Ausstattung von Bahnsteigen mit taktilen Leitsystemen sowie durch den Einsatz von Niederflurbussen verbessert. Allerdings sind wenige Fernzüge barrierefrei. Die soziale Teilhabe von Menschen mit Behinderung – so zentrales Ergebnis des dritten Teilhabeberichts – wird als eingeschränkt beschrieben (BMAS – Bundesministerium für Arbeit und Soziales 2021) Außerdem steigt die Inklusionsquote von Schüler*innen mit sonderpädagogischem Unterstützungsbedarf bei stagnierenden Förderschulbesuchsquoten an (BMAS – Bundesministerium für Arbeit und Soziales 2021; vgl. hierzu Denkanstöße 9.3 und 9.4).

Folgende weitere Aspekte können für die Bestimmung der sozialen Lage behinderter Menschen herangezogen werden:

1. Soziale und politische Ungleichheit
   - Gesellschaftliche Teilnahme
   - Interessensvertretungen
   - Soziale Partizipation
   - Freizeitmöglichkeiten

- Freizeitchancen
- Integration in Vereine, Verbände etc.
2. Ungleichheit der Arbeit
    - Sicherheit des Arbeitsplatzes
    - Arbeitszeit
    - Arbeitsbelastungen und Arbeitsintensität
    - Arbeitszufriedenheit
    - Gehaltshöhe und Gehaltsbestandteile
    - Substituierbarkeit der Tätigkeit, beispielsweise durch die Digitalisierung
    - Heimarbeitsplatz(-ausstattung)
3. Gesundheitliche Ungleichheit
    - Morbidität und Mortalität
    - Versorgung mit medizinischen Leistungen
    - Gesundheitskompetenz
    - Gesundheitsrisiken (Arbeitsbelastungen, Lebensweise, Ernährung etc.)
4. Kulturelle Ungleichheit
    - Formale Bildungsabschlüsse und Zertifikate
    - Nutzung kultureller Güter (unter anderem »Lesen«, Musikinstrumente, sportliche Aktivitäten)
    - Zugang zu kulturellen Einrichtungen
    - Digitale Kompetenzen
    - Zugang zu (digitalen) Technologien
    - Möglichkeiten des Homeschoolings
5. Distributive Ungleichheit
    - Einkommen aus Eigentum
    - Einkommen aus selbstständiger Arbeit oder abhängiger Erwerbstätigkeit
    - Bezug von Transfer-Einkommen: Arbeitslosengeld, Kindergeld, Wohngeld, Sozialhilfe, BAFÖG, Rente, Pension, Invalidenzahlungen, sonstige Sozialleistungen
    - Private Transfers: Alimente, Unterhaltszahlungen an Familienmitglieder, geschiedene Ehepartner*innen etc.
6. Ökologische Ungleichheit
    - Wohnungsbelegung (qm pro Person)
    - Art und Zustand der Wohnung/des Hauses (Lärmschutz/sanitäre Einrichtung)
    - Wohnumgebung und Infrastruktur
    - Klima und Betroffenheit vom Klimawandel
7. Zugang zu Technologien
    - Geräteausstattung
    - Anschlüsse
    - Abonnements, Nutzungsverträge, Datenvolumen
    - Hilfsmittel
    - Homeschooling Ausstattung
8. Geschlechtsspezifische Segmentierung
    - Geschlechtliche Ungleichheit
    - Arbeitsteilung in der Familie

- »Doppelbelastung«
- Verteilung von Care-Arbeit
9. Familien- und Haushaltsstrukturen
    - Familiengröße und Kinderzahl
    - »Vollständigkeit« der Familie/Alleinerziehende
    - »Care-Arbeit«/Sorgearbeit

8.2.3 Behinderung aus Perspektive der »Theorie der sozialen Praxis«

Zwei konkrete behinderungssoziologische Perspektiven sollen im Folgenden etwas vertieft werden.

In seiner Einführung in die Soziologie der Behinderung beschäftigt sich Kastl mit der Körperlichkeit von Behinderung.

> »Von der Soziologie Pierre Bourdieus führt wiederum eine Linie in die ›Soziologie sozialer Praktiken‹, manchmal auch ›Praxisansatz‹ oder ›praxeologische Perspektive‹ genannt. Darunter versteht man einen Forschungsansatz, der die Körpergebundenheit des Sozialen als ›Feld verkörperter und materiell verwobener Praktiken‹ (Schatzki et al. 2001) betont« (Kastl 2017, 63).

Damit zieht Kastl eine Verbindung zwischen Bourdieus Feld-Theorie und einer soziologischen Perspektive auf »behinderte Körper und das Soziale« (Kastl 2017, 35 ff.), die die Bedeutung von (z. B. behinderter) Körperlichkeit für die Ausübung sozialer Praktiken unterstreicht. Die Stärke dieses Ansatzes liegt darin, uns zu erinnern, dass soziale Praktiken – und damit eine wichtige Grundlage für Teilhabe – stets eine körperliche Dimension haben und diese durch Behinderung beeinflusst wird. Kastl weiter:

> »Bourdieu drückt das [den Zusammenhang von Körper und Welt, d. A.] mit der Formulierung des ›der-Welt-Angehörens‹ aus. Dass der Körper offen ist für eine Welt, sensibel für die von ihr ausgehenden Strukturierungen, beinhaltet zugleich die Möglichkeit zerstörerischer, schädigender Einwirkung, Nicht-Passung, von Missverhältnissen, Verletzungen, Schädigungen« (Kastl 2017, 66).

Beispiele für diesen Zusammenhang von Körper und sozialen Praktiken finden sich in den Denkanstößen 6.3, 6.4 und 6.7. Beide Dimensionen – soziale Praxis und Körper – lassen sich im bio-psycho-sozialen Modell zur Erklärung von Behinderung (▶ Kap. 2) identifizieren.

Eine zweite Anwendung der bourdieuschen Perspektive auf das Thema Behinderung lässt sich bei Anne Waldschmidt finden; sie stellt die »Frage, welche neuen Gesichtspunkte in den Blick kommen, wenn Behinderung als symbolische Gewalt betrachtet wird« (Waldschmidt 2011, 100), und untersucht einige der von Bourdieu entwickelten Begriffswerkzeuge. So zeige der soziale Raum objektive Strukturen mit am Durchschnittsmenschen ausgerichteter Architektur, Infrastruktur, Produktgestaltung und Sprache, deren Vokabular in vielfältigster Weise Ableism (vgl. hierzu Denkanstoß 3.3) ausdrücke. Durch den Zwang zur »Normalität« habe das »Nicht-Normal-Sein« im Sinne von »Behindert-Sein« markante Auswirkungen auf die soziale Positionierung der Einzelnen; beispielsweise auf die jeweils zur Verfügung stehenden Ressourcen und die Möglichkeiten, ökonomisches, kulturelles, soziales und damit auch symbolisches Kapital zu akkumulieren (Waldschmidt 2011). Der Habitus setze Normalität einerseits voraus und produziere sie andererseits immer neu. Nach ihrer Analyse kommt Waldschmidt zu dem Fazit »im Selbstausschluss im Sinne der Aussage ›Das ist nichts für mich [weil ich ja behindert bin]‹ drückt sich das Willkürliche und zugleich Gewalttätige des normalisierten Habitus aus« (Waldschmidt 2011, 102).

Über diese eher abstrakten Analysen hinaus sieht Waldschmidt auch sehr konkrete Anwendungsbeispiele der bourdieuschen Perspektive auf die Untersuchung von Behinderung: »beispielsweise drängt sich bei Bourdieus (1993) scharfer Kritik an der schulischen Auslese als ›Rassismus der Intelligenz‹ der Bezug auf die Sonderschule förmlich auf, wobei von ihm selbst der Fall Behinderung ausgeblendet wird« (Waldschmidt 2011, 92).

9 Systemtheoretische Perspektive

Die soziologische Systemtheorie ist grundlegend von dem amerikanischen Soziologen Talcott Parsons entwickelt worden. Der von ihm geprägte Strukturfunktionalismus (Parsons 1951) und später Systemfunktionalismus fokussierte vor allem die Entstehung und den Erhalt sozialer Systeme. Die Weiterentwicklung der Systemtheorie und ihre breite Rezeption in diversen Wissenschaftsbereichen sind eng mit dem deutschen Soziologen Niklas Luhmann (1987) verbunden.

Wie bereits die sozialstrukturelle Perspektive (▶ Kap. 8) betrachtet die systemtheoretische Perspektive (Luhmann 1987; Parsons 1951) die »großen« soziologischen Gegenstände wie beispielsweise das Bildungssystem als Teil- oder Subsystem der Gesellschaft und markiert somit eine Abkehr von mikrotheoretischen, individuumszentrierten Erklärungsansätzen. Die nun im Folgenden kurz beschriebene systemtheoretische Perspektive kommt sogar ganz ohne Bezüge zu Individuen aus und ermöglicht damit einen distanzierten Blick auf das zu beobachtende Geschehen – jenseits emotionaler, normativer oder politischer »Verblendungen« und Diskurslogiken. Die systemtheoretische Perspektive hat einen universalistischen Anspruch, versucht also Erklärungen für sehr unterschiedliche Phänomene aus allen Disziplinen und Lebensbereichen zu liefern. Diesen Anspruch »erkauft« sie sich durch einen sehr hohen Abstraktionsgrad, bei dem nicht das Individuum interessiert, sondern das System und dessen Ordnungsprinzip (z. B. das Rehabilitationssystem). Durch den hohen Abstraktionsgrad hat die systemtheoretische Perspektive eine große Verbreitung innerhalb verschiedener wissenschaftlicher Disziplinen gefunden. Sie lässt sich zum Beispiel in Ingenieur*innenwissenschaften einsetzen, um komplexe technische Systeme zu modellieren, in der Biologie, um Ökosysteme zu verstehen, oder in den Wirtschaftswissenschaften, um Märkte zu analysieren. Das Erkenntnisinteresse dieser Perspektive fragt zum einen nach den systemspezifischen Strukturen, Organisationsprinzipien, Verkehrsformen etc., die ein System entwickelt hat, um seine Ziele und Aufgaben zu realisieren, und zum anderen nach den gesellschaftlichen Funktionen von Teilsystemen zur Reproduktion der Gesamtgesellschaft.

Eine Stärke der systemtheoretischen Perspektive ist es, etablierte Strukturen adäquat zu erkennen sowie zu beschreiben, um damit Handlungsroutinen zu entschlüsseln. Im Verständnis der Systemtheorie werden in Institutionen Aufgaben und Probleme, die regelmäßig bzw. immer wieder vorkommen, in gleichartiger und damit vorhersehbarer Weise bearbeitet (Jochmaring & Falk 2023).

Einführend explizieren wir Grundlagen der systemtheoretischen Perspektive (▶ Kap. 9.1). Entlang dieser Perspektive diskutieren wir anschließend als beispielhafte Übertragungen der systemtheoretischen Perspektive auf Behinderung die *gesellschaftliche Funktion der Förderschule* (▶ Kap. 9.2.1), das *Rehabilitationssystem der Bundesrepublik Deutschland* (▶ Kap. 9.2.2), *sozialpolitische und rechtliche Grundlagen* (▶ Kap. 9.2.3) und *Selbsthilfe* (▶ Kap. 9.2.4).

> **Lernziele**
>
> - Sie können (soziale) Systeme, Organisation und Institutionen unterscheiden und Grundannahmen der systemtheoretischen Perspektive umreißen.
> - Sie reflektieren die gesellschaftliche Funktion von Förderschulen und verorten relevante Institutionen im Rehabilitationssystem.
> - Sie können die sozialpolitischen Grundlagen des deutschen Rehabilitationssystems herleiten und identifizieren.
> - Sie können die Funktion der Selbsthilfe bestimmen sowie verschiedene Formen von Zusammenschlüssen behinderter Menschen unterscheiden.

9.1 Soziologische Grundlagen

9.1.1 Problemstellung

Die systemtheoretische Perspektive und die damit einhergehende Theorieanwendung auf das Phänomen Behinderung ist sowohl soziologisch als auch sonder-, heil- und/oder rehabilitationspädagogisch relevant, da in diesem Theorieverständnis Behinderung als Systemfolge verstanden werden kann und eben nicht auf Personenmerkmale reduziert wird (Hoffmann 2018; Jochmaring 2022). In dieser Perspektive interessieren also weniger Fragen zu einzelnen Menschen, sondern zu größeren gesellschaftlichen Zusammenhängen.

Moderne Gesellschaften sind dabei funktional differenziert und in unterschiedlichen Funktionssystemen angeordnet und diese sind wiederum in weitere Subsysteme ausdifferenziert. In der Systemtheorie kommen »Menschen als solches« nicht vor: Sie treten lediglich als Rollenträger*innen auf, mit spezifischen Funktionen in Institutionen und Organisationen, beispielsweise in einer Leistungs- und/ oder Publikumsrolle. Eine beispielhafte Aufzählung von Funktionssystemen und Nennung ihrer Leistungen – ohne Anspruch auf Vollständigkeit – werden in der nachfolgenden Tabelle (▶ Tab. 3) expliziert.

In der Analyse gesellschaftlicher Funktionen einzelner (Sonder-)Institutionen – beispielsweise der Förderschule, Tagesförderstätte, Werkstatt für behinderte Menschen oder stationären Wohneinrichtungen – können die Grenzen pädagogischer Handlungen markiert werden. Im Lichte dieser Theorieanwendung wird der Blick auf die Institutionen und Organisationen gelenkt, die Behinderung systematisch herstellen und ihrer funktionalen Eigenlogik folgend dann entsprechend das Phänomen Behinderung »bearbeiten« (Jochmaring 2022; Wansing 2019). Die systemtheoretische Analyseperspektive eröffnet Diskursarenen über die Komplexität und Ausdifferenziertheit verschiedener Teilsysteme: Das können beispielsweise (Teil-)Systeme der schulischen oder beruflichen Rehabilitation sein, aber auch Institutionen des Subsystems Wirtschaft (Jochmaring & Falk 2023). Bereits bei dieser kurzen Beschreibung der »Problemlage« ist durch die Nutzung von Begriffen wie »System«, »Institution« oder »Organisation« deutlich geworden, dass die systemtheoretische Perspektive einige begriffliche Klärungen benötigt. Diese sollen daher im folgenden Unterkapitel in sehr knapper Form bereitgestellt werden.

Tab. 3: Funktionssysteme mit Leistungs- und Rollen-Aufgaben (eigene Darstellung in Anlehnung an Wansing [2006, 42])

Funktionssystem	Leistung	Leistungsrolle	Publikumsrolle
Wirtschaft	Produktion, Einkommen	Produzent*in, Erwerbstätige*r	Konsument*in
Politik	Herstellung kollektiv bindender Entscheidungen	Politiker*in, Lobbyist*in, Abgeordnete	Wähler*in, Demonstrant*in, Leistungsempfänger*in
Massenmedien	Information, Unterhaltung	Medienproduzent*in, Journalist*in	Zeitungsleser*in, Rundfunkhörer*in, Fernsehzuschauer*in
Sport	Wettkampf, körperliche Aktivität	Sportler*in, Trainer*in, Funktionär*in	Zuschauer*in
Kunst	Ästhetik	Künstler*in	Kunstliebhaber*in
Religion	Seelsorge	Priester*in	Gemeindemitglied, Gläubiger*in
Recht	Konfliktregulation	Anwält*in, Richter*in	Kläger*in, Angeklagte*r, Zeug*in
Bildung	Bildung, Erziehung	Lehrer*in, Erzieher*in	Schüler*in, Student*in
Gesundheit	Heilung, Behandlung	Ärzt*in, Therapeut*in	Patient*in
Militär	Sicherheit, Verteidigung	Soldat*in, Offizier*in	Zivilbevölkerung
Wissenschaft	Wahrheit, Wissensproduktion	Wissenschaftler*in	Rezipient*innen, Konsument*innen
Soziale Beziehungen	Vertrauen, Geborgenheit	Wechselseitigkeit von Publikums- und Leistungsrollen als Ehepartner*in, Freund*in usw.	

9.1.2 Definitionen

System (formal)

Es ist wichtig zu verstehen, dass der Begriff »System« in der systemtheoretischen Perspektive eine ganz spezifische Bedeutung und Definition hat. In allen Kapiteln (▶ Kap. 5) kommt der Begriff »System« zum Einsatz; in diesem Kapitel aber in dem nun folgenden Verständnis:

Ein System ist eine Menge von Elementen, zwischen denen oder deren Merkmalen Beziehungen bestehen, wobei eine Grenze zur Umwelt stabilisiert wird. Die Umwelt umfasst dabei alles, was nicht Teil dieses Systems ist. Ein System ist also eine Menge von untereinander abhängigen Elementen und Beziehungen und lässt sich dadurch unterscheiden, dass es eine Grenze zwischen dem System selber und dessen Umwelt zieht. Der Begriff »System« ist damit sehr offen und kann damit zur Untersuchung sehr verschiedener Objekte – zum Beispiel gesellschaftlicher Systeme, aber auch technischer Anlagen – genutzt werden. Dabei handelt es sich stets um theoretische Konstruktionen. Etwas als ein System aufzufassen, bedeutet nicht mehr, als sich dem jeweiligen Gegenstand mit bestimmten Begriffen und unter einem bestimmten Gesichtspunkt zu nähern (nämlich die Elemente und ihre Beziehungen, etwa ihre Interaktion, mit der Umwelt zu verknüpfen).

Soziales System

> »Ein soziales System ist eine komplexe soziale Struktur mit Grenze. Entscheidend ist, dass dort, wo von Systemen gesprochen wird, die Begrenztheit des Ganzen konstitutiv für den Charakter und die Zuordnung der Teile des Ganzen zueinander sind. Die das System tragenden sozialen Verhaltensweisen, Interaktionen und Strukturen werden als Funktionen des begrenzten Ganzen gedeutet« (Bahrdt 2014, 113).

Institution

Die Institution ist die kleinste Organisationseinheit eines Systems. Sie ist

> »(…) ein Komplex von gesamtgesellschaftlich zentralen, dem planenden Eingriff (›Organisation‹) jedoch schwer zugänglichen und unspezifischen (›überdeterminierten‹), trotzdem aber deutlich abhebbaren Handlungs- und Beziehungsmustern, der vor allem durch die Verankerung der zentralen Ordnungswerte in der Antriebsstruktur der Gesellschaftsmitglieder gekennzeichnet ist« (Bühl 2024, 568).

Institutionen fußen auf einer festen Struktur und an Normen orientierten Verhaltensregeln. Konkrete Beispiele für Institutionen finden sich eigentlich überall, im Schul- und Sozialwesen oder der Behindertenhilfe. Institutionen sind beispielsweise eine Tagesförderstätte oder eine Förderschule, die ganz spezifische Aufgaben und Funktionen für Menschen mit Behinderung erfüllen (Jochmaring & Falk 2023).

Organisation

Organisationen beruhen auf Mitgliedschaften und sind auf ein festgelegtes Ziel ausgerichtet. Eine Organisation ist eine (etwas höhere) Ordnung von arbeitsteilig und zielgerichtet miteinander arbeitenden Personen/sozialen Gruppen, deren Zusammenarbeit bzw. Aktivität auf Dauer angelegt ist.

> »[Organisation] als Bezeichnung der Organisationswissenschaften [für] die Ordnung von arbeitsteilig und zielgerichtet miteinander arbeitenden Personen und Gruppen. O[rganisation] umfasst insofern nicht nur Verbände und Vereinigungen, sondern alle Institutionen, Gruppen und sozialen Gebilde, die bewusst auf ein Ziel hinarbeiten, dabei geplant arbeitsteilig gegliedert sind und ihre Aktivität auf Dauer eingerichtet haben« (Fuchs-Heinritz 2024, 909).

9.1.3 Explikation

Die Allgemeinheit des Systembegriffs macht es möglich, alles und jedes als System zu bezeichnen. Der Begriff wird beispielsweise genutzt, um Heizungsanlagen, Spiele, Körper, Organisationen oder Personen zu beschreiben. Mit dem Systembegriff können strukturelle Zusammenhänge (z. B. die Organisation einer Wohneinrichtung) unter der Fragestellung betrachtet werden, wie die Teilstrukturen einer solchen Organisation so zusammenwirken, dass »ein geschlossener, sich selbst erhaltender Funktionszusammenhang entsteht, der nach außen abgegrenzt ist« (Bahrdt 2014, 113). Zu fragen ist dann nach der inneren Organisation des Systems (im Beispiel: der Wohneinrichtung) und seiner Interaktion mit der Umwelt (also allem, was nicht zur Wohneinrichtung gehört), nach der Struktur und Funktion der Systeme, also nach der Art und Weise, wie sich ein System bildet, organisiert, stabilisiert, sich von den anderen Systemen abgrenzt und welche Funktionen es für die anderen Systeme besitzt. Im Beispiel wäre also zu fragen, wie die Wohneinrichtung organisiert ist, wie sie ihre Leistungen erbringt und mit anderen Organisationen – etwa einer Werkstatt für behinderte Menschen – zusammenhängt. Der Systembegriff geht davon aus, dass alle Systemteile *interdependent* – also untereinander in Beziehung stehend – sind. Veränderungen einzelner Systemelemente wirken *mittelbar* auf alle anderen Systemelemente ein und verändern so den Zustand des Gesamt-Systems. Hervorzuheben ist dabei die Relativierung »mittelbar«, denn eine direkte Wirkung nach dem Muster »immer wenn, dann« ist damit nicht gemeint. Vielmehr wird anerkannt, dass Beziehungen zwischen Systemelementen deutlich komplexer sind und komplexen Mustern folgen. Systemveränderungen folgen einer Struktur, die durch das Prinzip der Systemerhaltung und/oder des Systemgleichgewichtes bestimmt ist. Damit ist die Tendenz eines Systems gemeint, bestimmte periphere Variablen zu manipulieren, um die zentralen Variablen konstant zu halten. Denkanstoß 9.1 benennt ein Beispiel: die zentralen Variablen der Institution »Krankenhaus mit Schwerpunkt Knieoperationen« sind zum Beispiel die Belegschaft und die materielle Struktur (z. B. das Krankenhausgebäude); um diese zu erhalten, werden periphere Variablen (hier: die Anzahl der Knie-

Operationen) verändert. Denkanstoß 9.2 verdeutlicht diesen Zusammenhang entlang der Anzahl unterschiedlicher Fahrradmodelle.

Mit diesen allgemeinen Formulierungen soll der gemeinsame Kern der verschiedenen systemtheoretischen Perspektiven bestimmt werden, die hier im Einzelnen nicht ausführlich vorgestellt werden können. Folgende drei Theorien lassen sich grob unterscheiden:

1. Strukturell-funktionale Systemtheorie
2. Funktional-strukturelle Systemtheorie
3. Neuere Systemtheorie

Die *strukturell-funktionale Systemtheorie* geht auf Parsons (1951) zurück, der soziale Systeme primär unter dem Gesichtspunkt der Systemerhaltung analysiert hat. Soziale Systeme werden dahingehend untersucht, welche spezifischen Strukturen sie aufweisen, welche Funktionen sie für das Gesamtsystem erfüllen und wie diese Strukturen und Funktionen gesichert und stabilisiert werden können, um das gesellschaftliche Gleichgewicht zu erhalten (Parsons 1972, 2009). Diese Konzeption wird auch normative Systemtheorie genannt, da den Gesellschaftsmitgliedern kaum mehr übrigbleibt, als sich an den vorgegebenen sozialen Normen zu orientieren. Dementsprechend ist der Sozialisationsprozess, in welchem die Normen verinnerlicht werden, mehr durch Rezeption denn durch Autonomie geprägt – die Menschen passen sich an.

Nicht zufällig hat diese systemtheoretische Konzeption beim Wiederaufbau der Bundesrepublik nach 1948 (und für die Wiedereinführung der westdeutschen Soziologie) einen bedeutenden Einfluss gehabt, weil sie die Frage zu lösen versprach, wie es zu einer stabilen Ordnung der Gesellschaft (bzw. von Gesellschaften generell) kommen kann. Für den Wiederaufbau der Bundesrepublik war insbesondere das Verhältnis von Funktion und Struktur attraktiv: In der strukturell-funktionalen Systemtheorie liegt der Untersuchungsfokus auf Strukturen und es wird gefragt, mit welchen Funktionen diese aufrecht erhalten werden.

Denkanstoß 9.1: Knie-Operationen in Deutschland

Schauen Sie sich diese Deutschlandkarte an. Was könnten die unterschiedlichen Farben darstellen? Wie interpretieren Sie sie?

Die Lösung ist nicht direkt ersichtlich. Wir erkennen zwar teilweise Grenzen von Bundesländern – so ist etwa Bayern durch dunklere Flächen ausgefüllt oder Mecklenburg-Vorpommern durch hellere –, aber es »verschwimmen« auch Grenzen zwischen Bundesländern. So weisen etwa Nordrhein-Westfalen und Baden-Württemberg sehr unterschiedliche Farbgebunden auf. Es fällt aber auf, dass in bevölkerungsreichen Regionen die Flächen kleiner sind. Die Flächengröße könnte also etwas mit der Bevölkerungsverteilung zu tun haben. Trotzdem fällt es schwer zu vermuten, was hier dargestellt wird. Zum Beispiel könnte die Abbildung die Einkommensverteilung in Deutschland darstellen. Doch dann wären mehr Bundesländer als Bayern schwerpunktmäßig dunkel eingefärbt. Es könnte sich auch um die Anzahl an Skiunfällen pro Jahr handeln, wobei damit die dunkle Färbung von Teilen Niedersachsens, Hessens und Thüringens nicht begründet werden könnte.

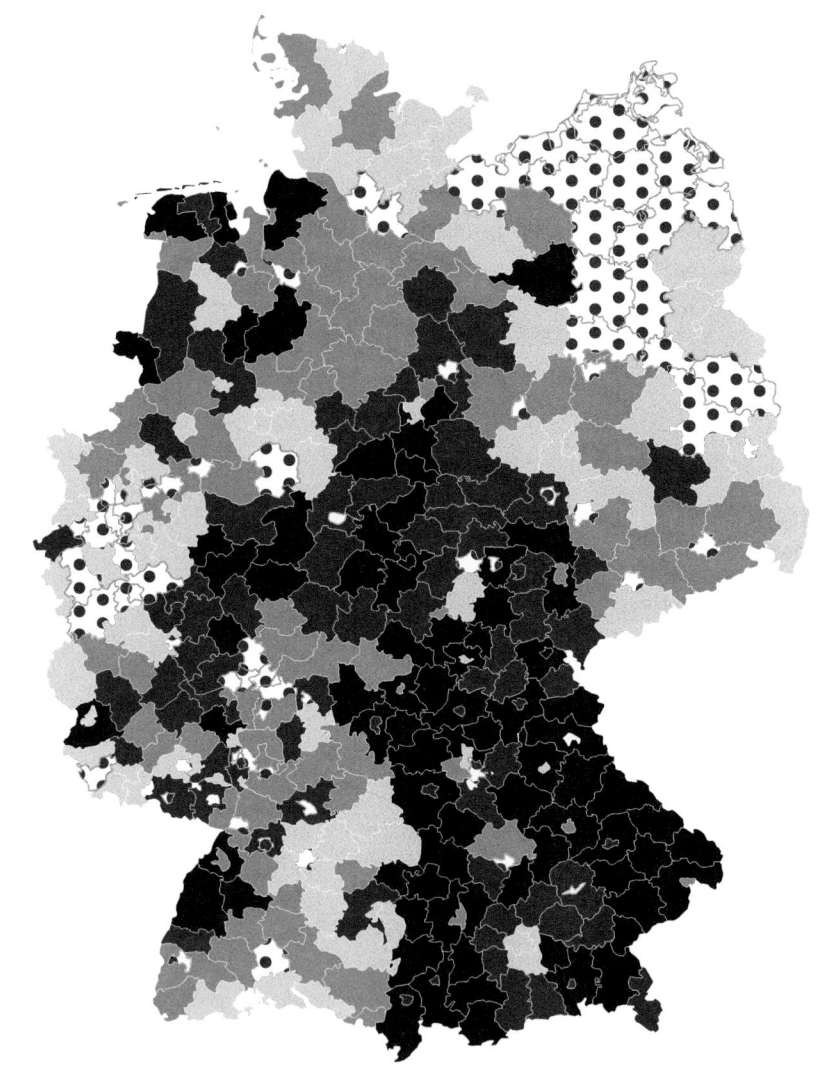

Abb. 15: Deutschlandkarte

Tatsächlich zeigt die Karte die Häufigkeit von erstmaligen Kniegelenkersatz-Operationen in Deutschland (Bertelsmann Stiftung 2013). Je dunkler die Farbe ist, desto mehr Operationen wurden in dem entsprechenden Landkreis durchgeführt. Auffällig ist, dass in Bayern, Hessen, Thüringen und in Teilen Niedersachsens die Anzahl an Kniegelenkersatz-Operationen deutlich höher ist als in Mecklenburg-Vorpommern, Berlin und Brandenburg. Damit hängt die Wahrscheinlichkeit für ein künstliches Kniegelenk auch vom Wohnort ab. Darüber hinaus führen (Rothbauer et al. 2017) ein niedriges Vorkommen von Arthrose und einen niedrigen Sozialstatus als Ursachen für eine geringere Inanspruchnahme von Kniegelenkersatz-Operationen an. Zudem ist auch das Angebot an Ärzt*innen in der Region und die Dichte an Orthopäd*innen entscheidend: »Je geringer die Dichte an Orthopäden und je höher der sozioökonomische Status in der Region waren, umso häufiger wurden [Kniegelenkersatz-Operationen]« (Rothbauer et al. 2017, 26) durchgeführt. Oder anders gesagt: Ob eine Knie-Operation durchgeführt wird, hängt auch davon ab, wie viele Ärzt*innen mit dem Schwerpunkt Knie-Operationen am Wohnort ansässig sind; je mehr Ärzt*innen es gibt, desto mehr Operationen finden statt.

Denkanstoß

1. Wenden Sie die eingeführten systemtheoretischen Begriffe dieses Kapitels auf dieses Beispiel an: Wo finden Sie hier »System«, »Komplexität« etc.?

Als der bekannteste zeitgenössische Vertreter der Systemtheorie gilt der deutsche Soziologe Niklas Luhmann. Der Zugang zu seinen Schriften ist wegen der abstrakten Sprache äußerst schwierig. Zudem erschweren die laufende Weiterentwicklung und Modifizierung seiner Theorie eine zusammenfassende Einführung in sein Gesamtwerk (Berghaus 2022). Die erste Auffassung seiner systemtheoretischen Arbeiten wird als *funktional-strukturelle Systemtheorie* bezeichnet, weil bei ihm – nicht wie bei Parsons der Strukturbegriff – der Funktionsbegriff im Fokus steht. Das zentrale Merkmal moderner Gesellschaften ist nach Luhmann ihre große, unüberschaubare Komplexität. Ein zweites, damit verknüpftes Merkmal moderner Gesellschaften ist ihre funktionale Differenzierung in die verschiedenen Subsysteme. Denkanstoß 9.2. macht das Prinzip der funktionalen Differenzierung am Beispiel von Fahrradmodellen deutlich: Es gibt heute eine Vielzahl von Fahrradtypen und Untertypen, die alle unterschiedliche Funktionen erfüllen. Zum Beispiel lässt sich ein Rennrad für den sportlichen Wettkampf einsetzen, ein Lastenrad für den Transport von Kindern und Gegenständen oder diverse Fahrräder für den Alltag und die Freizeitgestaltung.

Die funktionale Leistung eines jeden (sozialen) Systems ist nach Luhmann nicht im Erhalt des Systemgleichgewichts zu sehen – wie es bei Parsons war –, sondern in der Anpassung des Systems an eine hochkomplexe und im stetigen Wandel befindliche Außenwelt, die aus anderen (sozialen) Systemen besteht. Wird die Umweltkomplexität, respektive werden die Anforderungen durch die anderen Systeme zu groß, zu diffizil oder auch existenzhemmend, so muss das betroffene System darauf antworten, indem es sich (aus-)differenziert (Berghaus 2022).

Soziale Systeme dienen der Reduktion von Komplexität »und zwar durch die Stabilisierung einer Innen/Außen-Differenz. Alles, was über Systeme ausgesagt wird – Differenzierung in Teile, Hierarchiebildung, Grenzerhaltung, Differenzierung von Struktur und Prozeß, selektive Umweltentwürfe usw. –, läßt sich [...] funktional analysieren als Reduktion von Komplexität« (Luhmann 1969, 256).

Die Entwicklung des deutschen Bildungswesens, insbesondere die Konstituierung und Ausdifferenzierung des Schulwesens, lässt sich unter diesem Aspekt gut nachzeichnen: In Deutschland existiert ein mehrgliedriges Schulsystem, das nicht nur zwischen Grund- und weiterführenden sowie berufsbildenden Schulen unterscheidet, sondern sich auch innerhalb dieser Schulformen verschiedentlich ausdifferenziert hat. So lässt sich das Segment der weiterführenden Schulen zum Beispiel differenzieren in die Schultypen Haupt-, Real- und Gesamtschule sowie Gymnasium und Förderschulen. Letztere wiederum sind häufig in unterschiedliche Förderschwerpunkte ausdifferenziert. Die Ausdifferenzierungen sind damit längst nicht alle benannt; so produziert der Bildungsföderalismus ebenso weitere Ausdifferenzierungen wie etwa Zielgruppenspezifika (z.B. Abendschule oder Schule für Kranke). Systemtheoretisch lassen sich diese als funktionale Differenzierungen und Antworten auf die steigende Komplexität der Umwelt – zum Beispiel des Arbeitsmarktes, der »passende« Abgänger*innen wünscht – interpretieren. Dieser Gedanke wird in Kapitel 9.2.1 (▶ Kap. 9.2.1) am Beispiel der Funktionen der Förderschule weiter vertieft. Eine detailliertere Beschreibung des deutschen Schulsystems findet sich in Kapitel 9.2.2 (Kap. 9.2.2).

Erkenntnisse der kybernetischen Biologie (insbesondere die Wissenschaftler Humberto Maturana und Francisco Varela) haben Luhmann zu einem Perspektivwechsel angeregt. Systeme werden nun nicht mehr als offen – auf Verarbeitung ungeregelter Außeneinflüsse ausgerichtet – verstanden, sondern als »selbstreferentiell« bzw. »autopoietisch«, respektive auf sich selbst bezogen bzw. sich selbst erzeugend interpretiert (Berghaus 2022).

> »Autopoiesis ist ein Begriff aus der Biologie. Dort ist er auf lebende Organismen bezogen, die sich ›aus sich selbst heraus‹ reorganisieren/reproduzieren. Luhmann verwendet die Begriffe Autopoiesis, Selbstreferenz und Selbstorganisation synonym. Die Umwelt wird hinsichtlich der Fortdauer eines Systems unwichtig, sogar überflüssig. D.h., zwischen System(en) und Umwelt wird die Grenze immer wichtiger; autopoietische Systeme sind operativ geschlossen« (Treibel 2006, 40).

Luhmann (1992) intendierte keine anwendungsorientierte Theorie, er nahm als Wissenschaftler eine distanzierte Position ein, wie die folgende Aussage verdeutlicht: »Mein Hauptziel als Wissenschaftler ist die Verbesserung der soziologischen Beschreibung der Gesellschaft und nicht die Verbesserung der Gesellschaft.« Seine theoretische Konzeption hat in anderen Disziplinen wie Pädagogik, Kunsttheorie, Religionswissenschaft, Organisationstheorie, Medienwissenschaft sowie Rechts- und Wirtschaftswissenschaft vielfältige und zahlreiche Anwendung gefunden.

Denkanstoß 9.2: Funktionale Differenzierung von Fahrrädern

Katharina ist auf der Suche nach einem neuen Fahrrad, mit dem sie jeden Morgen zur Uni fahren kann. Beim Besuch im Fahrradladen stellt sie fest, dass es aktuell viele unterschiedliche Fahrradmodelle gibt. Möchte sie eher ein Trekkingbike oder ein Hollandrad? Oder doch lieber etwas Sportlicheres wie ein Rennrad oder Mountainbike? Wie wäre es mit einem E-Bike? Das ganze Angebot macht die Entscheidung für Katharina schwer. Noch vor ein paar Jahren gab es nur ein Modell für Freizeiträder, eines für den Sport- und Hybridfahrräder. Das hätte die Entscheidung deutlich vereinfacht.

Woran liegt es, dass es mittlerweile so viele unterschiedliche Modelle von Fahrrädern gibt? Eine mögliche Erklärung liefert die Systemtheorie: Die moderne Gesellschaft befindet sich in einem ständigen Wandel, der von einer unüberschaubaren Komplexität geprägt ist. Nach der funktional-strukturellen Systemtheorie liegt die Funktionalität eines Systems in der Anpassung an die komplexe und sich stetig wandelnde Außenwelt (Berghaus 2022). Auf eine komplexer werdende Umwelt kann ein System mit seiner funktionalen Differenzierung reagieren.

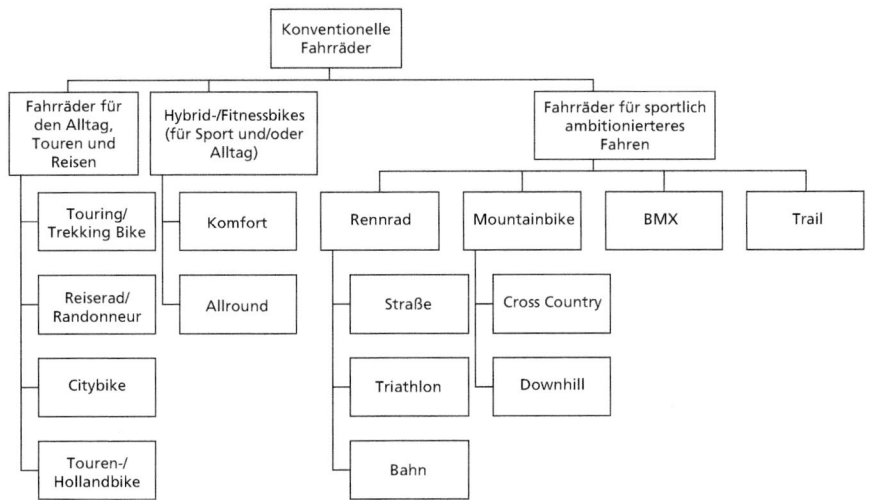

Abb. 16: Konventionelle Fahrräder (eigene Grafik basierend auf: *https://www.rad-reise-service.de/fahrrad-typologie.html*; Quelle ist nicht mehr abrufbar)

Kund*innen haben immer komplexere Anforderungen an Fahrräder. Am Beispiel der Sportfahrräder zeigt sich, dass in Rennräder, Mountainbikes, BMX und Trails unterschieden werden kann. Die Kund*innen bringen aber auch noch unterschiedliche Anforderungen an die Rennräder mit: Manche möchten sie auf der Straße, manche auf einer Radrennbahn und andere beim Triathlon nutzen. Die Fahrradhersteller*innen reagieren darauf, indem sie sich an diese Umweltanforderungen anpassen und Fahrräder für unterschiedliche Funktionen und Anforderungen produzieren. Dies geschieht auch mit den anderen Fahrradmodellen, sodass sich diese immer weiter ausdifferenzieren.

Denkanstöße

1. Übertragen Sie die Erkenntnisse aus dem Denkanstoß auf weitere Kontexte, insbesondere auf soziale Systeme.

2. Warum gibt es bei Förderschulen eine Ausdifferenzierung in unterschiedliche Förderschwerpunkte und Behinderungen?
3. Wie kommt es zu dieser Ausdifferenzierung? Was sind konkrete Wirkmechanismen?

Im Folgenden sollen einige systemtheoretische bzw. organisationstheoretische Überlegungen, zunächst allgemein und nachfolgend weiter unten am Beispiel »Schule« konkretisiert werden.

Institutionen und Organisationen

Institutionen und Organisationen lassen sich nicht deutlich voneinander unterscheiden, weil sie gemeinsame charakteristische Elemente aufweisen. Der gemeinsame Kern von beiden Begriffen ist die geregelte Kooperation von Menschen. Die folgenden Ausführungen zu Institutionen und Organisationen und die genannten Beispiele sind an Gukenbiehl (2016) angelehnt.

Beispiele für Institutionen

> »Vielfältige Formen geregelten Zusammenwirkens bei der Kommunikation (z. B. Begrüßung, Diskussion, Unterricht), bei der Arbeit und im Handel (z. B. Betrieb, Tausch, Kauf), bei der Nutzung und Verwaltung (z. B. Wohngemeinschaft, Gemeinde), bei der Pflege und Erziehung (z. B. Altenheim, Kindergarten, Schule), bei Spiel, Festen und Feiern (z. B. Fußballspiel, Kirchweih, Gottesdienst), aber auch bei geregelten Auseinandersetzungen (z. B. Gericht, Zweikampf) und schließlich an die umfassenderen Formen gemeinsamen Lebens wie in Familie, Kloster oder Staat« (Gukenbiehl 2016, 175).

Nach Auffassung des Kulturanthropologen Malinowski (1960) ist eine *Institution eine Einheit aus vier Arten von Elementen* (hier am Beispiel der kirchlichen Trauungszeremonie):

1. der *Idee der Institution* (im Beispiel der Gedanke des Ehesakraments): Warum existiert sie?
2. des *Personalbestands der Institution* (vorgesehene Rollen von Braut, Bräutigam, Pfarrer*in): Wer ist beteiligt?
3. der *Regeln oder Normen* (rituell festgelegte Reden, Fragen, Antworten und Gesten einschl. Segen und Ringtausch): Wie verhält man sich?
4. der *materielle Apparat* (Gegenstand, Räume, Trauringe, Hochzeitskleid etc.): Was ist verdinglicht?

Durch Institutionen werden Aufgaben und Probleme, die immer wieder vorkommen, in gleichartiger und damit vorhersehbarer Weise bewältigt. Dadurch besitzen Institutionen die Funktion der Integration, indem sie Sicherheit, Ordnung und Stabilität schaffen. Andererseits können Freiräume eingeschränkt werden, vor allem, wenn sich die gesellschaftlichen Bedingungen, unter denen bestimmte Institutionen entstanden sind, verändern.

Beispiele für Organisationen

Konzerne, Banken, Verwaltungen, Finanzämter, Gewerkschaften, Parteien, Kirchen, Schulen, Verkehrsbetriebe, Rundfunk- und Fernsehanstalten, Krankenhäuser, Sportclubs, Jugendverbände etc.

Organisationen eint die folgenden gemeinsamen Merkmale:

- Sie sind bewusst und meist auch planvoll zur dauerhaften Erreichung eines bestimmten Ziels oder eines bestimmten Zwecks gebildet worden.
- Sie besitzen eine gedanklich geschaffene und allgemeinverbindlich festgelegte Ordnung oder Struktur.
- Die Aktivitäten der Mitglieder und die verfügbaren Mittel sollen so koordiniert werden, dass die Erreichung des Ziels auf Dauer gewährleistet wird.

Institutionen haben eine Integrationsfunktion, indem sie Sicherheit, Ordnung und Stabilität schaffen. Institutionen geben damit eine feste und schützende Struktur vor, in der gehandelt wird, können damit aber auch einschränken bzw. beschränken. Abzugrenzen ist der systemtheoretische Institutionenbegriff vom Verständnis des Institutionenbegriff der Sozialisationstheorie (▶ Kap. 7). Aus der Perspektive der strukturell-funktionalen Systemtheorie (Parsons 1972, 2009) orientieren sich die Gesellschaftsmitglieder an vorgegebenen sozialen Normen. Dementsprechend ist der Sozialisationsprozess, in dem Normen verinnerlicht werden, primär durch Rezeption statt durch Autonomie geprägt. Folgt man den zentralen Prinzipien/Denkmustern des Strukturfunktionalismus nach Parsons (1972, 2009), dann erfüllen die einzelnen Subsysteme – daher auch die häufig verwendete Bezeichnung als Funktionssysteme – spezifische, funktionale Aufgaben, um die Gesamtstruktur einer Gesellschaft aufrecht zu halten (Jochmaring & Falk 2023).

Von Organisationen spricht man, wenn ein primär zweckrationales Handeln strukturell vorherrschend ist und ein gemeinsames Merkmal von den verbundenen Elementen geteilt wird. Organisationen dienen der geplanten und bewusst fest definierten Zielerreichung – sie sind auf ein dauerhaftes Bestehen ausgerichtet (Luhmann 1987).

Institutionen und Organisationen haben gemeinsam, dass ein regelhaftes kooperatives Handeln zwischen den in ihnen handelnden Individuen – systemtheoretisch interpretiert zwischen den Rollenträger*innen – vorliegt. Durch die auf Dauerhaftigkeit ausgerichtete und starre Zielorientierung sind Organisationen weitgehend veränderungsresistent, respektive fest etabliert. Sie sind weitgehend resistent gegenüber der Änderung sozial-politischer und normativer Zielkonstruktionen (Jochmaring & Falk 2023): Zum Beispiel sind Änderungen des normativen Leitbildes von der Integration zur Inklusion in der UN-Behindertenrechtskonvention oder Überlegungen zur Wertschätzung von Behinderung als Teil menschlicher Vielfalt im Zuge des Verständnisses egalitärer Differenz (Prengel 1993) erstmal folgenlos für institutionelle Strukturen. Salopp ausgedrückt: Egal welche Diskurse geführt werden und mit welcher sprachlich wie emotionalen Intensität diese ausgefochten werden – beispielhaft zu nennen hier Debatten um Gendersternchen, Veganismus oder Heteronormativität –, die Institutionen und

Organisation machen einfach weiter und zwar nach ihrem eigenen Regelwerk. Diese »Trägheit« von Organisationen ist dann problematisch, wenn man beachtet, welchen Einfluss Organisationen auf die Lebensläufe ganzer Bevölkerungsgruppen haben (Nassehi 2007) und damit auch auf die Institutionalisierung des Lebenslaufs von Menschen mit Behinderungen (▶ Kap. 7).

Die systemtheoretische Perspektive ermöglicht beispielsweise die Analyse von Schule bzw. dem Bildungssystem und ist schon deshalb sonderpädagogisch relevant, weil verbreitete Analyse- und Erklärungsansätze von Behinderung auf diese Theorie zurückgreifen (vgl. Systemische Analyseebene von Behinderung (▶ Kap. 2.1); systemtheoretisches Paradigma (▶ Kap. 2.2.2); Behinderung als Systemfolge, (▶ Kap. 9.1.1)).

9.2 Transfer: Behinderung aus systemtheoretischer Perspektive

Behinderung aus systemtheoretischer Perspektive mehr als überblickartig vorzustellen, würde den Rahmen dieses Lehrbuchs sprengen; gehören doch in diesen Themenbereich die Gesamtheit der medizinischen, schulischen, beruflichen und sozialen Rehabilitationssysteme sowie die sozialpolitischen und rechtlichen Grundlagen der Rehabilitation. In den folgenden Ausführungen werden lediglich einzelne Aspekte aus systemtheoretischer Perspektive skizziert, ohne der Komplexität der Thematik vollumfänglich gerecht zu werden. Dabei haben wir solche Aspekte ausgewählt, die uns für Studierende mit Interesse an Behinderung besonders wichtig erscheinen.

9.2.1 Gesellschaftlichen Funktionen der Förderschule

Schule kann als Organisation verstanden werden, wenn primär die Organisationsziele und das Regelwerk zur Erreichung der Ziele wie die Arbeitsteilung und Kooperation in den Blick genommen werden.

Die Frage nach den Funktionen der Schule will klären, welchen Beitrag diese Institution für die Reproduktion der Gesamtgesellschaft leistet, respektive Schule Chancengleichheit im Bildungs- und Ausbildungswesen herstellt oder verhindert.

Denkanstoß 9.3: Steigender Förderbedarf

Kinder und Jugendliche mit sonderpädagogischem Förderbedarf können in Förderschulen oder inklusiv an allgemeinbildenden Schulen eingeschult werden (Autor:innengruppe Bildungsberichterstattung 2024). Seit der Ratifizierung der UN-BRK sollen jedoch besondere Anstrengungen unternommen werden, diese Kinder und Jugendlichen stärker inklusiv zu beschulen – das heißt im gemeinsamen Unterricht an einer Regelschule gemeinsam mit Kindern ohne Behinderung. Ein Blick auf Abbildung 17 zeigt drei Entwicklungen (Linien von unten nach oben):

1. Der Anteil der Schüler*innen mit sonderpädagogischem Förderbedarf, die eine Regelschule besuchen, steigt seit circa 2008 an (untere Linie).
2. Der Anteil der Schüler*innen, die eine Förderschule besuchen, hat sich im gleichen Zeitraum jedoch kaum verändert (mittlere Linie).
3. Der Anteil der Kinder mit diagnostiziertem Förderbedarf steigt kontinuierlich – und fast parallel zur Quote der Schüler*innen mit Förderbedarf, die eine Regelschule besuchen (obere Linie).

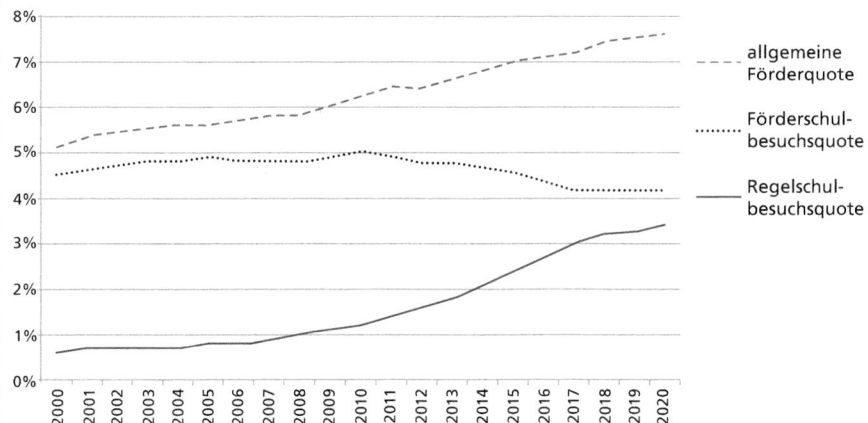

Abb. 17: Schüler*innen mit sonderpädagogischem Förderbedarf an Förder- und Regelschulen (eigene Grafik angelehnt an Jochmaring (2019) und Kultusministerkonferenz – KMK (2024))

Die Autor:innengruppe Bildungsberichterstattung bewertet den Anstieg der Regelschulbesuchsquote (untere Linie) als deutlich zu langsam: Es »zeigt sich [...] kaum Bewegung im Bereich der inklusiven Einschulung von Kindern mit Förderbedarfen« (Autor:innengruppe Bildungsberichterstattung 2024, 124). Außerdem sehen die Expert*innen einen Zusammenhang zwischen der Anzahl der Förderschulen und der Zahl der eingeschulten Kinder: Die Zahl der Förderschulen bleibt konstant, die der dort eingeschulten Kinder auch (Autor:innengruppe Bildungsberichterstattung 2024).

Bemerkenswert ist jedoch der Anstieg der Kinder mit einem diagnostizieren Förderbedarf. Wie lässt er sich erklären?

Diese Entwicklungen können unterschiedlich interpretiert werden: Zur gelingenden schulischen Inklusion werden ausreichend räumliche, materielle und personelle Ressourcen benötigt (Autor:innengruppe Bildungsberichterstattung 2024), die möglicherweise nicht an allen allgemeinbildenden Schulen vorhanden sind. So sind beispielsweise nicht alle Schulen barrierefrei. Dies würde aber nicht begründen, warum der Anteil an Schüler*innen mit sonderpädagogischem Förderbedarf, also die allgemeine Förderquote (obere Linie), ansteigt. Eine Ursache könnte in veränderten diagnostischen Methoden zur Feststellung eines Förderbedarfs oder an mehr verfügbaren Tests liegen.

Eine systemtheoretische Perspektive legt aber noch einen anderen Zusammenhang nahe: Hier ließe sich ein Selbsterhaltungsmotiv von Förderschulen vermuten, da diese in vielen Bundesländern die Feststellungsverfahren initiieren und durchführen (Autor:innengruppe Bildungsberichterstattung 2024). Sie bestimmen damit selber mit, wie viele Schüler*innen an ihren eigenen Schulen eingeschult werden – und halten so den Systemerhalt ihres eigenen Beschäftigungssystems in den Händen. Durch den aus der oberen Linie ablesbaren Anstieg der Schüler*innen mit diagnostiziertem sonderpädagogischen Förderbedarf gewinnt die Sonderpädagogik an Bedeutung und ein zusätzlicher Bedarf an Förderung und Förderschullehrkräften entsteht. Damit sind sowohl der Erhalt der Förderschulen als auch der dort angesiedelten Beschäftigten gesichert und gleichzeitig wird dem politischen Willen nach einer Erhöhung der Inklusionsquote entsprochen. In dieser Lesart könnte man vermuten: Das Schulsystem kommt dem Wunsch nach mehr Inklusion nicht durch eine Schließung von Förderschulen nach, sondern es erhält sich selbst. Darüber hinaus adressiert das Schulsystem den politischen Wunsch nach inklusiver Beschulung, indem mehr Kinder mit diagnostiziertem Förderbedarf auf eine Regelschule einmünden. Um dies zu erreichen, werden mehr Förderbedarfe diagnostiziert.

Dazu passt, dass Frings (2022) herausarbeitet, dass Förderschulen weitgehend dort in Anspruch genommen werden, wo sie zu finden sind. Weishaupt (2019) und Goldan und Grosche (2021) weisen nach, dass in Nordrhein-Westfalen der Anteil der Schüler*innen mit diagnostiziertem Förderbedarf an Grundschulen höher ist, je geringer die Distanz zur nächsten Förderschule ausfällt. Das bedeutet, je größer das Angebot an Förderschulen ist, desto größer ist auch die Nachfrage.

Denkanstoß

1. Wie ließen sich gleiche Chancen für alle Schüler*innen erzeugen?

Betrachtet man die Förderschule unter der Fragestellung, welchen Stellenwert und welche Funktionen sie innerhalb des Bildungssystems hat und damit auch, welche Funktionen sie für die Erhaltung des Systemgleichgewichts einnimmt, so lassen sich vier gesellschaftliche Funktionen von Förderschulen unterscheiden:

1. Qualifizierungsfunktion
2. Sozialisierungs- bzw. Sozialisationsfunktion
3. Selektionsfunktion
4. Entlastungsfunktion

Zumindest die ersten drei Funktionen gelten für das Schul- und Ausbildungssystem generell, also nicht nur für das Förderschulwesen und sie sind auch unabhängig von der jeweiligen Gesellschaftsstruktur wirksam: Jede Gesellschaft ist bemüht, die nachwachsende Generation einerseits so zu qualifizieren, dass sie in der Lage ist, diejenigen beruflichen Positionen zu übernehmen, die für die Reproduktion der Gesellschaft lebensnotwendig sind, und andererseits so zu sozialisieren, dass sie zu gesellschaftlich handlungsfähigen, »autonomen« Individuen werden, die in Eigenverantwortlichkeit ihr individuelles Leben gestalten und am gesellschaftlichen Leben partizipieren können (Fend 2009). Sehen wir uns die vier Funktionen im Detail an.

Qualifizierungsfunktion

Eine Aufgabe der allgemeinbildenden Schule ist es, diejenigen Basisqualifikationen zu vermitteln, auf denen eine Berufsausbildung aufbauen kann. Das gilt auch für die Schule mit dem Förderschwerpunkt (FSP) Lernen, jedoch mit Einschränkungen, wie diese beispielhaften Kritikpunkte verdeutlichen (Jochmaring 2019; Jochmaring & York 2023):

- Die Schule mit dem FSP Lernen bereitet nicht auf technologisch vorangeschrittene Produktionsbereiche vor.
- Die Schule mit dem FSP Lernen qualifiziert überwiegend für vorindustrielle, agrarische und kleinbetriebliche, handwerkliche Tätigkeiten sowie einfache Dienstleistungen. Angesichts der digitalen Transformation des Arbeitsmarktes »qualifiziert« die Schule mit dem FSP Lernen viele ihrer Schüler*innen nicht adäquat.

Sozialisierungsfunktion

Zur Sozialisierungsfunktion gehört, dass die marginalisierten Bevölkerungsgruppen »unauffällig« bleiben und nicht durch Devianz und Delinquenz die Normalität »stören« und zusätzliche Kosten verursachen. Angesichts vielfältiger Instabilitäten in der familialen Erziehung soll Schule zunehmend die Aufgabe übernehmen, Defizite familialer Erziehung zu kompensieren bzw. die familiale Sozialisation zu ergänzen. Beispiel: In den letzten Jahren ist die Frage der Vermittlung von Medienkompetenzen gestellt worden: Sollen und können diese ausreichend in allen Familien vermittelt werden? Oder kann oder muss Schule hier in die Sozialisation eingreifen und jungen Menschen – unabhängig von den Erfahrungen in ihrer Familie – Medienkompetenzen vermitteln?

Selektionsfunktion

In unserer hochkomplexen arbeitsteiligen Dienstleistungsgesellschaft sind die Berufspositionen mit sehr unterschiedlichen Qualifikationsanforderungen, aber auch mit sehr unterschiedlichen symbolischen Gratifikationen (z.B. Prestige) und materiellen Gratifikationen (z.B. Einkommen) ausgestattet. Da nicht jede*r die erstrebenswertesten Positionen einnehmen kann und soll, hat die Schule auch die Aufgabe, eine (Vor-)Auswahl zu treffen, respektive über Schulabschlüsse »Weichen zu stellen«, damit die »Qualifikationsströme« entsprechend den antizipierten gesellschaftlichen Ansprüchen richtig kanalisiert werden. Beispiel: Liegen mehrere Bewerbungen um eine Ausbildungsstelle vor, kann sich ein Unternehmen auf die Vorselektion von Bewerbenden stützen und Bewerbungen mit einem bestimmten Abschluss oder bestimmten Zensuren »aussortieren«. Die Schule hat damit über Zeugnisse eine Selektion für das Unternehmen übernommen.

Entlastungsfunktion

Damit die Schule ihren »Bildungsauftrag«, so wie er in Richtlinien, Lehr- und Lernzielen, im Bildungskanon kodifiziert ist, effektiv erfüllen kann, insistiert sie auf einer in Leistung und Verhalten weitgehend homogenen Schülerschaft. Schüler*innen, die »zu langsam« lernen oder den Unterricht »zu massiv« stören, gefährden den Bildungsauftrag der Schule. Die Förderschule (früher »Sonderschule«; ursprünglich als »Hilfsschule« gegründet) hat insofern für die Regelschule eine Entlastungsfunktion, da sie der Regelschule die »schwierigen« Schüler*innen abnimmt, sie also von pädagogischen Zusatzaufgaben entlastet. Diese Funktion gilt nach wie vor, trotz Namens- und Strukturveränderungen und der Entwicklung hin zu einem sogenannten »inklusiven Schulsystem«. Die Förderschulen haben bislang weder funktional noch quantitativ an Bedeutung verloren (vgl. hierzu Denkanstoß 9.3). Der relative Anteil der Schüler*innen, die an Förderschulen unterrichtet werden, ist – mit leichten jährlichen Schwankungen zwischen 4–5 % – in den letzten zwanzig Jahren verhältnismäßig konstant geblieben (Jochmaring 2019; Kultusministerkonferenz – KMK 2020; 2022; Preuss-Lausitz 2019).

Daher gilt die »alte« Feststellung, wie hier exemplarisch von Preuss-Lausitz (1981; 2018), nach wie vor:

> »Alle empirischen Daten sprechen dafür, dass die Hilfsschule weiterhin ungebrochen den Kreislauf von sozialer Deklassierung, Hilfsschule und wieder sozialer Deklassierung aufrechterhält. Daran haben weder die absolute Expansion der Hilfsschule noch die Veränderungen im Übrigen allgemeinbildenden Schulsystem etwas geändert. Die Hilfsschule bleibt weiterhin die Schule des deklassierten und von Deklassierung bedrohten Proletariats. Sie verringert die gesellschaftliche soziale Ungleichheit nicht, sondern trägt zu ihrer Stabilisierung bei« (Preuss-Lausitz 2018, 61).

Denkanstoß 9.4: Unterschiedliche Förderschulquoten nach Bundesländern

> Mit Blick auf die Bundesländer (▶ Abb. 18) fällt auf, dass die Förderschul- und Regelbesuchsquoten stark divergieren (Autor:innengruppe Bildungsberichterstattung 2024). Während die Förderschulbesuchsquoten in Bremen, Hamburg, Mecklenburg-Vorpommern, Schleswig-Holstein, Berlin und Thüringen gering ausfallen, ist diese Quote in Süddeutschland mit über 4 % überdurchschnittlich hoch.

9.2 Transfer: Behinderung aus systemtheoretischer Perspektive

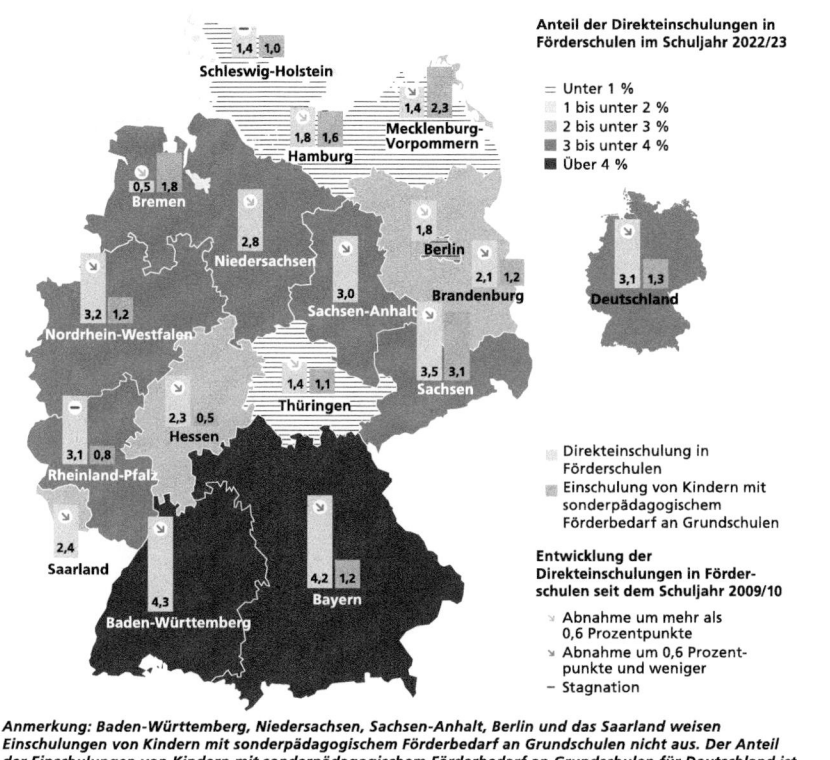

Abb. 18: Einschulung von Kindern mit sonderpädagogischem Förderbedarf, 2022/23 (Quelle: Autor:innengruppe Bildungsberichterstattung 2024, 125)

Denkanstoß

1. Schauen Sie sich die Abbildung 18 genau an. Wo erkennen Sie besonders große Differenzen in der Einschulung an Förder- und Grundschulen von Schüler*innen mit sonderpädagogischem Förderbedarf?

9.2.2 Rehabilitationssystem der Bundesrepublik Deutschland

Die enge Verbundenheit der Begriffe »Behinderung« und »Rehabilitation« zeigt sich in Deutschland deutlich am ausdifferenzierten Rehabilitationssystem zur Förderung und Versorgung »versehrter« und behinderter Menschen. Dieses System gliedert sich in berufliche, medizinische, schulische und soziale Rehabilitation. Dem lateinischen Wortursprung nach bedeutet Rehabilitation so viel wie »Wiedergewinnung einer Fähigkeit«, was sich auf die (Wieder-)Herstellung von Arbeitsfähigkeit im Rahmen der beruflichen Rehabilitation beziehen kann und somit den sozialpolitischen und ökonomischen Charakter der Rehabilitation unterstreicht (Clausen 2022). Abzugrenzen ist Rehabilitation vom Begriff der »Prävention«, der im deutschen Gesundheitswesen zielgerichtete Maßnahmen und Aktivitäten meint, die der Vermeidung von Krankheiten und gesundheitlichen Schädigungen dienen sowie das Risiko einer Erkrankung verringern bzw. ihr Auftreten hinauszögern (BFG – Bundesministerium für Gesundheit 2019).

Es lassen sich vier Bereiche der Rehabilitation und Teilhabe unterscheiden:

1. medizinische Rehabilitation
2. schulische Rehabilitation
3. berufliche Rehabilitation
4. soziale Rehabilitation (auch: Teilhabe an der Gemeinschaft)

Medizinische Rehabilitation

Zur medizinischen Rehabilitation gehört die Akutversorgung behinderter Menschen in spezialisierten Rehabilitationskliniken (sogenannte »Einrichtungen der Phase I«) ebenso wie die ambulante medizinische, physiotherapeutische und psychotherapeutische Versorgung chronisch kranker bzw. behinderter Menschen. Aufgrund des demografischen Wandels, der sich in einem deutlichen Anstieg der Zahl alter Menschen niederschlägt, wird in Zukunft die geriatrische Rehabilitation, das heißt die Unterstützung der altersbedingt behinderten bzw. chronisch erkrankten Menschen noch weiter an Bedeutung gewinnen.

Schulische Rehabilitation

In der Bundesrepublik Deutschland existiert ein ausgebautes und differenziertes Netz an *Förderschulen* (ehemals: Sonderschulen), das nach Förderschwerpunkten (ehemals: Arten von Behinderung) gegliedert wird. Da das Schulwesen in Deutschland föderal organisiert ist (»Kulturhoheit der Länder«), ist es Angelegenheit der einzelnen Bundesländer, die genauen Vorschriften über Art und Umfang der Schultypen zu treffen. Dies befördert die Vielgestaltigkeit und regionalen Unterschiede des schulischen Rehabilitationssystems (vgl. Denkanstoß 9.4). Gegenwärtig gibt es beispielsweise im Bundesland Nordrhein-Westfalen folgende Förderschultypen:

- Schule mit dem *Förderschwerpunkt geistige Entwicklung* (ehemals: Schule für Geistigbehinderte)
- Schule mit dem *Förderschwerpunkt Lernen* (ehemals: Schule für Lernbehinderte)
- Schule mit dem *Förderschwerpunkt emotionale und soziale Entwicklung* (ehemals: Schule für Verhaltensgestörte/Erziehungsschwierige)
- Schule mit dem *Förderschwerpunkt Hören und Kommunikation* (ehemals: Schulen für Gehörlose/Schule für Hörbehinderte/Gehörlose)

- Schule mit dem *Förderschwerpunkt körperliche und motorische Entwicklung* (ehemals: Schule für Körperbehinderte)
- Schule mit dem *Förderschwerpunkt Sehen* (ehemals: Schule für Blinde/Sehbehinderte)
- Schule mit dem *Förderschwerpunkt Sprache* (ehemals: Schule für Sprachbehinderte)

Die Entscheidung über die Förderbedürftigkeit trifft die Schulaufsichtsbehörde (Schulamt) nach entsprechenden Verfahren (Ausbildungsordnung Sonderpädagogische Förderung – AO-SF). Die sonderpädagogische Förderung kann an allgemeinen Schulen (gemeinsamer Unterricht, integrative Lerngruppen), an Förderschulen, in sonderpädagogischen Förderklassen, an Berufskollegs mit Förderschwerpunkt sowie in allgemeinen Berufskollegs und in sogenannten Schulen für Kranke stattfinden.

Seit Inkrafttreten der UN-Behindertenrechtskonvention in Deutschland im Jahr 2009 hat sich der Anteil der sonderpädagogisch geförderten Schüler*innen deutlich erhöht (vgl. hierzu Denkanstoß 9.3). Dies erklärt sich mit der vermehrten Etikettierung von Schüler*innen als »sonderpädagogisch förderungsbedürftig« im Zuge der sogenannten inklusiven Schulentwicklung. Es bedeutet in der Konsequenz eine häufigere Beschulung in Regelschulen für Schüler*innen mit Förderbedarf, ohne dass die Förderschulen substanziell an Bedeutung einbüßen (Jochmaring 2019). Die allgemeinen Förderquoten (sonderpädagogische Förderung in Förder- wie auch in Regelschulen) unterscheiden sich stark zwischen den einzelnen Bundesländern (vgl. hierzu Denkanstoß 9.4). Seit dem Jahrtausendwechsel bewegen sich die allgemeinen Förderquoten zwischen ca. 5 % bis 10 % in den verschiedenen Bundesländern mit jährlichen Veränderungen der Anteile sonderpädagogisch geförderter Schüler*innen. Ebenso variieren die Anteile separater Beschulung in Förderschulen und integrativer bzw. inklusiver Beschulung in Regelschulen (Autor:innengruppe Bildungsberichterstattung 2024; Jochmaring 2019; Kultusministerkonferenz – KMK 2024).

Die starken Unterschiede in den Bundesländern zeigen sich nicht nur in dem Beschulungsort und der Höhe der Förderquoten, sondern auch an den substanziell differenten Einschulungsanteilen in separate Fördersysteme bzw. Regelschulen (vgl. hierzu Denkanstoß 9.4). Kritisch einzuschätzen ist, dass in vielen Bundesländern der Wechsel zwischen den Schultypen in drei von vier Fällen in Richtung einer »Abschulung« in die Förderschule passiert, statt dass der »Aufstieg« aus der Förderschule in eine Regelschule gelingt. Weiter divergieren die Quoten der Einschulung in eine Förderschule bzw. in eine Regelschule bundeslandspezifisch erheblich (Kultusministerkonferenz – KMK 2024).

Die systemtheoretische Perspektive auf das schulische Rehabilitationssystem hat eine Reihe von Einsichten produziert: Zunächst zeigt sie die hohe Komplexität des Systems der schulischen Rehabilitation, unter anderem am hohen Maß der Ausdifferenziertheit unterschiedlicher Beschulungsformen, Förderschwerpunkte, Förderquoten und Ausführungsformen des gemeinsamen Unterrichts. Durch Einnehmen einer systemtheoretischen Perspektive wurde ebenso herausgearbeitet, dass die Verteilung nach Förderschwerpunkten und der Anteil der separat als auch inklusiv bzw. integrativ beschulten Heranwachsenden bundesweit deutlich variiert. Damit öffnet die systemtheoretische Perspektive den Blick dafür, die Herstellung einer »schulischen Behinderung« zu betrachten. Oder: Das System erzeugt »Behinderung«.

Berufliche Rehabilitation

Die berufliche Aus- und Weiterbildung von behinderten Menschen, einschließlich beruflicher Umschulungsmaßnahmen, kann sowohl in Betrieben als auch in überbetrieblichen Einrichtungen zur beruflichen Rehabilitation erfolgen. Einrichtungen für die berufliche Rehabilitation von behinderten Menschen sind unter anderem die Berufsbildungswerke (BBW), die Berufsförderungswerke (BFW) und die Werkstatt für behinderte Menschen (WfbM).

Berufsbildungswerke (BBW) sind überbetriebliche Ausbildungsstätten, die der beruflichen Erstausbildung behinderter Jugendlicher und junger Erwachsener dienen. In Deutschland existieren über 50 Berufsbildungswerke (BAG BBW – Bundesarbeitsgemeinschaft der Berufsbildungswerke 2021). Zu den Vorteilen der Berufsbildungswerke gehört beispielsweise, dass die Berufsausbildung nicht unter einem Produktionszwang steht, wie in betrieblichen Ausbildungsstätten, und dass zugleich auch medizinische und soziale Rehabilitationsleistungen erbracht werden. Nachteile liegen in der separierenden Funktion der Einrichtungen, gegebenenfalls auch in der Internatsunterbringung, wobei die Betreuungsintensität und der Grad der Verselbstständigung der Wohnenden variieren. So besteht in der Regel wenig Kontakt zwischen Jugendlichen mit und ohne Behinderung.

Berufsförderungswerke (BFW) sind überbetriebliche Ausbildungseinrichtungen für behinderte Erwachsene, bei denen im Verlauf des Erwerbslebens eine Behinderung/chronische Erkrankung eingetreten ist (oder sich ausgeweitet hat) und die zur Wiedereingliederung in das Erwerbsleben bzw. zur Sicherung ihrer Erwerbsbeteiligung berufliche Rehabilitationsmaßnahmen benötigen. Die insgesamt 28 BFW in Deutschland dienen der beruflichen Fortbildung und Umschulung und bieten, wie die BBW, zusätzliche Rehabilitationsleistungen an (BV BFW – Bundesverband Berufsförderungswerke 2021). Damit dienen Berufsförderungswerke überwiegend der Umschulung von älteren Arbeitnehmer*innen, die eine Behinderung in der Regel im Erwerbsleben erworben haben.

Werkstatten für behinderte Menschen (WfbM) bilden das größte Sondersystem der beruflichen Rehabilitation. Sie stehen in einer ambivalenten Position zwischen Inklusionsvermittlung und Exklusionsverwaltung: Einerseits ermöglichen sie Teilhabe am Arbeitsleben bei gleichzeitiger Qualifizierung, andererseits bedingen sie einen Ausschluss vom ersten Arbeitsmarkt und qualifizierter Erwerbsarbeit (Schreiner & Wansing 2016; York & Jochmaring 2023).

Für die Anzahl der WfbM in Deutschland gibt es unterschiedliche Zahlen. Die Bundesarbeitsgemeinschaft der Werkstätten (BAG WfbM) listet (Stand 2023) 682 Mitgliedswerkstätten mit 2.987 Standorten und rund 310.000 belegten Plätzen (BAG WfbM – Bundesarbeitsgemeinschaft der Werkstätten für behinderte Menschen 2023). Die Datenbank RehaDat zählt 812 Werkstätten und weist davon 550 aus, die gleichzeitig Wohnbereiche anbieten (Rehadat Werkstätten o. J.). Die WfbM gliedern sich in den *Berufsbildungsbereich* und in den *Arbeitsbereich.* Im Berufsbildungsbereich werden rund 28.000 Menschen gezählt, im Arbeitsbereich rund 260.000 (BAG WfbM – Bundesarbeitsgemeinschaft der Werkstätten für behinderte Menschen 2023). Zudem sollen die Werkstätten sogenannte *Förder- und Betreuungsbereiche* für schwer- und mehrfach behinderte Menschen im Erwachsenenalter vorhalten. Die Anteile der Werkstattbeschäftigten – differenziert nach Behinderungsarten – verteilen sich wie folgt: Der Klassifikation geistige Behinderung werden 75 %, der psychischen Behinderung 21 % und der körperlichen Behinderung knapp 4 % zugeordnet (BAG WfbM – Bundesarbeitsgemeinschaft der Werkstätten für behinderte Menschen 2023). Werkstätten für behinderte Menschen sind bezogen auf die Leistungsfähigkeit ihrer Mitglieder die »statusniedrigste« Institution der beruflichen Rehabilitationseinrichtungen, die heilpädagogischen Tagesförderstätten (§ 81 SGB IX) ausgenommen. In eine WfbM sollen behinderte Menschen aufgenommen werden, die auf dem allgemeinen Arbeitsmarkt nicht, noch nicht oder noch nicht wieder beschäftigt werden können, sofern sie die gesetzlich festgelegten Aufnahmekriterien erfüllen (§ 219 SGB IX).

Bei den Einrichtungen zur beruflichen Rehabilitation hat die WfbM eine *Sonderstellung:*

Die Werkstätten sind Einrichtungen zur beruflichen Rehabilitation, indem sie (noch) nicht ausbildungsfähigen behinderten Menschen die Möglichkeit zur Teilnahme an Maßnahmen beruflicher Bildung (unterhalb der gültigen Ausbildungsregelungen) anbieten. Solche Maßnahmen werden primär im *Berufsbildungsbereich* der WfbM für die Dauer von maximal zwei Jahren durchgeführt und werden im Anschluss dann in Form arbeitsbegleitender Angebote im Arbeitsbereich fortgesetzt.

Sie sind zugleich auch Einrichtungen zur beruflichen Teilhabe, die behinderte Menschen, die »wegen Art oder Schwere der Behinderung nicht, noch nicht oder noch nicht wieder auf dem allgemeinen Arbeitsmarkt beschäftigt werden können, (1.) eine angemessene berufliche Bildung und eine Beschäftigung [...] anzubieten und (2.) zu ermöglichen, ihre Leistungs- oder Erwerbsfähigkeit zu erhalten, zu entwickeln, zu erhöhen oder wiederzugewinnen und dabei ihre Persönlichkeit weiterzuentwickeln.« (§ 219 Abs. 1 SGB IX)

Seit dem Jahr 1996 sind WfbM gesetzlich aufgefordert zusätzlich auch behinderte Menschen aufzunehmen, die (noch) nicht werkstattfähig sind, das heißt den Mindestanforderungen zur Aufnahme in den Berufsbildungs- bzw. Arbeitsbereich der WfbM (noch) nicht entsprechen können. Diese *Förder- und Betreuungsbereiche* sollen in enger räumlicher Anbindung zu den Werkstätten eingerichtet werden (»verlängertes Dach der WfbM«); sie sind organisatorisch und rechtlich jedoch nicht Bestandteil der WfbM. Der Schwerpunkt liegt hier auf der Ermöglichung sozialer Teilhabe (Schwerpunkte: Tagesstrukturierung, pädagogische und therapeutische Förderung).

Die WfbM zeichnet sich durch einen inhärenter Zielkonflikt aus: Dieser besteht durch das sogenannte »Triplemandat« (Richter 2019; Richter & Bendel 2017) von Inklusion, Rehabilitation und Wirtschaftlichkeit. Sie sollen also gleichzeitig Teilhabe an Arbeit und Maßnahmen zur Rehabilitation anbieten sowie wirtschaftlich arbeiten. Diese widersprüchlichen Anspruchsleistungen, die gleichzeitig allesamt durch die WfbM zu erbringen sind, evozieren Handlungsdilemmata (York & Jochmaring 2024). Das Triplemandat der Werkstätten trägt dazu bei, dass WfbM – im eigenen Interesse – den gesetzlichen Auftrag der Transitionsvorbereitung und Übergangsförderung ihrer Beschäftigten auf den allgemeinen Arbeitsmarkt systematisch nicht erfüllen. Das »Dilemma« ist hier die einfache Tatsache, dass diejenigen Personen, die die besten Chancen auf eine Beschäftigung am allgemeinen Arbeitsmarkt haben (Ziel: Inklusion), gleichzeitig die Leistungsträger*innen in der WfbM darstellen (Ziel: Wirtschaftlichkeit). Empirisch lässt sich dieser Zielkonflikt anschaulich mit der sehr geringen Übergangsquote auf den ersten Arbeitsmarkt von 0,1–0,2 % zeigen (Jochmaring 2019). In den vergangenen 20 Jahren hat sich die Zahl der Werkstattbeschäftigten nahezu verdoppelt (Bundesarbeitsgemeinschaft der überörtlichen Träger der Sozialhilfe und der Eingliederungshilfe [BAGüS] und con_sens 2024; BAG WfbM 2021). Diese Entwicklung steht im Widerspruch zum gesetzlich-normativen »Inklusionsdruck« (York et al. 2024) und zeugt von einer Trägheit dieser einst innovativen, nun exnovationsbedürftigen Institutionen (York & Jochmaring 2024).

Die systemtheoretische Perspektive ermöglicht eine Analyse dieser Befunde: Systemtheoretisch formuliert sichert die WfbM konstant ihre Anschlussfähigkeit als Institution und realisiert diese durch die wiederkehrende Generierung von Aufträgen und Rollen, was den personellen Aufwuchs und die Verhaftung innerhalb tradierter Pfadlogik erklärt (York & Jochmaring 2024). Dilemmata, die aus einem mangelnden Passungsverhältnis zwischen politisch konturiertem Soll-Zustand und realem Ist-Zustand erwachsen, lassen sich nach Luhmann (1987) mit dem – der kybernetischen Biologie entlehnten – Begriff der Autopoiesis erklären. Autopoietisch bedeutet: »auf sich selbst bezogen« bzw. »sich selbst erzeugend«. Folgt man diesem Verständnis, dann reproduzieren sich soziale Systeme regelmäßig selbst, respektive organisieren bzw. sichern selbstständig ihre Anschlussfähigkeit. Die WfbM organisiert sich also innerhalb ihres Triplemandats mit dem Ziel des Anschlusses ihrer Institution an die sich wandelnde Umwelt – hierzu zählt insbesondere das Wirtschaftssystem. Weiter erfolgt aus systemtheoretischer Perspektive die Regulation von Inklusion im Subsystem Wirtschaft – konkret der Zugang zum Arbeitsmarkt – der funktionalen Eigenlogik kapitalistischer Wirtschaftssysteme. Der selektive Zugriff auf Arbeitskraft bzw. Humankapital orientiert sich ausschließlich an ökonomischen Kriterien und ist an Gewinn und Wettbewerb ausgerichtet (Schreiner & Wansing 2016; Wansing 2019).

Denkanstoß 9.5: Orientierung im Dschungel – Die Einheitlichen Ansprechstellen für Arbeitgeber

> Pia ist glücklich. Gerade hat sie ihren ersten Arbeitsvertrag unterschrieben. Schon in drei Wochen geht es los: Sie wird als Fachberaterin in einer »Einheitlichen Ansprechstelle für Arbeitgeber« (EAA) arbeiten. In ihrer Masterarbeit hat sie sich mit dem System der beruflichen Rehabilitation und Teilhabe in Deutschland beschäftigt und kennt daher die schlechten Arbeitsmarktchancen behinderter Menschen. Ihr ist bewusst, dass Teilhabe an Arbeit zu den wich-

tigsten »Hebeln« zählt, um Teilhabe an der Gesellschaft zu fördern; denn Arbeit ist so viel mehr als ein »Brotverdienst«. Über Arbeit finden Sinnstiftung, Kontakte (auch zu nicht behinderten Menschen), Abwechslung, Weiterbildung und Tagesstrukturierung statt. Pia ist überzeugt, mit der Förderung von Teilhabe an Arbeit zu einer inklusiveren Gesellschaft beizutragen. Im Studium hat sie die erst 2022 geschaffenen EAA als Form sozialer Innovation (Lamb et al. 2024) kennen gelernt. Sie weiß: »Einheitliche Ansprechstellen für Arbeitgeber informieren, beraten und unterstützen Arbeitgeber bei der Ausbildung, Einstellung und Beschäftigung von schwerbehinderten Menschen« (§ 185a, 1, SGB IX). Mit den Aufgaben der EAA kann sich Pia gut identifizieren:

»Sie haben die Aufgabe,

1. Arbeitgeber anzusprechen und diese für die Ausbildung, Einstellung und Beschäftigung von schwerbehinderten Menschen zu sensibilisieren,
2. Arbeitgebern als trägerunabhängiger Lotse bei Fragen zur Ausbildung, Einstellung, Berufsbegleitung und Beschäftigungssicherung von schwerbehinderten Menschen zur Verfügung zu stehen und
3. Arbeitgeber bei der Stellung von Anträgen bei den zuständigen Leistungsträgern zu unterstützen« (§ 185a, 2, SGB IX).

Für diese Aufgaben wird Pia viel lernen müssen. Im Einstellungsgespräch hat sie erfahren, dass sie in den ersten Monaten im Job zahlreiche Weiterbildungen besuchen wird. Darin geht es um die unterschiedlichen Förderstrukturen von Leistungsträgern und -erbringern im System der beruflichen Rehabilitation und Teilhabe: Beispielsweise der Rentenversicherungen, der Bundesagentur für Arbeit, der Inklusionsämter, der Integrationsfachdiensten oder der Jobcenter. Es geht um Beratungsqualität, Rechtssicherheit, »passende« Ansprache und Bedarfe der Unternehmen. Es geht um Förderinstrumente wie die Budgets für Arbeit oder Ausbildung oder die Unterstützte Beschäftigung. »Das ist ein reiner Dschungel«, hat man ihr im Einstellungsgespräch gesagt. Denn neben den Angeboten für Arbeitgebende gibt es auch viele Angebote, die Menschen mit Behinderungen beraten und unterstützen. Hier kennt sie beispielsweise die Ergänzende unabhängige Teilhabeberatung (EUTB). Viele Arbeitgebende kennen sich mit den unterschiedlichen Angeboten nicht aus und haben auch keine Zeit, sich damit zu beschäftigen. Darum stellen viele Unternehmen behinderte Menschen erst gar nicht ein. Darum soll Pia Arbeitgebende beraten.

Außerdem muss sich Pia nun um ihren Umzug von Dortmund in ihre Traumstadt Köln kümmern, dort wird sie nämlich arbeiten. Dazu sucht sie eine Wohnung, sie muss ihren Wohnsitz ummelden, sich von der Uni exmatrikulieren und aus der Familienversicherung ihrer Krankenkasse abmelden. Will sie zu einer anderen Krankenkasse wechseln? Braucht sie auch eine Berufsunfähigkeitsversicherung? Vielleicht benötigt sie auch ein Auto, denn der Job ist mit vielen Besuchen in Unternehmen verbunden. Dann müsste sie auch Informationen einholen, wie sie ein Auto versichert und zur Steuer anmeldet. »Ganz schön kompliziert«, findet Pia. Aber erst mal freut sie sich weiter.

Denkanstöße

1. Identifizieren Sie in diesem Beispiel zentrale Begriffe der Systemtheorie (▶ Kap. 9.1.2). Wo finden Sie die Konzepte von System, Umwelt, Institution, Organisation, Komplexität, funktionaler Differenzierung, operativer Geschlossenheit?
2. Lesen Sie auch Denkanstoß 9.6 (»Ist das Inklusion oder kann das weg? Zündeln an Strukturen«). Dort wird ganz anders auf die Herausforderungen von Komplexität reagiert. Diskutieren Sie beide Denkanstöße im Vergleich.

Soziale Rehabilitation

Zur sozialen Rehabilitation gehört eine Vielzahl verschiedener Teilhabedimensionen. SGB IX § 76, 1 definiert:

> »Leistungen zur Sozialen Teilhabe werden erbracht, um eine gleichberechtigte Teilhabe am Leben in der Gemeinschaft zu ermöglichen oder zu erleichtern (...) Hierzu gehört, Leistungsberechtigte zu einer möglichst selbstbestimmten und eigenverantwortlichen Lebensführung im eigenen Wohnraum sowie in ihrem Sozialraum zu befähigen oder sie hierbei zu unterstützen.«

Damit zielt die soziale Rehabilitation auf ein breiteres Leistungsfeld als die schulische oder berufliche Rehabilitation, die sich besser thematisch umreißen lassen. In SGB IX § 76, 2 werden einige Leistungen der sozialen Rehabilitation beispielhaft genannt. Dazu zählen: Leistungen für Wohnraum, heilpädagogische Leistungen, Leistungen zum Erwerb und Erhalt praktischer Kenntnisse und Fähigkeiten sowie Leistungen zur Mobilität. Im Folgenden haben wir die – von uns als besonders wirkungsmächtig erachteten – Teilhabedimensionen Wohnen und Freizeit ausgewählt, um an ihnen den Nutzen einer systemtheoretischen Perspektive zu verdeutlichen.

Wohnen

Die Wohnverhältnisse für behinderte Menschen im Erwachsenenalter sind noch weitgehend durch ein Leben in teilstationären Wohnformen gekennzeichnet (BMAS – Bundesministerium für Arbeit und Soziales 2021). Im Sinne des »Normalisierungsprinzips« (Nirje 1995) müssten jedoch alle Möglichkeiten zum autonomen und individuellen Wohnen genutzt werden, dazu gehören behindertengerechte Konzeptionen für das gesamte Wohnumfeld. Im Zuge der Umsetzung der UN-Behindertenrechtskonvention stellt sich – ähnlich wie bei Systemen zur Teilhabe an Arbeit – stärker die Frage, inwiefern diese Wohnformen eine Inklusion fördern oder zur Separierung von Menschen mit und ohne Behinderung beitragen. Die systemtheoretische Perspektive beleuchtet hier beispielhaft die Frage nach der systemischen Verortung von »Wohnen«: Stellen Wohneinrichtungen für behinderte Menschen ein Sondersystem dar oder sind sie Teil des allgemeinen Wohnungsmarktes? Inwiefern erzeugen sie separierende Strukturen? Welche Bezüge bestehen zu ihrer Umwelt?

Freizeit

Freizeit ist in der heutigen Gesellschaft für alle Menschen quantitativ wie qualitativ zu einem höchst bedeutsamen Lebensbereich geworden, typisch ist aber weiterhin die diesbezügliche Unterschätzung der Bedürfnisse und Ansprüche von behinderten Menschen (Cloerkes 2007: 307 ff). Der Lebensbereich Freizeit bietet mehr als andere die Chance, Ausgrenzungen von behinderten Menschen zu überwinden und praktische Integration voranzutreiben. Im Lebensbereich Freizeit spielt Sport eine herausragende Rolle für die soziale Rehabilitation behinderter Menschen. Der Deutsche Behinderten-Sportverband hat mehr als 598.000 Mitglieder (Stand: 2020). Der vorherrschende Aspekt der Normalitäts- und Leistungsorientiertheit sollte dabei durchaus kritisch diskutiert werden. Die systemtheoretische Perspektive kann hier beispielsweise eingenommen werden, um Institutionen und Organisationen innerhalb des Behindertensports zu betrachten. Außerdem kann die systemtheoretische Perspektive den Blick für die unterschiedlichen Logiken beispielsweise von Arbeit, Bildung oder Freizeit schärfen.

9.2.3 Sozialpolitische und rechtliche Grundlagen

Nach der Förderschule und dem Rehabilitationssystem wollen wir mit den sozialpolitischen und rechtlichen Grundlagen von Sozialpolitik einen dritten Übertragungsbereich der systemtheoretischen Perspektive auf das Thema Behinderung konturieren. Sozialpolitik verbindet viele Teilhabedimensionen – zum Beispiel Arbeit, Bildung und Gesundheit – miteinander und schafft einen gesetzlichen Rahmen für Leistungen zur Teilhabeförderung. Im Folgenden werden zunächst ausgewählte Grundzüge der Sozialpolitik mit Bedeutung für die Lebenswelt behinderter Menschen vorgestellt und nachfolgend deren jeweilige Auswirkungen diskutiert. Anschließend sehen wir uns ausgewählte Aspekte des Schwerbehindertenrechts an.

Grundzüge der Sozialpolitik für behinderte Menschen

Dieses Unterkapitel umreißt kurz und im historischen Überblick ausgewählte Grundzüge der Sozialpolitik für behinderte Menschen, um diese für eine Analyse aus systemtheoretischer Perspektive zugänglich zu machen. Wir gehen dabei auf die sozialpolitischen Grundlagen vor 1974 ein, beschreiben deren Veränderungen durch das Gesetz über die Angleichung der Leistungen zur Rehabilitation (RehaAnglG) vom 7. August 1974 sowie das Sozialgesetzbuch IX aus dem Jahr 2001 und das Bundesteilhabegesetz von 2018.

Bis zum Jahr 1974 war die Gewährung von Leistungen zur Rehabilitation und Teilhabe für behinderte Menschen an das Vorliegen spezifischer *Ursachen* geknüpft (»Ursachenprinzip« oder »*Kausalitätsprinzip*« = causa (lat.): Grund/Ursache). Anspruchsberechtigt (im Sinne eines individuellen Rechtsanspruchs) waren bis zu diesem Zeitpunkt nur versorgungsberechtigte Menschen (z. B. Kriegs- und Wehrdienstopfer, Opfer von Gewalttaten und Impfgeschädigte), Arbeitsunfallverletzte bzw. von einer anerkannten Berufskrankheit und/oder einem sogenannten »Arbeitswegeunfall« betroffene Versicherte der gesetzlichen Unfallversicherung sowie erwerbsgeminderte Versicherte der gesetzlichen Rentenversicherung. Dieses Ursachenprinzip hatte in der Praxis zwei Konsequenzen, die vielfach als ungerecht eingestuft wurden: Erstens konnten Menschen, deren Behinderung nicht auf einer der rechtlich erfassten Ursachen beruhte, entsprechende Leistungen nur als Ermessensleistungen erhalten; ein einklagbarer Rechtsanspruch bestand in diesen Fällen jedoch nicht. Zweitens konnten die gewährten Leistungen, je nach zuständigem Kostenträger zum Teil in Art und Umfang erheblich voneinander abweichen. Damit konnte es zu der Situation kommen, dass zwei Menschen mit der gleichen Diagnose völlig unterschiedliche Leistungen beziehen konnten – bis hin zu dem Umstand, dass eine von beiden Personen überhaupt keine Leistung erhielt.

Die *rechtliche Gleichstellung und -behandlung aller behinderten Menschen* in Bezug auf die Gewährung von Leistungen zur Rehabilitation und Teilhabe wurde im Jahr 1974 vollendet. Durch das »3. Gesetz zur Änderung des Bundessozialhilfegesetzes« von 1974 wurde die letzte Lücke beim Rechtsanspruch auf Leistungen zur Rehabilitation und Teilhabe geschlossen, indem festgelegt wurde, dass alle behinderten Menschen, die keinen Leistungsanspruch gegenüber den verantwortlichen Rehabilitationsträgern geltend machen konnten, einen Rechtsanspruch auf Eingliederungshilfe für Behinderte haben. Leistungsträger waren in diesen Fällen die Träger der Sozialhilfe. Durch die Angleichung der Leistungen (»Rehabilitations-Angleichungsgesetz« von 1974) wurde zudem sichergestellt, dass alle Leistungsträger bei gleichen Bedarfen auch die gleichen Leistungen erbringen müssen. Maßgeblich für die Gewährung von Leistungen ist seitdem der *individuell festzustellende Gesamtbedarf* eines behinderten Menschen *zur Verwirklichung seines gesetzlich garantierten Rehabilitations- und Teilhabeanspruchs* (finale Ausrichtung der Leistungsbemessung, auch: *»Finalitätsprinzip«* = auf das Ergebnis bezogen). Zusammengefasst gelten seit dem Jahr 1974 die folgenden *drei sozialpolitischen Grundsätze* für die Gewährung von Leistungen zur Teilhabe und Rehabilitation:

1. »Prävention vor Rehabilitation«: Dieses Prinzip umreißt, dass die Leistungsträger verpflichtet sind, mit entsprechenden Leistungen/Maßnahmen darauf hinzuwirken, dass Behinderungen nach Möglichkeit gar nicht erst entstehen (§ 3 SGB IX). Diesen Grundsatz kann man als Form einer sogenannten »präventiven Verhinderung« von Behinderung auffassen. Die Maßnahmen, die ergriffen werden sollen, um den Eintritt bzw. den Zustand einer Behinderung zu verhüten, sind zum Beispiel der Arbeitsschutz, die (medizinische) Gesundheitsvorsorge sowie die Früherkennung oder Frühförderung. Aus dieser Präventions-Logik heraus ergibt sich ein weiteres sozialpolitisches Prinzip, welches unter dem Grundsatz »Rehabilitation vor Rente« gefasst werden kann.
2. »Rehabilitation vor Rente«: Leistungen zur Teilhabe sollen eine vorzeitige Verrentung verhindern oder zumindest verzögern. Entsprechend werden diese gegenüber Rentenleistungen vorrangig bewilligt. Dabei gilt der Grundsatz:
3. »Rehabilitation vor Pflege«: Dieser Grundsatz gilt auch für die Vermeidung von Pflegebedürftigkeit, das heißt Maßnahmen zur Rehabilitation und Teilhabe

sollen auch dazu dienen, die Abhängigkeit von Pflege zu verhindern, aufzuheben bzw. zu mindern (§ 9 Abs. 3 SGB IX).

Weitere sozialpolitische Grundsätze in Bezug auf behinderte Menschen sind beispielsweise auch das *Diskriminierungsverbot*. Dazu wurde im Jahr 1994 der Artikel 3 des Grundgesetzes um eine Antidiskriminierungsvorschrift ergänzt, nämlich: »Niemand darf wegen seiner Behinderung benachteiligt werden«.

2001 wurde im Rahmen des SGB IX als weiteres Prinzip das *Wunsch- und Wahlrecht* von behinderten Menschen in Bezug auf die Art und die Erbringung von Leistungen verankert. So können bewilligte Leistungen wahlweise als Sachleistungen oder als Budget in Anspruch genommen werden. Besonders hervorzuheben ist hierbei das *Persönliche Budget* (§ 29 SGB IX), welches ein höheres Maß an (finanzieller) Unabhängigkeit und mehr Selbstbestimmung ermöglichen soll.

Ziele und Leistungen zur Rehabilitation und Teilhabe von behinderten Menschen wurden am 1. Juli 2001 im neunten Sozialgesetzbuch zusammengefasst. Die Leistung des SGB IX besteht darin, Behinderung aus dem Verständnis von »Sozialhilfe« zu lösen und in einen eigenständigen Rechtskreis zu überführen. Dies sollte Rechte und Ansprüche behinderter Menschen betonen.

Weitere Änderungen traten ab 2016 mit der Einführung des Bundesteilhabegesetzes (BTHG) in Kraft.

> »Schwerpunkt des BTHG ist unter stärkerer Berücksichtigung der UN-Behindertenrechtskonvention (UN-BRK) die Reform des SGB IX sowie die Modernisierung des Eingliederungshilferechts (SGB XII). Mit dem BTHG ist ein »Systemwechsel« beabsichtigt, in dessen Verlauf die Eingliederungshilfe aus der Sozialhilfe herausgelöst und als ein eigenes entsprechendes Leistungsrecht im SGB IX etabliert wird. Dieses im neuen Teil 2 des SGB IX geregelte Eingliederungshilferecht soll sich insbesondere durch eine personenzentrierte Ausrichtung und eine ganzheitliche Bedarfsermittlung auszeichnen. Die Fachleistungen der Eingliederungshilfe sollen klar von den Leistungen zum Lebensunterhalt getrennt und finanziert werden« (Rehadat 2024, o. S.).

Damit möchte der Gesetzgeber den Vorgaben der UN-Behindertenrechtskonvention gerecht werden und eine zeitgemäße Gestaltung, bessere Nutzer*innenorientierung und Zugänglichkeit sowie eine höhere Effizienz der deutschen Eingliederungshilfe erreichen. Diesem Zweck dienen unter anderem folgende Maßnahmen:

- Steuerliche Vergünstigungen wie unter anderem ein Pauschalbetrag zum Ausgleich typischer Mehraufwendungen für die Lebenshaltung, erhöhte Kilometerpauschale, Aufwand für Haushaltshilfen, Freibeträge für Eltern behinderter Kinder
- Finanzielle Erleichterungen im öffentlichen Personennahverkehr
- Befreiung von der Rundfunkgebührenpflicht
- Sonstige Vergünstigungen wie beispielsweise Ausnahmegenehmigung zur Parkerleichterung

Damit werden folgende sozialpolitischen Grundsätze umgesetzt: Das BTHG

- »führt einen erweiterten Behinderungsbegriff in das Sozialgesetzbuch ein, der sich an der UN-BRK und der Internationalen Klassifikation der Funktionsfähigkeit und Behinderung und Gesundheit (ICF) orientiert;
- verschiebt die Leistungen der Eingliederungshilfe für Menschen mit Behinderungen von der Sozialhilfe in das Rehabilitations- und Teilhaberecht (Trennung der Teilhabeleistungen der bisherigen Eingliederungshilfe von den existenzsichernden Leistungen); […]
- reformiert das Vertragsrecht zwischen den Einrichtungen bzw. Diensten und den Trägern der Eingliederungshilfe;
- verändert die Schnittstelle zur Krankenversicherung und zur Pflegeversicherung (gleichzeitig werden die Pflegestärkungsgesetze reformiert);
- erneuert im Rahmen der Eingliederungshilfe das Recht auf Leistungen zur Teilhabe am Arbeitsleben (…)« (Rehadat 2024, o. S.).

Das Schwerbehindertenrecht (SGB IX, 3. Teil)

Das Schwerbehindertengesetz (SchwbG) ist das zentrale Gesetzeswerk zur Regelung des rechtlichen Status von schwerbehinderten bzw. diesen gleichgestellten Menschen. Es beinhaltet – in Abgrenzung zu den allgemeinen Leistungen nach dem SGB IX, 1. Teil – zusätzliche Schutz- und Leistungsrechte für diese Personenkreise. Das Schwerbehindertengesetz, dessen Vorläufergesetze bis in das Jahr 1920 zurückreichen, gilt seit seiner ersten Fassung aus dem Jahr 1974 entsprechend dem Finalitätsprinzip für alle amtlich anerkannten schwerbehinderten bzw. gleichgestellten Menschen, unabhängig von Art und Ursache der Behinderung. Es ist seit dem Jahr 2018 Bestandteil des Sozialgesetzbuches IX (hier: SGB IX, 3. Teil; hier §§ 151–241). Die Schwerbehinderteneigenschaft wird nur auf Antrag durch das zuständige Versorgungsamt festgestellt. Zu den Aufgaben des hierfür zuständigen Medizinischen Dienstes des Versorgungsamtes gehört unter anderem

- die Feststellung des »Grads der Behinderung« (GdB),
- die Feststellung zusätzlicher behinderungsspezifischer Merkmale zur Wahrnehmung eventueller Vergünstigungen (dokumentiert durch entsprechende Merkzeichen im Schwerbehindertenausweis) und
- die Ausstellung eines entsprechenden Schwerbehindertenausweises (sofern die Voraussetzungen erfüllt sind).

Der Grad der Behinderung (GdB) wird in Zehnerschritten von 10 bis 100 anhand gutachterlicher Kriterienkataloge festgelegt, Grundlage ist die Versorgungsmedizin-Verordnung (BMAS – Bundesministerium für Arbeit und Soziales 2024):

- Der Grad der Behinderung (GdB) beziffert bei behinderten Menschen die Schwere der Behinderung. Eine Behinderung liegt vor, wenn der vom Versorgungsamt festgestellte GdB mindestens 20 beträgt. Alternativ kann der GdB beispielsweise durch einen Rentenbescheid oder durch eine Verwaltungs- oder

Gerichtsentscheidung festgestellt werden. Für die Feststellung gibt es bundesweite Richtlinien, die sogenannten versorgungsmedizinischen Grundsätze.
- Eine »Schwerbehinderung« liegt dann vor, wenn der festgestellte Grad der Behinderung mindestens 50 beträgt (§ 3 Abs. 2 SGB IX).
- Behinderte Menschen mit einem amtlich festgestellten Grad der Behinderung zwischen 30 und unter 50 können *auf Antrag* den anerkannten schwerbehinderten Menschen zeitlich begrenzt und ausschließlich zum Ausgleich von Nachteilen im Arbeitsleben gleichgestellt werden (»Gleichgestellte«, i.S. § 2 Abs. 3 SGB IX), sie sind jedoch keine Schwerbehinderten. Ein Antrag auf Gleichstellung ist – abweichend von der Feststellung als Schwerbehinderter – nicht beim zuständigen Versorgungsamt, sondern bei der zuständigen Agentur für Arbeit zu stellen.

Mehrere Funktionsbeeinträchtigungen bei einer Person werden nicht einfach aufaddiert, um den Grad der Behinderung festzustellen, sondern im Gesamtzusammenhang bewertet. Der Schwerbehindertenausweis kann folgende zusätzliche Eintragungen enthalten:

- »G« = »Gehbehindert«, das heißt, die Bewegungsfähigkeit im Straßenverkehr ist erheblich eingeschränkt, übliche Wegstrecken sind zu Fuß nicht zu bewältigen. Eine Erteilung erfolgt auch bei einer Gehörlosigkeit oder Sehbehinderung mit GdB über 70.
- »aG« = »Außergewöhnlich gehbehindert« (häufig durch eine Rollstuhlabhängigkeit)
- »H« = »Hilflos«. Dies gilt auch für Kleinkinder, sofern sie schwerbehindert sind.
- »B« = »Begleitung notwendig«. Dies gilt ebenfalls auch für Kleinkinder, sofern sie schwerbehindert sind.
- »Bl« = »Blind«
- »RF« = »Rundfunkgebührenbefreiung« und eine Telefongebührenermäßigung sind möglich.

Ein Kernelement des Schwerbehindertengesetzes ist die »Beschäftigungspflicht« (§ 154 SGB IX). Alle privaten und öffentlichen Arbeitgeber*innen sind verpflichtet, einen Beitrag über Beschäftigung oder Ausgleichsabgabe zur Eingliederung schwerbehinderter Menschen in Arbeit, Beruf und Gesellschaft zu leisten. Arbeitgebende mit mindestens 20 Arbeitsplätzen sind gesetzlich verpflichtet wenigstens 5 % ihrer Arbeitsplätze mit schwerbehinderten Menschen zu besetzen. Erfüllen sie diese Quote nicht, zahlen sie eine sogenannte Ausgleichsabgabe, die je nach Erfüllungsquote der Beschäftigungspflicht gestaffelt ist. Diese Ausgleichsabgabe wird ausschließlich für die Teilhabe schwerbehinderter Menschen am Arbeitsleben verwendet und hat zwei Funktionen – (1) eine Ausgleichs- und (2) eine Lenkungsfunktion. Zum einen ermöglicht sie einen finanziellen Ausgleich für Arbeitgebende, die ihrer Beschäftigungspflicht nachkommen und denen im Einzelfall zusätzliche Kosten entstehen. Zum anderen soll die Ausgleichsabgabe die Arbeitgebenden motivieren, schwerbehinderte Menschen zu beschäftigen. Die Wirksamkeit der Lenkungsfunktion ist jedoch umstritten (Wissenschaftliche

Dienste Deutscher Bundestag 2019). Die Effektivität und Wirksamkeit der Ausgleichsfunktion wird dagegen weniger in Frage gestellt: Forschungsbefunde belegen, dass die Beschäftigungspflicht bestehende Arbeitsverhältnisse sichert, insbesondere wenn Beschäftigte im fortgeschrittenen Alter eine anerkannte Behinderung erwerben (Bundesagentur für Arbeit [BA] 2024). Eine Analyse der Erfüllungsgrade der gesetzlich verankerten Beschäftigungspflicht Schwerbehinderter für das Anzeigejahr 2022 zeigt, dass nur 39 Prozent aller Arbeitgebenden ihre Pflichtarbeitsplätze vollständig, 36 Prozent teilweise und 26 Prozent nicht besetzten (Bundesagentur für Arbeit 2024).

Kleine Unternehmen, die weniger als 20 Arbeitsplätze haben, unterliegen nicht der Ausgleichsabgabe. Alle anderen Arbeitgebenden müssen jährlich in einem sogenannten Meldeverfahren (Stichtag 31. März des Folgejahres) die erforderlichen Angaben zum Nachweis der Erfüllung ihrer Beschäftigungspflicht bei der für sie zuständigen Agentur für Arbeit einreichen. Im Rahmen des Meldeverfahrens werden die vorhandenen Arbeitsplätze mit der Zahl der anrechenbaren Arbeitnehmenden verglichen (§ 163 Abs. 2 ff SGB IX). Ergibt die Prüfung, dass es unbesetzte Pflichtarbeitsplätze gibt, müssen die Unternehmen eine Ausgleichsabgabe entrichten. Für jeden nicht besetzten Pflichtarbeitsplatz zahlen die Unternehmen eine monatliche Ausgleichsabgabe, die zwischen 140 und 720 Euro liegt. Die Höhe hängt davon ab, inwieweit die Beschäftigungspflicht erfüllt wird (siehe Tabelle 4).

Tab. 4: Staffelung der Ausgleichsabgabe (eigene Darstellung in Anlehnung an Gesetz zur Förderung eines inklusiven Arbeitsmarkts, Stand 06. Juni 2023)

Erfüllung Beschäftigungspflicht	Abgabe (pro Monat)
von mehr als 3 % bis weniger als 5 %	140 €
von mehr als 2 % bis weniger als 3 %	245 €
von mehr als 0 % bis weniger als 2 %	360 €
von 0 %	720 €

Die Ausgleichsabgabe muss direkt an das zuständige Inklusions-/Integrationsamt gezahlt werden, welches damit Maßnahmen zur Teilhabe am Arbeitsleben finanziert. Die Gesamteinnahmen aus der Ausgleichsabgabe betrugen im Jahr 2020 mehr als 697 Millionen Euro, wobei 80 % (583 Millionen Euro) bei den Inklusions-/Integrationsämtern verblieben (Bundesarbeitsgemeinschaft der Integrationsämter und Hauptfürsorgestellen e.V. 2021).

Nach § 168 SGB IX ist ein »*besonderer Kündigungsschutz*« vorgesehen. Danach kann die Kündigung eines schwerbehinderten bzw. gleichgestellten Arbeitnehmers nur mit Zustimmung des zuständigen Inklusions-/Integrationsamtes erfolgen. Der Kündigungsschutz beginnt sechs Monate nach Aufnahme einer unbefristeten(!) Beschäftigung, es gilt hier eine sechsmonatige Probezeit, in der die allgemeinen Kündigungsbestimmungen gelten. Probebeschäftigungen und befristete Arbeitsverhältnisse fallen nicht unter die Bestimmungen des besonderen Kündigungsschutzes.

In der Gesamtschau konnten wir bei der Betrachtung der sozialpolitischen Grundsätze und ausgesuchter Aspekte des Schwerbehindertenrechts einige systemtheoretische Konzepte erkennen. So ist konstituierend für jedes System die Frage nach System und Umwelt. Oder: Was gehört zu einem System und was nicht? Exemplarisch lässt sich an den sozialpolitischen Grundsätzen und deren historischer Entwicklung sowie am Schwerbehindertenrecht der Wunsch nach eben dieser Grenzziehung nachzeichnen, denn sie dient dem Zweck zu bestimmen, was Teil des Rehabilitationssystems ist: Musste ein behinderter Mensch vor 1975 noch nach dem Finalitätsprinzip seine Ansprüche an das System nachweisen, so lassen sich zum Beispiel das Kausalitätsprinzip oder das Bundesteilhabegesetz so interpretieren, dass sie näher bestimmen, was Teil des Rehabilitationssystems ist und wer Ansprüche auf dessen Leistungen hat. Außerdem ließe sich aus einer systemtheoretischen Perspektive auch die Ausdifferenzierung unterschiedlicher Leistungsarten und -ansprüche als Antwort auf die Komplexität der Gesellschaft interpretieren. Schließlich lässt sich die Ausgleichsabgabe systemtheoretisch so interpretieren, dass sie spezifisch das Wirtschaftssystem (und damit Teilhabe an Arbeit) adressiert. Damit kann sie den Blick für weitere Analysen schärfen: Inwiefern unterscheidet sich Teilhabe am Wirtschaftssystem von der am Bildungssystem oder anderen gesellschaftlichen Teilsystemen? Wo sind Gemeinsamkeiten, wo Unterschiede und was bedeuten diese für Teilhabe?

9.2.4 Selbsthilfe: Zusammenschlüsse und Emanzipation behinderter Menschen

Als viertes Resonanzfeld für eine systemtheoretische Perspektive auf Behinderung wenden wir uns nun der Selbsthilfe behinderter Menschen zu. Selbsthilfe in ihren verschiedenen Organisationsformen ist als Reaktion der Betroffenen auf Defizite in den traditionellen (staatlichen) Versorgungssystemen entstanden. Es gibt innere und äußere Grenzen der gesundheitlichen und sozialen Versorgungssysteme. Die äußeren Grenzen sind bestimmt durch die zunehmende »Unbezahlbarkeit« der notwendigen Hilfen, die inneren Grenzen ergeben sich aus den Mängeln des institutionalisierten Rehabilitationssystems (z. B. der »medizinische Blickwinkel«, die »Verbürokratisierung« durch professionelle Expert*innen, die mangelnde Gemeindenähe und Beteiligung der Betroffenen). Selbsthilfe in ihren verschiedenen Formen hat also als gemeinsamen Nenner die Einnahme einer »Opposition« gegen eine unzureichende staatliche Sozialpolitik. Das Ziel ist, bessere Rahmenbedingungen für ein selbstbestimmtes und autonomes Leben herzustellen. Die wichtigsten Aufgaben sind Selbstveränderung und Sozialveränderung.

Selbsthilfegruppen

Die bereits 1987 formulierte Selbstbeschreibung der Arbeitsgemeinschaft Selbsthilfegruppen beschreibt die Zielsetzung derselbigen auch aus heutiger Sicht zutreffend wie folgt:

> »Selbsthilfegruppen sind freiwillige, meist lose Zusammenschlüsse von Menschen, deren Aktivitäten sich auf die gemeinsame Bewältigung von Krankheiten, psychischen oder sozialen Problemen richten, von denen sie – entweder selber oder als Angehörige – betroffen sind. Sie wollen mit ihrer Arbeit keinen Gewinn erwirtschaften. Ihr Ziel ist eine Veränderung ihrer persönlichen Lebensumstände und häufig auch ein Hineinwirken in ihr soziales und politisches Umfeld. [...]. Die Gruppe ist dabei ein Mittel, die äußere (soziale, gesellschaftliche) und die innere (persönliche, seelische) Isolation aufzuheben. Die Ziele von Selbsthilfegruppen richten sich vor allem auf ihre Mitglieder und nicht auf Außenstehende; darin unterscheiden sie sich von anderen Formen des Bürgerengagements. Selbsthilfegruppen werden nicht von professionellen Helfern geleitet« (DAG SHG – Deutsche Arbeitsgemeinschaft Selbsthilfegruppen 1987, 3).

Es lassen sich *drei Typen* von *Selbsthilfegruppen* für behinderte Menschen unterscheiden (Cloerkes 2007):

1. *Behinderungsspezifische Selbsthilfegruppen:* Menschen mit einer gleichen oder ähnlichen Behinderung; häufig steht das Ziel einer Bewältigung der Behinderungsfolgen im Vordergrund. Beispiel: Menschen, die von Balbuties (»Stottern«) betroffen sind, oder auch Gruppen von Alkohol- oder Medikamentenabhängigen.
2. *Behinderungsübergreifende Selbsthilfegruppen:* beteiligt sind Menschen mit unterschiedlichen Behinderungen sowie interessierte Nichtbehinderte; meist geht es weniger um eine gezielte Problembearbeitung, sondern mehr um eine gemeinsame Freizeitgestaltung. Beispiel: Clubs behinderter Menschen und ihrer Freund*innen.
3. *Angehörigengruppen:* Problembewältigung und Informationsvermittlung für/mit betroffene(n) Eltern und Angehörige(n). Beispiel: Gruppen von pflegenden Angehörigen, etwa an Demenz erkrankter Patient*innen.

Bezugnehmend auf Cloerkes (2007) und anlehnend an Trojan et al. (1987) gibt es zur sozialpolitischen Bedeutung von Selbsthilfegruppen folgende Thesen:

- *Substitutions- bzw. Ersatzthese:* Teure professionelle Fremdhilfe kann durch (unentgeltliche) Selbsthilfe von Lai*innen ersetzt werden.
- *Komplementaritäts- bzw. Ergänzungsthese:* Selbsthilfegruppen ergänzen professionelle Hilfen und Dienste.
- *Medikalisierungs- bzw. Kumulationsthese:* Selbsthilfegruppen fördern ein »Anspruchsdenken« hinsichtlich immer mehr und besserer professioneller Leistungen. Einerseits werden erst aus einer Anspruchshaltung heraus (notwendige) professionelle Leistungen etabliert. Andererseits besteht die Gefahr, dass das Anspruchsdenken den Anstieg professioneller Leistungen begünstigt. Dies birgt die Gefahr, dass eine ganzheitliche Sicht, die auch menschliche Lebenserfahrungen und -bereiche in den Blick nimmt, zugunsten rein medizinischer Be-

trachtungen von Behinderung verloren geht. Behinderte Menschen sollen daher »kritische Konsument*innen« sein und bleiben, worauf bereits Thimm (1985) früh hinwies.

Selbsthilfeorganisation/Selbsthilfeverbände

Zur Förderung organisierter Selbsthilfe behinderter Menschen können sich Selbsthilfegruppen im Laufe ihrer Entwicklung zu Behindertenverbänden zusammenschließen, die parteipolitisch und konfessionell neutral die sozialpolitischen Interessen ihrer Mitglieder vertreten (BiH – Bundesarbeitsgemeinschaft der Integrationsämter und Hauptfürsorgestellen 2019). Typisch ist hier die »Bundesarbeitsgemeinschaft Hilfe für Behinderte« (BAG) als Zusammenschluss von fast 80 weiterhin selbständigen Gruppierungen, von der kleinen »Deutschen Zöliakie-Gesellschaft e.V.« bis hin zur »Bundesvereinigung Lebenshilfe für geistig Behinderte e.V.« in der Größenordnung und mit allen Merkmalen eines Behindertenverbands.

Selbsthilfeverbänden sind vor allem durch folgende Merkmale gekennzeichnet:

- eine große Mitgliederzahl und überregionale Verbreitung,
- eine Hierarchisierung und Bürokratisierung,
- eine Distanz zwischen Mitgliedern bzw. Betroffenen und Funktionären
- sowie eine eher gesellschaftskonforme Grundposition.

Behindertenbewegung

Im Folgenden werden in sehr knapper Form und ohne jeden Vollständigkeitsanspruch die wichtigsten Merkmale der Behindertenbewegung in Abgrenzung zu Selbsthilfeverbänden bzw. -gruppen zusammengefasst. Die Behindertenbewegung hat strukturelle Ähnlichkeiten mit Selbsthilfegruppen und ist die klare Gegenströmung zu den Selbsthilfeverbänden/-organisationen. Während Selbsthilfegruppen sich jedoch tendenziell in Richtung Verband/Organisation entwickeln und oftmals bereits als Mischtypus im Grenzbereich zwischen beiden anzusiedeln sind, ist bei der Behindertenbewegung keinerlei Annäherung zu erwarten, sondern das genaue Gegenteil (Schönwiese 2022). Behindertenverbände und Behindertenbewegung stehen sich in ihren Absichten diametral gegenüber, da sie völlig unterschiedliche Vorstellungen von der Realisierung des gemeinsamen Zieles einer autonomen Lebensführung für alle behinderten Menschen haben (Köbsell 2019). Merkmale der Behindertenbewegung sind Schnelligkeit, Dynamik und Flexibilität, sie lebt von spontanen, überraschenden Aktionen. Sie ist eine außerverbandliche und radikale Opposition, sie übt Fundamentalkritik mit in Teilen utopischen Forderungen – die aber eine wichtige Zielperspektive vorgeben können. Sie vermittelt eine starke Gruppenidentität bei individueller Aktivität und ist sehr öffentlichkeitswirksam (Köbsell 2019; Schönwiese 2022). Die direkte politische Durchsetzungskraft war in der Vergangenheit relativ gering, da sie in politischen Diskursen oft nicht als ernstzunehmende Gesprächspartner*innen akzeptiert wurde. Wie bei anderen Fundamentalbewegungen auch, kann die totale Opposition in Aktionismus umschlagen, ohne das politische Entscheidungsträger*innen darauf reagieren und direkte Veränderungsprozesse anstoßen. Gleichzeitig haben Aktionen wie der Düsseldorfer Krückenschlag von Franz Christoph auf den damaligen Bundespräsidenten mit dem Ziel Paternalismus und die »Fürsorgeindustrie« zu kritisieren zu bundesweiter Aufmerksamkeit geführt. Der Ideenreichtum und die Spontanität der Behindertenbewegung hebt sich von der sonst üblichen politischen Arbeit für behinderte Menschen ab. Parallelen zu anderen emanzipatorischen (Bürgerrechts-)Bewegungen (z. B. der Frauenbewegung oder der Bewegung der afro-amerikanischen Bevölkerung in den USA) sind unverkennbar (Köbsell 2019; Schönwiese 2022). Menschen wie Swantje Köbsell, Horst Frehe, Udo Sierck oder Raúl Krauthausen und andere zählen zu den deutschlandweit bekanntesten Aktivist*innen, die u. a. als Wissenschaftler*innen, Autor*innen und Politiker*innen die Belange der Behindertenbewegung in der (medialen) Öffentlichkeit artikulieren. Auch am Resonanzfeld der Selbsthilfe kann die systemtheoretische Perspektive neue Einsichten produzieren. So ist allen genannten Organisationsformen der Selbsthilfe gemein, dass sie aktuelle Systeme sowie deren Institutionen und Organisationen kritisieren; sie definieren sich quasi über ihren Anspruch an Veränderung. Die systemtheoretische Perspektive schärft hier den Blick für die Beziehungen der Selbsthilfe zu den bestehenden Elementen: Inwieweit wird an deren Logiken angeschlossen – etwa, indem sich zum Beispiel Behindertenverbände strukturell ähnlich aufstellen wie Institutionen des Rehabilitationssystems oder des Wirtschaftssystems? Oder inwieweit adressiert Selbsthilfe spezifische soziale Systeme – etwa das Wirtschafts- oder das Gesundheitssystem? Teilen Sie vielleicht die Idee, den Personalbestand, die Regeln oder Normen oder den materiellen Apparat von Institutionen (Malinowski 1960), auf die sie sich beziehen?

Denkanstoß 9.6: Ist das Inklusion oder kann das weg? Zündeln an den Strukturen

»Sie haben es tatsächlich getan. (…) Heute Nacht haben Helen Weber und ihre beiden Freunde die Werkstatt in Brand gesetzt.« In seinem Reportage-Roman »Zündeln an den Strukturen« lässt Ottmar Miles-Paul drei Beschäftigte einer Werkstatt für behinderte Menschen (WfbM) ihre Werkstatt abbrennen – nicht im Affekt oder aus Zerstörungswut und auch ganz sicher nicht, um Menschen zu gefährden. Die drei sehen im »Zündeln an den Strukturen« die einzige Möglichkeit, eine Innovation im System der beruflichen Rehabilitation anzubahnen. Ihnen geht es um eine Veränderung des Status Quo der Beschäftigung behinderter Menschen in der WfbM.

Miles-Paul, selbst Seh- und Hörbehinderter, berichtet in seinem Roman aus den Perspektiven verschiedener Akteur*innen. Dabei wird die Handlung des Romans unterbrochen durch Einschübe, die das System beruflicher Rehabilitation durch Fakten erklären. Diese Einschübe legt Miles-Paul verschiedenen Protagonist*innen in den Mund. Neben den drei Werkstattbeschäftigen Helen Weber, Bernd Friedrich und Klaus Kriske, die im Verlaufe des Buches Einblicke in ihre unterschiedlichen Behinderungserfahrungen geben, wird auch die Perspektive der Geschäftsführerin der Werkstatt eingenommen. In dieser geht es um ökonomische Imperative, Aufträge, die lokale Wirtschaft, die Arbeitsplätze der behinderten und nicht behinderten Beschäftigten und auch um das Gehalt der Geschäftsführerin. Auch der Vater einer Beschäftigten kommt zu Wort; er hat die Werkstatt vor vielen Jahren mitgegründet, sitzt nun im Vorstand des Trägervereins und hängt persönlich an seinem Lebenswerk. Entsprechend weit spannt »Zündeln an den Strukturen« die Optionen für den Tag nach dem Brand: Soll die Werkstatt schöner und größer wieder aufgebaut werden und deutlich mehr Arbeitsplätze anbieten? Oder sollen die Beschäftigten in anderen Unternehmen arbeiten, neue Instrumente der Arbeitsförderung nutzen? Durch diese Perspektivwechsel expliziert Miles-Paul so unterschiedliche Aspekte wie Bewahrpädagogik, »Schutzraum«-Denken, Pfadabhängigkeiten, Machtasymmetrien, Aktivismus, Selbstvertretung und Teilhabeförderung.

Das Fazit der drei »Brandstifter*innen« ist, dass sie mehr Teilhabe außerhalb der WfbM wollen, aber nicht gegen die Pfadlogik des Systems ankommen. Sie wählen die Brandstiftung als Innovationsimpuls und sehen, wie nach der Brandstiftung plötzlich Praktika, das Budget für Arbeit oder auch Beschäftigungsoptionen auf dem allgemeinen Arbeitsmarkt diskutiert werden.

Die Frage nach einer Innovation des Systems beruflicher Teilhabeförderung beschäftigt auch Frings (2022): Sie nutzt statt fiktionaler Literatur eine systemtheoretisch angelegte wissenschaftliche Untersuchung, beschäftigt sich mit Fragen einer Revision der Theoriearchitektur wohlfahrtsstaatlicher Steuerungslogik und bewegt sich damit erkennbar auf der makrosoziologischen Ebene. Frings sieht Behinderung aktuell als das »jeweilige ›Problem‹ eines jeweils spezifischen Funktionssystems« (Frings 2022, 171) – also zum Beispiel des Subsystems Bildung oder des Subsystems Wirtschaft – und »Maßnahmen, um Inklusion zu gewährleisten, wären weiterhin funktionssystemspezifische Einzellösungen, die sich auf das jeweilig ›verantwortliche‹ Funktionssystem konzentrieren anstatt sich auf einen gesamtgesellschaftlichen Diskursbereich (…) richten« (Frings 2022, 171). Innerhalb dieser Funktionssysteme wird die aktuelle Bearbeitung von Behinderung »als eine angemessene, funktionale Lösung kommuniziert, deren Irritationspotenzial nicht (länger) ausreicht, um Erwartungsenttäuschungen zu provozieren« (Frings 2022, 167). Kurz: Die aktuelle Situation »funktioniert« für die einzelnen Teilsysteme; sie haben aber keinen Druck sich zu verändern. Um Teilhabe aber in der gesamten Gesellschaft – oder, mit den Begrifflichkeiten der Systemtheorie: »über alle Funktionssysteme« hinweg – zu fördern, schlägt Frings folgendes vor: »›Zielvorstellungen‹ als offenen und gesamtgesellschaftlichen Prozess in die wohlfahrtsstaatliche Interventionslogik zu integrieren, dann wäre Teilhabe ein sogenanntes ›moving target‹, das Behinderung nicht nur fortlaufend im Diskurs von potenziell allen Funktionssystemen hält, sondern durch Reflexion (i. S. der Umweltbeobachtung) ausreichend irritieren kann, um Veränderungen und Strukturbildung zu provozieren« (Frings 2022, 171).

Frings entwickelt drei »Steuerungsimpulse für eine chancengerechte(re) Teilhabe« (2022, 167 ff.):

1. *De-Kontextualisierung durch De-Institutionalisierung.* Damit ist gemeint, dass »bspw. auf Förderschulen als Alternative zu Regelschulen im Bildungssystem verzichtet wird, Werkstätten für Menschen mit Behinderung im Wirtschaftssystem abgeschafft werden oder außerbetriebliche Sonderprogramme zur Ausbildung von Menschen mit Behinderung nicht weiter fortgesetzt werden« (Frings 2022, 168). Kurz: »die radikale Abschaffung von behinderungsspezifischen Fördersystematiken« (Frings 2022, 168). »Erst dann können neue Verknüpfungen mit Blick auf die Differenzmarkierung Behinderung etabliert und ausgeweitet, andersartige Formen organisierter (Aus-)Bildung installiert und legitimiert und Teilhabeoptionen chancengerechter in Verwirklichungschancen transferiert werden« (Frings 2022, 168). Um das Risiko einer schnellen und potenziell auch »schockierenden« Beendigung abzumildern, schlägt Frings die Erprobung dieses Ansatzes in »LivingLabs« oder »Reallaboren« – also einer Art gesellschaftlichem begrenztem Experiment – vor.
2. *De-Kontextualisierung durch Teilhabe als Zielvorstellung.* Frings analysiert: »Das eigentliche Steuerungsdefizit Moderner Gesellschaft liegt dann darin, Inklusion als Ziel zu deklarieren und wohlfahrtstaatlich, vorwiegend institutionell, auszugestalten« (Frings 2022, 170). Sie fordert daher: »nicht *Inklusion* (in Teilsystemen, d. A.) als sozialpolitisches Ziel zu setzen, sondern *Teilhabe* als gesamtgesellschaftliche Zielvorstellung (Vision) in die wohlfahrtstaatliche Interventionslogik einzubetten und als Ausgangspunkt für die Revision der Theoriearchitektur von Steuerung zu etablieren« (Frings 2022, 170; kursiv durch d. A.).
3. *Neuregulation durch Differenzerzeugung und Partizipation* schließlich spricht die Systemumwelt an. Diese könne ein System zur Innovation anregen, indem es von außen die Leistung des Systems in Frage stellt. »Wenn bspw. das Bildungssystem eigene Vorstellungen eines ›inklusiven Arbeitsmarktes‹ (oder umgekehrt das Wirtschaftssystem ein eigenes Modell ›inklusiver Bildung‹) entwickelt, an denen es im Anschluss sämtliche Folgeoperationen ausrichtet, ist das jeweils simulierte Funktionssystem (hier: das Bildungssystem, d. A.) in seiner Existenz bedroht« (Frings 2022, 173). Mit Partizipation stehe den Rehabilitationswissenschaften ein Irritations- und damit auch Innovationspotenzial zur Verfügung, das solche Differenzen erzeugen könne. »Durch die direkte Beteiligung von Menschen mit Behinderung an Entscheidungsprozessen, die über die eigene Lebenssituation hinausgehen, ließen sich Verhaltensspielräume erweitern und Erwartungsenttäuschungen aus ›externer Perspektive‹ auf kommunikativer Ebene sichtbar machen. Es ließen sich Diskursarenen eröffnen, die insbesondere die Nicht-Thematisierung der Funktionalität des Differenzmerkmals Behinderung in den Blick nehmen und in der Inklusionsdebatte als Thema etablieren« (Frings 2022, 173).

Denkanstöße

1. Wie könnten die Steuerungsimpulse nach Frings konkret umgesetzt werden? Wer müsste beteiligt und welche Ressourcen mobilisiert werden? Wie sähe ein konkreter Umsetzungsplan aus?
2. Kennen Sie Beispiele aus ganz anderen gesellschaftlichen Funktionssystemen, die sich stark verändert haben? Wie erfolgte dort Innovation? Denken Sie dabei in den Begriffen der Systemtheorie.
3. Inklusion ist auch eine Frage der Durchsetzung durch Politik. Viele politische Parteien haben Vorstellungen, wie es mit dem System der beruflichen Teilhabeförderung weiter gehen soll. Identifizieren und diskutieren Sie diese anhand von politischen Programmen.
4. Wie könnten »Reallabore« (Pelka et al. 2023) helfen, Teilhabechancen zu verbessern?

10 Modernisierungstheoretische Perspektive

Die modernisierungstheoretische Perspektive fokussiert – wie auch die sozialstrukturelle und systemtheoretische Perspektive – gesamtgesellschaftliche Prozesse. Innerhalb dieser Perspektive liegt der Fokus auf gesellschaftlichem Wandel. Betrachtet werden neben Rationalisierungsschüben und Individualisierungsanforderungen insbesondere gesamtgesellschaftliche wie auch globale Krisen. Der gesellschaftliche Wandel findet seinen theoretischen Niederschlag in verschiedenen soziologischen Konzepten wie beispielsweise in der »Postindustriellen Gesellschaft« (Bell 1975), »Postmodernen Gesellschaft« (Etzioni 1997), »Postliberalen« oder »komplexen Gesellschaft« (Habermas 1988) oder »Risikogesellschaft« (Beck 1986; 2016).

Das erste Unterkapitel expliziert zunächst in gewohnter Kürze zentrale Problemstellungen (▶ Kap. 10.1.1) und Definitionen (▶ Kap. 10.1.2) einer modernisierungstheoretischen Perspektive. Anschließend werden drei unterschiedliche modernisierungstheoretische Positionen kontrastiert (▶ Kap. 10.1.3). Im anschließenden »Transfer«-Unterkapitel (▶ Kap. 10.2) werden der Wandel, welcher sich in der politischen Ansprache Behinderter im Zuge der Ratifizierung der UN-Behindertenrechtskonvention vollzogen hat, sowie modernisierungstheoretische Implikationen auf das Leben behinderter Menschen, deren gesellschaftliche Akzeptanz sowie die institutionelle Produktion von Behinderung thematisiert.

Lernziele

- Sie kennen die Begriffe Modernisierung, Individualisierung und Rationalisierung.
- Sie vergleichen die modernisierungstheoretischen Positionen des »Projektes Moderne«, »Postmoderne« und »Risikogesellschaft« miteinander und können Unterschiede benennen.
- Sie antizipieren Chancen und Risiken, die für behinderte Menschen mit Modernisierungsprozessen einhergehen (können).

10.1 Soziologische Grundlagen

10.1.1 Problemstellung

Auch ohne soziologischen oder wissenschaftlichen Blick ist deutlich erkennbar, dass wir gegenwärtig mit tiefgreifenden, alle gesellschaftlichen Bereiche erfassenden Wandlungs-, Umwälzungs- oder Auflösungsprozessen konfrontiert sind. Zum Zeitpunkt der Endredaktion an diesem Lehrbuch sind uns Berichte und Erfahrungen über nationale und internationale Konflikte, Arbeitslosigkeit, Klimakrise, Artensterben, globale Bevölkerungsexplosion, Erstarken populistischer Kräfte sowie Nationalismus und Fremdenfeindlichkeit oder Gewalttätigkeiten gegen gesellschaftliche Randgruppen vertraut. Gleichzeitig verbreitet sich die Überzeugung, dass die bisherigen ökonomischen und politischen Steuerungsinstrumente wirkungslos werden. Wir sind gegenwärtig Zeitzeugen eines tiefgreifenden historischen Wandlungsprozesses, »in dessen Verlauf die Menschen aus den Sozialformen der industriellen Gesellschaft – Klasse, Schicht, Familie, Geschlechtslagen von Männern und Frauen – freigesetzt werden« (Beck 1986; 2016, 115) und mit dessen Auswirkungen wir alle, Erwachsene ebenso wie Kinder und Jugendliche, Lehrende ebenso wie Schüler*innen, individuell ebenso wie kollektiv konfrontiert sind. Als charakteristische soziale Prozesse der Gegenwart werden Individualisierungsprozesse diagnostiziert, deren Auswirkungen die Lebensphasen von Kindheit und Jugend so wesentlich verändern, dass die Bewältigung der in diesen Lebensphasen enthaltenen Handlungsanforderungen zunehmend schwieriger geworden ist und damit zu erheblichen individuellen, sozialen und gesellschaftlichen Problemen geführt hat. Insgesamt werden diese neutral als »Wandlungsprozesse« beschriebenen Veränderungen vielfach als »Krisen« und »Risiken« aus gesamtgesellschaftlicher, ja teilweise – Stichwort: Klimakrise – die gesamte Menschheit betreffender Perspektive wahrgenommen und fordern damit makrosoziologische Untersuchungs- und Erklärungsansätze.

10.1.2 Definitionen

Sozialer Wandel

Allgemein versteht man in der Soziologie sozialen Wandel als einen Oberbegriff für bedeutsame sozialstrukturellen Veränderungen mehrerer sozialer Prozesse. Der Begriff *sozialer Wandel* beschreibt dabei »die Veränderung sozialer Strukturen. Unter sozialen Strukturen versteht man die (relativ) stabilen Regelmäßigkeiten des sozialen Lebens, z.B. Rollenverhalten, Organisationsmuster und soziale Schichtung« (Zapf 2024, 563). Durch sie wird das soziale Leben in einer Gesellschaft geordnet. Kommt es zu einem sozialen Wandel, entsteht die Veränderung dieser Ordnungen, beispielsweise beim Übergang von der vorindustriellen in die Industriegesellschaft.

Sozialer Prozess

»Soziale Prozesse sind kontinuierliche, langfristige, d. h. gewöhnlich nicht weniger als drei Generationen umfassende Wandlungen der von Menschen gebildeten Figurationen oder ihrer Aspekte in einer von zwei entgegengesetzten Richtungen« (Elias 2024, 411). Beispiele für soziale Prozesse sind die Steigerung oder Abnahme des sozialen Kapitals oder die Steigerung von Kommunikation über soziale Medien und die Abnahme von Face-to-Face-Kommunikation. Damit tragen soziale Prozesse zu Veränderungen in der Gesellschaft bei und können einen umfassenden gesellschaftlichen Wandel auslösen.

Individualisierung

Individualisierung beschreibt den Prozess *einer* »allmähliche[n] Herauslösung der Menschen aus überkommenen Sozialformen (Stand qua Herkunft, Nachbarschaft, Verwandtschaft, Kirchengemeinde, Familie, Ehe), Sozialmilieus (Arbeitermilieu, Stadtteilmilieu, Volksgruppenmilieu) und Orientierungen (Traditionen, Sitten, Umgangsformen)« (Doehlemann 2013, 22).

Rationalisierung

Rationalisierung im *engeren*, industriesoziologischen bzw. technischem Sinne meint die rationale Planung und Organisation von »Produktionsprozessen und Verwaltungsverfahren, die zunehmende Betonung von Effizienzgesichtspunkten, das unablässige Streben nach höchstmöglichem Arbeits- und Geldertrag bei niedrigstmöglichem Mitteleinsatz« (Doehlemann 2013, 21). Rationalisierung im *weiteren*, philosophischen und politischen Sinne ist mit den Ideen der Aufklärung verbunden und meint den Prozess, menschliches Handeln und Denken durch Vernunft und rationale Überlegungen zu leiten.

Moderne

Allgemein deutet der Begriff Moderne »auf eine Phase der ›neuen Zeit‹, auf das bislang letzte Stadium der Geschichte« (Lautmann 2024b, 838). Während »modern« in der Alltagssprache synonym zu »modisch«, »heutig« oder »zeitgemäß« verstanden und eher positiv konnotiert wird, bezeichnet die Soziologie mit der »Moderne« eine zeitliche Epoche, die von unterschiedlichen Vertretern wie Beck, Weber und Parsons analytisch, nicht jedoch normativ betrachtet wird. Sie wird seit den 1950er Jahren als Prozess analysiert, bei dem dazugehört, »dass immer wieder deren Ende ausgerufen und ein Nachfolgezustand oder gar das Ende der Geschichte proklamiert wird« (Lautmann 2024b, 838). Kulturphilosophisch meint dieser Analyseprozess, respektive Diskurs Moderne das Selbstreflexionsunternehmen der modernen Gesellschaft, innerhalb dessen die beschriebenen Merkmale und ihre daraus resultierenden Folgeprobleme und Konsequenzen durchdacht werden (Lautmann 2024a).

Modernisierung

> »Bezeichnung für den Entwicklungsprozess in Richtung auf Modernität. Die M[odernisierung] gilt als spezifische Form des zielgerichteten Wandels in der Gegenwart und wird im internationalen Vergleich an der Zunahme des Bruttosozialprodukts und an Veränderungen der sozialen Institutionen des Organisationssystems und an Phänomenen wie Bürokratisierung, Urbanisierung, Demokratisierung und sozialer Mobilität gemessen« (Rammstedt 2024).

> »Modernisierung meint die technologischen Rationalisierungsschübe und die Veränderungen von Arbeit und Organisation, umfasst darüber hinaus aber auch sehr viel mehr: den Wandel der Sozialcharaktere und Normalbiographien, der Lebensstile und Liebesformen, der Einfluss- und Machtstrukturen, der politischen Unterdrückungs- und Beteiligungsformen, der Wirklichkeitsauffassungen und Erkenntnisnormen. Der Ackerpflug, die Dampflokomotive und der Mikrochip sind in diesem Verständnis nur äußere, sichtbare Indikatoren für einen sehr viel tiefer greifenden, das gesamte gesellschaftliche Gefüge erfassenden und umgestaltenden Prozess, in dem letztlich die Quellen der Gewissheit, aus denen sich das Leben speist, ausgetauscht werden« (Beck 1986; 2016, 25).

Während im Alltagssprachgebrauch auch der Begriff »Modernisierung« meist positiv konnotiert wird – zum Beispiel, wenn wir von einer Gebäudemodernisierung sprechen – ist er im soziologischen Diskurs ebenfalls nicht wertend, sondern analytisch.

10.1.3 Explikation

Gesellschaften sind dynamische Gebilde, die sich ständig wandeln und verändern und sich immer wieder neu reproduzieren müssen. Viele der Beispiele in diesem Lehrbuch berichten von der Veränderung von Gesellschaft. So wurde beispielsweise in Kapitel 1 (▶ Kap. 1) ein Sozialunternehmen im Zeitverlauf beschrieben, in Denkanstoß 8.3 haben wir uns der Verteilung von Kapital über Jahrhunderte und dessen Konsequenzen für Gesellschaft zugewandt und in Kapitel 9.2 (▶ Kap. 9.2) wurden zahlreiche institutionelle Veränderungen des Rehabilitationssystems der Bundesrepublik Deutschland analysiert. Veränderungen von Gesellschaft sind damit »normal«. Verändern sich typische Elemente eines Sozialsystems, spricht die Soziologie von einem *sozialen Wandel*, gesellschaftlichem Strukturwandel oder auch Epochenwandel. Ein klassisches Beispiel für einen sozialen Wandel ist der Übergang von der ständisch verfassten Agrargesellschaft zur Industriegesellschaft. Dieser gesellschaftliche Strukturwandel vollzog sich über einen langen Zeitraum und ist als sozialer Wandel nur in der Retrospektive klar erkennbar. Im Gegensatz zum sozialen Wandel sind *soziale Prozesse*, die Auslöser oder Voraussetzung für einen umfassenden gesellschaftlichen Wandel sein können, direkt erfahrbar – vor allem in ihren Auswirkungen, in den ökonomischen, ökologischen, sozialen und psychischen »Kosten« der gesellschaftlichen Veränderungen. Nicht nur können die Lebensmöglichkeiten der Gesellschaftsmitglieder gravierend eingeschränkt oder ihre Lebensperspektiven nachhaltig umgestoßen werden, auch der gesamtgesellschaftliche Konsens kann erschüttert werden.

Als ein klassisches Beispiel der Modernisierung gilt der Industrialisierungsprozess in Deutschland, der – vor allem im 19. Jahrhundert – als »*industrielle Revolution*« nicht nur Wirtschaft, Wissenschaft und Technik in nie dagewesenem Maße umgestaltete, sondern auch zu massiver sozialer Verelendung und ausgeprägten politischen Kämpfen führte.

Zwei konträre Fragestellungen leiten die Diskussion über die gegenwärtige und zukünftige Gestalt der Gesellschaft:

1. Sind die aktuellen Konflikte und Spannungen Indizien für eine weitergehende Modernisierung, also eine Fortsetzung und Beschleunigung der Modernisierungsprozesse der letzten 200 Jahre?

oder:

2. Signalisieren die deutlich erkennbaren Erosionen in der gesellschaftlichen, politischen und sozialen Landschaft einen Epochenwandel, einen Bruch in der Moderne, der in die »Risikogesellschaft« oder in das Zeitalter der »Postmoderne« führt?

Ausgangspunkt beider Fragestellungen ist die »*Moderne*« – das Resultat von ökonomischen, politischen und kulturellen Modernisierungsprozessen, von der Umwandlung der Agrargesellschaft des 18. Jahrhunderts zur Dienstleistungsgesellschaft in der heutigen Gestalt. Dieser langwierige, widersprüchliche und komplexe Modernisierungsprozess umschließt nicht nur technologische Innovationen und die Veränderungen von Arbeit und Organisation. Es umfasst ebenso den Wandel der Sozialcharaktere und Normalbiografien, Lebensstile und Liebesformen, Einfluss- und Machtstrukturen, politische Unterdrückungs- und Beteiligungsformen sowie Wirklichkeitsauffassungen und Erkenntnisnormen (Beck 1986, 2016).

Denkanstoß 10.1: Ein Informatiker in der Moderne

Leo ist 30 Jahre alt und hat einen Masterabschluss in Informatik an der TU Dortmund erlangt. Gerade hat er eine Zusage für einen gut bezahlten Job bei einer IT-Firma in Estland bekommen. Zu dem Zeitpunkt, an dem Leo anfing zu studieren, gab es die Art von Firmen, für die Leo nun arbeiten wird, noch kaum. Die Firma programmiert Hilfsmittel für behinderte Menschen und Leo wird demnächst für die Qualitätssicherung in der Firma zuständig sein. Er ist aufgeregt und denkt an seine ersten Berührungspunkte mit Technik zurück: Als er die Grundschule besuchte, konnte niemand in der Wohnung telefonieren, wenn sein Vater im Internet war. Sein erstes Handy (ein finnisches Modell) konnte bis zu zehn Nachrichten speichern. Seinen ersten Computer musste er jedes Mal mit lautem Piepen mit dem Internet verbinden.

Als sein modernes Smartphone vibriert, wird Leo aus seiner Erinnerung gerissen und er erkennt: Alle Gesellschaften unterliegen einem steten Wandel, welcher sich ganz real in erfahrbaren Prozessen ausdrückt und durch diese wirkt (Klein 1992). Leo hat während des Masterstudiums schon als Informatiker in einer Logistikfirma gearbeitet und dort seinen Schulfreund Bernd wiedergetroffen. Dieser ist Fachlagerist und hatte seit dem Studium den Kontakt zu Leo verloren. Tragisch war, dass die Firma Leo beauftragte, die Abläufe im Lager effizienter zu gestalten, so dass binnen weniger Wochen der Arbeitsplatz von Bernd und einiger anderer Kolleg*innen aus dem Lager wegrationalisiert wurden. Leo schaudert bei dem Gedanken an »die technologischen Rationalisierungsschübe und die Veränderungen von Arbeit und Organisation« (Beck 1986; 2016, 25). Bernd hat schließlich eine Umschulung zum Fachinformatiker gemacht und lebt nun mit seinem Mann auf Mallorca. Dort arbeitet er von zu Hause aus und hält noch regen Kontakt zu Leo. Leo vergleicht die heutigen Lebenswelten mit denen der Großelterngeneration und auch der Situation der Eltern. Er nimmt wahr: Es gibt einen »Wandel der Sozialcharaktere und Normalbiographien, der Lebensstile und Liebesformen« (Beck 1986; 2016, 25).

Morgen reist Leo nach Tallinn ab. Während die letzten Kleinigkeiten in die Taschen gepackt werden, denkt er an die Passkontrollen an jeder Grenze, wenn Leos Familie früher mit dem Auto in den Urlaub nach Kroatien gefahren ist oder wie früher zur Buchung eines Hotelzimmers noch mit dem Hotel telefoniert werden musste. Leo hat die neue Wohnung in Estland online gemietet, das Vorstellungsgespräch bei der Firma lief über ein Videokonferenz-Tool. Leo muss kein Geld umtauschen und in Estland ist fast jeder Behördengang online zu erledigen. Rückbetrachtend könnte man also bezogen auf Leos Lebensspanne sagen, dass »sich typische Elemente eines Sozialsystems verändern« (Klein 1992, 176).

Leo ist die erste Person in der Familie, die studiert hat, die erste, die aus Deutschland oder nur aus der näheren Umgebung von Dortmund weggezogen ist. Leo hat Freund*innen aus verschiedenen Schichten und Milieus, aus verschiedenen Ländern und mit den unterschiedlichsten Überzeugungen. Bei Leo fand eine Weiterentwicklung statt: eine Entkopplung von alten Sozialformen (zum Beispiel Herkunft, Nachbarschaft, Verwandtschaft, Kirchengemeinde, Familie, Ehe), Sozialmilieus (zum Beispiel Arbeitermilieu, Stadtteilmilieu, Volksgruppenmilieu) und Orientierungen (Traditionen, Sitten, Umgangsformen) (Doehlemann 2013).

Denkanstöße

1. Sind die Begriffe »sozialer Prozess« und »sozialer Wandel« voneinander trennbar?
2. Stellen Sie Thesen auf: Stützen die derzeitigen gesellschaftlichen Entwicklungen die Individualisierungsthese?

Die Modernisierung der Gesellschaft gründet sich auf einer langfristigen Durchsetzung und gesellschaftlichen Verallgemeinerung vor allem zweier Prinzipien:

1. *Rationalisierung* des Denkens und Handelns und
2. *Individualisierung* der Lebensformen und Lebensmöglichkeiten.

Rationalisierung im *engeren, industriesoziologischen bzw. technischem Sinne* meint die rationale Planung und Organisation von »Produktionsprozessen und Verwaltungsverfahren, die zunehmende Betonung von Effizienzgesichtspunkten, das unablässige Streben nach höchstmöglichem Arbeits- und Geldertrag bei niedrigstmöglichem Mitteleinsatz« (Doehlemann 2013, 21). Diese technische Rationalisierung hat zu vielfachen Formen der (auch geschlechtsspezifischen) Arbeitsteilung geführt, zur strikten Trennung von Arbeit und Familienleben, zur Aufteilung von Sachlichkeit auf Schule und Arbeitswelt und Emotionalität auf Familie und Freizeit.

Rationalisierung im Weiteren, *philosophischen und politischen Sinne* ist mit den Ideen der Aufklärung verbunden. Nach der berühmten Formulierung von Kant aus dem Jahre 1784 ist Aufklärung

> »der Ausgang des Menschen aus seiner selbstverschuldeten Unmündigkeit. Unmündigkeit ist das Unvermögen, sich seines Verstandes ohne Leitung eines anderen zu bedienen. Selbstverschuldet ist diese Unmündigkeit, wenn die Ursache derselben nicht am Mangel des Verstandes, sondern der Entschließung und des Muthes liegt, sich seiner ohne Leitung eines anderen zu bedienen. ›Sapere aude! Habe Muth, dich deines eigenen Verstandes zu bedienen!‹ ist also der Wahlspruch der Aufklärung« (Kant 1784, 481).

Rationalisierung in diesem weiteren Sinne hat die jahrhundertelange Herrschaft von Adel, Kirche und (ständischen) Traditionen in Frage gestellt und dagegengesetzt, dass alle Menschen frei, gleich und mit Vernunft ausgestattet sind.

Individualisierung beschreibt den Prozess einer »allmähliche[n] Herauslösung der Menschen aus überkommenen Sozialformen (Stand qua Herkunft, Nachbarschaft, Verwandtschaft, Kirchengemeinde, Familie, Ehe), Sozialmilieus (Arbeitermilieu, Stadtteilmilieu, Volksgruppenmilieu) und Orientierungen (Traditionen, Sitten, Umgangsformen)« (Doehlemann 2013, 22). Dieser Prozess geht einher mit einer gleichzeitigen Steigerung der Abhängigkeit des Individuums von gesellschaftlichen Institutionen – er ist damit ambivalent. Ein Beispiel wurde in der Einleitung (▶ Kap. 1.1.1) benannt: Kinder aus soziökonomisch prekären Verhältnissen wurden im 19. Jahrhundert einerseits aus den Sozialstrukturen ihrer Herkunft herausgelöst (und damit potenziell auch aus den Pfadabhängigkeiten von Armut, Bildungsferne und gesundheitlichen Risiken), gleichzeitig aber in die Strukturen einer sozialen Einrichtung überführt (und erlebten dort die Regeln und Ordnungsschemata dieser Einrichtung). Ihre Abhängigkeit von Sozialformen wurde also getauscht. Ähnlich lässt sich die Einrichtung des modernen Wohlfahrtsstaates betrachten: Waren in mittelalterlichen Ständegesellschaften noch Familie, Standesorganisationen und Kirchen für die Fürsorge behinderter Menschen verantwortlich, so hat deren heutige Bedeutung durch die Herausbildung sozialstaatlicher Einrichtungen (z. B. Wohneinrichtungen oder Werkstätten, ▶ Kap. 9.2) im Vergleich abgenommen. Auch hier lässt sich feststellen, dass Individuen einerseits eine Herauslösung aus Sozialformen, aber andererseits eine Anbindung an andere Sozialformen erfahren.

Individualisierung meint *nicht* den Vorgang der Individuation, der individuellen Emanzipation, nicht die Herstellung von Ich-Identität, sondern bezeichnet als Trendaussage Prozesse der Freisetzung des Individuums aus sozialen Strukturen. Die gegenwärtige (soziologische) Diskussion um den Zustand der Gesellschaft bezieht sich auf die ökonomischen, politischen, sozialen, vor allem aber auch auf die kulturellen Folgeprobleme der Modernisierung, die in den verschiedenen Konzepten oft ähnlich beschrieben, aber insbesondere hinsichtlich der zukünftigen gesellschaftlichen Entwicklung unterschiedlich interpretiert werden (Reckwitz 2018). Dies soll idealtypisch an *drei Positionen* verdeutlicht werden, die unterschiedliche Perspektiven auf Gesellschaft anbieten und somit alle drei zur Analyse unserer Gegenwartsgesellschaft genutzt werden können:

1. »Projekt Moderne«
2. »Postmoderne«
3. »Risikogesellschaft«

Das »Projekt Moderne« (Hauptvertreter: Jürgen Habermas)

Diese mit dem deutschen Philosophen und Soziologen Jürgen Habermas verbundene Perspektive kann hier nur versatzstückhaft entlang zweier von Habermas identifizierter gravierender Probleme der (spät-)kapitalistischen Moderne wiedergegeben werden:

1. Zu den typischen ökonomischen Krisen treten verstärkt Krisen des politischen Systems auf; vor allem eine *»Legitimationskrise«*. Das heißt, dass die Gesellschaftsmitglieder sich durch gesellschaftliche Strukturwandlungen in ihrer sozialen Identität bedroht fühlen und die soziale Integration gefährdet ist (Habermas & Offe 2000). Gesellschaftliche Strukturen werden damit hinterfragt und müssen sich legitimieren; zum Beispiel, indem sie die Frage beantworten: Wozu benötigen wir diese Einrichtung? Vor eine solche Legitimationsfrage sehen sich zum Beispiel Werkstätten für behinderte Menschen gestellt, wenn sie nach ihrer Rolle bei der Teilhabe an sozialversicherungspflichtiger Beschäftigung auf dem allgemeinen Arbeitsmarkt gefragt werden (▶ Kap. 9.2.2).
2. Die Rationalisierung im technischen Sinne, die bereits in den ökonomischen und politischen Systemen durch ihre Vereinseitigung und Verabsolutierung zu massiven Problemen wie Massenarbeitslosigkeit oder Umweltzerstörung geführt hat, dringt als rein zweckrationales Denken und Handeln heute verstärkt in die Lebenswelt, in die alltägliche Lebenswirklichkeit der Individuen ein. Die Lebenswelt als der auf Verständigung angewiesene Ort kommunikativen Handelns wird durch die instrumentelle Vernunft überformt. In »privaten« Bereichen wie beispielsweise in der Familie oder im Freundeskreis wird die noch vorherrschende Verhaltensorientierung an Gefühlen und individuellen Bedürfnissen zunehmend von einer Orientierung an zweckgerichtetem Verhalten abgelöst. Es droht eine *»Kolonialisierung der Lebenswelt«*, die »sich primär in Erscheinungen des Sinnverlustes, der Anomie und der Persönlichkeitsstörungen«

(Habermas 1984; 2011, 565) manifestiert. Ein Beispiel erleben Sie vielleicht selbst, wenn Sie Ihre Freizeit entlang Ihrer Arbeitszeiten planen müssen; vielleicht gibt Ihnen Ihr Job bestimmte Uhrzeiten vor, zu denen Sie arbeiten müssen, oder Tage, an denen Sie keinen Urlaub nehmen dürfen. Hier dringt die Lebenswelt der Arbeit in die Lebenswelt des Privaten ein. Home Office und digitales Lernen werden vielleicht auch bei Ihnen zu einer »Kolonialisierung der Lebenswelten« und einer Veränderung der Trennung von Arbeit und Freizeit geführt haben.

Trotz dieser Probleme und zahlreicher damit verbundener »pathologischer« Entwicklungen ist das Projekt Moderne (noch) nicht gescheitert, sondern nur »unvollendet«: Das Erbe der Aufklärung, ihr emanzipatorisches Potential und ihre »gesellschaftliche Vernunft«, die Weiterentwicklung von Gerechtigkeit und Moral, ist noch nicht ausgeschöpft.

Die »Postmoderne« (Hauptvertreter: Jean Baudrillard, Jean-François Lyotard, Fredric Jameson, Klaus Kamper)

Der Begriff »Postmoderne« hat in vielen Diskursen Konjunktur, auch wenn oder gerade, weil er so unscharf ist, dass er nicht nur sehr unterschiedliche Phänomene in Architektur, Kunst, Musik, Mode, Philosophie oder Soziologie abdecken kann, sondern auch ein weit verbreitetes Zeitgefühl – »dass etwas zu Ende geht« – zum Ausdruck bringt. Die Vertreter*innen postmoderner Gesellschaftstheorien proklamieren den »*Tod der Moderne*« (Baudrillard 2015) und damit auch das »*Ende des Sozialen*« *(Tarde 2017)*, das »*Ende des Individuums*« *(Koenig 2021)* oder das »*Ende der Geschichte*« *(Fukuyama 2022)*.

Diese pessimistischen und teils dystopischen Szenarien finden sich bereits seit mehreren Jahrzehnten in wissenschaftlichen Debatten des Spätkapitalismus bzw. der Postmoderne.

> »Im Begriff der ›Postmoderne‹ artikuliert sich das Empfinden, daß etwas zu Ende gekommen ist. Zu Ende gekommen ist das, was Habermas das ›Projekt der Moderne‹ genannt hat: der Versuch, die Ziele der Aufklärung: Selbstbewusstsein, Selbstbestimmung, Selbstverwirklichung durchzusetzen« (Nunner-Winkler 1991, 113).

Als zentrale Aspekte postmoderner Zeitdiagnosen lassen sich benennen:

- eine prinzipielle Skepsis gegenüber dem Vernunft-Glauben der Moderne und gegenüber jeder »Konzeption von Rationalität, die für sich Allgemeingültigkeit reklamiert und mit einem Universalitätsanspruch auftritt« (Helsper 1991, 18);
- eine oft apokalyptische Vision von der Übermächtigkeit der Bilder, die die Realität durch ihre Abbilder, durch digitale Reproduktion, ersetzen;
- die These von der »*Entmächtigung*« oder »*Auslöschung*« des Subjekts;
- ein dezidiertes Eintreten für radikale Pluralität der Wissens-, Lebensformen und Wirklichkeitsentwürfe.

10.1 Soziologische Grundlagen

In postmodernen Diagnosen und Positionen verdichten sich »zentrale Herausforderungen an das Denken der Moderne und ihr Selbstverständnis, aber auch zentrale Probleme und Bedrohungen der sozialen und subjektiven Welt« (Helsper 1991, 23).

Denkanstoß 10.2: Rente in der Postmoderne

> Samy ist seit einigen Tagen in Rente. Eine KI hat nun den Verwaltungsjob übernommen, den Samy 40 Jahre lang ausübte. Das ist etwas, das viele Menschen derzeit erleben. Ihre Ausbildungen passen nicht mehr mit den notwendigen Tätigkeiten der Gesellschaft zusammen und zum Renteneintritt bezieht eine KI ihren Arbeitsplatz. Eine Eingliederungshilfe hatte damals ermöglicht, dass Samy nach einer komplizierten Rückenoperation wieder auf dem ersten Arbeitsmarkt arbeiten konnte. Nun, in der Rentenphase, hat Samy endlich mal ausgeschlafen, schaut auf das erst gestern bestellte und heute schon aus China gelieferte Smartphone eines amerikanischen Herstellers und öffnet die Social Media App. Samy scrollt. Eine nicht sortierbare Flut an Beiträgen rast über den Bildschirm: süße Katzen, halbnackte Menschen, Naturkatastrophen, politische Propaganda, eine Menge Werbung und noch vieles mehr. Es scheint unendlich viele Realitäten zu geben, die gleichzeitig existieren. Eine »Konzeption von Rationalität, die für sich Allgemeingültigkeit reklamiert und mit einem Universalitätsanspruch auftritt« (Helsper 1991, 18), kann im Grunde nur scheitern, denkt sich Samy. Es ist unfassbar schwierig geworden, die Validität von Informationen nachzuvollziehen und zu wissen, wessen Agenda die Sender*innen verfolgen. Das war früher viel einfacher, glaubt Samy. Die Informationen kamen früher aus der Tageszeitung und den 20-Uhr-Nachrichten. Auch die gesellschaftliche Entwicklung bereitet vielen Menschen in Samys Umfeld Sorgen. Viele Freiheiten, die in den Jahrhunderten zuvor erkämpft worden waren, sind keine Selbstverständlichkeiten mehr. Samy hat »das Empfinden, daß etwas zu Ende gekommen ist« (Nunner-Winkler 1991, 113). Samy fühlt sich ohnmächtig angesichts der überwältigenden Masse an Bildern, Texten und Stimmen. Er verliert sich darin, wie ein Fußballspieler ein neues Nahrungsergänzungsmittel vorstellt, eine Sängerin Samy erzählt, in welche Aktien man investieren soll .und ein Mann mit Glatze und Sonnenbrille im Sportwagen über sein neues Geschäftsmodell redet. Da Samy gestern noch ein wenig Baudrillard gelesen hat, versteht er: »Im Entstehungsprozess dieser neuen Logik hat die Werbung eine strategische Position inne. Sie ist die Herrschaft des Pseudoereignisses par excellence. Aus dem Objekt macht sie ein Ereignis« (Baudrillard 2015, 186). Eigentlich will Samy nur etwas Ruhe und eine klare Sicht auf die Dinge; die allerdings scheint nicht mehr erreichbar im Panoptikum der Bilder.
>
> **Denkanstöße**
>
> 1. Eine Möglichkeit. einer massiven Informationsflut nicht nur ausgeliefert zu sein, sondern auch valide und brauchbare Informationen herauszufiltern, ist es, Medienkompetenz zu besitzen. Wie könnte man die Medienkompetenz so

stärken, dass Menschen mit unterschiedlichen Ausgangslagen in der Lage sind, Informationen besser einzuordnen?
2. Welche pädagogischen Ansätze würden Sie nutzen, um die Medienkompetenzen von Menschen mit unterschiedlichen Behinderungen zu fördern?

Die »Risikogesellschaft« (Hauptvertreter: Ulrich Beck)

Als dritter gesellschaftlicher Analyseansatz soll die vom deutschen Soziologen Ulrich Beck entwickelte Perspektive »Risikogesellschaft« eingenommen und damit auf die Gegenwartgesellschaft geblickt werden. Der Beck'sche gesellschaftsanalytische Entwurf ist durch seine Verknüpfung von Makrotheorie (Gesellschaftsstruktur) und Mikrotheorie (Handlungsebene) pädagogisch höchst relevant. Zentrale Kennzeichen der modernen Gesellschaft sind nach Beck (1986; 2016) ein *Kontinuitätsbruch* in der Gesellschaftsentwicklung und die *fortschreitende Individualisierung*.

1. Kennzeichen der Risikogesellschaft: *Kontinuitätsbruch*

Beck (1986; 2016) diagnostiziert einen Kontinuitätsbruch in der gesellschaftlichen Entwicklung, einen fundamentalen Wandel der klassischen Industriegesellschaft. Diese wird zunehmend verdrängt von einer neuartigen Formation, der industriellen Risikogesellschaft, in der die Produktion von gesellschaftlichem Reichtum mit der Produktion von globalen, nicht kalkulierbaren Risiken und universalen Gefährdungen einhergeht. Beispiele für solche nicht kalkulierbaren und universalen Gefährdungen sind die Reaktorkatastrohen in Tschernobyl von 1986 oder Fukushima von 2011.

Die Entwicklung von der Agrar- zur Industriegesellschaft war eine *einfache Modernisierung*, weil die Traditionen der Ständegesellschaft modernisiert bzw. rationalisiert wurden. Die gegenwärtige Modernisierung beschädigt ihre eigenen Grundlagen nachhaltig. Sie hat das Potential, die eigens geschaffene menschliche Lebensgrundlage zu zerstören. Beispielsweise können Umwelt- und Naturkatastrophen, Reaktorunfälle oder Auswirkungen des Klimawandels unmittelbar tödliche Folgen für Menschen haben – unabhängig von ihrem sozialen Status (Beck 2016). Die Industriegesellschaft labilisiert sich in ihrer Durchsetzung selbst, die Produktivkräfte entpuppen sich als Destruktivkräfte; Fortschritt kann zur Selbstvernichtung führen. Atomkraft, chemische und gentechnische Produktionen und die ökologischen Zerstörungen behalten ein »Restrisiko«. Gegen diese Risiken gibt es weder Versicherungen, noch kann man sie mit Geld kompensieren. Art (unsichtbar und irreversibel), Ausmaß (Globalität), Zustandekommen (selbst produziert) und die individuell fehlende Vermeidbarkeit von Gefährdungen sind charakteristisch für die neue Epoche der industriellen Risikogesellschaft.

> »Die Risikogesellschaft ist also keine revolutionäre Gesellschaft, sondern mehr als das: eine Katastrophengesellschaft. In ihr droht der Ausnahme- zum Normalzustand zu werden« (Beck 1986, 2016, 105).

Becks Analyse der Risikogesellschaft ist sowohl fundamentale Kritik an der gegenwärtigen Gesellschaft als auch Programm heutiger Modernisierung. Er beschreibt ein Risiko, eine Zukunft, die nicht eintreten soll. Beck will eine andere Moderne, eine einsichtsvollere, gewissenhaftere, reflektierte, eine »*reflexive Modernisierung*« (Brock 1991, 19). Insofern könnte seine These des Übergangs in eine Risikogesellschaft auch als eine Art politische Prognose gelesen werden, »die gerade ihr Nicht-Eintreffen bewirken soll« (Brock 1991, 18).

2. Kennzeichen der Risikogesellschaft: fortschreitende Individualisierung

Neben dem Kontinuitätsbruch in der Gesellschaftsentwicklung identifiziert Beck als zweites zentrales Kennzeichen der modernen Gesellschaft die fortschreitende Individualisierung. Individualisierung stellt nach Beck wie auch die Modernisierung kein neues gesellschaftliches Phänomen dar, hat aber nach dem 2. Weltkrieg eine neue Qualität erreicht.

> »In allen reichen westlichen Industrieländern – besonders deutlich in der Bundesrepublik Deutschland – hat sich in der wohlfahrtsstaatlichen Modernisierung nach dem Zweiten Weltkrieg ein gesellschaftlicher Individualisierungsschub von bislang unerkannter Reichweite und Dynamik vollzogen« (Beck 1986; 2016, 116).

Vor allem drei sozialstrukturelle Entwicklungen sind die »Motoren« der sekundären Individualisierung:

1. Die historisch enorme Steigerung des materiellen Lebensstandards, wie der Zugang zum Massenkonsum, hat die Arbeiterschaft in die Lage versetzt, das Joch ihrer »proletarischen Enge« abzuschütteln und neue Konsum- und Lebensstile zu realisieren. Dadurch erfolgt eine zunehmende Befreiung aus klassenkulturellen Milieus (▶ Kap. 8).
2. Die durch ökonomische Modernisierung erzwungene soziale und geografische Mobilität und die wachsende Frauenerwerbstätigkeit verstärkt die Herauslösung aus traditionalen Lebenswelten und Lebenszusammenhängen und erfordert individuelle biografische Planungen sowie neue Formen von Beziehungsmustern.
3. Die Bildungsexpansion und »die längere Verweildauer im Bildungssystem begünstigen Selbstfindungs- und Reflexionsprozesse, die allemal auf eine Infragestellung traditionaler Orientierungen und Lebensstile hinauslaufen« (Heitmeyer & Olk 1990, 15).

Die in Folge dieser sekundären Individualisierung entstandene Pluralität der Milieus und Lebensstile könnte zu der Schlussfolgerung verleiten, dass die Gesellschaft weniger ungleich sei (Hradil 1992), dass die traditionellen Schichtkriterien wie Berufsposition und Bildungsniveau für die Reproduktion sozialer Ungleichheit (▶ Kap. 8) an Kraft verloren hätten. Das Gegenteil ist jedoch der Fall, wie es Geißler anschaulich bereits 1992 beschrieb und auch für heute noch voll zutreffend skizziert (Geißler 1992; 2014):

»Empirische Materialien zeigen, dass schichttypische Soziallagen, Subkulturen und Lebenschancen trotz der Tendenzen zur Vereinheitlichung, Pluralisierung, Individualisierung, Differenzierung und Diversifizierung fortbestehen. Sie erhärten die These von der Dominanz der vertikalen Dimension der sozialen Ungleichheit; diese These besagt, dass die traditionelle vertikale Hierarchie, die mit den Zuweisungskriterien Beruf und Bildung verknüpft ist, in der komplexen Struktur der sozialen Ungleichheit weiterhin dominiert« (Geißler 1992, 69).

Vergleiche zum besseren Verständnis der in diesem Zitat angesprochenen sozialen Ungleichheit und vertikalen Hierarchie auch Kapitel 8 (▶ Kap. 8).

Der Individualisierungsprozess ist nach Beck durch eine doppelte Ambivalenz gekennzeichnet:

1. Das Individuum wird aus historisch vorgegebenen Sozialformen und Sozialmilieus (Klasse, Schicht, Milieu, Familie, Nachbarschaft) herausgelöst. Dieser Prozess ist in sich widersprüchlich: Der Zugewinn an individuellen Entfaltungsmöglichkeiten ist verbunden mit dem Verlust traditionaler Sicherheiten, die durch Sozialbindungen sowie durch Normen, Werte und religiöse Glaubensvorstellungen gegeben waren.
2. Der Verlust traditionaler Sicherheiten wird zunehmend durch die Systeme sozialer Sicherung kompensiert. Dieser Prozess ist in sich ebenfalls widersprüchlich: Soziale Sicherheit oder Absicherung wird erkauft durch größere Abhängigkeit von institutionellen Anforderungen, Kontrollen und Zwängen.
»Über Arbeitsmarkt, Wohlfahrtsstaat und Bürokratie wird er [der/die Einzelne] in Netze von Regelungen, Maßgaben, Anspruchsvoraussetzungen eingebunden. Vom Rentenrecht bis zum Versicherungsschutz, vom Erziehungsgeld bis zu den Steuertarifen: all dies sind institutionelle Vorgaben mit dem besonderen Aufforderungscharakter, ein eigenes Leben zuführen« (Beck & Beck-Gernsheim 2015, 12).

Individualisierung zwingt das Individuum, alleinige*r Akteur*in seiner*ihrer Existenz, seines*ihres Lebensprojektes, seiner*ihrer Biografie zu werden. Nach Reckwitz (2018) sind moderne Gesellschaften zunehmend durch eine »Singularisierungslogik« geprägt. Individuen sind permanent darum bemüht ihre Biografien zu optimieren und diese (auch medial in sozialen Netzwerken) als authentisch und einzigartig darzustellen.

Die Normalbiografie wird zur »Wahlbiographie« oder »Bastelbiographie« (Beck & Beck-Gernsheim 2015, 13), die ständig bearbeitet, korrigiert und abgesichert werden muss. Unerbittlich heißt es jetzt: Verhalte dich individualisiert, indem du dein Leben selbst und allein entwirfst; keiner außer dir selbst ist mehr verantwortlich. Und vergiss dabei nicht, deine Ziele und Pläne abzustimmen und zu koordinieren mit den Gesetzen des Arbeits-, Konsum- und Freizeitmarktes, mit den Anforderungen des Bildungs- und Gesundheitssystems sowie mit den Regelungsvorgaben der Systeme der sozialen Sicherung und der Instanzen sozialer Kontrolle (Reckwitz 2018; Beck & Beck-Gernsheim 2015). Welche Fähigkeiten müssen die

Individuen besitzen, um diese Abstimmungs-, Koordinations- und Integrationsleistungen zu erbringen?

»Die Individuen müssen, um nicht zu scheitern, langfristig planen und den Umständen sich anpassen können, müssen organisieren und improvisieren, Ziele entwerfen, Hindernisse erkennen, Niederlagen einstecken und neue Anfänge versuchen. Sie brauchen Initiative, Zähigkeit, Flexibilität und Frustrationstoleranz« (Beck & Beck-Gernsheim 2015, 15).

Die Modernisierung der Gesellschaft – getragen von Rationalisierungs- und Individualisierungsprozessen – produziert vielfältige Erschütterungen, Brüche, Umstrukturierungen und Neuorientierungen, nicht nur in den ökonomischen, politischen und institutionellen Systemen, sondern auch in den Lebenswelten der Individuen (Reckwitz 2018). Gesellschaftliche Individualisierungsprozesse bewirken dabei tendenziell eine Freisetzung aus historisch gewachsenen Sozialformen und den Verlust traditionaler Sicherheiten, ohne dass die Bedeutung der sozialen Herkunft für die Lebenschancen entscheidend abnimmt. Die Möglichkeiten – jenseits der Einbindung in Klassenlagen, (schichtspezifische) Soziallagen oder Sozialmilieus – ein Leben aus eigener Verantwortung zu führen und die vielfältigen Optionen zur individuellen Lebensgestaltung zu nutzen, werden vielfach aufgezehrt. Dies geschieht durch die sozioökonomischen und soziokulturellen Lebensbedingungen, durch neue politische und institutionelle Abhängigkeiten (Arbeitsmarkt, Bildungssystem, soziale Sicherungssysteme), aber auch durch individuelle Überforderungen, sich individualisiert zu verhalten, weil der Bedeutungsverlust kollektiver Sicherungen über Familie, Milieus und Traditionen schutz- und orientierungslos machen kann (Beck 2016). Die Individualisierung als Möglichkeitserweiterung im Sinne von Individualität steht in einem Spannungsverhältnis zur Individualisierung als Möglichkeitsbegrenzung im Sinne von Vereinzelung.

Denkanstoß 10.3: Wohlfahrtsstaaten – Wer erbringt welche Leistung für wen?

Die Individualisierung stellt Lebensformen, Geschlechterrollen oder Zugehörigkeit zu bestimmten gesellschaftlichen Gruppen durch Geburt oder Heirat zunehmend in Frage (Beck & Beck-Gernsheim 2015). Während dies für viele Menschen die Chance auf Loslösung von gesellschaftlichen Vorgaben und die Verwirklichung eigener Lebenswege erhöht, gehen damit gleichzeitig traditionelle Sicherheiten verloren. Die Abhängigkeit von neuen Sicherungssystemen wie Renten- oder Krankenversicherung steigt (Beck & Beck-Gernsheim 2015).

Im Kontext von Arbeitslosigkeit, Krankheit und Behinderung kommt damit die Frage auf, welche Chancen und Risiken der Prozess der Individualisierung generiert. Wer profitiert von den Chancen der Individualisierung und kann Angebote des Sicherungssystems nutzen? Wer kann das nicht? Tauschen Menschen ihre Abhängigkeit von Unterstützung – etwa durch die Familie – lediglich gegen eine Abhängigkeit von Sicherungssystemen ein?

Die Antworten auf diese Fragen sind abhängig von dem Staat, in dem eine Person lebt. Nach Gøsta Esping-Andersen (2007) haben sich in verschiedenen Staaten unterschiedliche Wohlfahrtsstaatsmodelle herausgebildet. Diese sind zwar holzschnittartig und werden heute durch differenziertere Modelle kritisiert. Es hilft aber, sich gerade diese grobe Unterteilung zwischen verschiedenen Ansätzen bei der Erbringung von Leistungen des Wohlfahrtsstaates im Überblick anzusehen, um den Einfluss von Individualisierung und politischen Paradigmen auf wohlfahrtsstaatliche Leistungen zu reflektieren. Dies sind die drei Typen von Wohlfahrtsstaaten nach Esping-Andersen (2007):

1. Im *liberalen* Wohlfahrtsstaatsmodell, wie es in den USA, Kanada oder Australien angewandt wird, kommt dem Markt eine große Rolle bei der Adressierung von Leistungen zu. Deshalb müssen sich Menschen privat und selbstständig um ihre Versicherungen und deren Finanzierung kümmern (Dietz & Toens 2022). Öffentliche Sozialleistungen sind schwach ausgeprägt. Wenn eine Person sie in Anspruch nehmen möchte, muss sie sich Bedürftigkeitsprüfungen unterziehen (Bolkovac 2022; Dietz & Toens 2022).
2. Die Sozialleistungen sind in einem *konservativ-korporatistischen* Wohlfahrtsstaat stark von der Berufsgruppe abhängig (Bolkovac 2022), so richten sich zum Beispiel die Beiträge für die Krankenversicherung prozentual nach dem Gehalt und der Zugang zum privaten Krankenkassenmodell ist in Deutschland an eine Einkommensgrenze oder an einen bestimmten Berufsstatus gekoppelt. Das hat zur Folge, dass Klassen- und Statusunterschiede in der Bevölkerung bestehen bleiben (Dietz & Toens 2022) und eine Umverteilung des Geldes oder eine Mindestsicherung für alle Bürger*innen seltener sind (Schmid 2010). Beispiele für Länder mit diesem Modell sind Frankreich, Österreich und Deutschland (Bolkovac 2022).
3. In einigen skandinavischen Ländern hingegen wird mit dem *sozialen* Wohlfahrtsstaat eine soziale Gleichheit für alle Bürger*innen, unabhängig von ihrer beruflichen Beschäftigung oder Lebensform, angestrebt. Deshalb sind die Steuersätze im Vergleich zu den anderen Wohlfahrtsstaaten hoch (Bolkovac 2022), damit das Geld kollektiv allen zur Verfügung steht (Dietz & Toens 2022). Das zeigt sich darin, dass der Staat für die Kinderbetreuung und die Versorgung von älteren Menschen zuständig ist (Dietz & Toens 2022).

In Deutschland gehen die sozialen Sicherungssysteme bis in das 19. Jahrhundert zurück, in dem sich durch die Industrialisierung und eine erhöhte Unfallgefahr in Fabriken ökonomische und soziale Probleme entwickelten (Schmid 2010). Mit der Zeit wurden die Kranken-, Unfall-, Alters- und Arbeitslosenversicherung sowie zuletzt die Pflegeversicherung eingeführt, die bis heute im konservativ-korporatistischen Wohlfahrtsstaatsmodell Bestand haben.

Denkanstöße

1. Was bedeutet dieses Wohlfahrtsstaatsmodell für die Teilhabe von Menschen mit Behinderung in Deutschland? Für wen ergeben sich welche Chancen und Risiken?

2. Wie lässt sich die medizinische Rehabilitation mit dem konservativ-korporatistischen Wohlfahrtsstaatsmodell erklären?
3. Vielleicht bekommen Sie selber Transferleistungen, zum Beispiel BAföG. Vielleicht sind Sie auch über Ihre Eltern krankenversichert. Was bedeutet dies für Ihre individuelle Lebenswegentwicklung?

10.2 Transfer: Behinderung aus modernisierungstheoretischer Perspektive

Nachdem nun die Beobachtungs- und Analyseperspektiven der verschiedenen modernisierungstheoretischen Positionen deutlich geworden sind, lassen sich diese auf zwei Resonanzbereiche mit Bezug zu Behinderung anwenden. Wir werden uns im Folgenden auf zwei Anwendungen der modernisierungstheoretischen Perspektive konzentrieren: den »Wettlauf um Kompetenzen« und die UN-Behindertenrechtskonvention.

10.2.1 Der Wettlauf um Kompetenzen

Die Erfordernisse der Moderne, insbesondere der Arbeitswelt, führen zusammengenommen mit den sozialstrukturellen Veränderungen und Modernisierungsprozessen der Bildungsexpansion zu einer Anspruchserwartung, sich lebenslang qualifizieren zu müssen (Quenzel & Hurrelmann 2019). Bildungssysteme und Pädagogik sind gefordert, auf die »Provokationen« im postmodernen Denken, auf die »Kolonialisierung der Lebenswelten« (Habermas 1984; 2011), auf die Herausforderungen der Risikogesellschaft, die Individualisierung und Rationalisierung Antworten zu geben, wie jenseits normativer Sicherheiten und angesichts vielfältiger ökologischer, sozialer und kultureller Gefährdungen des Individuums die Räume für die Entfaltung des Subjekts, für die Entwicklung von Individualität, Identität und Autonomie bereitgestellt, gesichert und erweitert werden können. Am Beispiel der sogenannten Bildungsexpansion und Qualifikationsentwertung lässt sich zeigen, dass im Zuge von Modernisierungsprozessen die Bedeutung von Bildung im Allgemeinen und von Kompetenzen und Bildungstiteln im Speziellen für die Teilhabe an Arbeit steigt. Mit den Schüben der Bildungsexpansion erzielen immer mehr Menschen hohe Bildungsabschlüsse, womit sich das Qualifikationsprofil der Erwerbsbevölkerung kontinuierlich erhöht (Autor:innengruppe Bildungsberichterstattung 2024). Der individuelle Wettlauf um Kompetenzen und Bildungszertifikate vermehrt dabei jedoch nicht die Chancen eines jeden Einzelnen, gewünschte Berufspositionen zu erlangen. Der Wettbewerb im Bildungswettkampf bedeutet, dass niedrige Bildungstitel – wie der Förder- oder Hauptschulabschluss – in der Tendenz an Wert verlieren und auf Arbeitsmärkten weniger nachgefragt werden (Jochmaring & York 2023). Damit verschlechtern sich insbesondere die Teilhabechancen von Menschen, die auf stärkere Unterstützung beim Lernen angewiesen sind.

Individualisierung bedeutet auch ein höheres Maß an Eigenverantwortlichkeit, die eigene Berufsbiografie aktiv zu gestalten. Zusätzlich zu den damit verbundenen Kosten der Investitionen in das Humankapital geht damit eine gesteigerte Mobilitäts- und Flexibilitätsanforderung einher: Diese gelten sowohl für die Arbeitswelt als auch für soziale Beziehungen und für die Zunahme der diversen Handlungs- und Gestaltungsoptionen des eigenen Lebenslaufs. Die Wettbewerbsfähigkeit des »flexiblen Menschen« (Sennett 1999) hängt noch stärker als bisher von individueller Variabilität, räumlicher Mobilität sowie beruflicher und persönlicher Weiterbildung ab. Doch Weiterbildung erfordert vom Individuum auch zahlreiche Ressourcen – Zeit zum Lernen, evtl. eine Kinderbetreuung in der Weiterbildungszeit, kognitive Muster, Lernstrategien oder schlicht Investitionen in Bildungsmaterialien sowie Kurs- oder Prüfungsgebühren. Diese Ressourcen sind in der Gesellschaft ungleich verteilt (▶ Kap. 8) und ebenso die Chancen, die sich mit der Individualisierung bieten.

Die Bildungsexpansion produziert damit unweigerlich Verlierer*innen dieses Wettlaufes: Erlangte Bildungstitel wie Schul-, Berufs- oder Studienabschlüsse sind für viele Berufskarrieren nicht mehr ausreichend, sondern müssen durch Fort- und Weiterbildungen aufgefrischt oder durch zusätzliche (berufsbegleitende) Qualifikationen und Zertifikate ergänzt werden. Dazu sind Branchen- und Berufswechsel üblich, welche es den Individuen abverlangen, sich in neue Arbeits- und Themenfelder in neuartigen Berufskonstellationen einzuarbeiten und die durch Ortswechsel mögliche Schwächung oder den Verlust sozialer Beziehungen zu kompensieren (Quenzel & Hurrelmann 2019; Sennett 1999). Der gesellschaftliche Druck permanenter »Höher- und Weiterqualifizierung« (Quenzel & Hurrelmann 2019) – auch aufgrund des technologischen Wandels und potentiell erhöhter Substituierbarkeit des Arbeitsplatzes (Grienberger et al. 2024) – führt die Schattenseiten von Modernisierungsprozessen – konkret von Individualisierung und Rationalisierung – vor Augen. Hier zeigt sich eine weitere Paradoxie der Moderne in Bezug auf Bildung: Das exponentielle Wachstum des Wissens führt gleichzeitig zu einer permanenten Entwertung von Qualifikationen (Hirsch-Kreinsen 2015; Jochmaring & York 2023).

Die modernisierungstheoretische Perspektive kann hierbei als »diagnostischer Blick« benutzt werden, um zu prüfen, inwieweit eine Person den vielfältigen Irritationen der Moderne schutzlos ausgeliefert ist, wieweit sie – um nur ein Beispiel zu nennen – der Gefahr ausgesetzt oder erlegen ist, individuelle Verunsicherung und soziale Desintegrationserfahrungen abzuwehren oder zu kompensieren. Sie ist gleichzeitig wie kaum eine andere geeignet, sowohl die Reflexion von Pädagog*innen über Ziele und Methoden der Arbeit als auch die Selbstreflexion über das Bild und die Rolle von Lehrenden und Lernenden zu fördern. Nicht zuletzt hilft die modernisierungstheoretische Perspektive zu erkennen, dass Lehrende und Lernende in einem gemeinsamen Lebenszusammenhang stehen, weil sie mit denselben Anfragen und Herausforderungen der Moderne konfrontiert sind. Die Lösungen gleicher oder ähnlicher Probleme sind jedoch – was Tragfähigkeit, Sozial- und Individualverträglichkeit betrifft – höchst unterschiedlich und können vor allem über die Analyse lebenslagen-, bildungs- und berufsspezifischer Sozialisationsprozesse interpretiert und verstanden werden.

10.2.2 Die UN-Behindertenrechtskonvention

Der Entstehungshintergrund für die UN-Behindertenrechtskonvention fußt auf der globalen Erfahrung, dass Menschen mit Behinderungen unzureichend vor Ausgrenzung und Diskriminierung geschützt wurden und werden (Degener & Diehl 2015). Mit einem überwiegend medizinischen Verständnis von Behinderung dominierte in der Vergangenheit eine defizitorientierte Sichtweise. In der politischen Perspektive wurde Behinderung damit primär als Nachteil konstituiert und Menschen mit Behinderungen als »Bittsteller*innen« wahrgenommen, die es sozialpolitisch zu versorgen galt (Degener 2015). Politisches Handeln zielte damit im Wesentlichen auf die Kompensation von individuellen Defiziten. Mit der UN-Behindertenrechtskonvention ist es gelungen, einen Menschenrechtsansatz zu etablieren und damit einen klaren Perspektivwechsel in der politischen Adressierung vorzunehmen (Degener 2015). In dem neuen, menschenrechtlich grundierten Verständnis wird Behinderung als eine Bereicherung der menschlichen Vielfalt gesehen. Staaten stehen damit in der Pflicht, die Rechte von Menschen mit Behinderungen zu achten, zu garantieren und zu schützen (Degener 2015).

Nach der Ratifizierung der Behindertenrechtskonvention am 26. März 2009 in Deutschland traten die Regularien formal in Kraft. Seitdem ist die Konvention geltendes Recht in Deutschland, welches von allen staatlichen Stellen umgesetzt werden muss (Degener & Diehl 2015; Deutsches Institut für Menschenrechte 2025). Wie die Monitoring-Stelle der UN-Behindertenrechtskonvention des Deutschen Instituts für Menschenrechte feststellt, ist die UN-BRK »[...] keine Spezialkonvention für die Rechte von Menschen mit Behinderungen, sondern sie konkretisiert die bereits anerkannten allgemeinen Menschenrechte aus anderen Menschenrechtsübereinkommen auf die Situation von Menschen mit Behinderungen« (Deutsches Institut für Menschenrechte 2025, o. S.).

Die für Deutschland verbindliche Konvention enthält Grundsätze (z. B. Nichtdiskriminierung, Chancengleichheit, Selbstbestimmung, Inklusion), Pflichten (z. B. Teilhabe, Sensibilisierung, Barrierefreiheit) und individuelle Rechte (bürgerliche und politische sowie wirtschaftliche, soziale und kulturelle Rechte). Das formulierte Ziel des Übereinkommens ist die volle und gleichberechtigte Teilhabe für alle Menschen mit Behinderungen. Damit hat die UN-BRK einen universellen Charakter, sie ist gleichzeitig Leitbild als auch geltendes Recht, welches es in allen staatlichen Institutionen umzusetzen gilt (Deutsches Institut für Menschenrechte 2025). Damit stellt die UN-Behindertenrechtskonvention unter modernisierungstheoretischen Gesichtspunkten einen Paradigmenwechsel und »Modernisierungsschub« dar: Behinderung wird dadurch offiziell als selbstverständlicher Teil menschlicher Vielfalt gesehen. Die UN-Behindertenrechtskonvention hat den expliziten Auftrag, Veränderungen in diversen Lebensbereichen und Institutionen anzustoßen und verfolgt damit das Ziel, in alle Systeme und Institutionen zu wirken, was den Anspruch eines Universalcharakters der Konvention untermauert (Degener 2015; Degener & Diehl 2015).

Behinderung aus modernisierungstheoretischer Perspektive wird in den folgenden Ausführungen lediglich thesenartig bzw. anhand von Fragestellungen skizziert. Dabei wird von folgenden Grundannahmen ausgegangen, die implizit bereits auch Annahmen zur Situation von behinderten Menschen enthalten:

- Alle gesellschaftlichen Bereiche – die öffentlichen wie die privaten – werden von starken Modernisierungsströmungen erfasst, die nicht nur die technologischen Innovationen und die Veränderungen von Arbeit und Organisation erfassen. Beispiele sind die Digitalisierung von Lernen und Arbeit in der Pandemie.
- Wie es Sonnen- und Schattenseiten der Modernisierung gibt, so gibt es auch Modernisierungsgewinner*innen und -verlierer*innen. Beispielsweise profitieren einige Menschen von den Homeoffice-Regelungen, insbesondere Menschen mit motorischen Einschränkungen.
- Im Bereich der Ökonomie kommt es infolge von Rationalisierungen und anderen Veränderungen zu massiven »Freisetzungen« von Arbeit bzw. zur Vorenthaltung ökonomischer Selbständigkeit (insbesondere bei Jugendlichen). Viele Arbeitsplätze werden auch durch die Digitalisierung verändert.
- Im Bereich von Bildung und Ausbildung führt das »Qualifikationsparadox« (größere Anstrengungen und höhere Abschlüsse – geringerer Wert und niedrigere Verwertungschancen der Abschlüsse) zu einem Verdrängungsprozess, der insbesondere Kinder und Jugendliche mit Lern- und Verhaltensproblemen an den Rand der Gesellschaft drängt. So lässt sich beispielsweise eine Entwertung von Haupt- und Realschulabschlüssen feststellen.
- Im Bereich der Gemeinschaften erfolgt eine Freisetzung aus tradierten Sozialformen und Milieus, die zum Verlust von Schutz-, Hilfe- und Unterstützungsleistungen führen kann. Im Bereich der Lebenswelt dringt rein zweckrationales Denken und Handeln verstärkt in die alltägliche Lebenswirklichkeit der Individuen ein. Es droht eine »Kolonialisierung der Lebenswelt« (Habermas 1984; 2011) durch die zunehmende Orientierung an zweckgerichtetem Verhalten in privaten Bereichen.
- Um von den Modernisierungsströmungen nicht fortgerissen zu werden oder unterzugehen, müssen Menschen alte Gewohnheiten und Sicherheiten aufgeben und neue Orientierungen entwickeln oder ausbauen.
- Gefordert ist eine individualistische Grundorientierung, die unter anderem auf soziale und räumliche Mobilität sowie auf Flexibilität ausgerichtet ist, die eine »Wer nur will, der kann auch«-Einstellung favorisiert und eine »Jeder ist seines Glückes Schmied«-Haltung nicht als Bedrohung und Verlust, sondern als Chance und Bereicherung für das eigene Leben bewertet.
- Problematisch ist diese individualistische Orientierung, wenn sie das Individuum »zwingt«, zunächst meist ausschließlich auf sich zu schauen und an sich zu denken, nur den persönlichen Vorteil und das eigene Fortkommen ins Auge zu fassen, hemmungs- und rücksichtslos zu denken und zu handeln – schließlich so zu werden, zu sein und zu bleiben.

- Um eine individualistische Orientierung einnehmen zu können, müssen bestimmte grundlegende Fähigkeiten und Fertigkeiten entwickelt werden als Voraussetzung für den Aufbau von Handlungskompetenzen im Sinne der individuellen Verfügbarkeit von Verhaltens-, Interaktions- und Kommunikationsstrategien, positivem Selbstbild und für die Bildung und Aufrechterhaltung von Identität. Diese Kompetenzen sind jedoch nicht bei allen Menschen im gleichen Maß vorhanden. Dies führt zu unterschiedlichen Chancen für Teilhabe.
- Modernisierung ist keine Naturerscheinung, auch wenn es dem einzelnen Individuum manchmal so erscheinen mag. Modernisierung ist von Menschen gemacht, kann von Menschen in ihrer Richtung und Dynamik gesteuert werden, kann aber auch ohne Lenkung in Katastrophen münden.

Bei der Analyse der Konsequenzen der Modernisierung auf Behinderung bzw. behinderte Menschen muss differenziert werden nach den Auswirkungen

1. *auf das Leben* behinderter Menschen, vor allem in den Bereichen: Bildung/Ausbildung, Arbeit, Wohnen, Freizeit, Partizipation am gesellschaftlichen Leben;
2. auf die allgemeine, gesellschaftliche *Akzeptanz* von Behinderung;
3. auf die *Produktion* von Behinderung durch gesellschaftliche Institutionen.

Diesen drei Auswirkungsebenen wollen wir uns im Folgenden in Form von Fragen illustriert nähern. Sie können zur Reflexion gesellschaftlicher Entwicklungen und deren Auswirkungen auf Behinderung sowie im besten Fall auch zur Identifikation von Strategien zur Teilhabestärkung oder der Abmilderung von Exklusionsrisiken genutzt werden.

1.: Leitfragen zu Auswirkungen der Modernisierung auf das Leben behinderter Menschen

Gehören behinderte Menschen zu den Verlierer*innen des Modernisierungswettlaufs,

- weil für viele von ihnen die Zugänge zum allgemeinen Arbeitsmarkt verschlossen sind,
- weil Hilfe und Unterstützungsleistungen der öffentlichen Systeme reduziert oder zu teuer bzw. die der privaten Systeme schwerer erreichbar und weniger selbstverständlich geworden sind,
- weil die geforderte Mobilität und Flexibilität vielfach nicht möglich ist,
- weil die Individualisierung Ressourcen (z.B. Zeit, Geld, Kompetenzen) erfordert, die aber vielen behinderten Menschen vorenthalten werden?
- Oder dürfen sie sich eigentlich zu den Privilegierten zählen, weil sie die Anstrengungen des Wettbewerbs nicht auf sich nehmen müssen, sondern in einem »Schonraum« geschützt werden?

- Bieten technologische Veränderungen – zum Beispiel im Bereich der Digitalisierung – vielleicht auch Chancen auf Teilhabe durch bessere Assistenz (Stichwort: Künstliche Intelligenz) und Hilfsmittel?

2: Leitfragen zu Auswirkungen der Modernisierung auf die Akzeptanz von Behinderung

- Erzeugt die individualisierte Gesellschaft ein Klima, das für behinderte Menschen »ungesund« ist, weil sie das Gefühl haben müssen, lästig, überflüssig und wertlos zu sein, da sie entweder die Erfahrung psychischer und physischer Gewalt gemacht haben oder wissen, dass sie diese Erfahrung jederzeit machen könnten?
- Stellt die fortschreitende Rationalisierung das »Nichtnormgerechte« zunehmend in Frage und drängt es zu Gunsten normierter Körper, Verhaltensweisen oder Sozialstrukturen an den Rand?
- Ist es Elternpflicht, dafür zu sorgen, dass keine behinderten Kinder mehr geboren werden?
- Oder gehört auch dies zum »Normalisierungsprinzip«, dass jenen, die den Schonraum verlassen, ungeschützt der kalte Wind ins Gesicht bläst, der auch viele nichtbehinderte Menschen frieren lässt?
- Bietet die Modernisierung mit ihrem Versprechen der Individualisierung *aller* Menschen nicht auch Chancen auf geringere Stigmatisierung?

3: Leitfragen zu Auswirkungen der Modernisierung auf die Produktion von Behinderung durch gesellschaftliche Institutionen

- Entzieht sich die Gesellschaft ihrer Verantwortung, indem sie Menschen, die beruflich keine Chance bekommen, die an den Verhältnissen zu zerbrechen drohen oder die mit dem Takt und dem Tempo in dieser Gesellschaft nicht Schritt halten können, als »behinderte Menschen« etikettiert und marginalisiert?
- Oder hat der Behindertenstatus neben dem Anspruch auf finanzielle, sächliche und personelle Leistungen auch den Vorteil, dass behinderte Menschen von der Verantwortung freigesprochen werden, weil Behinderung Schicksal und der behinderte Mensch an seinem Schicksal schuldlos ist?
- Auch wenn viele – nicht nur behinderte Menschen – im Modernisierungsrennen zurück oder auf der Strecke bleiben: Werden nicht gerade heute von behinderten Menschen massiv die unfairen Wettkampfregeln kritisiert; und ist nicht in der Gegenwart die »Selbstbestimmt-Leben-Bewegung« so stark und lebendig wie nie zuvor; ist nicht der Anspruch auf Autonomie und Selbstbestimmung und (insbesondere) schulische Integration bzw. Inklusion behinderter Kinder und Jugendlicher allgemein akzeptiert und selbstverständlich geworden?
- Bietet die Freisetzung aus überkommenen und die Einordnung in neue Strukturen nicht auch Chancen für Teilhabe, wenn es gelingt, diese neuen Strukturen

stärker an den Bedarfen der Zielgruppen auszurichten – zum Beispiel, indem sie partizipativ mit den Zielgruppen entwickelt werden?

Auch für behinderte Menschen gilt die Ambivalenz der Modernisierung: Unübersehbar sind die erheblichen Risiken und Gefahren von Desintegration, Ausgrenzung und Marginalisierung – erkennbar sind aber auch die Chancen auf mehr Selbstbestimmung und Autonomie.

11 Fazit: Rückblick auf eine Reise durch die Soziologie der Behinderung

»Man erblickt nur, was man schon weiß und versteht.«
(Johann Wolfgang von Goethe, an Friedrich von Müller, 24. April 1819)

Mit diesem Kapitel endet die »Reise durch die Soziologie der Behinderung«, darum ist es einer abschließenden Betrachtung gewidmet. Wie mit einem Fotoalbum sollen dabei die Stationen der Reise nachgezeichnet und der Reiseverlauf dokumentiert werden.

Wir sind gestartet mit der Frage, wozu eine soziologische Perspektive auf Behinderung nützlich ist. Dabei wurde deutlich, dass ein modernes Verständnis von Behinderung auf einem bio-psycho-sozialen Modell basiert. Danach ist Behinderung nicht allein ein Merkmal einer Person oder einer Personengruppe, sondern kann erst in der Zusammenschau von umwelt- und personenbezogenen Faktoren verstanden, untersucht und durch Maßnahmen adressiert werden. Die Rehabilitationssoziologie konzentriert sich auf die »sozialen« Aspekte des Modells. Ihr kommt die Aufgabe zu, diese darauf zu untersuchen, wie sie Teilhabe bedingen, erzeugen, verstetigen, verändern und beenden kann. Rehabilitationssoziologie interessiert sich beispielsweise dafür, wie Individuen oder Gruppen mit Behinderung umgehen, wie Institutionen – etwa Schule oder das berufliche Rehabilitationssystem – zur Förderung von Teilhabe beitragen. Die Rehabilitationssoziologie stellt aber auch Fragen nach den großen gesellschaftlichen Mechanismen, die auf Teilhabe wirken – zum Beispiel durch Normen, Reproduktion von Macht, Stigmata oder Ungleichheit.

Gesellschaft

Ausgangspunkt unserer Reise war die Gesellschaft. Stellen wir uns »Gesellschaft« zunächst als eine Gruppe von Menschen vor. Wir wissen nichts über ihre Anzahl, ihre Identitäten oder andere Merkmale wie ihre Positionen in der Gesellschaft oder ihr Verhältnis zueinander. Das hört sich nach einem sehr uninformierten, fast banalen, Start an. Gleichzeitig können wir aber auch sagen: Wir starten unvoreingenommen. Aus dieser Sicht erscheinen uns die Menschen in dieser Gruppe zunächst einmal alle gleich.

Gesellschaft

Abb. 19: Schematische Darstellung einer »Gesellschaft« mit gleichen Individuen

Nun fragt die soziologische Sicht nach dem Miteinander dieser Menschen: Wie unterscheiden sie sich? Wie verhalten sie sich? Wo ist ihr Platz in dieser Gesellschaft? Wie entwickelt sich ihr Miteinander? Und eine soziologische Sicht auf Behinderung fragt: Welchen Einfluss haben gesellschaftliche Akteur*innen und Institutionen auf die Genese von Teilhabe?

Die erste Station der Reise durch die Soziologie (▶ Kap. 1) hat gezeigt, dass sich Gesellschaft verändern kann – und mit ihr der Blick auf Behinderung sowie Bedingungen für Teilhabe. Teilhabe ist damit auch gesellschaftlich bestimmt und kann durch gesellschaftliche Mechanismen beeinflusst werden.

Die weiteren Stationen der Reise haben diverse Perspektiven eröffnet, aus denen jeweils unterschiedliche Antworten auf die aufgeworfenen Fragen gegeben werden können und die soziale Phänomene jeweils in einem anderen Licht beleuchten. Das ist gleichzeitig das »Schöne« und das Herausfordernde an der Soziologie: Ihre Theorien lassen neue Perspektiven entstehen und regen uns zum Nachdenken an; sie bieten aber selten eindeutige Antworten und noch seltener konkrete und allgemein akzeptierte Lösungsvorschläge. Sie stellen vielmehr unterschiedliche Werkzeuge bereit, mit denen wir gesellschaftliche Phänomene untersuchen und Rückschlüsse auf Handlungsoptionen ziehen können.

Wir haben Theorien kennen gelernt, die wie ein Mikroskop auf die Mikroebene menschlichen Handelns zoomen, aber auch Theorien, die die Gesellschaft als Ganzes aus einer Vogelperspektive von oben in den Blick nehmen, also die Makroebene betrachten. Welche dieser Perspektiven wir einnehmen und welches der Werkzeuge wir wie verwenden, ist dabei uns überlassen. Wichtig ist aber: Jede Theorie kann zu unterschiedlichen Antworten auf Fragen führen. Diese Unterschiedlichkeit beginnt bereits in der Wahrnehmung sozialer Phänomene. Denn häufig erkennen wir erst durch die Brille einer Theorie ein soziales Phänomen. Erst wenn wir Behinderung auch als sozial konstruiert verstehen, können wir die sozialen Mechanismen, die Behinderung oder auch Teilhabe »produzieren«, untersuchen und verstehen.

Dieses Buch ist voll von Beispielen sozialer Phänomene im Zusammenhang mit Behinderung. Aus der Sicht jeder der hier vorgestellten theoretischen Perspektiven – also der Werkzeuge, mit denen wir soziale Phänomene untersuchen können – wurden Interpretationen dieser Phänomene diskutiert. Wie in einem Reiserückblick möchten wir nun die besprochenen Reiseetappen noch einmal durchgehen und dabei den Blick dafür schärfen, wie wir mit Theorien soziale Phänomene erst entdecken, dann deuten und vielleicht auch bearbeiten können.

Rollentheoretische Perspektive

Rollentheoretische Zugänge gehören zur den Mikrotheorien und betrachten Menschen als eingebunden in verschiedene Rollen. Ein Mensch kann verschiedene Rollen innehaben: Pädagog*in, Sportler*in, Mutter/Vater, Vereinsvorsitzende*r, Schöff*in oder Hobbymusiker*in. Jeder Mensch trägt Rollen, manche Menschen üben viele Rollen aus, andere weniger. Das Bild visualisiert: Ein rollentheoretischer Zugang interessiert sich für bestimmte Rollen.

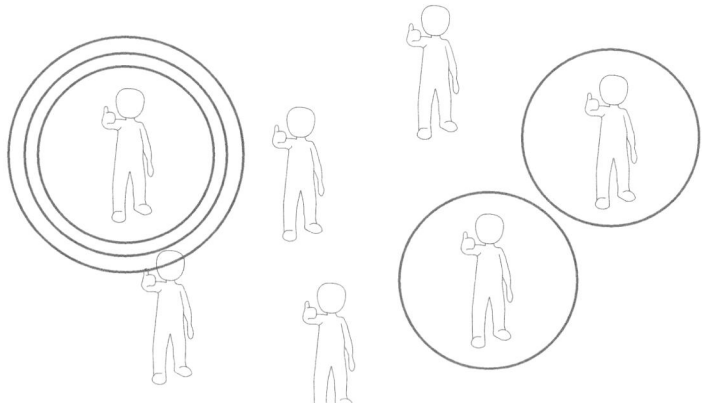

Abb. 20: Schematische Darstellung einer rollentheoretischen Perspektive

Aus der Vielzahl von Rollen und aus deren Verhältnis zueinander können Konflikte und Exklusionsrisiken entstehen, aber auch Macht und Teilhabechancen. Kapitel 3.2 (▶ Kap. 3.2) hat aufgezeigt, wie eine »Behindertenrolle« einerseits legitimierte Ansprüche, beispielsweis bestimmte Rechte oder monetäre Ressourcen sichert und Ressourcen einklagbar macht, andererseits aber auch Menschen innerhalb dieser Rolle gefangen hält und den Zugang zu anderen Rollen erschwert.

Als Beispiel wurde Ableismus diskutiert – also der Ansatz, eine Person auf ihre Behinderung zu reduzieren. Hier wird nur die Behindertenrolle einer Person bzw. die Person in ihrer Behindertenrolle gesehen, so dass die Ausübung anderer Rollen mit Hürden versehen wird. Beispielsweise wurde das Verharren von Menschen mit Behinderungen in einer lebenslangen »Kinderrolle« thematisiert.

Eine rollentheoretische Sicht kann pädagogisch genutzt werden, um die Ansprüche, die Menschen an sich selber formulieren, und solche, die von der Gesellschaft sozusagen von außen an sie herangetragen werden, zu verstehen. Wo bringt eine Rolle Nutzen, wo hindert sie? Warum und wie werden Rolle definiert? Wie können Rollenerwartungen verändert werden? Und was braucht ein Mensch, um eine für ihn produktivere Rolle einzunehmen?

Handlungstheoretische Perspektive

Handlungstheorien gehören zu den Mikro-Theorien und zählen zu den ältesten soziologischen Betrachtungsweisen. Sie fokussieren auf Personen und ihre Handlungen – auch auf ihr Handeln miteinander – und beschäftigen sich damit mit dem kleinsten Element von Gesellschaft.

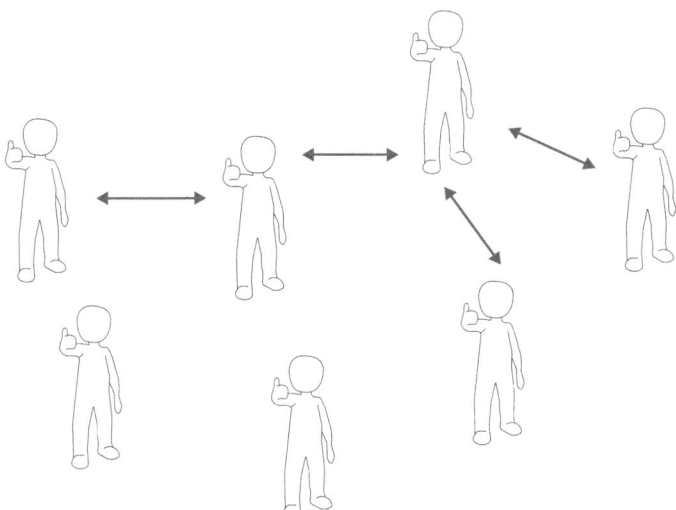

Abb. 21: Schematische Darstellung einer handlungstheoretischen Perspektive

Handlungstheoretische Ansätze zielen darauf, das soziale Handeln von Menschen und die dahinter liegende Sinnperspektive der Handelnden zu entschlüsseln. Die Handlungen orientieren sich für die Handelnden an einem (subjektiven) Sinn.

Dieser wiederum kann sich an Normen, Traditionen oder Werten orientieren, ist aber stets subjektiv. Eine spannende Frage ist, wie anschlussfähig diese individuelle Sinnproduktion ist: Verstehen andere Menschen diesen »Sinn«? Können sich sie darauf einigen, dass ein Verhalten sinnhaft ist, oder interpretieren sie Handlungen möglicherweise unterschiedlich?

Viele pädagogische Konzepte fußen auf handlungstheoretischen Überlegungen. Ein Beispiel ist das Gewaltverbot, das bereits in der Kita als Norm vorgegeben, im individuellen Handeln thematisiert sowie in pädagogischen Interventionen adressiert wird. Eine handlungstheoretische Perspektive könnte zum Beispiel in der pädagogischen Praxis genutzt werden, um Exklusionsmechanismen auf der Ebene individuellen Handelns zu verstehen: So könnte man nach dem individuellen Sinn fragen, den eine Person mit einem Verhalten verbindet, das Menschen ausschließt.

Interaktionstheoretische Perspektive

Interaktionstheoretische Ansätze können als Weiterentwicklung der Handlungstheorie verstanden werden. Sie zeichnen sich dadurch aus, dass besonderes Augenmerk auf die Interaktionen zwischen den Handelnden gelegt wird. Das Handeln und die Identität können über die Interaktion, das heißt über die wechselseitige Ausrichtung des Handelns von Individuen, interpretiert werden.

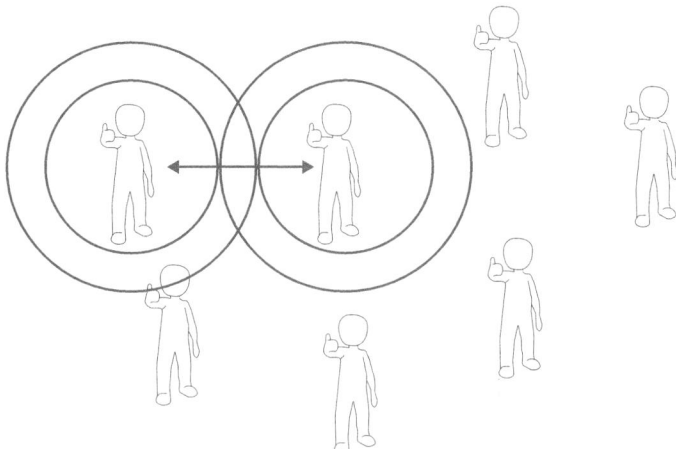

Abb. 22: Schematische Darstellung einer interaktionstheoretischen Perspektive

Soziale Wirklichkeit ist das Resultat eines wechselseitig aneinander orientierten und interpretierenden Handelns von Individuen. Ziel der Interaktion ist es, die

»objektiven« Gegebenheiten (z. B. Rollen, Normen) mit den »subjektiven« Voraussetzungen (z. B. Biografie, Persönlichkeit) in Einklang zu bringen.

Einen wichtigen Stellenwert in der interaktionstheoretischen Perspektive nimmt die Identitätsbildung ein; vorgestellt haben wir dies anhand des Role-Taking und Role-Making von behinderten Menschen. So lassen sich Stigmatisierungsprozesse gut mit interaktionstheoretischen Ansätzen untersuchen und erklären.

In der pädagogischen Praxis kann diese Perspektive anregen, die Situationen zu reflektieren: Durch welche Interaktionen wird Teilhabe erzeugt, erschwert oder verhindert? Welche Ressourcen – beispielsweise Zeit oder monetäre Mittel – müssen (behinderte) Personen investieren, um Interaktionen vorzubereiten, daran teilzunehmen oder anzustoßen?

Gruppentheoretische Perspektive

Gruppentheoretische Bezüge untersuchen die Bildung von und die Beziehungen innerhalb und zwischen Gruppen von Menschen. Aus dieser Sicht lässt sich Gesellschaft als eine Menge von Gruppen beschreiben. Manche Menschen sind Mitglieder verschiedener Gruppen (der Familie, eines Freund*innen-Kreises, einer Lerngruppe, einer Selbsthilfegruppe, einer Sportgruppe und einer politischen Partei). Andere Menschen sind in deutlich weniger Gruppen vertreten.

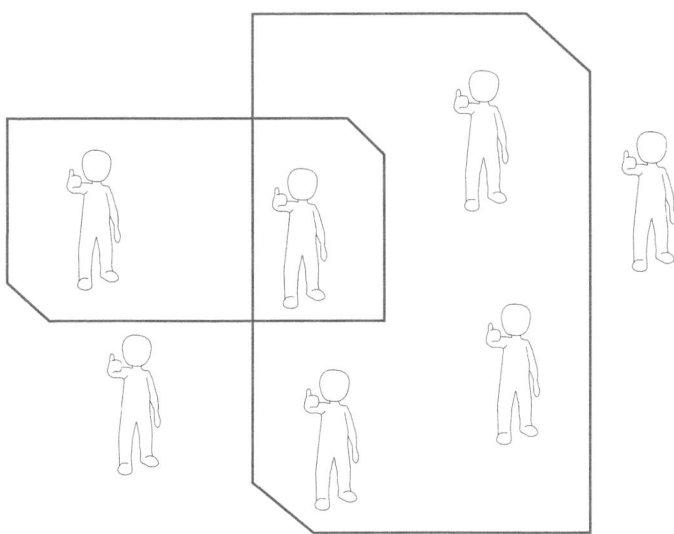

Abb. 23: Schematische Darstellung einer gruppentheoretischen Perspektive

Der Zugang zu Gruppen kann verwehrt werden. Zur Gruppe der Studierenden findet nur Zugang, wer eine Hochschulzugangsberechtigung hat. Wer zur Gruppe der Versicherten gehören will, muss Beiträge zahlen. Die gruppentheoretische Perspektive macht Menschen unterscheidbar, indem sie einer Gruppe zugeordnet werden können. Dies erleichtert Menschen den Umgang miteinander, gleichzeitig führen Zuordnungen zu Ausgrenzung und das Verharren in einer Gruppe kann auch begrenzend wirken.

Für die pädagogische Praxis bieten Gruppentheorien ein gutes Instrument, um Zugänge zu anderen Gruppen (z. B. Teilhabe an einer Arbeitsgruppe) zu beschreiben und zu analysieren. So könnten Merkmale einer Gruppe bestimmt und vermittelt werden: Wer Mitglied dieser Gruppe sein will, sollte sich folgedermaßen verhalten! Sie bieten sich auch an, um Teilhabebedingungen zu identifizieren (wer gehört zu welcher Gruppe und wer nicht?) und um diese zu thematisieren: Warum gibt es in dieser Gruppe beispielsweise keine behinderten Menschen?

Sozialisationstheoretische Perspektive

Sozialisationstheorien fragen danach, wie Individuen ein Mitglied der Gesellschaft werden bzw. in ihre gesellschaftlichen Institutionen »eingeübt« werden. Sie thematisieren die Entwicklung einer Identität unter bestimmten sozialen, ökologischen und ökonomischen Lebensbedingungen. Damit führt uns unsere Reise an einen Punkt, von dem aus wir nicht nur das Individuum sehen, sondern auch dessen Umwelt betrachten: Die sozialisationstheoretische Perspektive offenbart die sozialen und dinglich-materiellen Lebensbedingungen, die die Verkörperung sozialer Strukturen und die Entwicklung einer Identität prägen.

Die Übertragung auf das Thema Behinderung zeigt, dass Behinderung sowohl auf den Sozialisationsprozess einwirkt, dass die Sozialisation aber auch bestimmt, wie Behinderung durch eine Person erfahren wird. So kann eine Behinderung dazu führen, dass Sozialisationsinstanzen (beispielsweise Kita, Schule, Sportgruppe oder Arbeitsstelle) nicht, teilweise oder anders genutzt werden können. Somit kann eine Behinderung die Teilhabe an der Gesellschaft erschweren. Es lässt sich aber auch sagen, dass eine erfolgreiche Sozialisation Teilhabechancen eröffnen kann. Wer in einem Umfeld aufwächst, das Ressourcen – wie etwa Förderung oder Assistenz – bereitstellt, auf Teilhabe besteht und Wege dorthin aktiv beschreitet, hat höhere Chancen auf Teilhabe.

Pädagogisch können sozialisationstheoretische Zugänge genutzt werden, um »Lücken« oder »Passungsprobleme« in der Sozialisation zu identifizieren: Welche und wie viele Sozialisationschancen gab es? Welche wurden wie genutzt? Und welche Sozialisationschancen können pädagogisch gefördert werden? Diese Sicht kann aber auch Innovationsbedarfe in Einrichtungen aufdecken; etwa, wenn deutlich wird, dass bestimmte Einrichtungen nicht sozialisationsförderlich für behinderte Menschen sind. Bei dem Blick von der Makro-Ebene hilft eine soziali-

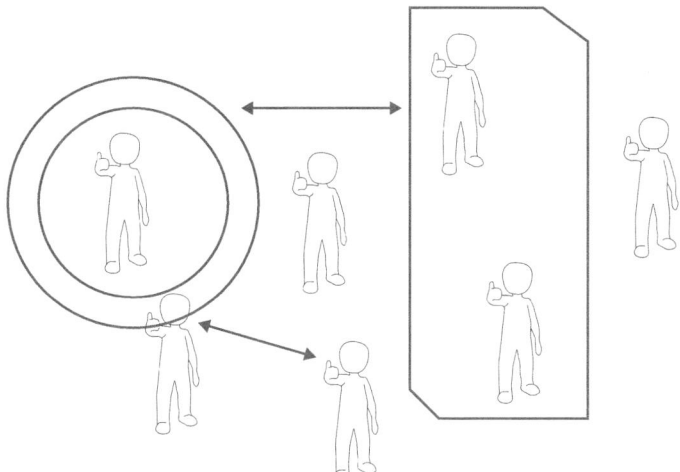

Abb. 24: Schematische Darstellung einer sozialisationstheoretischen Perspektive

sationstheoretische Perspektive, um nach Mechanismen zu suchen, die Sozialisationsprozesse fördern können: Benötigen wir mehr inklusive Kitas, Schulen oder Arbeitsumgebungen?

Sozialstrukturelle Perspektive

Mit der sozialstrukturellen Perspektive weitet sich unser Blickwinkel. Wir verlassen die Mikrosoziologie mit ihrem Blick auf individuelle Faktoren und tauschen das »Mikroskop« durch ein »Weitwinkelobjektiv«, das uns gesamtgesellschaftliche Entwicklungen in den Blick nehmen und Strukturen innerhalb der Gesellschaft sichtbar werden lässt. Die Frage lautet hier: Gibt es Unterschiede zwischen Gruppen von Individuen innerhalb der Gesellschaft? Dabei offenbart die sozialstrukturelle Perspektive insbesondere Phänomene sozialer Ungleichheit. Auf unserer Reise durch die sozialstrukturelle Perspektive sind wir drei Konzepten sozialstruktureller Analyse begegnet: Klasse, Schicht und Milieu.

Der Klassenbegriff – und das ist die zentrale Stärke des Erklärungsansatzes – weist (im klassischen Verständnis nach Marx) auf den Antagonismus von Kapitalbesitzenden und Lohnabhängigen, die ihre Arbeitskraft verkaufen müssen, hin. Im Fokus das Klassenbegriffs steht das Konfliktverhältnis zwischen Akteur*innen mit ihren jeweiligen Interessensgegensätzen, ob in einem traditionellen Verständnis (Kapital vs. Arbeit) oder modernen ausdifferenzierteren Varianten. Trotz aller Kritik an der traditionellen marxistischen Lesart ist der grundlegende Antagonismus zwischen Kapitalseite und Lohnabhängigen auch heute noch Gegenstand aktueller Analysen und Diskussionen.

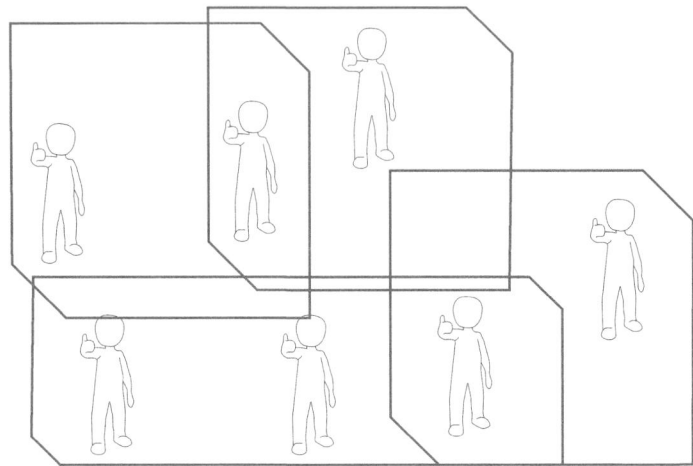

Abb. 25: Schematische Darstellung einer sozialstrukturellen Perspektive

Im Zuge zunehmender gesellschaftlicher Komplexität wurden weiter differenziertere Erklärungsansätze entwickelt. So erklären Schichtmodelle eine Gesellschaft nicht nur über zwei Klassen, sondern über mehrere Schichten, beispielsweise über Ober-, Mittel- und Unterschicht, die hierarchisch angeordnet sind. Dabei streben Menschen danach, einer höheren Schicht anzugehören.

Eine weitere Gruppe von Modellen versteht unsere Gesellschaft als Gleichzeitigkeit von Milieus. Beispiele sind ein studentisches Milieu, ein Milieu von Autofahrer*innen oder Veganer*innen. Milieus erklären Gesellschaft nicht mehr statisch über eine Unterscheidung von »oben« und »unten«, sondern sind auch in der Lage, Unterschiede zwischen Menschen mit ähnlichen soziodemografischen Faktoren zu untersuchen: Wo finden sich Unterschiede zwischen gleich wohlhabenden Menschen?

Die sozialstrukturelle Analyse kann in der pädagogischen Praxis genutzt werden, um zu identifizieren, wie Zielgruppen bei der Teilhabe an Gesellschaft unterstützt werden können. Wie wirkt soziale Ungleichheit (z. B. Benachteiligung am Arbeitsmarkt) auf Teilhabechancen von behinderten Menschen? Welche sozialstrukturellen Bedingungen (z. B. die Verfügbarkeit und die Nutzung von Diagnostik, Frühförderung oder Assistenz) beeinflussen Behinderung? Eine sozialstrukturelle Sicht wird zum Beispiel erkennbar, wenn Förderprogramme für bestimmte Zielgruppen aufgelegt werden, Schulen in ausgewählten Stadtteilen ausgebaut werden oder wenn eine Kommune Sozialarbeiter*innen identifizierten Sozialräumen zuweist.

Systemtheoretische Perspektive

Systemtheoretische Zugänge abstrahieren so weit, dass die Gesellschaft nicht als Ansammlung von Menschen abgebildet wird, sondern als Ansammlung und (mögliche) Kopplung von Systemen:

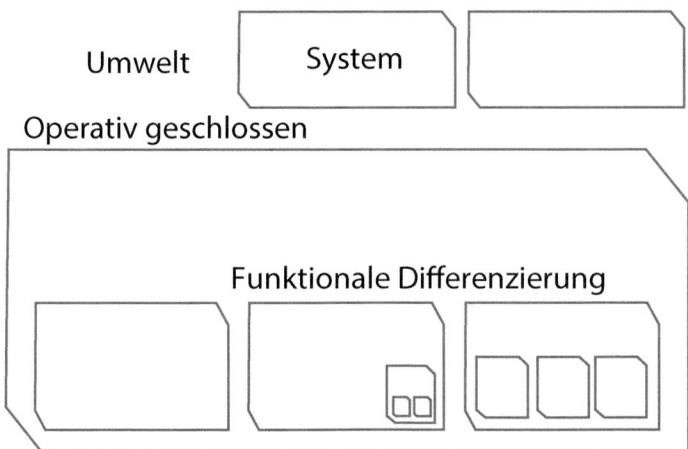

Abb. 26: Schematische Darstellung einer systemtheoretischen Perspektive

Kapitel 9.1 (▶ Kap. 9.1) hat diesen theoretischen Zugang in Teilen vorgestellt. Dabei wurde deutlich, dass die Systemtheorien sehr abstrakt argumentieren und weitgehend ohne Menschen als Referenzpunkt auskommen. Fokussiert wurden die funktionale Differenzierung und operative Geschlossenheit von Systemen. Dabei wurde deutlich, dass Systeme von außen kaum steuerbar sind, sondern eher eine eigene innere Anpassung an Impulse von außen leisten. Damit erklärt die systemtheoretische Perspektive, warum sich beispielsweise das Bildungssystem so schwer steuern lässt: Es bekommt zwar von außen neue Impulse – beispielsweise in Richtung Inklusion –, verarbeitet diese Impulse aber intern – beispielsweise durch die funktionale Ausdifferenzierung, etwa durch die Schaffung neuer Schulformen. Funktionale Differenzierung wurde als Prozess beschrieben, in dem ein System eine Vielzahl von neuen Angeboten und Strukturen schafft, um sich an seine Umwelt (z. B. ein neues Gesetz) anzupassen.

Eine systemtheoretische Perspektive eröffnet interessante Blickwinkel auf Teilhabeförderung. So erscheint Exklusion überraschend »normal«: Wer keine Hochschulzugangsberechtigung hat, darf keine Hochschule besuchen. Wer keine Ausbildung vorweisen kann, findet nur schwer Zugang zum Arbeitsmarkt. Wer keine Mitgliedsbeiträge zahlt, darf nicht trainieren. Diese Perspektive drängt Fragen der Teilhabeförderung auf: Was muss passieren, um Teil eines Systems zu werden? Wie sehen die Zugangscodes aus, die behinderte Menschen eintreten lassen?

Das deutsche Rehabilitationssystem ist durch eine Vielzahl von Teilsystemen gekennzeichnet. So erhalten behinderte Menschen Leistungen aus dem Gesundheitssystem, dem Bildungssystem, dem Funktionssystem Wirtschaft und vielen anderen Systemen. Fachkräfte der Eingliederungshilfe kämpfen oft mit den unterschiedlichen Logiken von Leistungsträger*innen und Fördergeber*innen. Wer diese Logiken systemtheoretisch analysiert, versteht besser, wann eine Leistung beispielsweise von der Rentenkasse oder der Krankenkasse übernommen wird.

Systemtheoretische Überlegungen können auch zum Nachdenken über die Veränderung von Institutionen anregen. Die Beispiele des Kapitels haben aufgezeigt, dass sich der Status des Rehabilitationssystems sehr gut mit funktionaler Differenzierung erklären lassen. Wer diese verändern will – zum Beispiel eine separierende Umgebung in eine inklusive umgestalten will – kann durch eine systemtheoretische Perspektive neue Ansätze erkennen.

Modernisierungstheoretische Perspektive

Mit der modernisierungstheoretischen Perspektive blicken wir wieder durch ein Weitwinkelobjektiv. Wir nehmen die ganze Gesellschaft in den Blick und fragen nach Veränderungen, die in ihr vorgehen. Dabei fallen drei wichtige Impulse auf, die Gesellschaften verändern: Rationalisierung, Individualisierung und Krisen. Diese wirken auf Gesellschaft ein und beeinflussen Lebensverläufe von Individuen erheblich.

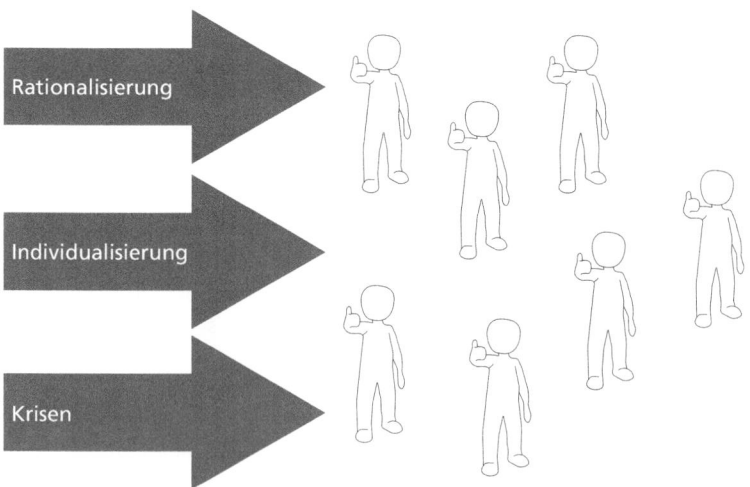

Abb. 27: Schematische Darstellung einer modernisierungstheoretischen Perspektive

Das »modern« in der modernisierungstheoretischen Perspektive hat wenig mit dem »modern« im Alltagssprachgebrauch gemeinsam, sondern beschreibt eine Sicht auf Gesellschaft, die durch gesamtgesellschaftliche Mechanismen und Prozesse seit circa Mitte des 19. Jahrhunderts verändert wird. Zu diesen zählt die Rationalisierung der Technologie und der Denkweise. Technologische Rationalisierungsschübe wie etwa die Dampfmaschine oder Künstliche Intelligenz verändern Arbeit, Bildung, Teilhabe. Unter Rationalisierung wird aber auch eine Veränderung von Denken und Handeln verstanden, die eng mit der Individualisierung von Lebensentwürfen sowie dem Konzept der Aufklärung verbunden ist. Ein weiteres Kennzeichen der modernisierungstheoretischen Perspektive ist, dass sie »scharf stellt« auf Krisen und diese als umfassend versteht. Ökologische und ökonomische Krisen, Pandemien oder Kriege haben in der modernen Gesellschaft prägenden Charakter und beeinflussen Lebensentwürfe stark. Dies zu verstehen, hilft, Risiken für Teilhabe besser zu verinnerlichen sowie Menschen auf das Leben mit diesen Umbrüchen vorzubereiten.

Aus der modernisierungstheoretischen Perspektive lässt sich eine Aufgabe an professionelle Teilhabeförderung ableiten: Pädagogik sollte Menschen dazu befähigen, ihre eigenen Wege innerhalb dieser durch stetige Veränderung gekennzeichneten Gesellschaft zu beschreiten. Wenn umfassende Krisen und Veränderungen durch globale Mechanismen auf die Lebenswelt von Menschen einwirken, sind individuelle Lösungen und Anpassungen von großer Bedeutung. Dabei gelingt es an Ressourcen reichen Menschen besser, sich auf Veränderungen einzustellen. Sie können neue Technologien leichter erwerben, Kompetenzen ausbauen und beispielsweise auf verändertes Klima mit baulichen Veränderungen reagieren. Ressourcen ärmere Menschen bedürfen Unterstützung dabei, sich in der sich verändernden Gesellschaft zu behaupten. Das können Instrumente sein wie Kinderbetreuung, Fortbildung, technische Hilfsmittel oder Assistenz. Eine wichtige Funktion kommt dabei den an Teilhabe orientierten Fachkräften zu: Sie können gesellschaftliche Umbrüche und Veränderungen identifizieren (z. B. steigende Energiekosten) und auf Ebene der Lebenswirklichkeit von behinderten Menschen bearbeitbar machen (z. B. durch Informationen über Energieeinsparmaßnahmen oder staatliche Förderungen).

Die Reise durch die Soziologie der Behinderung endet damit mit einem Angebot an Fachkräfte in der Teilhabeförderung: Der Reisebericht kann genutzt werden, um die eigene Sicht zu erweitern und zu schärfen sowie die vorgefundene Realität zu untersuchen und zu hinterfragen. Die Theorien lassen sich nutzen, um Chancen und Risiken für Teilhabe zu erkennen, zu identifizieren, zu benennen und zu thematisieren sowie dazu aus diesem Prozess Instrumente zu entwickeln, die Teilhabe fördern können. Die Soziologie liefert Perspektiven, um Teilhabe vor dem großen Bild von Gesellschaft und gesellschaftlichen Veränderungen zu verstehen und löst Teilhabe aus der individuellen Situation betroffener Menschen.

12 Verzeichnisse

12.1 Literaturverzeichnis

Aichele, Valentin (2019): Eine Dekade UN-Behindertenrechtskonvention in Deutschland. In: *Aus Politik und Zeitgeschichte (APuZ)* 69 (6/7), S. 4–10.

Aktion Mensch e.V. (2024): Inklusionsbarometer Arbeit. Ein Instrument zur Messung von Fortschritten bei der Inklusion von Menschen mit Behinderung auf dem deutschen Arbeitsmarkt. Online verfügbar unter https://delivery-aktion-mensch.stylelabs.cloud/api/public/content/aktion-mensch-inklusionsbarometer-arbeit-2024.pdf?v=21b7f1e6, zuletzt geprüft am 21.02.2025.

Albrow, Martin (2007): Das Globale Zeitalter. Frankfurt am Main: Suhrkamp.

Allmendinger, Jutta; Ebner, Christian; Nikolai, Rita (2018): Soziologische Bildungsforschung. In: Rudolf Tippelt und Bernhard Schmidt-Hertha (Hg.): Handbuch Bildungsforschung. 4. überarbeitete und aktualisierte Auflage. Wiesbaden: Springer VS, S. 47–72.

Allport, Gordon W. (1954): The Nature of Prejudice. Cambridge: Addison-Wesley.

Antidiskriminierungsstelle des Bundes (2013): Leben mit Behinderung. Repräsentative Forsa-Umfrage im Auftrag der ADS. Online verfügbar unter https://www.antidiskriminierungsstelle.de/SharedDocs/downloads/DE/publikationen/Umfragen/forsa_umfrage_thema_behinderung_20130117.pdf?__blob=publicationFile&v=4, zuletzt geprüft am 13.11.2024.

Arbeitsgruppe Soziologie (2004): Denkweisen und Grundbegriffe der Soziologie. Eine Einführung. 15. Auflage. Frankfurt am Main: Campus Verlag.

Arbeitskreis »Volkswirtschaftliche Gesamtrechnungen der Länder« (2023): Bruttolöhne und -gehälter (Inlandskonzept) insgesamt je Arbeitnehmer/-in in den kreisfreien Städten und Landkreisen der Bundesrepublik Deutschland 2022. Online verfügbar unter https://www.statistikportal.de/de/vgrdl/ergebnisse-kreisebene/einkommen-kreise#karten, zuletzt geprüft am 05.02.2025.

Aronson, Elliot; Wilson, Timothy; Akert, Robin (2008): Sozialpsychologie. 6. aktualisierte Auflage. München: Pearson Studium.

Augustin, Kersten (2022): Wir haben uns verrechnet. Online verfügbar unter https://taz.de/Oekologischer-Fussabdruck-und-Klimakrise/!5892875/, zuletzt geprüft am 18.01.2024.

Autor:innengruppe Bildungsberichterstattung (2024): Bildung in Deutschland 2024. Ein indikatorengestützter Bericht mit einer Analyse zu beruflicher Bildung. Online verfügbar unter https://www.bildungsbericht.de/de/bildungsberichte-seit-2006/bildungsbericht-2024/pdf-dateien-2024/bildungsbericht-2024.pdf, zuletzt geprüft am 07.01.2025.

BA - Bundesagentur für Arbeit (2024): Arbeitsmarktsituation schwerbehinderter Menschen 2023 (Berichte: Blickpunkt Arbeitsmarkt). Online verfügbar unter https://statistik.arbeitsagentur.de/DE/Statischer-Content/Statistiken/Themen-im-Fokus/Menschen-mit-Behinderungen/generische-Publikation/Arbeitsmarktsituation-schwerbehinderter-Menschen.pdf?__blob=publicationFile, zuletzt geprüft am 04.09.2024.

Bächtold, Andreas (1981): Behinderte Jugendliche. Soziale Isolierung oder Partizipation?: Ergebnisse einer repräsentativen Umfrage. Bern: P. Haupt.

BAG BBW - Bundesarbeitsgemeinschaft der Berufsbildungswerke (2021): Internetpräsentation der BAG BBW. Online verfügbar unter https://www.bagbbw.de/, zuletzt geprüft am 03.07.2023.

BAG WfbM – Bundesarbeitsgemeinschaft der Werkstätten für behinderte Menschen (2021): Menschen in Werkstätten. Online verfügbar unter https://www.bagwfbm.de/page/25, zuletzt geprüft am 12.12.2021.
BAG WfbM – Bundesarbeitsgemeinschaft der Werkstätten für behinderte Menschen (2023): Digitalisierung, Innovation, Chancen. Jahresbericht 2023. Online verfügbar unter https://www.bagwfbm.de/file/1668/, zuletzt geprüft am 12.12.2024.
BAGüS - Bundesarbeitsgemeinschaft der überörtlichen Träger der Sozialhilfe und der Eingliederungshilfe; con_sens (2024): BAGüS-Kennzahlenvergleich Eingliederungshilfe 2024. Berichtsjahr 2022. Online verfügbar unter https://www.lwl.org/spur-download/bag/Bericht_2024_final.pdf, zuletzt geprüft am 07.11.2024.
Bahrdt, Hans Paul (2014): Schlüsselbegriffe der Soziologie. Eine Einführung mit Lehrbeispielen. 10. Auflage, unveränderter Nachdruck. München: Beck.
Baudrillard, Jean (2015): Die Konsumgesellschaft. Ihre Mythen, ihre Strukturen. In: Kai-Uwe Hellmann und Dominik Schrage (Hg.): Konsumsoziologie und Massenkultur. Wiesbaden: Springer VS, S. 37–288.
Bauer, Ullrich; Hurrelmann, Klaus (2021): Einführung in die Sozialisationstheorie. Das Modell der produktiven Realitätsverarbeitung. 14. vollständig überarbeitete Auflage. Weinheim: Beltz.
Beauftragter der Bundesregierung für die Belange von Menschen mit Behinderungen (2022): Die UN-Behindertenrechtskonvention. Übereinkommen über die Rechte von Menschen mit Behinderungen. Online verfügbar unter https://www.behindertenbeauftragter.de/SharedDocs/Downloads/DE/AS/PublikationenErklaerungen/Broschuere_UNKonvention_KK.pdf?__blob=publicationFile&v=17, zuletzt geprüft am 26.09.2025.
Beck, Ulrich (1986): Risikogesellschaft. Auf dem Weg in eine andere Moderne. Frankfurt am Main: Suhrkamp.
Beck, Ulrich (2016): Risikogesellschaft. Auf dem Weg in eine andere Moderne. 22. Auflage. Frankfurt am Main: Suhrkamp.
Beck, Ulrich; Beck-Gernsheim, Elisabeth (2015): Individualisierung in modernen Gesellschaften - Perspektiven und Kontroversen einer subjektorientierten Soziologie. In: Ulrich Beck und Elisabeth Beck-Gernsheim (Hg.): Riskante Freiheiten. Individualisierung in modernen Gesellschaften. 9. Auflage. Frankfurt am Main: Suhrkamp, S. 10–39.
Becker, Howard S. (2019 [1973]): Außenseiter. Zur Soziologie abweichenden Verhaltens. 3. Auflage. Wiesbaden: Springer VS.
Beckmann, Michael; Krohns, Hans-Christian; Schneewind, Klaus A. (1982): Ökologische Belastungsfaktoren, Persönlichkeitsvariablen und Erziehungsstil als Determinanten sozialer Scheu bei Kindern. In: László A. Vaskovics (Hg.): Umweltbedingungen familialer Sozialisation. Beiträge zur sozialökologischen Sozialisationsforschung. Stuttgart: Ferdinand Enke Verlag, S. 143–167.
Beese, Dieter (2010): Aussatz in der Bibel. Vortrag am 5. November 2009 in der Johanneskapelle in Münster. In: *Die Klapper. Gesellschaft für Leprakunde* 201 (18), S. 1–9.
Begemann, Ernst (1984): Schüler und Lernbehinderungen. Zum pädagogischen Auftrag des Lehrers. Bad Heilbrunn: Klinkhardt.
Bell, Daniel (1975): Die nachindustrielle Gesellschaft. Frankfurt am Main: Campus Verlag.
Bellebaum, Alfred (2001): Soziologische Grundbegriffe. Eine Einführung für Soziale Berufe. 13. aktualisierte Auflage. Stuttgart: Kohlhammer.
Berger, Peter L.; Luckmann, Thomas (1966): The Social Construction of Reality. A Treatise in the Sociology of Knowledge. New York: Anchor Books.
Berger, Peter L.; Luckmann, Thomas (1969): Die gesellschaftliche Konstruktion der Wirklichkeit. Eine Theorie der Wissenssoziologie. Frankfurt am Main: Fischer.
Berger, Peter L. (1971): Einladung zur Soziologie. Eine humanistische Perspektive. Freiburg im Breisgau: Walter.
Berghaus, Margot (2022): Luhmann leicht gemacht. Eine Einführung in die Systemtheorie. 4. überarbeitete und ergänzte Auflage. Köln: Böhlau Verlag.
Bertelsmann Stiftung (2013): Faktencheck Gesundheit. Knieoperationen (Endoprothetik) - Regionale Unterschiede und ihre Einflussfaktoren. Online verfügbar unter https://fakten

check-gesundheit.de/fileadmin/files/BSt/Publikationen/GrauePublikationen/GP_Fakten check_Gesundheit_Knieoperationen.pdf, zuletzt geprüft am 26.09.2025.

Biermann, Benno (1992): Familien und familiale Alternativen. Prozesse, Institutionen und Instanzen der primären Sozialisation. In: Benno Biermann, Erika Bock-Rosenthal, Martin Doehlemann, Karl-Heinz Grohall und Dietrich Kühn (Hg.): Soziologie. Gesellschaftliches und sozialberufliches Handeln. Neuwied: Luchterhand, S. 31–94.

BIH - Bundesarbeitsgemeinschaft der Integrationsämter und Hauptfürsorgestellen e.V. (2019): Behindertenverbände. Online verfügbar unter https://www.bih.de/integrationsaemter/medien-und-publikationen/fachlexikon-a-z/behindertenverbaende/, zuletzt geprüft am 30.07.2023.

BIH - Bundesarbeitsgemeinschaft der Integrationsämter und Hauptfürsorgestellen e.V. (2021): BIH Jahresbericht 2020I2021. Behinderung & Beruf und Soziale Entschädigung. Online verfügbar unter https://www.bih.de/fileadmin/user_upload/BIH_Jahresbericht_2021_barrierefrei_pdf-ua.pdf, zuletzt geprüft am 04.08.2023.

Birk, Frank Francesco (2021): Ableismus – Massnahmen zur Antidiskriminierung von Menschen mit Behinderung. In: *Schweizerische Zeitschrift für Heilpädagogik* 27 (4), S. 38–43.

Bisler, Wolfgang (2024): Stigmatisierung. In: Thorsten Benkel, Andrea D. Bührmann, Daniela Klimke, Rüdiger Lautmann, Urs Stäheli, Christoph Weischer und Hanns Wienold (Hg.): Lexikon zur Soziologie. 7. überarbeitete und erweiterte Auflage. Wiesbaden: Springer VS, S. 1224.

Bisler, Wolfgang; Klima, Rolf (2024): Interaktion, soziale. In: Thorsten Benkel, Andrea D. Bührmann, Daniela Klimke, Rüdiger Lautmann, Urs Stäheli, Christoph Weischer und Hanns Wienold (Hg.): Lexikon zur Soziologie. 7. überarbeitete und erweiterte Auflage. Wiesbaden: Springer VS, S. 578–579.

Blanck, Jonna M. (2020): Übergänge nach der Schule als »zweite Chance«?: Eine quantitative und qualitative Analyse der Ausbildungschancen von Schülerinnen und Schülern aus Förderschulen »Lernen«. Weinheim: Beltz Juventa.

Bleidick, Ulrich (1977): Pädagogische Theorien der Behinderung und ihre Verknüpfung. In: *Zeitschrift für Heilpädagogik* (28), S. 207–229.

Blumer, Herbert (1973): A Note on Symbolic Interactionism. In: *American Sociological Review* 38 (6), S. 797-798.

BMAS - Bundesministerium für Arbeit und Soziales (2021): Dritter Teilhabebericht der Bundesregierung über die Lebenslagen von Menschen mit Beeinträchtigungen. Teilhabe - Beeinträchtigung - Behinderung. Online verfügbar unter https://www.bmas.de/SharedDocs/Downloads/DE/Publikationen/a125-21-teilhabebericht.pdf?__blob=publicationFile&v=7blob=publicationFile&v=7, zuletzt geprüft am 26.09.2025.

BMAS - Bundesministerium für Arbeit und Soziales (2024): Versorgungsmedizin-Verordnung – VersMedV –. Versorgungsmedizinische Grundsätze. Online verfügbar unter https://www.bmas.de/SharedDocs/Downloads/DE/Publikationen/k710-versorgungsmed-verordnung.pdf?__blob=publicationFile&v=4, zuletzt geprüft am 26.09.2025.

BMG – Bundesministerium für Gesundheit (2019): Prävention. Online verfügbar unter https://www.bundesgesundheitsministerium.de/service/begriffe-von-a-z/p/praevention.html, zuletzt geprüft am 03.07.2023.

Bofinger, Peter; Scheuermeyer, Philipp (2015): Das »Kapital« im 21. Jahrhundert. In: Peter Bofinger, Gustav A. Horn, Kai D. Schmid und Till van Treeck (Hg.): Thomas Piketty und die Verteilungsfrage. Analysen, Bewertungen und wirtschaftspolitische Implikationen für Deutschland. Leipzig: SE Publishing, S. 98-129.

Bolkovac, Martin (2022): Sozialpolitik im internationalen Vergleich. Wien: Verlag des Österreichischen Gewerkschaftsbundes.

Bolte, Karl Martin; Hradil, Stephan (1984): Soziale Ungleichheit in Bundesrepublik Deutschland. 5. Auflage. Opladen: Leske + Budrich.

Böttinger, Traugott (2016): Inklusion. Gesellschaftliche Leitidee und schulische Aufgabe. München: Kohlhammer.

Bourdieu, Pierre (1982): Die feinen Unterschiede. Kritik der gesellschaftlichen Urteilskraft. Frankfurt am Main: Suhrkamp.

Bourdieu, Pierre (1993): Der Rassismus der Intelligenz. In: Pierre Bourdieu (Hg.): Soziologische Fragen. Frankfurt am Main: Suhrkamp, S. 252–256.
Bourdieu, Pierre (1996): Störenfried Soziologie. In: Joachim Fritz-Vannahme (Hg.): Wozu heute noch Soziologie? Wiesbaden: VS Verlag für Sozialwissenschaften, S. 65–70.
Bourdieu, Pierre; Passeron, Jean-Claude (1971): Die Illusion der Chancengleichheit. Untersuchungen zur Soziologie des Bildungswesens am Beispiel Frankreichs. Stuttgart: Klett.
Brehme, David; Fuchs, Petra; Köbsell, Swantje; Wesselmann, Carla (2020): Disability Studies im deutschsprachigen Raum. Zwischen Emanzipation und Vereinnahmung. Weinheim: Beltz Juventa.
Breyvogel, Wilfried. (1989): Pädagogische Jugendforschung. Einleitende Bemerkungen zur Vermittlung von Gesellschafts- und Subjekttheorie. In: Wilfried Breyvogel (Hg.): Pädagogische Jugendforschung. Erkenntnisse und Perspektiven. Opladen: Leske + Budrich, S. 11–29.
Brock, Ditmar (1991): Die Risikogesellschaft und das Risiko soziologischer Zuspitzung. In: *Zeitschrift für Soziologie* 20 (1), S. 12–24.
Bronfenbrenner, Urie (1981): Die Ökologie der menschlichen Entwicklung. Natürliche und geplante Experimente. Stuttgart: Klett-Cotta.
Brusten, Manfred (2024): Soziale Schicht. In: Thorsten Benkel, Andrea D. Bührmann, Daniela Klimke, Rüdiger Lautmann, Urs Stäheli, Christoph Weischer und Hanns Wienold (Hg.): Lexikon zur Soziologie. 7. überarbeitete und erweiterte Auflage. Wiesbaden: Springer VS, S. 1105–1106.
Brusten, Manfred; Hohmeier, Jürgen (1975a): Stigmatisierung 1. Zur Produktion gesellschaftlicher Randgruppen. Neuwied: Luchterhand.
Brusten, Manfred; Hohmeier, Jürgen (1975b): Stigmatisierung 2. Zur Produktion gesellschaftlicher Randgruppen. Neuwied: Luchterhand.
Buchner, Tobias (2018): Die Subjekte der Integration. Schule, Biographie und Behinderung. Bad Heilbrunn: Klinkhardt.
Bühl, Walter L. (2024): Institution. In: Thorsten Benkel, Andrea D. Bührmann, Daniela Klimke, Rüdiger Lautmann, Urs Stäheli, Christoph Weischer und Hanns Wienold (Hg.): Lexikon zur Soziologie. 7. überarbeitete und erweiterte Auflage. Wiesbaden: Springer VS, S. 568.
Bundesinstitut für Arzneimittel und Medizinprodukte (2025): ICD-10-GM Version 2025. Internationale statistische Klassifikation der Krankheiten und verwandter Gesundheitsprobleme. 10. Revision. German Modification. Version 2025. Online verfügbar unter https://klassifikationen.bfarm.de/icd-10-gm/kode-suche/htmlgm2025/index.htm#X, zuletzt geprüft am 05.10.2025.
Bundesprüfstelle für jugendgefährdende Medien (2006): Reiz und Risiken von Computerspielen. Ein Überblick von Wolfram Hilpert, BPjM. Online verfügbar unter https://www.gmk-net.de/wp-content/t3archiv/fileadmin/pdf/hilpert_reiz-und-risiken-von-computerspielen_property_pdf_bereich_bpjm_sprache_de_rwb_true.pdf, zuletzt geprüft am 26.09.2025.
Burzan, Nicole (2011): Soziale Ungleichheit. Eine Einführung in die zentralen Theorien. 4. Auflage. Wiesbaden: Springer VS.
BV BFW – Bundesverband Berufsförderungswerke (2021): Internetpräsenz des BV BFW. Online verfügbar unter https://www.bv-bfw.de/alltags-sprache/startseite.html, zuletzt geprüft am 30.07.2023.
Carr, Bernard J.; Ellis, George F. R.; Gibbons, Gary W.; Hartle, James B.; Hertog, Thomas; Penrose, Roger; Perry, Malcom J.; Thorne, Kip S. (2019): Stephen William Hawking CH CBE. 8 January 1942—14 March 2018. In: *Biogr. Mems Fell. R. Soc.* 66, S. 267–308.
Chan, Chetwyn; Lee, Tatia; Yuen, Hon-Keung; Chan, Fong (2002): Attitudes towards people with disabilities between Chinese rehabilitation and business students: An implication for practice. In: *Rehabilitation Psychology* 47 (3), S. 324–338.
Clausen, Jens Jürgen (2022): Rehabilitation. In: Ingeborg Hedderich, Gottfried Biewer, Judith Hollenweger und Reinhard Markowetz (Hg.): Handbuch Inklusion und Sonderpädagogik. Eine Einführung. 2. aktualisierte und erweiterte Auflage. Bad Heilbrunn: Klinkhardt, S. 329–335.

Cloerkes, Günther (1985): Einstellung und Verhalten gegenüber Behinderten. Eine kritische Bestandsaufnahme der Ergebnisse internationaler Forschung. 3. erweiterte Auflage. Berlin: Marhold.

Cloerkes, Günther (2003): Wie man behindert wird. Texte zur Konstruktion einer sozialen Rolle und zur Situation betroffener Menschen. Heidelberg: Universitätsverlag Winter.

Cloerkes, Günther (2007): Soziologie der Behinderten. Eine Einführung. Unter Mitarbeit von Kai Felkendorff und Reinhard Markowetz. 3. neu bearbeitete und erweiterte Auflage. Heidelberg: Universitätsverlag Winter.

Cloerkes, Günther (2014): Die Problematik widersprüchlicher Normen in der sozialen Reaktion auf Behinderte. In: Jörg Michael Kastl und Kai Felkendorff (Hg.): Behinderung, Soziologie und gesellschaftliche Erfahrung. Wiesbaden: Springer VS, S. 121–140.

Compes, Natascha (2021): Ableism in academic knowledge production. In: *GENDER* 13 (2), S. 126–141. DOI: 10.3224/gender.v13i2.09.

Da Silva, Gioia (2021): Drei zerbrochene Ehen, Mobbing, ein Auto im All: Elon Musk sagt, er habe Asperger. Kann das sein?. Online verfügbar unter https://www.nzz.ch/technologie/elon-musk-spricht-ueber-sein-asperger-syndrom-bremsen-laesst-er-sich-davon-nicht-ld.1628552, zuletzt geprüft am 27.01.2024.

DAG SHG – Deutsche Arbeitsgemeinschaft Selbsthilfegruppen (1987): Selbsthilfegruppen-Unterstützung. Ein Orientierungsrahmen. Gießen.

Dahrendorf, Ralf (1959): Homo sociologicus. Ein Versuch zur Geschichte, Bedeutung und Kritik der Kategorie der sozialen Rolle. Köln: Westdeutscher Verlag.

Dahrendorf, Ralf (1992): Der moderne soziale Konflikt. Essay zur Politik der Freiheit. Stuttgart: Deutsche Verlags-Anstalt.

Dahrendorf, Ralf (2006): Homo Sociologicus. Ein Versuch zur Geschichte, Bedeutung und Kritik der Kategorie der sozialen Rolle. 16. Auflage. Wiesbaden: VS Verlag für Sozialwissenschaften.

DeCamp, Whitney; Ferguson, Christopher J. (2017): The Impact of Degree of Exposure to Violent Video Games, Family Background, and Other Factors on Youth Violence. In: *J Youth Adolescence* 46, S. 388–400.

Dederich, Markus (2009): Behinderung als sozial- und kulturwissenschaftliche Kategorie. In: Markus Dederich und Wolfgang Jantzen (Hg.): Behinderung und Anerkennung. Stuttgart: Kohlhammer, S. 15–40.

Degener, Theresia (2015): Die UN-Behindertenrechtskonvention – ein neues Verständnis von Behinderung. In: Theresia Degener und Elke Diehl (Hg.): Handbuch Behindertenrechtskonvention. Teilhabe als Menschenrecht - Inklusion als gesellschaftliche Aufgabe. Bonn: bpb - Bundeszentrale für politische Bildung, S. 55–74.

Degener, Theresia; Diehl, Elke (Hg.) (2015): Handbuch Behindertenrechtskonvention. Teilhabe als Menschenrecht - Inklusion als gesellschaftliche Aufgabe. Bonn: bpb - Bundeszentrale für politische Bildung.

Degner, Juliane (2022): Vorurteile. haben immer nur die anderen. Berlin: Springer.

Deutscher Bundestag, wissenschaftlicher Dienst (2006): Führt die Nutzung gewalttätiger Computerspiele zu Aggressionen? Online verfügbar unter https://www.bundestag.de/resource/blob/412164/WD-9-223-06-pdf.pdf, zuletzt geprüft am 26.09.2025.

Deutsches Institut für Menschenrechte (2025): Die UN-Behindertenrechtskonvention. Monitoring-Stelle UN-Behindertenrechtskonvention. Online verfügbar unter https://www.institut-fuer-menschenrechte.de/das-institut/monitoring-stelle-un-brk/die-un-brk, zuletzt geprüft am 30.01.2025.

Diekmann, Andreas (2020): Entstehung und Befolgung neuer sozialer Normen: das Beispiel der Corona-Krise. In: *Zeitschrift für Soziologie* 49 (4), S. 236–249.

Dietz, Berthold; Toens, Katrin (2022): Sozialpolitik kompakt. Eine Einführung. 4. vollständig überarbeitete Auflage. Wiesbaden: Springer VS.

Dimbath, Oliver (2021): Einführung in die Soziologie. 4. aktualisierte Auflage. Stuttgart: UTB.

DIMDI - Deutsches Institut für Medizinische Dokumentation und Information (2005): Internationale Klassifikation der Funktionsfähigkeit, Behinderung und Gesundheit. ICF. Genf: WHO. Online verfügbar unter https://www.bfarm.de/DE/Kodiersysteme/Services/Downloads/_node.html, zuletzt geprüft am 05.10.2025.

Diversity Arts Culture (2024): Othering. Online verfügbar unter https://diversity-arts-culture. berlin/woerterbuch/othering, zuletzt geprüft am 26.09.2025.

Doehlemann, Martin (2013): Soziologische Theorien und soziologische Perspektiven für Soziale Berufe. In: Benno Biermann, Erika Bock-Rosenthal und Martin Doehlemann (Hg.): Soziologie. Studienbuch für soziale Berufe. 6. wenig aktualisierte Auflage. München: Ernst Reinhardt Verlag, S. 17–46.

Dörner, Klaus (1994): Wir verstehen die Geschichte der Moderne nur mit den Behinderten vollständig. In: *Leviathan* 22 (3), S. 367–391.

Dörre, Klaus (2015): Unterklassen. Plädoyer für die analytische Verwendung eines zwiespältigen Begriffs. In: *APuZ - Aus Politik und Zeitgeschichte* 65 (10), S. 3–10.

Dworschak, Wolfgang; Ratz, Christoph (2012): Soziobiografische Aspekte der Schülerschaft mit dem Förderschwerpunkt geistige Entwicklung. In: Christoph Ratz, Sybille Kannewischer, Michael Wagner und Wolfgang Dworschak (Hg.): Schülerschaft mit dem Förderschwerpunkt geistige Entwicklung (SFGE). Eine empirische Studie. 2. überarbeitete Auflage. Oberhausen: ATHENA, S. 27–48.

Eberwein, Hans (Hg.) (1994): Behinderte und Nichtbehinderte lernen gemeinsam. Handbuch der Integrationspädagogik. 3. Auflage. Weinheim: Beltz.

Egen, Christoph (2020): Was ist Behinderung? Abwertung und Ausgrenzung von Menschen mit Funktionseinschränkungen vom Mittelalter bis zur Postmoderne. Bielefeld: Transcript.

Eickelpasch, Rolf (1999): Grundwissen Soziologie. Ausgangsfragen, Schlüsselthemen, Herausforderungen. Stuttgart: Klett.

Elias, Norbert (1939): Über den Prozeß der Zivilisation. Soziogenetische und psychogenetisch Untersuchungen. Basel: Verlag Haus zum Falken.

Elias, Norbert (2024): Prozesse, soziale. In: Johannes Kopp und Anja Steinbach (Hg.): Grundbegriffe der Soziologie. 13. korrigierte Auflage. Wiesbaden: Springer VS, S. 411–417.

Endrikat, Kirsten (2012): Die Abwertung von Menschen mit Behinderung - eine Folge der Ökonomisierung der Lebenswelt in der deutschen Gesellschaft. In: *VHN* 81 (1), S. 47–59.

Esping-Andersen, Gøsta (2007): The three worlds of welfare capitalism. Cambridge: Polity Press.

Etzioni, Amitai (1997): Die Verantwortungsgesellschaft. Individualismus und Moral in der heutigen Demokratie. Frankfurt am Main: Campus Verlag.

Europäische Kommission (2019): Diskriminierung in der Europäischen Union. Deutschland (Spezial-Eurobarometer, 493). Online verfügbar unter https://europa.eu/eurobarometer/api/deliverable/download/file?deliverableId=71123, zuletzt geprüft am 21.02.2025.

Europäische Kommission (2023): Diskriminierung in der Europäischen Union. Deutschland (Spezial-Eurobarometer, 535). Online verfügbar unter https://europa.eu/eurobarometer/api/deliverable/download/file?deliverableId=90233, zuletzt geprüft am 21.02.2025.

Feldmann, Klaus (2006): Soziologie kompakt. Eine Einführung. Wiesbaden: VS Verlag für Sozialwissenschaften.

Felkendorff, Kai (2003): Ausweitung der Behinderungszone. Neuere Behinderungstheorien und ihre Folgen. In: Günther Cloerkes (Hg.): Wie man behindert wird. Texte zur Konstruktion einer sozialen Rolle und zur Situation betroffener Menschen. Heidelberg: Universitätsverlag Winter, S. 25–52.

Fend, Helmut (2009): Neue Theorie der Schule. Einführung in das Verstehen von Bildungssystemen. 2. durchgesehene Auflage. Wiesbaden: VS Verlag für Sozialwissenschaften.

Fischer, Erhard (1996): Verhaltensauffälligkeiten als Ausdruck subjektiven Erlebens und Befindens. In: *Zeitschrift für Heilpädagogik* (2), S. 59–67.

Fischer-Fröndhoff, M. (1979): Der Behinderte und seine Umwelt. In: Hans Dennerlein (Hg.): Handbuch der Behindertenpädagogik. München: Kösel-Verlag, S. 94–105.

Forsa. (2024): dbb Bürgerbefragung »Öffentlicher Dienst 2024«. Der öffentliche Dienst aus Sicht der Bevölkerung. Online verfügbar unter https://www.dbb.de/fileadmin/user_upload/globale_elemente/pdfs/2024/240626_130624_Buergerbefragung_Oeffentlicher_Dienst_2024.pdf, zuletzt geprüft am 05.02.2025.

Franke, Alexa (2012): Modelle von Gesundheit und Krankheit. 3. überarbeitete Auflage. Bern: Huber.

Franz Sales Haus (o. J.): Zahlen, Daten, Fakten. Online verfügbar unter https://www.franz-sales-haus.de/franz-sales-haus/das-sind-wir/zahlen, zuletzt geprüft am 26.09.2025.
Franz Sales Haus Trägerverein (2009): Mitmenschen. Jahresbericht des Franz-Sales-Hauses.
Freidson, Eliot (1965): Profession of Medicine. A Study of the Sociology of Applied Knowledge. New York: Dodd, Mead.
Freidson, Eliot (1979): Der Ärztestand. Berufs- und wissenschaftssoziologische Durchleuchtung einer Profession. Stuttgart: Ferdinand Enke Verlag.
Freuding, Janosch (2022): Fremdheitserfahrungen und Othering. Ordnungen des »Eigenen« und »Fremden« in interreligiöser Bildung. Bielefeld: Transcript.
Frey, Hans Peter (1987): Die Änderungsdynamik abweichender Identitäten bei Jugendlichen. In: Hans-Peter Frey und Karl Hauser (Hg.): Identität. Entwicklungen psychologischer und soziologischer Forschung. Stuttgart: Ferdinand Enke Verlag, S. 179–192.
Frey, Hans-Peter; Hauser, Karl (1987): Identität. Entwicklungen psychologischer und soziologischer Forschung. Stuttgart: Ferdinand Enke Verlag.
Frings, Stefanie (2022): NEUE STEUERUNG - NEUE TEILHABECHANCEN? Steuerung der Teilhabe von Menschen mit Behinderung aus Sicht der Systemtheorie. Dissertation. Technische Universität Dortmund, Dortmund. Online verfügbar unter https://eldorado.tu-dortmund.de/bitstream/2003/41368/1/Stefanie%20Frings%20Dissertation.pdf, zuletzt geprüft am 26.09.2025.
Frohne, Bianca (2013): Infirmitas: Vorschläge für eine Diskursgeschichte des gebrechlichen Körpers in der Vormoderne. In: *Werkstatt Geschichte* (65), S. 9–27.
Fromm, Thomas (2014): Piketty, der Popstar der Wirtschaftswissenschaften. »Das Kapital im 21. Jahrhundert. Online verfügbar unter https://www.deutschlandfunk.de/das-kapital-im-21-jahrhundert-piketty-der-popstar-der-100.html, zuletzt geprüft am 19.09.2024.
Fuchs-Heinritz, Werner (2024): Organisation. In: Thorsten Benkel, Andrea D. Bührmann, Daniela Klimke, Rüdiger Lautmann, Urs Stäheli, Christoph Weischer und Hanns Wienold (Hg.): Lexikon zur Soziologie. 7. überarbeitete und erweiterte Auflage. Wiesbaden: Springer VS, S. 909–910.
Fukuyama, Francis (2022): Das Ende der Geschichte. Hamburg: Hoffmann und Campe.
Galuske, Michael (2007): Methoden der Sozialen Arbeit: Eine Einführung. 7. Auflage. Weinheim: Juventa.
Geiger, Theodor (1932): Die soziale Schichtung des deutschen Volkes: soziographischer Versuch auf statistischer Grundlage. Faksimile-Nachdruck der 1. Auflage. Stuttgart: Ferdinand Enke Verlag. Online verfügbar unter https://nbn-resolving.org/urn:nbn:de:0168-ssoar-89349-1, zuletzt geprüft am 19.03.2025.
Geißler, Rainer (1992): Die Sozialstruktur Deutschlands. Ein Studienbuch zur sozialstrukturellen Entwicklung im geteilten und vereinten Deutschland. Opladen: Westdeutscher Verlag.
Geißler, Rainer (2014): Die Sozialstruktur Deutschlands. Zur gesellschaftlichen Entwicklung mit einer Bilanz zur Vereinigung. 7. grundlegend überarbeitete Auflage. Wiesbaden: Springer VS.
Geißler, Rainer (2016 [1994]): Die pluralisierte Schichtstruktur der modernen Gesellschaft: zur aktuellen Bedeutung des Schichtbegriffs. In: Rainer Geissler (Hg.): Soziale Schichtung und Lebenschancen in Deutschland. 2. vollständig neubearbeitete Auflage. Berlin: De Gruyter Oldenbourg, S. 6–36.
Geskie, Mary Anne; Salasek, James (1988): Attitudes of Health Care Personell Toward Persons with Disabilities. In: H. E. Yuker (Hg.): Attitudes toward persons with disabilities. Wiesbaden: Springer, S. 187–200.
Geulen, Dieter (1991): Die historische Entwicklung sozialisationstheoretischer Ansätze. In: Klaus Hurrelmann und Dieter Ulich (Hg.): Neues Handbuch der Sozialisationsforschung. 4. völlig neubearbeitete Auflage. Weinheim: Beltz, S. 21–56.
Geulen, Dieter; Hurrelmann, Klaus (1980): Zur Programmatik einer umfassenden Sozialisationstheorie. In: Klaus Hurrelmann und Dieter Ulich (Hg.): Handbuch der Sozialisationsforschung. Weinheim: Beltz, S. 51–67.
Giddens, Anthony (1988): Die Konstitution der Gesellschaft. Grundzüge einer Theorie der Strukturierung. Frankfurt am Main: Campus Verlag.

Giddens, Anthony (1995): Konsequenzen der Moderne. Frankfurt am Main: Suhrkamp.
Göbel, Markus (2024): Kommunikation. In: Thorsten Benkel, Andrea D. Bührmann, Daniela Klimke, Rüdiger Lautmann, Urs Stäheli, Christoph Weischer und Hanns Wienold (Hg.): Lexikon zur Soziologie. 7. überarbeitete und erweiterte Auflage. Wiesbaden: Springer VS, S. 652.
Goethe, Johann Wolfgang (1966): Gedenkausgabe der Werke, Briefe und Gespräche. Unter Mitarbeit von Ernst Beutler. 2. Auflage. Zürich: Artemis Verlag.
Goffman, Erving (1959): The Presentation of Self in Everyday Life. New York: Doubleday.
Goffman, Erving (1963): Stigma. Notes on the management of spoiled identity. New York: Simon & Schuster.
Goffman, Erving (1980): Rahmen-Analyse. Ein Versuch über die Organisation von Alltagserfahrungen. Frankfurt: Suhrkamp.
Goffman, Erving (2009): Wir alle spielen Theater. Die Selbstdarstellung im Alltag. 7. Auflage. München: Piper.
Goffman, Erving (2018): Stigma. Über Techniken der Bewältigung beschädigter Identität. 24. Auflage. Frankfurt am Main: Suhrkamp.
Goldan, Janka; Grosche, Michael (2021): Bestimmt das Angebot die Förderquote? - Effekte der räumlichen Nähe von Förderschulen auf den Anteil von Schülerinnen und Schülern mit Förderbedarf an Grundschulen. In: *Zeitschrift für Erziehungswissenschaft* (24), S. 693–713.
Gottwald, Claudia (2019): Behinderung. socialnet Lexikon. Online verfügbar unter https://www.socialnet.de/lexikon/Behinderung#toc_3_1, zuletzt geprüft am 19.01.2024.
Grienberger, Katharina; Matthes, Britta; Paulus, Wiebke (2024): Folgen des technologischen Wandels für den Arbeitsmarkt: Vor allem Hochqualifizierte bekommen die Digitalisierung verstärkt zu spüren (IAB Kurzbericht, 5). Online verfügbar unter https://doku.iab.de/kurzber/2024/kb2024-05.pdf, zuletzt geprüft am 30.01.2025.
Gross, Peter (2016): Die Multioptionsgesellschaft. 11. Auflage. Frankfurt am Main: Suhrkamp.
GSUB (o. J.): Ableismus. Online verfügbar unter https://www.teilhabeberatung.de/woerterbuch/ableismus, zuletzt geprüft am 16.07.2024.
Gukenbiehl, Hermann L. (2016): Institution und Organisation. In: Hermann Korte und Bernhard Schäfers (Hg.): Einführung in Hauptbegriffe der Soziologie. 9. Auflage. Wiesbaden: Springer VS, S. 173–194.
Gunkel, Lucas; Heineck, Yannick; Jochmaring, Jan; Pelka, Bastian; Wurster, Florian; York, Jana (2022): Schreiben und diskutieren über den Begriff Behinderung. Eine Hilfestellung für das Verfassen wissenschaftlicher Arbeiten. Technische Universität Dortmund, Dortmund. Online verfügbar unter https://eldorado.tu-dortmund.de/items/6feb0584-cd8f-4b1d-9525-f63c35410186, zuletzt geprüft am 13.01.2025.
Haber, Lawrence D.; Smith, Richard T. (1971): Disability and Deviance. Normative Adaptations of Role Behavior. In: *American Sociological Review* 36 (1), S. 87–97.
Habermann, Lisa; Kißler, Christian (2022): Das autistische Spektrum aus wissenschaftlicher, therapeutischer und autistischer Perspektive. Wiesbaden: Springer.
Habermas, Jürgen (1984): Vorstudien und Ergänzungen zur Theorie des kommunikativen Handelns. Frankfurt am Main: Suhrkamp.
Habermas, Jürgen (1988): Theorie des kommunikativen Handelns. Band 1: Handlungsrationalität und gesellschaftliche Rationalisierung. 4. Auflage. Frankfurt am Main: Suhrkamp.
Habermas, Jürgen (2011): Vorstudien und Ergänzungen zur Theorie des kommunikativen Handelns. 3. Auflage. Frankfurt am Main: Suhrkamp.
Habermas, Jürgen; Offe, Claus (2000): Legitimationsprobleme im Spätkapitalismus. In: Annette Treibel (Hg.): Einführung in soziologische Theorien der Gegenwart. 5. aktualisierte und verbesserte Auflage. Opladen: Leske + Budrich, S. 49–70.
Haferkamp, Hans (1981): Entstehung und Entwicklung von Normen. In: *ARSP: Archiv für Rechts- und Sozialphilosophie* 67 (2), S. 217–232.
Hahn, Erich (2014): Bürgerliche und marxistische Gruppensoziologie. In: *Deutsche Zeitschrift für Philosophie* 13 (4), S. 405–418, zuletzt geprüft am 18.06.2024.
Hans Böckler Stiftung (2017): Wie sind die Vermögen in Deutschland verteilt? Online verfügbar unter https://www.boeckler.de/de/boeckler-impuls-wie-sind-die-vermoegen-in-deutschland-verteilt-3579.htm, zuletzt geprüft am 05.02.2025.

Hartwig, Susanne (2020): Einleitung: Vorstellungen von Behinderung in Praxis und Theorie. In: Susanne Hartwig (Hg.): Behinderung. Kulturwissenschaftliches Handbuch. Stuttgart: Metzler, S. 9–12.

Heitmeyer, Wilhelm (1992): Desintegration und Gewalt. In: *Deutsche Jugend* 40 (3), S. 109–123.

Heitmeyer, Wilhelm (2002): Deutsche Zustände. Folge 1. Frankfurt am Main: Suhrkamp.

Heitmeyer, Wilhelm (2006): Deutsche Zustände. Folge 5. Frankfurt am Main: Suhrkamp.

Heitmeyer, Wilhelm (2012): Deutsche Zustände. Folge 10. Frankfurt am Main: Suhrkamp.

Heitmeyer, Wilhelm; Endrikat, Kirsten (2008): Die Ökonomisierung des Sozialen. Folgen für »Überflüssige« und »Nutzlose«. In: Wilhelm Heitmeyer (Hg.): Deutsche Zustände. Folge 6. Frankfurt am Main: Suhrkamp, S. 55–72.

Heitmeyer, Wilhelm; Olk, Thomas (1990): Das Individualisierungs-Theorem – Bedeutung für die Vergesellschaftung von Jugendlichen. In: Wilhelm Heitmeyer und Thomas Olk (Hg.): Individualisierung von Jugend: gesellschaftliche Prozesse, subjektive Verarbeitungsformen, jugendpolitische Konsequenzen. Weinheim: Juventa, S. 11–34.

Helsper, Werner (1991): Jugend im Diskurs von Moderne und Postmoderne. In: Werner Helsper (Hg.): Jugend zwischen Moderne und Postmoderne. Wiesbaden: VS Verlag für Sozialwissenschaften, S. 11–38.

Hendrig, Björn (2021): CO2-Fußabdruck: Wie ein PR-Trick von den Machern des Klimawandels ablenkt. Online verfügbar unter https://www.telepolis.de/features/CO2-Fussabdruck-Wie-ein-PR-Trick-von-den-Machern-des-Klimawandels-ablenkt-6152267.html, zuletzt geprüft am 18.01.2024.

Hensle, Ulrich (1994): Einführung in die Arbeit mit behinderten Menschen. 5. Auflage. Wiesbaden: Quelle & Meyer.

Hirsch-Kreinsen, Hartmut (2015): Digitalisierung von Arbeit. Folgen Grenzen und Perspektiven. Soziologisches Arbeitspapier 43/2015. Technische Universität Dortmund, Dortmund. Online verfügbar unter https://eldorado.tu-dortmund.de/server/api/core/bitstreams/51455d9f-3629-49eb-8760-3a69dfe7e37c/content, zuletzt geprüft am 06.10.2025.

Hoffmann, Thomas (2018): Inklusive Schule, exklusive Gesellschaft? Soziologische Lesarten von Inklusion und Exklusion. In: Kathrin Müller und Stephan Gingelmaier (Hg.): Kontroverse Inklusion. Ansprüche, Umsetzungen und Widersprüche in der Schulpädagogik. Weinheim: Beltz, S. 54–77.

Hohmeier, Jürgen (1982): Bemerkungen zum gegenwärtigen Stand wissenschaftlicher Begriffe von Behinderung. In: Rolf G. Heinze und Peter Runde (Hg.): Lebensbedingungen Behinderter im Sozialstaat. Opladen: Westdeutscher Verlag, S. 7–23.

Homans, George Caspar (1950): The Human Group. Originalausgabe. New York.

Homans, George Caspar (1978): Theorie der sozialen Gruppe. 7. Auflage. Opladen: Westdeutscher Verlag.

Homfeldt, Hans Günther (1974): Stigma und Schule. Abweichendes Verhalten bei Lehrern und Schülern. Düsseldorf: Schwann.

Honneth, Axel (1986): Kritik der Macht. Reflexionsstufen einer kritischen Gesellschaftstheorie. Frankfurt am Main: Suhrkamp.

Hörnig, Edgar; Klima, Rolf (2024): Identität. In: Thorsten Benkel, Andrea D. Bührmann, Daniela Klimke, Rüdiger Lautmann, Urs Stäheli, Christoph Weischer und Hanns Wienold (Hg.): Lexikon zur Soziologie. 7. überarbeitete und erweiterte Auflage. Wiesbaden: Springer VS, S. 539.

Hradil, S. (2005): Soziale Ungleichheit in Deutschland. 8. Auflage (Nachdruck). Wiesbaden: VS Verlag für Sozialwissenschaften.

Hradil, Stefan (1987): Sozialstrukturanalyse in einer fortgeschrittenen Gesellschaft. Opladen: Leske + Budrich.

Hradil, Stefan (1992): Alte Begriffe und neue Strukturen. Die Milieu-, Subkultur- und Lebensstilforschung der 80er Jahre. In: Stefan Hradil (Hg.): Zwischen Bewusstsein und Sein. Die Vermittlung »objektiver« Lebensbedingungen und »subjektiver« Lebensweisen. Opladen: Leske + Budrich, S. 15–55.

Hradil, Stefan (1995): Die »Single-Gesellschaft«. München: Beck.

Hradil, Stefan (2016): Soziale Ungleichheit, soziale Schichtung und Mobilität. In: Hermann Korte und Bernhard Schäfers (Hg.): Einführung in Hauptbegriffe der Soziologie. 9. Auflage. Wiesbaden: Springer, S. 247–275.

Huinink, Johannes; Schröder, Torsten (2019): Sozialstruktur Deutschlands. 3. überarbeitete und aktualisierte Auflage. München: UVK.

Hurrelmann, Klaus (2001): Einführung in die Sozialisationstheorie. Über den Zusammenhang von Sozialstruktur und Persönlichkeit. 7. neu ausgestattete Auflage. Weinheim: Beltz

Husserl, Edmund (2012): Die Krisis der europäischen Wissenschaften und die transzendentale Phänomenologie. Eine Einleitung in die phänomenologische Philosophie. Hamburg: Meiner.

Inglehart, Ronald (1998): Modernisierung und Postmodernisierung. Kultureller, wirtschaftlicher und politischer Wandel in 43 Gesellschaften. Frankfurt am Main: Campus Verlag.

Ingstad, Benedicte; Whyte, Susan Reynolds (Hg.) (1995): Disability and Culture. Berkeley, Calif.: University of California Press.

Jansen, Gerd W. (1972): Die Einstellung der Gesellschaft zu Körperbehinderten. Eine psychologische Analyse zwischenmenschlicher Beziehungen aufgrund empirischer Untersuchungen. Rheinstetten: Schindele.

Jantzen, Wolfgang (1974): Sozialisation und Behinderung. Studien zu sozialwissenschaftlichen Grundfragen der Behindertenpädagogik. Gießen: Focus.

Jantzen, Wolfgang (1976): Zur begrifflichen Fassung von Behinderung aus der Sicht des historischen und dialektischen Materialismus. In: *Zeitschrift für Heilpädagogik* 27 (7), S. 428–436.

Jantzen, Wolfgang (2018): Sozialisation und Behinderung. Studien zu sozialwissenschaftlichen Grundfragen der Behindertenpädagogik. Unveränderte, um zwei aktuelle Vorworte erweiterte Neuauflage der Ausgabe von 1974. Gießen: Psychosozial-Verlag.

Jentsch, Sabine (2014): Politische Emanzipation und demokratische Inklusion. In: *Zeitschrift für sozialistische Politik im Bildungs-, Gesundheits- und Sozialbereich* 34 (133), S. 93–102.

Joas, Hans (2002): Rollen- und Interaktionstheorien in der Interaktionsforschung. In: Klaus Hurrelmann (Hg.): Handbuch der Sozialisationsforschung. 6. unveränderte Auflage. Weinheim: Beltz, S. 137–152.

Jochmaring, Jan (2019): Übergänge von Schüler/innen mit sonderpädagogischem Förderbedarf in die Berufsausbildung. Eine Auswertung von Sekundärstatistiken. In: *Zeitschrift für Pädagogik* 65 (3), S. 335–354.

Jochmaring, Jan (2022): Transitionsprozesse von Schüler*innen mit sonderpädagogischem Förderbedarf in den Beruf – eine multiperspektivische Analyse. Dissertation. Technische Universität Dortmund, Dortmund. Online verfügbar unter https://eldorado.tu-dortmund.de/server/api/core/bitstreams/ebc10075-b5fb-41f9-b635-ea906b4d7a41/content, zuletzt geprüft am 26.09.2025.

Jochmaring, Jan (2023): International Classification of Impairments, Disabilities and Handicaps. socialnet Lexikon. Online verfügbar unter https://www.socialnet.de/lexikon/International-Classification-of-Impairments-Disabilities-and-Handicaps, zuletzt geprüft am 07.06.2024.

Jochmaring, Jan; Falk, Franz (2023): Soziologische Theoriezugänge zu Behinderung. Perspektiven der Sozialisations- und Systemtheorie. In: *Behindertenpädagogik* 62 (4), S. 332–348.

Jochmaring, Jan; York, Jana (2023): Inclusion Opportunities of Work 4.0? Employment Realities of People with Disabilities in Germany. In: *Scandinavian Journal of Disability Research* 25 (1), S. 29–44. DOI: 10.16993/sjdr.896.

Jurt, Joseph (2012): Bourdieus Kapital-Theorie. In: Manfred Bergmann, Sandra Hupka-Brunner, Thomas Meyer und Robin Samuel (Hg.): Bildung - Arbeit - Erwachsenwerden. Wiesbaden: Springer VS, S. 21–41.

Kant, Immanuel (1784): Beantwortung der Frage: Was ist Aufklärung? In: *Berlinische Monatsschrift* (4), S. 481–494.

Kastl, Jörg Michael (2017): Einführung in die Soziologie der Behinderung. 2. völlig überarbeitete und erweiterte Auflage. Wiesbaden: Springer VS.

Kastl, Jörg Michael (2024): Disability Studies, Teilhabeforschung und die Soziologie - »Behinderung« im Spannungsfeld von (Inter-) Disziplinarität und Politisierung. In: *Soziologische Revue* 47 (4), S. 454–473.

Kesper, Gudrun; Hottinger, Cornelia (2024): Mototherapie bei Sensorischen Integrationsstörungen. Eine Anleitung zur Praxis. 10. Auflage. München: Ernst Reinhardt Verlag.

Kiper, Hanna (2011): »Die Welle«. Eine Analyse aus pädagogischer Perspektive. In: Manuel Zahn und Karl-Josef Pazzini (Hg.): Lehr-Performances: VS Verlag für Sozialwissenschaften, S. 145–162.

Klein, Gabriel (1992): Evolution, Wandel, Prozeß. Zur Geschichte der Begriffe und theoretischen Modelle. In: Hermann Korte (Hg.): Einführung in Hauptbegriffe der Soziologie. Opladen: Leske + Budrich, S. 165–180.

KMK - Kultusministerkonferenz (2020): Sonderpädagogische Förderung in Schulen 2009 bis 2018. Online verfügbar unter https://www.kmk.org/fileadmin/Dateien/pdf/Statistik/Dokumentationen/Dok223_SoPae_2018.pdf, zuletzt geprüft am 03.07.2023.

KMK - Kultusministerkonferenz - KMK (2022): Sonderpädagogische Förderung in Schulen 2011 bis 2020. Online verfügbar unter https://www.kmk.org/fileadmin/Dateien/pdf/Statistik/Dokumentationen/Dok231_SoPaeFoe_2020.pdf, zuletzt geprüft am 03.07.2023.

KMK - Kultusministerkonferenz - KMK (2024): Sonderpädagogische Förderung in Schulen 2013 bis 2022. Nr. 240 – Februar 2024. Berlin. Online verfügbar unter https://www.kmk.org/fileadmin/Dateien/pdf/Statistik/Dokumentationen/Dok_240_SoPae_2022.pdf, zuletzt geprüft am 06.10.2025.

Knorr-Cetina, Karin (2002): Die Fabrikation von Erkenntnis. Zur Anthropologie der Naturwissenschaft. 2. erweiterte Auflage. Frankfurt am Main: Suhrkamp.

Köbsell, Swantje (2019): 50 Behindertenbewegte Jahre in Deutschland. In: *APuZ - Aus Politik und Zeitgeschichte* (6-7), S. 24–30.

Koenig, Gaspard (2021): Das Ende des Individuums. Reise eines Philosophen in der Welt der Künstlichen Intelligenz. Berlin: Galiani.

König, Alexandra (2024): Klasse. In: Thorsten Benkel, Andrea D. Bührmann, Daniela Klimke, Rüdiger Lautmann, Urs Stäheli, Christoph Weischer und Hanns Wienold (Hg.): Lexikon zur Soziologie. 7. überarbeitete und erweiterte Auflage. Wiesbaden: Springer VS, S. 631–632.

Korte, Hermann; Schäfers, Bernhard (Hg.) (2016): Einführung in Hauptbegriffe der Soziologie. 9. Auflage. Wiesbaden: Springer VS.

Krachten, Christoph (2022): Milliarden für Tech-Visionen, mit Tweets Börsen beeinflusst, Asperger-Syndrom. Was ist eigentlich das Ziel von Elon Musk? Online verfügbar unter https://www.blick.ch/life/wissen/technik/milliarden-fuer-tech-visionen-mit-tweets-boersen-beeinflusst-asperger-syndrom-was-ist-eigentlich-das-ziel-von-elon-musk-id17625682.html, zuletzt geprüft am 27.01.2024.

Krappmann, Lothar (2010): Soziologische Dimensionen der Identität. Strukturelle Bedingungen für die Teilnahme an Interaktionsprozessen. 11. Auflage. Stuttgart: Klett.

Kreckel, Reinhard (1983): Soziale Ungleichheiten. Soziale Welt, Sonderband 2. Göttingen: Schwartz.

Kreckel, Reinhard (2004): Politische Soziologie der sozialen Ungleichheit. 3. überarbeitete und erweiterte Auflage. Frankfurt am Main: Campus Verlag.

Kreuz, Alexandra (2002): Einstellungen gegenüber Menschen mit einer geistigen Behinderung. Analyse und Weiterentwicklung von Einstellungsinstrumenten. Wien: WUV-Universitätsverlag (Dissertationen der Universität Wien).

Kuhl, Jan; Redlich, Hubertus; Schäfer, Lea (2014): Einstellungen verschiedener Lehrergruppen gegenüber Menschen mit geistiger Behinderung. In: *Zeitschrift für Bildungsforschung* 4 (3), S. 271–287.

Kuhl, Jan; Walther, Judith (2008): Die Einstellung von Studenten unterschiedlicher Studiengänge zu Menschen mit geistiger Behinderung. In: *Heilpädagogische Forschung* 34 (4), S. 206–219.

Kuhn, Thomas S. (1962): The Structure of Scientific Revolutions. Originalausgabe. Chicago: University of Chicago Press.

Kwasniewski, Nicolai; Schmitz, Gregor Peter; Pitzke, Marc (2014): Etwas ist faul im Kapitalismus. Neue Reichtumsdebatte. Online verfügbar unter https://www.spiegel.de/wirtschaft/soziales/kapitalismus-und-reichtum-pikettys-das-kapital-im-21-jahrhundert-a-965664.html, zuletzt geprüft am 19.09.2024.

Kyrer, Alfred (2001): Wirtschaftslexikon. 4. vollständig neu bearbeitete und stark erweiterte Auflage. München: Oldenbourg Verlag.

Lamb, Sarah; Sartor, Teresa; Jochmaring, Jan; Pelka, Bastian; Kuhn, Jörg-Tobias; York, Jana (2024): Die Einheitlichen Ansprechstellen für Arbeitgeber (§ 185a SGB IX) im Rheinland – Netzwerkkarten. Teil I: Einführung und Forschungsgerüst. In: *Diskussions-Forum Rehabilitations- und Teilhaberecht*, Artikel D13-2024. Online verfügbar unter https://www.reharecht.de/fachbeitraege/beitrag/artikel/beitrag-d13-2024, zuletzt geprüft am 08.01.2025.

Lanier, Jaron (2014): Wem gehört die Zukunft? Du bist nicht der Kunde der Internet-Konzerne, du bist ihr Produkt. 4. Auflage. Hamburg: Hoffmann und Campe.

Lash, Scott; Urry, John (2000): Die globale Kulturindustrie. Die politische Ökonomie der Zeichen im Raum. Frankfurt am Main: Suhrkamp.

Lautmann, Rüdiger (2024a): Labeling Approach. In: Thorsten Benkel, Andrea D. Bührmann, Daniela Klimke, Rüdiger Lautmann, Urs Stäheli, Christoph Weischer und Hanns Wienold (Hg.): Lexikon zur Soziologie. 7. überarbeitete und erweiterte Auflage. Wiesbaden: Springer VS, S. 722.

Lautmann, Rüdiger (2024b): Moderne. In: Thorsten Benkel, Andrea D. Bührmann, Daniela Klimke, Rüdiger Lautmann, Urs Stäheli, Christoph Weischer und Hanns Wienold (Hg.): Lexikon zur Soziologie. 7. überarbeitete und erweiterte Auflage. Wiesbaden: Springer VS, S. 838.

Lautmann, Rüdiger (2024c): Norm. In: Thorsten Benkel, Andrea D. Bührmann, Daniela Klimke, Rüdiger Lautmann, Urs Stäheli, Christoph Weischer und Hanns Wienold (Hg.): Lexikon zur Soziologie. 7. überarbeitete und erweiterte Auflage. Wiesbaden: Springer VS, S. 880–881.

Lautmann, Rüdiger (2024d): Soziologie. In: Thorsten Benkel, Andrea D. Bührmann, Daniela Klimke, Rüdiger Lautmann, Urs Stäheli, Christoph Weischer und Hanns Wienold (Hg.): Lexikon zur Soziologie. 7. überarbeitete und erweiterte Auflage. Wiesbaden: Springer VS, S. 1181–1182.

Leggewie, Claus (1991): MULTI KULTI. Spielregeln für die Vielvölkerrepublik. Berlin: Rotbuch.

Leonhardt, Annette (2019): Grundwissen Hörgeschädigtenpädagogik. Mit 100 Übungsaufgaben und zahlreichen Abbildungen und Tabellen. 4. vollständig überarbeitete Auflage. München: Ernst Reinhardt Verlag.

Lewin, Kurt; Lippitt, Ronald; White, Ralph K. (1939): Patterns of aggressive behavior in experimentally created »social climates«. In: *The Journal of Social Psychology* 10 (2), S. 271–299.

Lobe, Adrian (2022): Elon Musk: Asperger-Syndrom, Gewaltopfer, Twitterkönig. Online verfügbar unter https://www.furche.at/wirtschaft/elon-musk-asperger-syndrom-gewaltopfer-twitterkoenig-8521867, zuletzt geprüft am 27.01.2024.

Loer, Thomas (2008): Normen und Normalität. In: Herbert Willems (Hg.): Lehr(er)buch Soziologie. Wiesbaden: VS Verlag für Sozialwissenschaften, S. 165–228.

Lösel, Friedrich (1975): Prozesse der Stigmatisierung in der Schule. In: Manfred Brusten und Jürgen Hohmeier (Hg.): Stigmatisierung 2. Zur Produktion gesellschaftlicher Randgruppen. Neuwied: Luchterhand, S. 7–32.

Lüdtke, Hartmut (2020): affektuell. In: Daniela Klimke, Rüdiger Lautmann, Urs Stäheli, Christoph Weischer und Hanns Wienold (Hg.): Lexikon zur Soziologie. Wiesbaden: Springer VS, S. 9.

Lüdtke, Hartmut (2024): Handlungstheorie. In: Thorsten Benkel, Andrea D. Bührmann, Daniela Klimke, Rüdiger Lautmann, Urs Stäheli, Christoph Weischer und Hanns Wienold (Hg.): Lexikon zur Soziologie. 7. überarbeitete und erweiterte Auflage. Wiesbaden: Springer VS, S. 502.

Luhmann, Niklas (1969): Moderne Systemtheorien als Form gesamtgesellschaftlicher Analyse. In: Theodor W. Adorno (Hg.): Spätkapitalismus oder Industriegesellschaft? Verhandlungen des 16. Deutschen Soziologentages in Frankfurt am Main 1968. Stuttgart: Ferdinand Enke Verlag, S. 253–266.

Luhmann, Niklas (1987): Soziale Systeme. Grundriss einer allgemeinen Theorie. Frankfurt am Main: Suhrkamp.

Luhmann, Niklas (1992): Im Gespräch mit dem Systemanalytiker Niklas Luhmann. Interview mit Ingeborg Breuer (BR Kulturjournal). Frankfurter Rundschau (Regie). Audio. Bielefeld: Universität Bielefeld. Online verfügbar unter niklas-luhmann-archiv.de/bestand/av/item/AV_A_BR-01_00, zuletzt geprüft am 06.10.2025.

Lutherbibel (2017). Hg. v. Deutsche Bibelgesellschaft. Online verfügbar unter https://www.die-bibel.de/, zuletzt geprüft am 19.01.2024.

Maiwald, Kai-Olaf; Sürig, Inken (2018): Mikrosoziologie. Eine Einführung. Wiesbaden: Springer VS.

Malinowski, Bronislaw (1960): A scientific theory of culture and other essays. 2. Auflage. New York: Oxford University Press.

Marx, Karl (1867): Das Kapital. Kritik der politischen Ökonomie. Erster Band. Buch I: Der Produktionsprozeß des Kapitals. Hamburg: Otto Meissner Verlag.

Mayer, Karl Ulrich (1990): Lebensverläufe und sozialer Wandel. Opladen: Westdeutscher Verlag.

Mayntz, Renate (1997): Soziale Dynamik und politische Steuerung. Theoretische und methodologische Überlegungen. Frankfurt am Main: Campus Verlag.

Mead, Georg Herbert (1987): Die objektive Realität der Perspektiven. In: George H. Mead: Gesammelte Aufsätze, Band 2. 2. Auflage, herausgegeben von Hans Joas. Frankfurt am Main: Suhrkamp, S. 211–224.

Mead, Georg Herbert (1927): The Objective Reality of Perspectives. In: Edgar S. Brightman (Hg.): Proceedings of the Sixth International Congress of Philosophy. New York: Longmans, Green and Co, S. 75–85.

Medienpädagogischer Forschungsverband Südwest (2023): JIM-Studie 2023. Jugend, Information, Medien. Basisuntersuchung zum Medienumgang 12- bis 19-Jähriger. Online verfügbar unter https://mpfs.de/studie/jim-studie-2024/, zuletzt geprüft am 26.09.2025.

Merz, Karl (1982): Kinder mit Schulschwierigkeiten. Empirische Untersuchungen an Grund- und Sonderschulen. Weinheim: Beltz.

Meyer, Adrian (2021): AUF GROSSEM FUSS. Herausgegeben vom EWS Energiewende-Magazin. Online verfügbar unter https://www.ews-schoenau.de/energiewende-magazin/zum-glueck/mathis-wackernagel-auf-grossem-fuss/, zuletzt geprüft am 18.09.2025.

Müller, Klaus E. (1996): Der Krüppel. Ethnologia passionis humanae. München: Beck.

Müller, Thomas (2021): Basiswissen Pädagogik bei Verhaltensstörungen. München: Ernst Reinhardt Verlag.

Nassehi, Armin (2007): Exklusion als soziologischer oder sozialpolitischer Begriff? In: Heinz Bude und Andreas Willisch (Hg.): Exklusion. Die Debatte über die »Überflüssigen«. Frankfurt am Main: Suhrkamp, S. 18–25.

Nassehi, Armin (2008): Die Zeit der Gesellschaft. Auf dem Weg zu einer soziologischen Theorie der Zeit. Neuauflage mit einem Beitrag »Gegenwarten«. 2. Auflage. Wiesbaden: VS Verlag für Sozialwissenschaften.

Nathanson, Hannah (2022): Greta Thunberg Wants To Clear The Air. Hg. v. Elle. Online verfügbar unter https://www.elle.com/uk/life-and-culture/elle-voices/a41401047/greta-thunberg-profile/, zuletzt geprüft am 27.01.2024.

Negroponte, Nicholas (1997): TOTAL DIGITAL. Die Welt zwischen 0 und 1 oder Die Zukunft der Kommunikation. München: Bertelsmann Verlag.

Neubauer, Georg (1990): Jugendphase und Sexualität. Eine empirische Überprüfung eines sozialisationstheoretischen Modells. Stuttgart: Ferdinand Enke Verlag.

Neubert, Dieter; Cloerkes, Günther (2001): Behinderung und Behinderte in verschiedenen Kulturen. Eine vergleichende Analyse ethnologischer Studien. 3. Auflage. Heidelberg: Universitätsverlag Winter.

Nirje, Bengt (1995): Das Normalisierungsprinzip - 25 Jahre danach. In: *Vierteljahresschrift für Heilpädagogik und ihre Nachbargebiete* 63 (1), S. 12–33.

Nunner-Winkler, Gertrud (1991): Ende des Individuums oder autonomes Subjekt? In: Werner Helsper (Hg.): Jugend zwischen Moderne und Postmoderne. Wiesbaden: VS Verlag für Sozialwissenschaften, S. 113–130.
Offe, Claus (1984): Arbeitsgesellschaft. Strukturprobleme und Zukunftsperspektiven. Köln: Institut der Deutschen Wirtschaft.
Oliver, Michael (1990): The politics of disablement. A sociological approach. London: Macmillan Education.
Oliver, Michael (2009): Understanding disability. From theory to practice. 2. Auflage. Bansingstoke: Palgrave Macmillan.
Parsons, Talcott (1951): The Social System. Glencoe, IL: Free Press.
Parsons, Talcott (1972): Das System moderner Gesellschaften. München: Juventa.
Parsons, Talcott (2009): Das System moderner Gesellschaften. 7. Auflage. München: Juventa.
Pelka, Bastian; Preissner, Lisa; Schulz, Ann Christin; Mosch, Caroline (2023): Qualifikationsanforderungen für die pädagogische Arbeit zum Erwerb von Digitalkompetenzen im Reallabor. In: *Qfl - Qualifizierung für Inklusion. Online-Zeitschrift zur Forschung über Aus-, Fort- und Weiterbildung pädagogischer Fachkräfte* 5 (2), S. 2–16. DOI: 10.21248/qfi.111.
Pfahl, Lisa (2011): Techniken der Behinderung. Der deutsche Lernbehinderungsdiskurs, die Sonderschule und ihre Auswirkungen auf Bildungsbiografien. Bielefeld: Transcript.
Piketty, Thomas (2014): Das Kapital im 21. Jahrhundert. München: Beck.
Piketty, Thomas (2020): Kapital und Ideologie. München: Beck.
Portmann, Adolf (1969): Zoologie und das neue Bild des Menschen. Biologische Fragmente zu einer Lehre des Menschen. 3. Auflage. Zürich: Rowohlt.
Postman, Neil (1985): Wir amüsieren uns zu Tode. Urteilsbildung im Zeitalter der Unterhaltungsindustrie. Frankfurt am Main: Fischer.
Powell, Justin J. W. (2007): Behinderung in der Schule, behindert durch Schule? Die Institutionalisierung der ›schulischen Behinderung‹. In: Anne Waldschmidt und Werner Schneider (Hg.): Disability Studies, Kultursoziologie und Soziologie der Behinderung. Bielefeld: Transcript, S. 321–344.
Prengel, Annedore (1993): Pädagogik der Vielfalt: Verschiedenheit und Gleichberechtigung in Interkultureller, Feministischer und Integrativer Pädagogik. Opladen: Leske + Budrich.
Preuss-Lausitz, Ulf (1981): Fördern ohne Sonderschule. Konzepte und Erfahrungen zur integrativen Förderung in der Regelschule. Weinheim: Beltz.
Preuss-Lausitz, Ulf (2018): Separation oder Inklusion - Zur Entwicklung der sonderpädagogischen Förderung im Kontext der allgemeinen Schulentwicklung. In: Frank J. Müller (Hg.): Blick zurück nach vorn - WegbereiterInnen der Inklusion. Gießen: Psychosozial-Verlag, S. 245–269.
Preuss-Lausitz, Ulf (2019): Ergebnisse der Inklusions- und Separationsforschung nach zehn Jahren UN-Konvention über die Rechte von Menschen mit Behinderungen. Bilanz und Perspektiven. In: *Zeitschrift für Heilpädagogik* 70, S. 468–483.
Preyer, Gerhard (2012): Rolle, Status, Erwartungen und soziale Gruppe. Mitgliedschaftstheoretische Reinterpretationen. Wiesbaden: Springer VS.
Quenzel, Gudrun (2016): Das Konzept der Entwicklungsaufgaben. In: Klaus Hurrelmann, Ullrich Bauer, Matthias Grundmann und Sabine Walper (Hg.): Handbuch Sozialisationsforschung. 8. vollständig überarbeitete Auflage. Weinheim: Beltz, S. 233–250.
Quenzel, Gudrun; Hurrelmann, Klaus (2019): Ursachen und Folgen von Bildungsarmut. In: Gudrun Quenzel und Klaus Hurrelmann (Hg.): Handbuch Bildungsarmut. Wiesbaden: Springer VS, S. 3–25.
Rammstedt, Otthein (2024): Modernisierung. In: Thorsten Benkel, Andrea D. Bührmann, Daniela Klimke, Rüdiger Lautmann, Urs Stäheli, Christoph Weischer und Hanns Wienold (Hg.): Lexikon zur Soziologie. 7. überarbeitete und erweiterte Auflage. Wiesbaden: Springer VS, S. 839.
Rauschenbach, Thomas (1980): Behinderung, Auffälligkeiten, Benachteiligung. Zum Verhältnis von Problem- und Erkenntniszusammenhang. In: Thomas Rauschenbach, Horst Steinhilber und Bernhard Späth (Hg.): Verhaltensauffällige und behinderte Kinder und Jugendliche. Der gesellschaftliche Umgang mit einem Problem. München: Verlag Deutsches Jugendinstitut, S. 15–46.

Reckwitz, Andreas (2018): Die Gesellschaft der Singularitäten. Zum Strukturwandel der Moderne. 6. Auflage. Berlin: Suhrkamp.
Rehadat (2024): Lexikon zur beruflichen Teilhabe: Bundesteilhabegesetz (BTHG). Online verfügbar unter https://www.rehadat.de/lexikon/Lex-Bundesteilhabegesetz-BTHG/, zuletzt geprüft am 30.09.2025.
Rehadat Werkstätten (o. J.): Werkstätten nach Bundesländern. Online verfügbar unter https://www.rehadat-wfbm.de/werkstaetten-finden/werkstaetten-fuer-behinderte-menschen/werkstaetten-nach-bundeslaendern/, zuletzt geprüft am 30.09.2025.
Rexilius, Günter; Grubitsch, Siegfried (1981): Handbuch psychologischer Grundbegriffe. Mensch und Gesellschaft in der Psychologie. Reinbek bei Hamburg: Rowohlt.
Richter, Caroline (2019): Digitalisierung und Teilhabe an Arbeit. Sondierung in einer Werkstatt für Menschen mit Behinderung. In: *Arbeit* 28 (4), S. 363–379.
Richter, Caroline; Bendel, Alexander (2017): Das Tripelmandat von Werkstätten. Entgelte im Spannungsfeld von Rehabilitation – Inklusion – Wirtschaftlichkeit. In: *Werkstatt:Dialog* 33 (5), S. 31–33.
Rodeck-Madsen, Bettina; Gebhardt, Walter (1987): Sonderschule - Sonderschüler. Eine Regionalstudie. Weinheim: Deutscher Studien-Verlag.
Röhm, Alexander; Ritterfeld, Ute (2020): Stigma, Tabu und Behindertenfeindlichkeit am Beispiel der Medien. In: Susanne Hartwig (Hg.): Behinderung. Kulturwissenschaftliches Handbuch. Stuttgart: Metzler, S. 282–288.
Rolff, Hans-Günter (1997): Sozialisation und Auslese durch die Schule. Überarbeitete Neuausgabe. Weinheim: Juventa.
Rothbauer, Florian; Zerwes, Ute; Bleß, Hans-Holger; Kip, Miriam (2017): Häufigkeit endoprothetischer Hüft- und Knieoperationen. In: Hans-Holger Bleß und Miriam Kip (Hg.): Weißbuch Gelenkersatz. Versorgungssituation endoprothetischer Hüft- und Knieoperationen in Deutschland. Berlin: Springer, S. 17–42.
Sack, Fritz (1968): Neue Perspektiven in der Kriminologie. In: Fritz Sack und René König (Hg.): Kriminalsoziologie. Frankfurt am Main: Akademische Verlagsgesellschaft, S. 431–475.
Schäfers, Bernhard (Hg.) (1999): Einführung in die Gruppensoziologie. Geschichte, Theorien, Analysen. 3. korrigierte Auflage. Wiesbaden: Quelle & Meyer.
Schäfers, Bernhard (2003): Grundbegriffe der Soziologie. Wiesbaden: VS Verlag für Sozialwissenschaften.
Schäfers, Bernhard (2016): Die soziale Gruppe. In: Hermann Korte und Bernhard Schäfers (Hg.): Einführung in Hauptbegriffe der Soziologie. 9. Auflage. Wiesbaden: Springer VS, S. 153–172.
Schäfers, Bernhard; Lehmann, Bianca (2024): Gruppe. In: Johannes Kopp und Anja Steinbach (Hg.): Grundbegriffe der Soziologie. 13. korrigierte Auflage. Wiesbaden: Springer VS, S. 187–191.
Schatzki, Theorore R.; Knorr Cetina, Karin; von Savigny, Eike (2001): The Practice Turn in Contemporary Theory. London, New York: Routledge.
Schmid, Josef (2010): Wohlfahrtsstaaten im Vergleich. Soziale Sicherung in Europa: Organisation, Finanzierung, Leistungen und Probleme. 3. aktualisierte und erweiterte Auflage. Wiesbaden: Springer VS.
Schneider, Siegfried (2024): Herkunft, soziale. In: Thorsten Benkel, Andrea D. Bührmann, Daniela Klimke, Rüdiger Lautmann, Urs Stäheli, Christoph Weischer und Hanns Wienold (Hg.): Lexikon zur Soziologie. 7. überarbeitete und erweiterte Auflage. Wiesbaden: Springer VS, S. 510.
Schönwiese, Volker (2022): Behindertenbewegungen. In: Ingeborg Hedderich, Gottfried Biewer, Judith Hollenweger und Reinhard Markowetz (Hg.): Handbuch Inklusion und Sonderpädagogik. Eine Einführung. 2. aktualisierte und erweiterte Auflage. Bad Heilbrunn: Klinkhardt, S. 46–50.
Schreiner, Mario; Wansing, Gudrun (2016): Gleiches Recht auf Arbeit? Werkstätten für behinderte Menschen zwischen Exklusionsverwaltung und Inklusionsvermittlung. In: Dirk Kratz, Theresa Lempp, Claudia Muche und Andreas Oehme (Hg.): Region und Inklusion. Theoretische und praktische Perspektiven. Weinheim: Beltz Juventa, S. 67–85.

Schulze, Gerhard (2005): Die Erlebnisgesellschaft. Kultursoziologie der Gegenwart. 2. Auflage. Frankfurt am Main: Campus Verlag.
Schulze, Sarah; Schröter, Anne (2023): Einstellungen zu Behinderung mit Fragebögen messen - Eine qualitative Inhaltsanalyse bestehender Messinstrumente. In: *Empirische Sonderpädagogik* 15 (4), S. 330–344.
Schulze, Sarah; Schröter, Anne; Kuhl, Jan; Jochmaring, Jan (2021): Einstellungen zu Behinderung bei Studierenden verschiedener Studiengänge messen – ein Beitrag zur Validierung des EXPE-B. In: *Zeitschrift für Heilpädagogik* 72 (8), S. 394–407.
Schulz-Schaeffer, Ingo (2018): Rolle, soziale. In: Johannes Kopp und Anja Steinbach (Hg.): Grundbegriffe der Soziologie. Wiesbaden: Springer VS, S. 387–390.
Schumann, Brigitte (2007): »Ich schäme mich ja so!«. Die Sonderschule für Lernbehinderte als »Schonraumfalle«. Bad Heilbrunn: Klinkhardt.
Schunkert, Stephan; Siewert, Julia; Pitz, Paula; Paar, Angelika; Hertle, Hans; Berg, Fabian; Dittrich, Monika; Dingeldey, Miriam (2022): Der UBA-CO2-Rechner für Privatpersonen: Hintergrundinformationen. Online verfügbar unter https://www.umweltbundesamt.de/sites/default/files/medien/479/publikationen/texte_97-2022_der_uba-co2-rechner_fuer_privatpersonen.pdf, zuletzt geprüft am 18.01.2024.
Schuntermann, Michael F. (2013): Einführung in die ICF. Grundkurs, Übungen, offene Fragen. 4. Auflage. Heidelberg: ecomed Medizin.
Schütz, Alfred (1971): Gesammelte Aufsätze. Unter Mitarbeit von Aron Gurwitsch. Den Haag: Nijhoff.
Schütz, Alfred (1974): Der sinnhafte Aufbau der sozialen Welt. Eine Einleitung in die verstehende Soziologie. Frankfurt am Main: Suhrkamp.
Schwinn, Thomas (2007): Soziale Ungleichheit. Bielefeld: Transcript.
Seifert, Karl Heinz; Stangl, Werner (1981): Einstellungen zu Körperbehinderten und ihrer beruflich-sozialen Integration. Bern: Huber.
Sennett, Richard (1999): Der flexible Mensch. Die Kultur des neuen Kapitalismus. 9. Auflage. Berlin: Berlin Verlag.
Sherif, Muzafer; Sherif, Carolyn Wood (1969): Social Psychology. New York: Harper & Row.
Sinus Institut (o. J.): Sinus-Milieus Deutschland. Online verfügbar unter https://www.sinus-institut.de/sinus-milieus/sinus-milieus-deutschland, zuletzt geprüft am 05.02.2025.
Sozialhelden e. V. (o. J.): Leitmedien.de. Über Menschen mit Behinderungen berichten. Online verfügbar unter https://sozialhelden.de/leidmediende/, zuletzt geprüft am 06.10.2025.
Spiegel Kultur (2021): Elon Musk bei »Saturday Night Live«. »Dachtet ihr wirklich, ich wäre ein gechillter, normaler Kerl?«. Online verfügbar unter https://www.spiegel.de/kultur/tv/elon-musk-bei-saturday-night-live-dachtet-ihr-ernsthaft-ich-bin-ein-gechillter-normaler-typ-a-2ff6e95a-6e69-4aa5-9abf-afef03f1f79b, zuletzt geprüft am 27.01.2024.
Staake, Marco (2018): Werte und Normen. Baden-Baden: Nomos.
Statistisches Bundesamt (o. J.a): Entwicklung der Lebenserwartung in Deutschland seit 1871/1881. Online verfügbar unter https://www.destatis.de/DE/Themen/Gesellschaft-Umwelt/Bevoelkerung/Sterbefaelle-Lebenserwartung/sterbetafel.html, zuletzt geprüft am 05.02.2025.
Statistisches Bundesamt (o. J.b): Gender Pay Gap. Online verfügbar unter https://www.destatis.de/DE/Themen/Arbeit/Verdienste/Verdienste-GenderPayGap/_inhalt.html, zuletzt geprüft am 05.02.2025.
Steinkamp, Günther (1991): Sozialstruktur und Sozialisation. In: Klaus Hurrelmann und Dieter Ulich (Hg.): Neues Handbuch der Sozialisationsforschung. 4. völlig neubearbeitete Auflage. Weinheim: Beltz, S. 251–278.
Steuerwald, Christian (2016): Die Sozialstruktur Deutschlands im internationalen Vergleich. 3. überarbeitete Auflage. Wiesbaden: Springer VS.
Stifterverband für die Deutsche Wissenschaft e. V. (2022): Hochschul-Bildungs-Report 2020, Abschlussbericht. Hochschulbildung in der Transformation. Online verfügbar unter https://www.hochschulbildungsreport.de/sites/hsbr/files/hochschul-bildungs-report_abschlussbericht_2022.pdf, zuletzt geprüft am 25.06.2023.

Strauch, Voctor (2022): Der CO2-Fußabdruck ist ein PR-Trick: Öl-Konzerne geben Verbrauchern die Schuld an der Klimakrise. Online verfügbar unter https://neuezeit.at/co2-fussabdruck-bp-geschichte/, zuletzt geprüft am 18.01.2024.

Tajfel, Henri; Turner, J. C. (1982): Gruppenkonflikt und Vorurteil. Entstehung und Funktion sozialer Stereotypen. Bern: Huber.

Tarde, Gabriel (2017): Die Gesetze der Nachahmung. 2. Auflage. Frankfurt am Main: Suhrkamp.

Teichler, Nils; Gerlitz, Jean-Yves; Cornesse, Carina; Dilger, Clara; Groh-Samberg, Olaf; Lengfeld, Holger; Nissen, Eric; Reinecke, Jost; Skolarski, Stephan; Traunmüller, Richard; Verneuer-Emre, Lena (2023): Entkoppelte Lebenswelten? Soziale Beziehungen und gesellschaftlicher Zusammenhalt in Deutschland. Erster Zusammenhaltsbericht des FGZ. Bremen. Online verfügbar unter https://fgz-risc.de/fileadmin/media/documents/FGZ_Zusammenhaltsbericht_2023.pdf, zuletzt geprüft am 01.10.2025.

TheWaveHome; Hancock, Mark (2021): TheWaveHome. Online verfügbar unter https://www.thewavehome.com/, zuletzt geprüft am 16.04.2024.

Thimm, Walter (1975a): Lernbehinderung als Stigma. In: Manfred Brusten und Jürgen Hohmeier (Hg.): Stigmatisierung 1. Zur Produktion gesellschaftlicher Randgruppen. Neuwied: Luchterhand, S. 125–144.

Thimm, Walter (1975b): Soziologie der Behinderten. 3. Auflage. Neuburgweiher: Schindele.

Thimm, Walter (2006a): Behinderung und Gesellschaft. Texte zur Entwicklung einer Soziologie der Behinderten. Heidelberg: Universitätsverlag Winter.

Thimm, Walter (2006b): Für ein selbstbestimmtes Leben - Behinderte Menschen als »kritische Konsumenten« sozialer Dienstleistungen (1985). In: Walter Thimm (Hg.): Behinderung und Gesellschaft. Texte zur Entwicklung einer Soziologie der Behinderten. Heidelberg: Universitätsverlag Winter, S. 205–217.

Treibel, Annette (2006): Einführung in soziologische Theorien der Gegenwart. 7. aktualisierte Aufl. Wiesbaden: VS Verlag für Sozialwissenschaften.

Trojan, A.; Deneke, C.; Halves, E. (1987): Die Bedeutung der Selbsthilfegruppen für Betroffene und Sozialpolitik. In: Norbert Herriger (Hg.): Selbsthilfe in der Behindertenarbeit. Soziale Unterstützung und politische Interessenvertretung durch Betroffene. 2. Auflage. Bonn: Rehabilitationsverlag, S. 29-28.

Tröster, Heinrich (1988): Interaktionsspannungen zwischen Körperbehinderten und Nichtbehinderten. Verbales und nonverbales Verhalten gegenüber Körperbehinderten. Göttingen: Hogrefe.

Tröster, Heinrich (1990): Einstellungen und Verhalten gegenüber Behinderten. Konzepte, Ergebnisse und Perspektiven sozialpsychologischer Forschung. Bern: Huber.

Umsetzungsbegleitung Bundesteilhabegesetz (o. J.): BTHG-Kompass. ICF. Online verfügbar unter https://umsetzungsbegleitung-bthg.de/bthg-kompass/bk-bedarfsermittlung-icf/icf/, zuletzt geprüft am 30.09.2025.

United Nations (2006): Convention on the Rights of Persons with Disabilities. Online verfügbar unter http://www.un.org/disabilities/documents/convention/convoptprot-e.pdf, zuletzt geprüft am 22.06.2023.

van Essen, Fabian (2013): Soziale Ungleichheit, Bildung und Habitus. Möglichkeitsräume ehemaliger Förderschüler. Wiesbaden: Springer VS.

Vattimo, Gianni (1992): Die transparente Gesellschaft. Deutsche Erstausgabe. Wien: Passagen-Verlag.

Vielfalt.Mediathek (2022a): Was ist eigentlich… Ableismus? Informations- und Dokumentationszentrum für Antirassismusabeit e. V. (Regie). Video. Düsseldorf. Online verfügbar unter https://www.vielfalt-mediathek.de/material/zusammenleben-in-der-migrationsgesellschaft/was-ist-eigentlich-ableismus, zuletzt geprüft am 06.10.2025.

Vielfalt.Mediathek (2022b): Was ist eigentlich… Othering? Informations- und Dokumentationszentrum für Antirassismusabeit e. V. (Regie). Video. Düsseldorf. Online verfügbar unter https://www.vielfalt-mediathek.de/material/rassismus/was-ist-eigentlich-othering, zuletzt geprüft am 06.10.2025.

Vielfalt.Mediathek (2024): Othering. Hg. v. Informations- und Dokumentationszentrum für Antirassismusarbeit e. V. Online verfügbar unter https://www.vielfalt-mediathek.de/othering, zuletzt geprüft am 30.09.2025.
von Bracken, Helmut (1976): Vorurteile gegen behinderte Kinder, ihre Familien und Schulen. 2. Auflage. Berlin: Marhold.
von Ferber, Christian (1976): Zum soziologischen Begriff der Behinderung. In: *Zeitschrift für Heilpädagogik* 27, S. 416–423.
von Kardorff, Ernst; Ohlbrecht, Heike; Schmidt, Susen (2013): Zugang zum allgemeinen Arbeitsmarkt für Menschen mit Behinderungen. Expertise im Auftrag der Antidiskriminierungsstelle des Bundes. Online verfügbar unter https://www.antidiskriminierungsstelle.de/SharedDocs/downloads/DE/publikationen/Expertisen/expertise_zugang_zum_allg_arbeitsmarkt_f_menschen_mit_behinderungen.pdf?__blob=publicationFile&v=3, zuletzt geprüft am 30.09.2025.
Wackernagel, Mathis (2023): Dont' reduce your Footprint. Hg. v. Global Footprint Network. Online verfügbar unter https://www.footprintnetwork.org/2023/01/18/dont-reduce-your-footprint/, zuletzt geprüft am 18.01.2024.
Wackernagel, Mathis; Rees, William (1997): Unser ökologischer Fußabdruck. Basel: Birkhäuser.
Waldschmidt, Anne (2005): Disability Studies: individuelles, soziales und/oder kulturelles Modell von Behinderung? In: *Psychologie und Gesellschaftskritik* 29, S. 9-31.
Waldschmidt, Anne (2011): Symbolische Gewalt, Normalisierungsdispositiv und/oder Stigma? Soziologie der Behinderung im Anschluss an Goffman, Foucault und Bourdieu. In: *Österreichische Zeitschrift für Soziologie* 36 (4), S. 89–106.
Waldschmidt, Anne (2020): Jenseits der Modelle. Theoretische Ansätze in den Disability Studies. In: David Brehme, Petra Fuchs, Swantje Köbsell und Carla Wesselmann (Hg.): Disability Studies im deutschsprachigen Raum. Zwischen Emanzipation und Vereinnahmung. Weinheim: Beltz, S. 56–73.
Waldschmidt, Anne (2022): Handbuch Disability Studies. Wiesbaden: Springer VS.
Waldschmidt, Anne; Schneider, Werner (2007): Disability Studies und Soziologie der Behinderung. Kultursoziologische Grenzgänge – eine Einführung. In: Anne Waldschmidt und Werner Schneider (Hg.): Disability Studies, Kultursoziologie und Soziologie der Behinderung. Bielefeld: Transcript, S. 9–30.
Wansing, Gudrun (2006): Teilhabe an der Gesellschaft. Menschen mit Behinderung zwischen Inklusion und Exklusion. Wiesbaden: VS Verlag für Sozialwissenschaften.
Wansing, Gudrun (2019): Inklusion und Exklusion durch Erwerbsarbeit. Bedeutung (nicht nur) für Menschen mit Behinderungen. In: *Politikum* 5 (1), S. 26–32.
Weber, Max; Borchardt, Knut; Hanke, Edith; Schluchter, Wolfgang (2019): Max Weber-Gesamtausgabe. Band I/23: Wirtschaft und Gesellschaft. Soziologie. Unvollendet. 1919–1920. Tübingen: Mohr Siebeck.
Wegscheider, Angela (2013): Politische Partizipation von Menschen mit Behinderungen. In: *SWS-Rundschau* 53 (2), S. 216–234. Online verfügbar unter https://nbn-resolving.org/urn:nbn:de:0168-ssoar-436995, zuletzt geprüft am 06.10.2025.
Weishaupt, Horst (2019): Zur Situation sonderpädagogischer Förderung in Hessen im Schuljahr 2016/17. In: Detlef Fickermann und Horst Weishaupt (Hg.): Bildungsforschung mit Daten der amtlichen Statistik. Münster: Waxmann, S. 251–267.
Weiss, Hans (1985): Behinderung und soziale Herkunft. Zum Einfluss sozialer Faktoren auf die Genese von Behinderungen. In: *Vierteljahresschrift der Heilpädagogik und ihrer Nachbargebiete* 54 (1), S. 32–54.
Werning, Rolf (1996): Sozialauffälliges Verhalten von Kindern und Jugendlichen - Krise und Herausforderung pädagogischen Handelns?! In: *Vierteljahresschrift der Heilpädagogik und ihrer Nachbargebiete* 65 (1), S. 47–61.
Wikipedia (2024): Stephen Hawking. Online verfügbar unter https://de.wikipedia.org/wiki/Stephen_Hawking, zuletzt geprüft am 27.01.2024.
Willke, Helmut (2014): Systemtheorie III: Steuerungstheorie. Grundzüge einer Theorie der Steuerung komplexer Sozialsysteme. 4. überarbeitete Auflage. Konstanz: UVK.

Wissenschaftliche Dienste Deutscher Bundestag (Hg.) (2019): Pflicht zur Beschäftigung schwerbehinderter Menschen. Einzelfragen zur Änderung der Pflichtquote bzw. der Ausgleichsabgabe (WD 6 - 3000 - 088/19). Online verfügbar unter https://www.bundestag.de/resource/blob/658212/a6456ca8735357e26ff65ca2394284a0/WD-6-088-19-pdf-data.pdf, zuletzt geprüft am 26.08.2022.

Wissinger, Jochen (1991): Der Jugendliche – ein »produktiver Realitätsverarbeiter«? In: Werner Helsper (Hg.): Jugend zwischen Moderne und Postmoderne. Opladen: Leske + Budrich, S. 95–112.

Wiswede, Günter (1998): Soziologie. Grundlagen und Perspektiven für den wirtschafts- und sozialwissenschaftlichen Bereich. 3. neubearbeitete Auflage. Landsberg am Lech: Moderne Industrie.

Wocken, Hans (1983): Am Rande der Normalität. Untersuchungen zum Selbst- und Gesellschaftsbild von Sonderschülern. Heidelberg: Schindele.

Wocken, Hans (2000a): Der Zeitgeist: Behindertenfeindlich? Einstellungen zu Behinderten zur Jahrtausendwende. Online verfügbar unter http://www.hans-wocken.de/Werk/werk41.pdf, zuletzt geprüft am 30.09.2025.

Wocken, Hans (2000b): Leistung, Intelligenz und Soziallage von Schülern mit Lernbehinderung. Vergleichende Untersuchungen an Förderschulen in Hamburg. In: *Zeitschrift für Heilpädagogik* (51), S. 492–503.

Wocken, Hans (2011): Fördert Förderschule? Eine empirische Rundreise durch Schulen für »optimale Förderung«. In: Irmtraud Schnell, Alfred Sander und Federolf Claudia (Hg.): Zur Effizienz von Schulen für Lernbehinderte. Forschungsergebnisse aus vier Jahrzehnten. Bad Heilbrunn: Klinkhardt, S. 214–237.

World Health Organization (1980): International classification of impairments, disabilities, and handicaps. A manual of classification relating to the consequences of disease. Genf: WHO.

World Health Organization (2001): ICF. International classification of functioning, disability and health. Short version. Genf. Online verfügbar unter https://iris.who.int/server/api/core/bitstreams/1eeab767-ea03-49ac-ac2b-95dd59d6b7cf/content, zuletzt geprüft am 30.09.2025.

World Health Organization (2005): ICF - Internationale Klassifikation der Funktionsfähigkeit, Behinderung und Gesundheit. Stand Oktober 2005. Genf: WHO. Online verfügbar unter https://www.soziale-initiative.net/wp-content/uploads/2013/09/icf_endfassung-2005-10-01.pdf, zuletzt geprüft am 16.01.2025.

York, Jana; Jochmaring, Jan (2023): Möglichkeitsräume eines digitalisierten Arbeits- und Gesundheitsschutzes in der Werkstatt für behinderte Menschen. In: Mirjam Hoffmann, Thomas Hoffmann, Lisa Pfahl, Michael Rasell, Hendrik Richter, Rouven Seebo, Miriam Sonntag und Josefine Wagner (Hg.): Raum. Macht. Inklusion. Inklusive Räume erforschen und entwickeln. Bad Heilbrunn: Klinkhardt, S. 206–212.

York, Jana; Jochmaring, Jan (2024): Inclusion-Light or Innovation of Inclusion: Modes of Innovation and Exnovation for the German Vocational Rehabilitation and Participation System. In: *Frontiers in Rehabilitation Sciences* (5), S. 1–12. DOI: 10.3389/fresc.2024.1436003.

York, Jana; Jochmaring, Jan; Preissner, Lisa (2024): Innovation und Exnovation des Systems beruflicher Rehabilitation. In: Ingo Bosse, Kathrin Müller und Daniela Nussbaumer (Hg.): Internationale und demokratische Perspektiven auf Inklusion und Chancengerechtigkeit. Bad Heilbrunn: Klinkhardt, S. 154–162.

Zapf, Wolfgang (2024): Wandel, sozialer. In: Johannes Kopp und Anja Steinbach (Hg.): Grundbegriffe der Soziologie. 13. korrigierte Auflage. Wiesbaden: Springer VS, S. 563–569.

Zaynel, Nadja (2017): Internetnutzung von Jugendlichen und jungen Erwachsenen mit Down-Syndrom. Wiesbaden: Springer VS.

12.2 Abbildungsverzeichnis

Abb. 1: »Handfertigkeitsunterricht« der Mädchen (Franz-Sales-Haus, nicht datiert, wahrscheinlich 1920er Jahre; freundlich zur Verfügung gestellt durch das Franz Sales Haus, Essen) 14
Abb. 2: Objekt der Soziologie (Wiswede 1998, 22) 19
Abb. 3: Bushaltestelle an der Dortmunder Möllerbrücke 24
Abb. 4: Wechselwirkungen zwischen den Komponenten der ICF (Quelle: DIMDI – Deutsches Institut für Medizinische Dokumentation und Information 2005, 23; World Health Organization 2001, 26). 32
Abb. 5: Zugang zum Gebäude durch Treppen 37
Abb. 6: Zugang zum Gebäude durch eine Rampe 37
Abb 7: Die Krüppel, Pieter Bruegel der Ältere, 1568 41
Abb. 8: Kindersitz 48
Abb. 9: Erhöhter Bordstein 49
Abb. 10: WC-Schild 49
Abb. 11: Intrarollenkonflikt (eigene Darstellung) 60
Abb. 12: Interrollenkonflikt (eigene Darstellung) 61
Abb. 13: Pole einer sozialisationstheoretischen Betrachtung 137
Abb. 14: Bildungstrichter: Grundschule – Studium – Promotion 144
Abb. 15: Deutschlandkarte 184
Abb. 16: Konventionelle Fahrräder (eigene Grafik basierend auf: *https://www.rad-reise-service.de/fahrrad-typologie.html*; Quelle ist nicht mehr abrufbar) 187
Abb. 17: Schüler*innen mit sonderpädagogischem Förderbedarf an Förder- und Regelschulen (eigene Grafik angelehnt an Jochmaring (2019) und Kultusministerkonferenz – KMK (2024)) 191
Abb. 18: Einschulung von Kindern mit sonderpädagogischem Förderbedarf, 2022/23 (Quelle: Autor:innengruppe Bildungsberichterstattung 2024, 125) 195
Abb. 19: Schematische Darstellung einer »Gesellschaft« mit gleichen Individuen 239
Abb. 20: Schematische Darstellung einer rollentheoretischen Perspektive 240
Abb. 21: Schematische Darstellung einer handlungstheoretischen Perspektive 241
Abb. 22: Schematische Darstellung einer interaktionstheoretischen Perspektive 242
Abb. 23: Schematische Darstellung einer gruppentheoretischen Perspektive 243
Abb. 24: Schematische Darstellung einer sozialisationstheoretischen Perspektive 245
Abb. 25: Schematische Darstellung einer sozialstrukturellen Perspektive 246
Abb. 26: Schematische Darstellung einer systemtheoretischen Perspektive 247
Abb. 27: Schematische Darstellung einer modernisierungstheoretischen Perspektive 248

12.3 Tabellenverzeichnis

Tab. 1: Übersicht der mikro- und makrosoziologischen Perspektiven sowie deren Hauptbegriffe 11
Tab. 2: Paradigmata von Behinderung 43
Tab. 3: Funktionssysteme mit Leistungs- und Rollen-Aufgaben (eigene Darstellung in Anlehnung an Wansing [2006, 42]) 180
Tab. 4: Staffelung der Ausgleichsabgabe (eigene Darstellung in Anlehnung an Gesetz zur Förderung eines inklusiven Arbeitsmarkts, Stand 06. Juni 2023) 208

12.4 Verzeichnis der Denkanstöße und »Soziologie in Anwendung«

Soziologie in Anwendung 1.1:	Kein Platz an der Bushaltestelle	24
Denkanstoß 2.1:	Individuelle oder gesellschaftliche Verantwortung?	30
Soziologie in Anwendung 2.1:	Behindert sein und behindert werden	37
Soziologie in Anwendung 2.2:	Kinobesuch	38
Soziologie in Anwendung 2.3:	Zugfahrt	38
Denkanstoß 2.2:	Behinderung im Mittelalter	41
Denkanstoß 2.3:	Was ist »normal«?	48
Soziologie in Anwendung 3.1:	Ziehe ich weg, oder nicht? Ein Interrollenkonflikt	59
Denkanstoß 3.1:	Das Rollenset von Lehrer Müller	59
Denkanstoß 3.2:	Verpflichtungsgrade in der Reha-Klinik	63
Denkanstoß 3.3:	Rollenzuschreibung durch Ableismus	65
Denkanstoß 3.4:	Behindertenrolle im Kleingartenverein	67
Denkanstoß 3.5:	Die Rolle von Kurt in »Die Vorstadtkrokodile«	69
Denkanstoß 3.6:	Zwei Rollstuhlnutzende	70
Denkanstoß 4.1:	Die Suche nach dem Letztelement	73
Denkanstoß 4.2:	Zwei Mikrosoziologen im gemeinsamen Unterricht	74
Denkanstoß 4.3:	Emotionen im Beruf	78
Denkanstoß 4.4:	Perspektiven auf Schulabsentismus	80
Soziologie in Anwendung 4.1:	Ein Auge werfen	82
Soziologie in Anwendung 4.2:	Repetitives Verhalten	83
Soziologie in Anwendung 4.3:	Nervöse Hände	84
Denkanstoß 5.1:	Profile auf einer Dating-Plattform	90
Soziologie in Anwendung 5.1:	Der Herr des Rings	96

12.4 Verzeichnis der Denkanstöße und »Soziologie in Anwendung«

Denkanstoß 5.2:	Was tun gegen (medial) vermittelte Stigmata? Protest, Aufklärung und Kontakt	99
Soziologie in Anwendung 5.2:	»Du hörst mir nicht zu«	102
Soziologie in Anwendung 5.3:	double empathy problem	103
Denkanstoß 6.1:	Gruppenbildung im Pflegeheim	108
Denkanstoß 6.2:	Konformität in der Volleyballmannschaft...	112
Soziologie in Anwendung 6.1:	»Alles steht Kopf«	113
Denkanstoß 6.3:	Konflikte in der Rehabilitationsklinik	114
Denkanstoß 6.4:	Ein Unfall und verschiedene Einstellungen zu Behinderung.........................	117
Denkanstoß 6.5:	Wann wird eine Einstellung zum Vorurteil?	118
Denkanstoß 6.6:	»Die Welle«...........................	119
Denkanstoß 6.7:	Mitglied in einer Umweltschutzorganisation	129
Denkanstoß 6.8:	Othering	133
Denkanstoß 7.1:	Berufliche Orientierung	138
Denkanstoß 7.2:	Bildungstrichter	143
Denkanstoß 7.3:	Video-Games und Gewalt	146
Denkanstoß 8.1:	Fachärztin mit Migrationsgeschichte	155
Denkanstoß 8.2:	Ungleichheit in der Senior*innen-WG	158
Denkanstoß 8.3:	Thomas Piketty – Reale Rendite → Wirtschaftswachstum	161
Denkanstoß 9.1:	Knie-Operationen in Deutschland	183
Denkanstoß 9.2:	Funktionale Differenzierung von Fahrrädern	186
Denkanstoß 9.3:	Steigender Förderbedarf	190
Denkanstoß 9.4:	Unterschiedliche Förderschulquoten nach Bundesländern	194
Denkanstoß 9.5:	Orientierung im Dschungel – Die Einheitlichen Ansprechstellen für Arbeitgeber	200
Denkanstoß 9.6:	Ist das Inklusion oder kann das weg? Zündeln an den Strukturen	212
Denkanstoß 10.1:	Ein Informatiker in der Moderne	220
Denkanstoß 10.2:	Rente in der Postmoderne	225
Denkanstoß 10.3:	Wohlfahrtsstaaten – Wer erbringt welche Leistung für wen?	229